区域创新系统监测方法

李子彪◎著

知识产权出版社
全国百佳图书出版单位

图书在版编目（CIP）数据

区域创新系统监测方法/李子彪著. —北京：知识产权出版社，2018. 8
ISBN 978－7－5130－5147－7

Ⅰ. ①区… Ⅱ. ①李… Ⅲ. ①区域经济—国家创新系统—监测—研究—中国
Ⅳ. ①F127

中国版本图书馆 CIP 数据核字（2017）第 230554 号

内容提要

本书以区域创新系统的监测理论和方法为研究对象，以监测区域创新系统创新极培育能力、创新极发展态势及共生效应、区域创新系统演化为目的，运用演化经济学思想和应用数学理论等构建由创新极识别方法、创新极培育能力监测指数、创新极创新态势指数和多创新极共生效应指数、演化监测指数结合的区域创新系统监测方法体系和实证研究。

本书适合创新管理人员、科技政策研究人员、政府管理人员、经济管理专业的高校师生以及相关领域的研究人员阅读。

责任编辑： 李　潇　　**责任校对：** 谷　洋
封面设计： 李志伟　　**责任印制：** 刘译文

区域创新系统监测方法

李子彪　著

出版发行： 知识产权出版社有限责任公司　　**网　　址：** http：//www. ipph. cn
社　　址： 北京市海淀区气象路 50 号院　　**邮　　编：** 100081
责编电话： 010－82000860 转 8133　　**责编邮箱：** lixiao@ cnipr. com
发行电话： 010－82000860 转 8101/8102　　**发行传真：** 010－82000893/82005070/82000270
印　　刷： 北京嘉恒彩色印刷有限责任公司　　**经　　销：** 各大网络书店、新华书店及相关专业书店
开　　本： 787mm×1092mm　1/16　　**印　　张：** 24
版　　次： 2018 年 8 月第 1 版　　**印　　次：** 2018 年 8 月第 1 次印刷
字　　数： 430 千字　　**定　　价：** 88. 00 元

ISBN 978-7-5130-5147-7

前　言

自20世纪80年代起，创新得到了全世界各个国家和地区的高度重视。进入新世纪，特别是“十二五”以来，我国创新驱动发展战略的提出，加深了人们对创新促进经济增长功能的认识以及建设创新型国家的重要性和急迫性。而创新型国家建设离不开创新型区域，在2006年发布的《国家中长期科学和技术发展规划纲要（2006～2020年）》中提出努力建设创新型国家的宏伟目标时，明确指出要建设各具特色和优势的区域创新体系作为创新型国家的支撑。2012年9月党中央、国务院又印发了《关于深化科技体制改革加快国家创新体系建设的意见》，明确提出强化协同创新，提高创新体系整体效能，建立全国创新调查制度，加强创新体系建设监测评估。之后，党的十八大报告再一次要求各地区进一步统筹区域创新体系建设，完善区域创新发展机制，鼓励创新资源密集的区域率先实现创新驱动发展。由此可见，国家和区域创新驱动战略的实施迫切需要有效的区域创新系统建设与测评理论提供支撑。然而如何监测区域创新体系的发展，仍未找到一条行之有效的途径。因此，从理论上研究区域创新系统监测方法，是指导区域创新体系建设实践工作的重中之重。

自区域创新系统提出以来，国内外对区域创新系统的研究分为“区域创新系统内涵与功能”“区域创新系统效能及测评”和“区域创新体系建设”三个方面。通过梳理三个方面的文献发现，关于区域创新系统监测方法的研究大都遵循这样一个思路：先假定或认可一种区域创新系统的内涵，进而围绕这个内涵提出监测指标体系和方法。监测的指标体系多从创新投入、创新产出、区域政策与环境方面选取指标，利用要素叠加的思路进行综合评价。虽然厘清了区域创新系统的某些特性，给出了某方面的理论指导，但仍找不到一种有效监测区域创新系统状况的框架体系，更没有一套行之有效的区域创新系统监测体系和方法。究其原因，一是由于研究时间尚短，很多研究无意中将区域创新系统作为一个独立的系统，孤立研究，脱离了它赖以生存的区域经济和产业协同现实；二是有些研究没有厘清要素之间的因果关系而直接采用指标叠加的方法进行评价，致使有些“因”的指标与有些“果”的指标直接并列，使结果出现误差。基于此，近期学术界又重新审视研究角度，将科技创新与区域经济结合起来探索区域创新系统内涵；或引入历史演化观，从区域经济、区域创新历史发展的动态角度提取区域创新系统发展的变量。

在这样的背景下，项目组提出“三步走”研究计划：第一步，进行“什么是区域创新系统”描述和刻画；第二步，进行区域创新系统的监测理论与方法研究；第三步，进行区域创新政策的设计研究。最终形成“区域创新系统描述＋区域创新系统监测＋区域创新政策设计”理论方法体系。2007～2010年围绕第一步申请并完成了一项国家自然科学基金项目，该项目首先在对区域创新系统认识上，将区域创新系统与区域经济系统联系起来，将区域中满足特定条件的创新型产业定义为创新极，从演化角度认为区域创新系统是多创新极共生演化的系统，给出了宏观—中观—微观层面的区域创新系统演化模型。本次项目主要是在第一步基础上进行第二步研究，认为区域创新系统是多创新极共生演化系统，其功能是识别创新极并培育和壮大创新极，促进创新极共生、演化发展，带动区域的创新扩散和经济繁荣。基于此，课题组申请并承担了国家自然科学基金青年项目“区域创新系统监测方法：创新极识别—培育—共生视角”（项目编号：71403078）、教育部人文社科青年项目“创新极视角下区域创新系统测评体系研究”（项目编号：13YJC630086）、河北省人力资源和社会保障厅留学人员科技活动项目择优资助项目“区域创新系统测评方法”（项目编号：C201400110）和河北省宣传文化系统“四个一批”人才培养工作资助项目。围绕这些项目，完成了魏玉静、王红冉、宋娇然、李少帅等人的硕士学位论文。这都促成了本书的出版，这本书可以说是凝结了课题组对区域创新系统监测的不断认识和研究。

本书总体布局采用了发现问题—提出方法—实证研究的思路，首选通过选题研究和文献分析发现现有的区域创新系统的监测仍未找到一条行之有效的途径，因此提出“如何监测区域创新系统”的问题；其次提出方法，在认为区域创新系统是多创新极共生演化系统的基础上，运用演化经济学思想和应用数学理论等构建由创新极识别方法、创新极培育能力监测指数、创新极创新态势指数和多创新极共生效应指数、演化监测指数结合的区域创新系统监测方法体系并对区域创新系统的识别—培育—共生—演化各阶段针对选择的省或市进行实证研究。

参与本书撰写的还有课题组成员：朱敏清、张向民、魏进平、李文璐、李少帅、张静、李元元、魏玉静、王红冉、宋娇然。本书在撰写过程中参考国内外诸多专家的成果，有的已经在参考文献中列出，但由于疏忽难免遗漏，在此对已列出的和未列出的专家一并表示感谢。同时要感谢知识产权出版社李潇编辑和她的同仁，对本书提出了大量修改建议和意见。由于时间仓促，书中难免有瑕疵，请各位读者批评指正。

李子彪

2018 年 6 月 1 日

目 录

第一章　绪　论

1.1　研究背景与意义

1.1.1　课题研究背景

1. 建设自主创新型国家客观上需要自下而上的区域创新系统

2006年初，中共中央高瞻远瞩，召开了全国科学技术大会。胡锦涛总书记提出了建设自主创新型国家的伟大战略目标，并指出我国的中长期规划的总体目标是：到2020年，使我国的自主创新能力显著增强，科技促进经济社会发展和保障国家安全的能力显著增强，基础科学和前沿技术研究综合实力显著增强，取得一批在世界具有重大影响的科学技术成果，进入创新型国家行列，为全面建设小康社会提供强有力的支撑（胡锦涛，2006）。这无疑为建设国家创新系统发出了明确信号。事实上自1996年以来，国家创新系统的思想就开始引起我国政府管理部门和学术界的广泛关注（胡志坚，2000）。相信随着国家对创新的重视，创新系统研究在学术上也会应需求而突飞猛进。

我国作为一个发展中大国，由于各区域创新资源的差异，不同区域间区域创新系统存在不同的发展模式，区域创新系统呈现出各自的特色，而国家创新系统也是由各式的区域创新系统组成的，这些区域创新系统的运行与互动一定程度上决定着国家创新系统的绩效。所以，各地区应从实际出发，在国家创新系统的框架内，构建符合国情和区情的区域创新系统，是符合客观实践的。此外，国家创新系统的“自下而上”的构建特征，客观上也要求建立不同规模，各具特色的地方创新系统。在某种意义上，强调活跃的创新活动集中于特色的、优势的区域内展开，这也催生了区域创新系统的诞生。

2. 区域创新系统的建设急需一套有效的区域创新系统监测理论和方法

自20世纪90年代区域创新系统理论引入我国以来，区域创新系统的问题就一直受到我国社会各界的关注，在理论研究和实践工作上，都取得了丰硕的成果。纵观目前研究成果，学者们更多的关注国家层面和企业层面的创新系统，虽然区域创新系统的理论体系和框架已基本构建，但针对区域创新系统监测的研究大多是以某一种对区域创新系统本质描述为分析依据，且监测的指标体系多从创新投入、创新产出、区域政策与环境方面选取指标，利用要素叠加的思路进行综合评价（Jochen Markard，2008）。虽然厘清了区域创新系统的某些特性，给出了某方面的理论指导，但仍找不到一种有效监测区域创新系统状况的框架体系，更没有一套行之有效的区域创新系统监测体系和方法（David Doloreux，2005）。究其原因，一是由于研究时间尚短，很多研究无意中将区域创新系统作为一个独立的系统，孤立研究，脱离了它赖以生存的区域经济和产业协同现实；二是有些研究没有厘清要素之间的因果关系而直接采用指标叠加的方法进行评价，致使有些“因”的指标与有些“果”的指标直接并列，使结果出现误差（刘凤朝，2012）。基于此，近期学术界又重新审视研究角度，将科技创新与区域经济结合起来探索区域创新系统内涵；或引入历史演化观，从区域经济、区域创新历史发展的动态角度提取区域创新系统发展的变量。然而如何监测区域创新体系的发展，仍未找到一条行之有效的途径。

1.1.2 问题的提出

2006 年发布的《国家中长期科学和技术发展规划纲要（2006 ~ 2020 年）》明确提出了努力建设创新型国家的宏伟目标，并指出要建设各具特色和优势的区域创新体系作为创新型国家的支撑。2012 年 9 月党中央、国务院又印发了《关于深化科技体制改革加快国家创新体系建设的意见》，明确提出强化协同创新，提高创新体系整体效能，建立全国创新调查制度，加强创新体系建设监测评估。之后，党的十八大报告再一次要求各地区进一步统筹区域创新体系建设，完善区域创新发展机制，鼓励创新资源密集的区域率先实现创新驱动发展。由此可见，国家和区域创新驱动战略的实施迫切需要有效的区域创新系统建设与测评理论提供支撑。然而如何监测区域创新体系的发展，仍未找到一条行之有效的途径。因此，从理论上研究区域创新系统监测方法，是指导区域创新体系建设实践工作的重中之重。

1.1.3 研究的意义

1. 本研究是区域创新系统理论体系的有益补充

本研究在以往研究的基础上，认为区域创新系统是多创新极共生演化系统，进而提出创新极识别—培育—共生—演化的监测方法为区域创新系统监测和评价的方法框架。项目通过从动态演化的角度，使用演化经济学、技术创新理论、创新系统方法、应用数学等相关理论，将区域创新系统与区域经济相结合考虑，通过描述区创新系统功能机理，提出以培育创新极，促进区域经济发展为核心的区域创新系统监测方法，该方法考虑了区域产业实际和区域经济的演化和发展趋势，是一种有效监测区域创新系统状况的框架体系，为区域创新系统监测理论发展和研究做出贡献。

2. 本研究对建设与完善区域创新系统监测体系有切实的指导意义

项目提出的区域创新系统监测方法符合我国科技中长期规划和党的十八大精神要求，符合各区域科技政策的实际需求。首先，便于各区域从创新系统功能上聚焦，为地方政府在促进区域经济发展目的下提供区域创新系统的效能监测方法；其次，提出的监测方法不但给出了监测结果，更能从产业创新和促进有前景产业形成新的经济增长点角度给出建议，做到以评促发展。

1.2 研究主要内容与框架

1.2.1 研究的主要内容

本书内容主要分为五部分。

第一部分是问题的提出和文献评述。包括第一章和第二章。第一章主要给出了研究的背景、意义、主要内容与框架和创新之处。第二章主要给出了区域创新系统的由来和理论基础，并对区域创新系统、区域创新系统监测进行了文献评述，使得本书得以聚焦于“区域创新系统识别—培育—共生—演化的监测方法”的命题。

第二部分是区域创新极识别方法研究。包括第三章、第四章和第五章。第三章主要介绍了创新极的内涵、结构和功能，为引入区域创新极识别—培育—共生—演化奠定基础。第四章是区域创新极识别方法研究。主要包括有关区域创新极识别的理论基础和区域创新极识别的指标确定，其中理论基础主要包含了创新极识别研究和识别因素研究；创新极识别指标确定包含创新极特征、创新极识别理论判据以及创新极识别判据测度指标确立，在逻辑维、时间维和知识维三个维度对创新极识别进行阐述，在知识技术层、企业产品层和社会网络层三个层面对创新极识别方法进行描述，最后介绍了区域创新极识别方法数学建模，其中引入创新极特征判据识别指数来表示其识别作用，基于区域创新极识别维度模型构建规模性判别指数、创新持续性判别指数以及带动性判别指数三项新指标用以描述创新极的特征，基于创新极判定模型构建产业知识基础因子、产业创新产出因子以及产业共生效应因子用以从客观层面对创新极进行实体表述，最终引入变权理论并综合这三个方面建立创新极识别方法数学模型。第五章对创新极识别方法进行了实证研究，分别对天津市 2010 年采矿业、制造业以及电力、热力生产和供应业三个门类下的 36 个大类产业和 2012 年采矿业、制造业以及电力、热力生产和供应业三个门类下的 37 个大类产业进行识别，找出该区域内的创新极，并进行了横向、纵向和综合识别结果对比分析，进而为其选择主导产业、监测本地创新系统发展提供理论依据。

第三部分是区域创新极培育能力研究。包括第六章。其主要内容包括区域创新极培育能力的理论基础，在培育环境、知识支撑水平、产业创新能力和经济发展水平四个方面对区域创新极培育能力构成要素进行分析，运用理论模型和数据问卷调查构建区域创新极培育能力的初始模型以及选取培育能力指标，运用结构方程模型进行实证分析并进一步使用主成分—聚类分析综合评价方法对区域创新极培育能力进行综合实证分析，并提出了相关的政策建议，尤其对中西部地区创新极培育有很大的借鉴意义。

第四部分是区域创新极共生研究和创新态势探究。包括第七章、第八章、第九章。第七章首先通过阐述共生理论和创新系统理论，区域创新极共生效果研究评述奠定了共生研究和创新态势研究的理论基础。第八章以历史友好模型和产业创新系统方法为理论背景，从创新极发展演化角度借助集对分析与联系数理论，构建反映创新极发展态势的创新极创新态势指数，以对区域创新极发展进行监测，并选取东部 11 省进行区域创新极态势实证分析。第九章对创新极的创新态势指数进行向量化处理，同时定义区域各创新极间创新态势指数差的绝对值为产业技术态势差，引入矩阵思想，通过构建区域创新极创新态势矩阵，反映区域创新系统中各创新极的共生和创新关联情况，进一步对构建的创新极创新态势矩阵进行数学运算处理，最后对区域创新极共生效应进行实证研究。

第五部分是区域创新系统演化监测研究。包括第十章、第十一章。第十章首先阐述了区域创新系统演化理论，然后构建区域创新系统演化发展监测指标，并以河北省为例进行实证分析，进一步引入模型验证，最后对区域创新系统演化主体构建指标进行监测。

第十一章首先阐述了关联度方法和演化网络定义。然后对区域创新系统中产业、政府、高校和研究机构的演化进行了分析，最后对区域创新系统不同主体间演化网络进行了分析。

1.2.2　研究框架

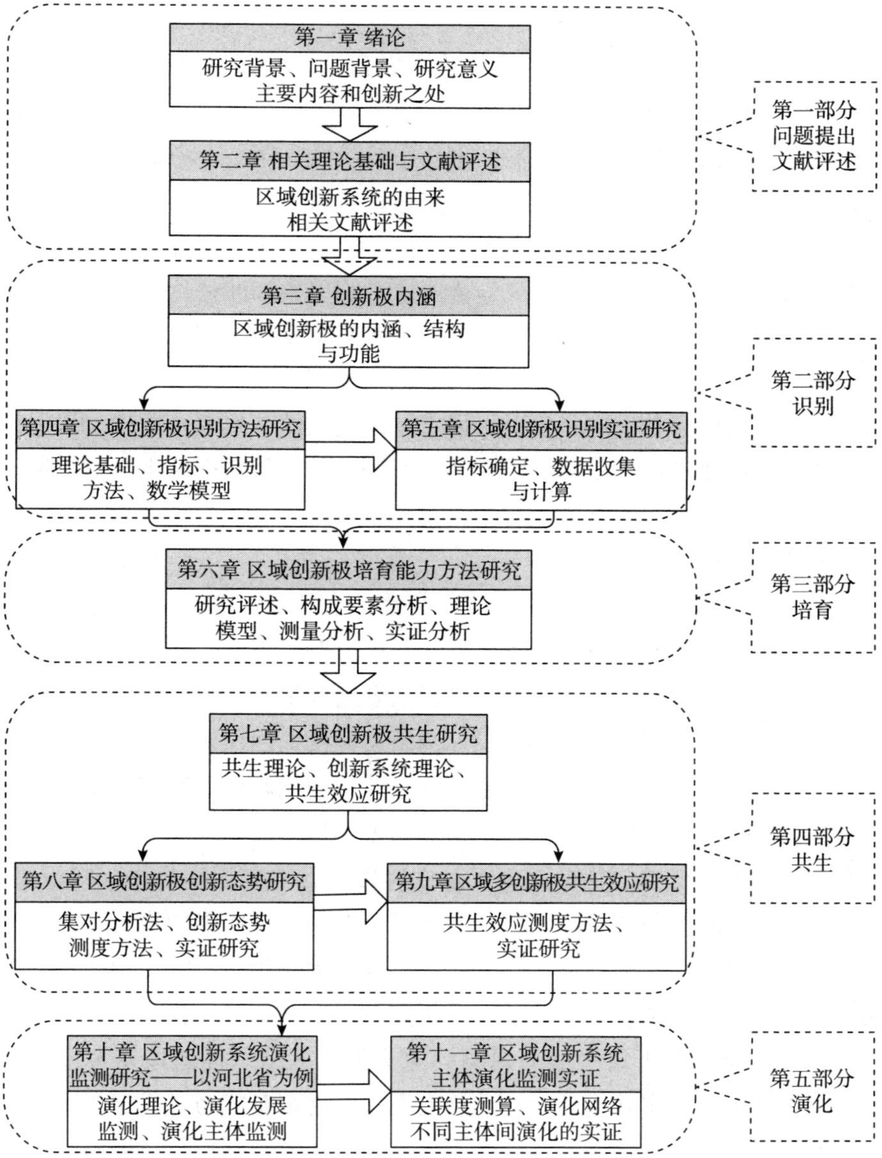

图 1.1　研究框架

1.3 研究的创新之处

第一，考虑区域创新系统的演化特性，引入历史友好模型（History - Friendly Model）和产业创新系统方法（Sectoral System of Innovation）相结合，从产业发展演化角度提出创新极描述指标，进一步引入改进的霍尔三维模型提出创新极识别方法，从产业经济演化的历史角度，判断区域内产业是否创新极。进一步借助集对分析与联系数理论，引入创新极发展态势的概念反映创新极发展状态，提出监测创新极发展的创新态势指数。第二，考虑区域创新系统的系统性，从产业创新关联角度，引入产业技术态势差概念，利用矩阵的有关运算规则，构建反映创新极共生关系的区域产业技术态势矩阵，数学处理后提出区域创新极共生效应指数。第三，摆脱要素简单叠加的评价思路，将区域创新系统中涉及的有关主体、系统要素、中介和环境变量等围绕培育和促进创新极发展的主线功能进行筛选划分，提出创新极培育指数、创新极发展态势指数和创新极共生效应指数，进一步引入因素空间理论的变权综合原理，提出以创新极培育能力监测指数、创新极创新发展态势指数、创新极共生效应指数变权结合的区域创新系统监测方法。

本书的主要创新之处如下：

（1）在给出创新极内涵的前提下，提出创新极识别方法。首先从产业演化发展的视角出发，将产业创新系统方法、历史友好模型、产业生命周期理论作为理论依据，运用产业创新系统方法得出创新极识别规模性判据的具体描述指标——知识和技术存量、主体规模、网络发育度，运用历史友好模型得出创新极识别创新持续性判据的具体描述指标——知识创新持续性、产品创新持续性、协同创新持续性三项指标描述创新极的创新持续性，运用历史友好模型和产业生命周期理论得出创新极识别带动性判据的具体描述指标——知识溢出、专利技术溢出、组织间溢出；其次基于改进后的霍尔三维模型理论，从逻辑维—发展规模、时间维—创新持续性、知识维—带动作用三个方面构建创新极识别维度模型，并在此基础上进行了实证研究。

（2）在给出创新极培育能力内涵的前提下，提出了创新极培育能力测度方法。首先阐述了国内外培育能力的研究现状，对培育能力进行了界定，并据此给出了区域创新极培育能力的构成要素，构成要素包括：产业创新活力、区域知识支撑水平、区域创新极培育环境、区域经济发展水平四个要素。进一步根据区域创新极培育能力的要素，提出了区域创新极培育能力的评价流程，构建综合评价指标体系后通过聚类分析与主成分分析相结合的方法对我国东部11个省份的创新极培育能力强弱程度进行排名以及分类。最后提出了提高区域创新极培育能力的政策建议。

（3）在给出创新极创新态势的概念的前提下，引入集对分析思想提出了创新极共生效应测度方法。在创新极演化的视角下，提出区域创新极创新态势的概念，并引入集对分析法构建了创新极创新态势测度方法，进一步从产业创新关联角度，引入产业技术态势差概念，构建反映创新极共生关系的产业技术态势差矩阵，数学处理后提出区域多创新极共生效应指数。选取北京、天津、上海、重庆、山东、河南、湖南、云南和陕西9个省市为研究对象，运用所构建的方法对各个省市内的创新极创新态势、多创新极共生效应、创新共生体的形成进行了实证研究，为区域发展的科技政策和现代化产业体系构建提供了具体的理论指导。

（4）在给出创新极共生关系的前提下，提出区域创新系统演化监测体系和方法模型。首先分析了区域创新系统演化的内容、过程和特征，进一步提出区域创新系统演化监测的指标体系，分析了区域创新系统中各主体间的关联机制，对区域创新系统演化进行了模拟监测，最后基于社会网络分析法对区域创新系统各创新主体进行了演化监测实证研究。

第二章 相关理论基础与文献评述

2.1 区域创新系统的由来

研究区域创新系统离不开区域创新系统的发展历程，关于区域创新系统的形成还需从熊彼特的技术创新理论和李斯特的国家学说说起。

2.1.1 创新的提出及发展

1. 创新的提出与发展依赖工业经济背景

创新是在一定的工业和经济发展的背景下提出的。严格地说，是经济发展到一定阶段、工业发展到特定规模、生产实践出现了某些特征后，熊彼特（Joseph. A. Schumpeter）对工业生产和经济发展历程进行回顾，在研究经济发展深层次原因时，发现经济增长主要依靠“一波又一波”的微观层面的经济变革（生产的新组合）构成，并在此基础上提出了创新概念。1912 年，熊彼特首次在其著作《经济发展理论》中从经济学角度提出了创新理论，他认为，创新就是建立一种新的生产函数，即实现生产要素的一种从未有过的新组合，包括：创新一种新的产品；采用一种新的方法；开辟一个新的市场；取得或控制原材料或半成品的一种新的供给来源；实现一种新的产业组织方式或企业重组、管理方式的革新等。创新是个经济学概念，应该说，如果创新与经济活动无关，便不能成为我们制定政策的依据。

创新研究内容的变迁与工业和经济发展紧密结合。从熊彼特提出创新概念后，至 20 世纪 50 年代，世界经历了两次世界大战，工业生产技术几乎没有明显发展，生产率和生产力没有革命性变化，因此创新也没有受到应有的重视。20 世纪 50 年代中后期，世界进入相对的和平时期，各国经济得到恢复，工业生产得到充分发展，一些大企业的组织规模也迅速扩大，在技术创新流派中，产生了组织学派，组织创新和制度创新得到了重视，认为组织创新与技术创新同样重要。在国民经济中，化学、纺织和机械等产业得到发展，技术多在实验室中靠个别人开发，技术创新模式也被认为是线性的。

2. 工业经济发展的复杂性决定了创新的复杂性

进入 20 世纪 70 年代后，世界工业经济体系结构发生了变化，诸如石油化工、机械设备制造、汽车等产业迅速发展。西方国家也出现了一大批规模很大的企业，国际贸易的强化使得国与国之间，企业与企业之间的竞争日趋激烈，产业关键技术和共性技术已经非常复杂，必须靠合作或协作来研发，甚至有些技术必须由独立研究机构完成，然后再向企业转化。De Bresson（1991）指出，最通用和最重要的技术是在国立研究所、实验室和大学内产生，然后转移给具有强大研究开发能力的设备制造商和生产资料商品生产商。受科学、技术进步和市场相互关系极其错综复杂的影响，创新过程明显具有随机、偶然和任意的特点。在这种背景下，冯·希培尔（1976）认识到创新主体的复杂性，非线性，提出了创新主体复合性。20 世纪 80 年代起，产业的发展促使了经济全球化的强化，一批被各国重视的高、精、尖战略性产业如汽车发动机制造、飞机制造等在发达国家蓬勃发展，跨国公司不断扩大业务范围，研发合作在全球范围内开展。罗斯维尔（1994）等学者认识到创新整体的复杂性、非线性，提出创新动态化、集成化和网络化。此时企业创新系统作为一个概念已经被广泛接受，学术界从各个视角开始对创新进行大规模研究。创新概念提出与发展的历程如表 2. 1 所示，由此可见，创新理论的发展与工业经济变迁是紧密联系的，工业经济发展越来越复杂决定了创新理论越来越深化。

表 2. 1　创新理论提出与工业生产发展历程关系简况

	1912 年	19 世纪 50 年代	19 世纪 50 ~ 70 年代	19 世纪 80 年代
代表产业	纺织	化学、纺织、机械	石油化工、机械自动化、汽车	汽车发动机、飞机制造业
生产组织形式	工厂手工业	工厂组织扩大，技术靠个人实验完成	大规模工厂，技术有些复杂靠合作完成	跨国公司，全球研发合作
代表学者	熊彼特	组织学派	冯·希培尔	罗斯维尔 罗森伯格
代表观点	引入创新，界定创新 5 个方面	受熊彼特启发，引入组织创新，认为组织创新与技术创新同样重要	认识到创新主体的复杂性、非线性，提出创新主体复合性	认识到创新整体的复杂性、非线性，提出创新动态化、集成化

2.1.2 国家及区域创新系统的提出

1. 创新活动的复杂性和生产系统的协作性决定了创新系统的出现

20 世纪 80 年代末，工业经济得到进一步的发展，信息经济在美国和西欧初现端倪，电子信息技术提升了几乎所有行业的生产效率，同时，信息爆炸一般的涌现出来。复杂系统的出现使得“系统范式”在学术界得到推广。企业的研发活动受到重视，企业生产活动出现了大规模协作，单个企业已经越来越难以生存，联盟和合作已经成为趋势，企业创新系统也得到认可和推广。跨国公司在全球范围内网络 R&D 资源，产业技术发展迅速，企业竞争加剧，创新网络在学术界和实践领域频繁出现。

2. 政府的意志导致了国家创新系统的出现

20 世纪 80 年代中期后，全球化趋势明显加强，一些国家为增强在国际贸易中的竞争力，增强产品竞争能力，由国家和政府出面从政策和制度框架上对创新活动进行安排。这方面日本政府做得最好。1987 年英国学者弗里曼（Freeman）在研究日本技术政策和绩效的基础上，发现日本的产业政策以及政府有关部门有效的培育和扶持了日本产业经济的发展，他经过分析提出了国家创新系统（National Innovation System，NIS）。他将 NIS 定义为“一个主权国家内的公共部门和私人部门中各种机构组成的网，这些机构的活动和相互作用促进了新技术和组织模式的开发、引进、改进和扩散（Freeman，1979）。”同时，Richard Nelson（理查德·R·纳尔逊）、Bengt – Ake Lundvall（B – A 伦德瓦尔，1992）也分别对欧洲各国经济进行观察，提出国家创新系统的观点，三位学者共同促进了国家创新系统理论的诞生。国家创新系统包括如下基本要素：（1）企业的内部组织；（2）企业之间的关系；（3）公共部门的作用；（4）金融财政制度；（5）研究开发组织；（6）教育培训。其主要活动是启发、引进、改造与传播新技术，而创新是这个系统变化和发展的根本动力。

1995 年 NIS 概念被引入到我国后就引起了国内学者的极大兴趣。著名学者冯之浚教授 1998 年主持了国家科技部研究课题“国家创新系统的理论与政策”，认为 NIS 是指一个国家内各有关部门和机构间相互作用而形成的推动创新的网络，是由经济和科技的组织机构组成的创新推动网络；NIS 应主要由企业、大学和科研机构、教育培训、中介机构、政府部门组成；并分析了发展和完善我国 NIS 的迫切性和重要性以及相应的政策措施（冯之浚，1999）。

3. 经济区域化使区域创新系统被关注

20 世纪 90 年代以来，信息技术的发展促使全球化趋势进一步增强。国际合作在西方国家普遍存在，知识密集型服务业、航空航天、半导体生产等高科技产业得到迅速发展。世界范围内，个别产业群中企业间相互作用开始地区化；全球性公司所做出的投资决策是寻求拥有竞争优势的区域产业群的区域经济；单一民族国家开始“空壳化”；新的世界分工不再以国家，而是按照区域的竞争力来进行；一些地区，比如华尔街、巴登—符腾堡、圣迭戈—Tijuana、香港—广州和新加坡，被认为比某些国家（如意大利或英国）更加具有经济意义（王德禄等，2002）。区域创新能力正日益成为地区经济获取国际竞争优势的决定性因素和区域经济参与者竞争优势的重要标志。硅谷经济的成功是最好的榜样和案例。

英国 Cardiff 大学 Philip Cooke 教授在观察欧洲经济发展后，发现欧洲一些国家的产业经济呈现明显的区域性、群集性、区域根植性和区域网络性，从而提出了区域创新系统（Regional Innovation System，RIS）。在 20 世纪 80 年代后期 90 年代初期的一些论述和一些出版物中，也曾提到“区域创新政策”“创新环境”“区域创新潜力”“区域技术政策”“创新网络”“高技术组合”等术语，而区域创新系统理论，则是通过“后福特主义”“国家创新系统”“工业群”和“地区的兴起”等理论的发展而得到发展。在库克等主编的题为《区域创新系统：全球化背景下区域政府管理的作用》一书中，库克对区域创新系统的概念进行了较为详细的阐述，认为区域创新系统主要是由在地理上相互分工与关联的生产企业、研究机构和高等教育机构等构成的区域性组织体系，而这种体系支持并产生创新。库克教授最早指出了区域创新系统是几个主体要素组成的体系，指出了系统内部的要素是相互联系、相互作用的，主要从系统演化和区域创新系统组织和机构的角度出发的。而当时欧洲经济正表现如此。

4. 区域经济增长的实践促使区域创新系统被广泛接受

自 Philip Cooke 提出区域创新系统之后，更多的学者在研究具体对象区域的发展过程中将研究对象看作一个区域创新系统，如阿施姆和邓福德（Asheim and Dunford，1997）对欧洲区域未来发展的研究，马斯特里赫特大学创新与技术经济研究所对欧洲区域创新战略的研究，还有学者对美国硅谷、巴登—符腾堡及英格兰东北部和莱茵—阿尔卑斯等地区分别进行研究。

根据已有文献分析，我国主要于 1996 年提出建设国家创新体系之后开始对区域创新系统进行研究，主要包括进行理论探讨和实证研究。冯之浚（1999）教授指出，区域创新系统的建设是国家创新系统建设的基础和重要作用，区域创新系统对地区经济发展起到重要推动作用。在区域创新系统实践方面，全国各省份都在积极培育本地的区域创新体系。尽管国内外在研究区域创新系统时对区域的界定有多种，但多数学者是针对一国之内的区域进行研究的，这也体现了区域创新系统的实践特点。

纵观创新系统的流程，随着时间发展，随着工业经济实践的发展，具有图2.1所示的规律。

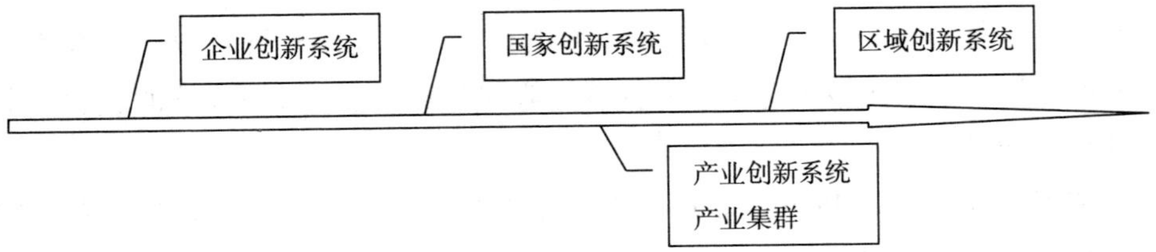

图2.1　创新系统出现的历程

2.1.3　区域创新系统从创新的系统性走向理论与方法

自20世纪90年代以来，国内外对区域创新系统的研究方兴未艾。研究的理论观点随经济发展需求和时间的变化，归纳起来有以下三个趋势。

1. 将区域创新系统作为研究对象和经济现象

自1992年提出区域创新系统以来，大量学者都是将区域创新系统作为研究对象而进行研究。究其原因，认为技术创新活动是复杂的、系统的，加之一个区域范围内的环境特性、网络性和根植性，技术创新、技术扩散和知识学习表现为一个区域内的系统整体，即区域创新系统。在这种前提下，研究区域创新系统的概念、内涵、结构、功能等等。代表性观点有：（1）要素组成论；（2）复杂系统论；（3）创新网络论；（4）技术扩散论。

2. 将区域创新系统作为区域经济建设的手段

20世纪90年代中后期，随着国内外政府普遍对依靠创新发展区域经济的重视，通过区域创新系统发展区域经济，将区域创新系统作为区域经济建设的途径和手段。主要有两种观点：（1）资源配置论；（2）唯制度论。

3. 将区域创新系统作为创新政策制定的理论、方法与监测体系

进入21世纪后，特别是最近一段时期，理论界和实践领域在评价、监测区域经济系统和分析区域经济发展深层次问题时总是局限在投入、产出和社会效益分析的讨论中。没有一种衡量和指导区域创新活动、区域产业发展方向，系统制定区域创新政策的依据，或者有效监测区域创新系统状况的框架体系。因此，部分学者开始探讨将区域创新系统作为创新政策制定的理论方法和监测体系，以期从根本上找到区域创新实践的理论依据。

这种观点认为区域创新系统是检测、衡量和指导区域创新发展的创新系统框架体系。最近几年，区域创新系统的概念作为一种分析的框架被更广泛的应用，为创新政策的制定生成实证基础（David Doloreux，Saeed Parto，2005）。David Doloreux 认为区域创新系统是一种旨在寻找一个区域内技术发展是怎样发生的标准的说明方法。这种方法被广泛应用于评价区域经济及技术组织的方式，并强调增强区域创新能力的政策及方法。Bengt－Ake Lundvall（2007）认为创新系统的核心是企业间以及企业知识基础设施间的相互作用，并在此基础上给出了国家创新系统的概念分析框架与方法，为区域创新系统的理论框架构建提供了参考。值得注意的是 OECD 最近的一些文献表明，一些发达国家越来越将区域创新系统作为一种理论分析和政策制定框架应用于国家或者区域内的技术创新和产业经济发展分析中，典型的是欧盟一些国家。

区域创新系统三个趋势如图 2.2 所示。

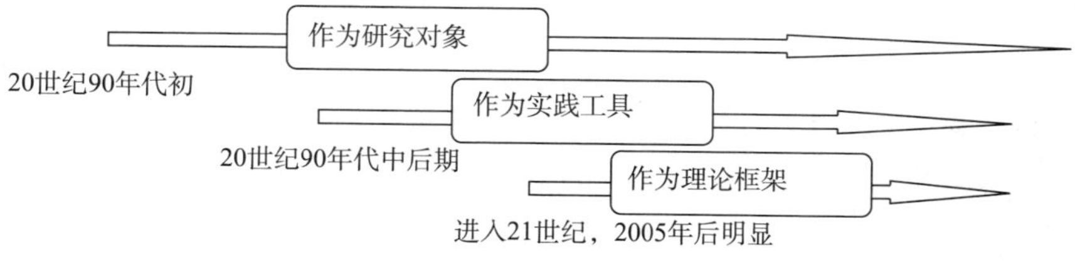

图 2.2　区域创新系统三个趋势变迁

通过以上分析，可以看出：

（1）从创新的提出到区域创新系统理论的发展，创新理论的研究依赖工业经济发展的实践，创新理论的提出和发展是对工业经济变迁的归纳和总结，是为认清工业经济发展本质的理论概括。

（2）创新理论的发展是嵌入技术发展历程的，随着技术发展的复杂和重要，创新也越发重要和复杂。创新理论和创新体系提出的初衷是为使技术，特别是产业技术更好地促进经济增长的结构、关系、组织、制度安排。创新系统是促使科技进步嵌入经济增长的制度、框架和战略安排。

区域创新系统从提出至今，对区域创新系统的认识经历了三个阶段：作为一个从区域经济中总结出来的研究对象和经济现象；作为区域经济建设的手段和途径；作为创新政策制定的理论、方法与监测体系。区域创新系统研究的趋势逐渐由研究对象向创新政策制定的理论与方法过渡。可以预见，把区域创新系统理论作为对区域经济和区域创新活动进行检测、衡量，并指导区域创新发展的理论框架体系和政策制定依据是区域创新系统下一步研究的趋势之一。

2.2 文献评述

2.2.1 区域创新系统研究评述

纵观国内外区域创新系统的研究进展，可以发现有以下几方面特征。

（1）研究角度。

有关区域创新系统理论研究的文献颇为丰富，从研究思路上大致可分为两类：其一是将区域创新系统作为研究实体对象，如北京市区域创新系统、河北省区域创新系统等；其二是将区域创新系统作为研究区域创新、技术创新、集群创新的系统观方法。将区域创新系统作为研究对象，主要研究区域创新系统何以存在、由什么要素构成、结构如何、有什么作用机制、创新绩效与产出评价等。将区域创新系统作为研究方法主要探讨区域创新现象，把区域创新视为一个系统过程，同时引入个体学习、复杂系统的思想，把区域创新活动看作是围绕 R&D 环节，基于特定技术特征，多主体集体学习和互动、共同提高区域竞争力的结果。目前国内和外国两种研究思路都有，国外以将区域创新系统作为研究方法为主对某一区域的特色产业进行分析，国内则更多地强调以省区或市区为实体对象的区域创新系统研究。

（2）理论研究。

在理论方面，主要是对区域创新系统的概念、内涵、结构、功能、特性及系统运行机制的研究，而且上述内容也大都只是定性的研究，研究成果多为从观察现象而得到，多表现为对特定产业集群的分析描述，系统如何演化、演化模型以及定量方面研究还相对不足；从复杂系统角度进行研究的文献国内外还相对较少；对于国家层次的区域创新系统的研究比较关注，已经提出较为完善的理论体系，对于区域层次的区域创新系统的研究相对滞后，尚没有形成完整的理论体系；在研究角度上，以对具体地区的创新系统描述为主，缺乏系统和规范化的一般性区域创新系统分析指标体系（当然也许不存在，但应该存在基于某一技术特征的一般性区域创新系统分析指标体系)；研究方法多为还原论，分割系统各部分的研究方法，致使系统的一些本质特性没有很好地被认识。

（3）测度理论。

对区域创新系统效能测度的研究还比较少，关于区域创新系统的评价多集中在区域创新能力方面，评价方法也多为面向结果的综合指标体系评价方法。虽然目前国内外出现了区域创新系统成熟度（李松辉，2004）、区域创新系统知识流动和吸收（刘顺忠、官建成，2001）、区域创新系统演化（胡宝民，2002）的测度指标，但国内外大部分测度指标体系都强调了系统的投入、产出和经济发展等方面。说明目前关于科技和创新系统的评价体系主要集中在投入、产出和经济效益上，关于创新系统或科技系统的本质、反映创新流动的指标以及自身演化评价尚没有提及，因此对创新系统的评价指标体系有待进一步完善。

（4）实践领域。

在实践领域，世界各国、各地区对创新体系的建设，更多的是处在探索阶段，还没有一套非常行之有效的实践方法，创新政策也多围绕 R&D 税收、技术转化等方面，关于政府科技管理部门的创新管理职能研究有待加强。形势上，一方面表现为对国家层次以及国际层次区域创新系统研究的探讨，另一方面表现为对某些经济技术发达地区创新的分析比较多（如硅谷），对区域内产业集群网络分析的文献也呈增长趋势，而对于一般地区甚至落后地区如何实现创新发展虽然近几年已开始研究，但不能满足需要，缺乏足够重视。

从文献梳理看，自 20 世纪 90 年代以来，国内外对区域创新系统的研究归纳起来，可以分为“什么是区域创新系统”“区域创新系统的地位与作用”和“区域创新系统建设”三个方面。而后两者又依赖于对区域创新系统的认识，理解“什么是区域创新系统”至关重要。现有的文献中，对“什么是区域创新系统”的描述出现了组成论（认为区域创新系统是一种客观存在，是由相关要素组成的一个体系）、复杂系统论（认为区域创新系统是一个具有开放边界的复杂系统）、唯制度论（认为区域创新系统是依靠科技创新发展区域经济的一套区域制度安排）、网络论（认为主体要素之间的相互作用关系构成一种创新网络）、技术扩散论（认为区域创新系统是围绕技术发展和应用而组织起来的技术扩散系统）的观点，且均有发展成一个被广泛使用的分析框架的可能，甚至已经在某些国家和地区开始使用。比如 N. Dayasindhu 和 S. Chandrashekar（2005）以印度遥感程序技术扩散为例，试图提出一个可以为创新的快速扩散创造适宜国家气候的方法。由上可知，区域创新系统方向下一步研究应该集中在以下一些方面。

从历史的角度研究区域创新系统发展的根源和历程。“学好历史可以把握未来”，认识事物的本质和内涵、产生的根源，才能更好地改进事物，引导事物为我们所用。区域创新系统的理论渊源虽然已有学者探讨，但目前研究未取得一致，从历史的角度分析区域创新系统理论的产生与发展仍不明朗，需要深入全面的研究。

区域创新系统是一个复杂系统，是多主体相互作用的复杂社会、经济系统，其与区域经济的关系是复杂的，研究区域创新系统与区域经济的协调与互动对发挥区域创新系统的效能、指导区域经济发展有重要的实践意义。

继续对“什么是区域创新系统”进行研究。区域创新系统的本质和理论核心应该在其网络性，研究区域创新系统各主体之间的关系，定量分析区域创新网络机理，对把握区域创新系统本质至关重要。区域创新系统作为一个整体已经被充分认识，在研究区域创新网络时，现有的理论是将其割裂成单个子系统进行内部关系的研究。这种方式无形中将系统的本质扭曲了，难以认清区域创新系统的“真面目”。系统是一个整体才称之为系统，研究区域创新系统网络及各主体之间的关系应该在系统整体的前提下进行。关于区域创新系统网络的研究目前有三个趋势：一是将创新主体界定为企业、高校、中介机构、政府等主体，构建定性的网络模型，分析区域创新网络；二是从复杂适应系统（Complex Adaptive System，CAS）角度对区域创新系统网络进行研究，将创新主体看成适应性主体，进而用计算机仿真模拟区域创新网络的演化过程；三是从社会网络分析理论（Social Network Analysis，SNA）角度，对区域创新系统各主体之间的关系进行假设与量化。社会网络分析理论是新经济社会学领域的重要研究方法，是以社会系统中主体间的关系为研究对象，以行动者属性为出发点，研究主体之间的关系模式怎样影响及多大程度上影响并决定主体行为、整个网络和系统功能的一种社会学定量研究方法。区域创新系统主体具有典型的社会性，主体之间的关系具有网络化特征，将社会网络理论引入区域创新系统研究，利用社会网络分析方法对区域创新系统中主体间关系与交流进行定量分析，对完善区域创新系统理论体系有重要的意义。

区域创新系统效能测度方法仍需进一步探讨，目前的方法以静态方法为主，且多为面向结果的综合指标体系评价方法，尚未有正确评价区域创新系统本质、演化和创新效能的动态方法，这一方面有时也取决于上一方面的研究进展。

本课题是在前期项目研究了“什么是区域创新系统”的基础之上对区域创新系统的监测理论与方法展开的进一步研究。

2.2.2　区域创新系统监测方法研究评述

尽管国内外在研究区域创新系统时对区域的界定有多种，但多数学者是针对一国之内的特定区域进行研究的，体现国家创新系统的层次性特征（顾新，2001；王稼琼，1999；丁焕峰，2001；黄鲁成，2002；等）。特别是在我国，主要是以行政区划为依托的、以技术创新活动为对象的区域创新系统研究。

自20世纪90年代以来，国内外对区域创新系统的研究分为“区域创新系统内涵与功能”“区域创新系统效能及测评”和“区域创新体系建设”三个方面。通过梳理三个方面的文献发现，关于区域创新系统监测方法的研究大都遵循这样一个思路：先假定或认可一种区域创新系统的内涵，进而围绕这个内涵提出监测指标体系和方法。而区域创新系统内涵的研究，在我导师胡宝民教授主持完成的国家自然科学基金项目（项目编号：70773035，申请者李子彪为第二完成人）的研究报告中已归纳为以下六种观点：（1）创新主体要素组成论；（2）复杂系统论；（3）制度体系框架论；（4）区域创新网络论；（5）国家创新子系统/资源配置论；（6）技术扩散系统论。分析发现以上对区域创新系统的各种认识，仅是一种对区域创新活动的看法和观点，区域创新系统更多被视为一种概念性框架（Bengt - Ake Lundvall，2007），一种在区域范围内解析创新产生和促进过程的分析框架，而这也决定了区域创新系统监测的角度。

围绕上述观点，国内外现有关于区域创新系统监测体系文献大致呈现以下五个方面。

第一，认为区域创新系统是企业、高校、独立科研机构、中介组织和政府组成的创新交互网络，进而构建指标体系对区域创新能力评价（Porter 和 Stern，2002；柳卸林，2003；卢时雨，2009；杨中楷，2010；Hugo Hollanders，2012）。国内这方面权威文献当数柳卸林教授及课题组自2002年起每年出版的《中国区域创新能力报告》，该报告对中国区域创新总的能力做了一个较全面的分析，并对各省、自治区、直辖市的创新能力逐一做了分析。国外代表则是Hugo Hollanders 近几年连续给出的欧盟创新能力记分牌研究。

第二，重视区域创新系统的资源配置功能，从系统的投入产出效率方面构建监测体系（Carlsson，2002；Jorge Niosi，2002；刘顺忠、关建成，2003；马鹏龙，2006；赵树宽，2009；等）。此方面文献多以区域为考察视角，采用适当的数学方法，用区域内科技投入产出数据对各区域创新效率进行测度为主要议题。

第三，考虑系统的政策功能和与经济的协调性，构建测度体系，对区域创新系统与区域经济协调性（支撑性）考察（彭纪生，2000；Chiffoleau，Y.，2005；张磊，2006；陈伟等，2011；等）。认为区域创新系统与区域经济系统是紧密结合的，区域创新系统为区域经济系统提供支撑，这也是区域科技政策研究与设计的切入点。

第四，关注区域创新网络的结构与演化，对区域创新系统组织结构、成熟度与演化等进行评价研究（Cook P. 2002；任锦鸾，顾培亮，2002；Rond，Hussler，2005；李松辉等，2004；李子彪，2005；刘凤朝，2011；等）。认为区域创新系统是一个复杂的创新网络系统，创新网络的发展和演化决定了系统的发展，因此提出了一些分析系统成熟度和演化方面的评价指标；引入了复杂自适应系统、系统动力学等方法对其演化进行分析评价。

第五，认为区域创新系统具有知识和技术创新、扩散、应用的功能，围绕区域创新系统知识产出、技术扩散等某一方面功能，提出测度指标体系（Michael Fritsch，2002；胡宝民，2002；魏江，2003；M. P. Hekkert，2007；等）。认为区域创新系统是围绕知识、技术创新和应用而组织起来的扩散系统，如Michael Fritsch（2002）利用改进的生产函数方法，对区域创新系统的知识生产功能进行测量，M. P. Hekkert（2007）从技术发展的动力角度给出测度指标。

综上所述，目前对区域创新系统监测的研究文献多是以某一种对区域创新系统本质描述为分析依据，且监测的指标体系多从创新投入、创新产出、区域政策与环境方面选取指标，利用要素叠加的思路进行综合评价（Jochen Markard，2008）。虽然厘清了区域创新系统的某些特性，给出了某方面的理论指导，但仍找不到一种有效监测区域创新系统状况的框架体系，更没有一套行之有效的区域创新系统监测体系和方法（David Doloreux，2005）。究其原因，一是由于研究时间尚短，很多研究无意中将区域创新系统作为一个独立的系统，孤立研究，脱离了它赖以生存的区域经济和产业协同现实；二是有些研究没有厘清要素之间的因果关系而直接采用指标叠加的方法进行评价，致使有些“因”的指标与有些“果”的指标直接并列，使结果出现误差（刘凤朝，

2012）。基于此，近期学术界又重新审视研究角度，将科技创新与区域经济结合起来探索区域创新系统内涵；或引入历史演化观，从区域经济、区域创新历史发展的动态角度提取区域创新系统发展的变量。

在这样的背景下，项目组提出“三步走”研究计划：第一步，进行“什么是区域创新系统”描述和刻画；第二步，进行区域创新系统的监测理论与方法研究；第三步，进行区域创新政策的设计研究。最终形成“区域创新系统描述+区域创新系统监测+区域创新政策设计”理论方法体系。2007～2010年围绕第一步申请并完成了一项国家自然科学基金项目，该项目首先在对区域创新系统认识上，将区域创新系统与区域经济系统联系起来，将区域中满足特定条件的创新型产业定义为创新极，从演化角度认为区域创新系统是多创新极共生演化的系统，给出了宏观—中观—微观层面的区域创新系统演化模型。

本次项目主要是在第一步基础上进行第二步研究，认为区域创新系统是多创新极共生演化系统，其功能是识别创新极并培育和壮大创新极，促进创新极共生发展，带动区域的创新扩散和经济繁荣，提出创新极识别—培育—共生—演化的监测方法对区域创新系统进行监测和评价。

第三章　创新极内涵

本课题将区域创新系统的研究与其区域经济现实和发展需求联系起来，把区域创新系统监测方法研究定位在认为区域中的创新型产业为创新极，区域创新系统是多创新极共生演化系统的定义之上。在创新极识别—培育—共生视角下构建区域创新系统的监测体系，必须要对创新极的内涵、机构和功能有清晰的界定和深度的了解。

3.1　创新极内涵界定

3.1.1　创新极文献评述

创新极受到增长极思想的启发，在一定程度上反映了区域非均衡发展理论的观点。搜索与归纳相关文献发现，国内外学者对“创新极”开展的研究比较少。

1. 国外研究评述

国外学者将创新极命名为“创新枢纽（innovation club）”“知识枢纽（knowledge club）”或“经济枢纽（economic club）”。Pierre，Christian（1993）在20世纪90年代初比较系统地探讨了我国的创新极化现象，认为区域创新极发展的差异化与持续不断的、高度密集的研发投入以及地区的开放程度等要素之间存在直接关系，首次提出并大致阐述了“创新极”这一概念，指出上海、广州等地可作为中国的创新极。Craig，Branco（2011）对能源创新枢纽和能源前沿研究中心进行了研究，美国能源部为了应对奥巴马提出的发展新能源技术来解决美国的能源需求并恢复美国的经济竞争力的要求开发了崭新的有关能源研究与发展的研发模式，建立了能源创新枢纽和能源前沿研究中心，以此来促进学科、机构、部门之间跨领域的合作，并初步评估了能源创新枢纽和能源前沿研究中心协调跨领域合作问题的基本机制。伦敦大学学院的一项研究将学术健康科学中心作为创新枢纽，因为它主要是通过高校与医院之间的合作对科研、临床试验与学术进行了整合，使其成为具有国际竞争力的卓越的科研中心，其研究经费、临床试验都会广泛吸引最优秀的研究人员和临床医生，而且作为创新枢纽，它促进英国临床科学协作与创新的水平。“知识枢纽”这一概念是由 Evers 在 2008 年提出的，他认为知识枢纽是由知识输出和知识共享网络交互构成的当地创新系统，它们具有高度连通性、高度发展的内外部网络结构以及知识共享能力，知识枢纽同时具有三大主要功能：创造知识、将知识转发至可应用的网站、通过教育和培训将知识传授给其他人。Lenny，Jann，Yudo 等（2012）引用大量相关文献和二手材料试图分析三重螺旋式部门（高校、当地企业、当地政府）的潜能，并提出校企合作模式作为知识枢纽来发展印度尼西亚在 MP3EI 的经济长廊，这对以知识经济为主导的知识枢纽研发的未来研究具有重要意义。知识枢纽这一概念在许多国家用作一种战略手段，其能为这些国家在知识型经济中以知识创造竞争优势。Jan，Philip（2008）假定高校在以科学和技术为基础的经济发展中发挥着更大的作用，这促使其追赶并引领创新型地区。当地政府试图将该地区由农业经济向工业经济转化，最终转向创新驱动型经济，在这一背景下其探讨了高校如何从执行常规研究和教育功能的角色转变为充当创新驱动型的知识枢纽角色，即佐治亚理工学院的案例研究。他们认为佐治亚理工学院之所以能够转变为知识枢纽关键在于体制关系、程序、组织形式以及在学术、教育、创业、风险投资、产业和公共领域边界之间的跨越角色的出现。佐治亚理工学院的经验案例突出强调了网络手段、能力建设、基于科技的创业发展以及与地方创新体系能力的重要性。

2. 国内研究评述

国内现有文献对创新极的认识主要是其对区域的带动作用，他们仅停留在概念界定这一层面上。周密（2007）指出区域内科技资源的高度集中诱使科技创新中心的形成，创新中心周边的创新活动非常活跃，进而提升了整个区域综合创新水平的持续性，随即产生了科技创新极化现象，科技创新极化是由各个科技要素高度集聚发展而成的极点，并从动态的视角出发，选用科技创新极化度指数对东、中、西三大地区的极化现象进行测算。之后，周密（2007）又利用 DEA 方法对我国 30 个省份区域内的科技资源投入要素、产出要素进行分析，找出我国存在创新极化现象的一些区域，发现在这些区域中不同的极化地区对应不同的地区结构；并运用 Estebn – Ray 指数对这些区域的极化程度进行了比较，发现京津冀地区正处于创新极化的发展初期。饶光明（2007）认为在区域发展中产业创新的实现具有极化和边缘化倾向，并以长江上游地段的第二产业为例进行了实证分析，研究结果发现产业创新的初始与产业成长之间的交互作用致使产业聚集得以形成和不断优化，产业创新的极化与产业繁荣成熟之间的交互作用加强了产业聚集，而产业创新的边缘化与产业衰落之间的交互作用最终致使产业聚集衰退败落。郭淑芬（2008）指出创新极主要是将广阔空间区域内的相关创新要素资源聚集在一个较小的空间范围内，这些具有边界的区域拥有异常频繁的创新活动而且可以影射邻近区域，创新极的形成源自于浓厚创新氛围下各个创新资源要素的高度集聚与整合，因而欠发达地区在培育园区集群基础上创建全区的创新极，对区域内的特色产业要素资源进行整合与升级，不断提高区域的整体创新水平。刘春凤（2008）从数学视角对创新极的概念进行刻画，分析了创新极的数字特征，基于粗测度理论构建形成创新极所需的各项创新活动的基础性条件、各项创新活动的科技人员、各项创新活动的研究成果以及与创新相关的各项研究成果的转化水平四方面判据的临界值，将满足该项临界值的产业创新子系统定义为创新极，并进一步运用数学方法描述创新极所具有的发展规模、鲁棒性以及成熟度等方面的特征。

3.1.2 创新极的含义

将区域创新系统与区域经济系统联系起来，通过对产业经济和产业创新活动的观察，在一段时期内，区域内的技术创新活动在不同的产业（行业）之间分布是不均匀的，存在着聚集现象。同时，与产生技术创新活动聚集现象相对应的产业（行业）恰是在同期经济发展较快、较好的产业（行业）。这些技术创新活动聚集现象明显、经济发展较好的产业（行业）的创新绩效构成了区域创新系统的主要创新绩效，代表了区域创新系统的未来演化方向。相对于整个区域，我们将具有这样特征的创新型产业称为区域创新系统的创新极（李子彪，2007）。

当前学者们普遍认为创新极是高校的知识产出机构。如姜澄宇（2006）认为创新极是指一个创新机构或群体在一个国家或地区的创新活动中起着推动作用、具于领导地位的现象。主要用来明确大学等科研创新机构在一个国家创新体系中的位置与作用，进而解释大学等科研创新机构在一个国家的创新体系中，扮演了带动国家创新能力发展的角色，处于一个国家创新水平的高端的“极”点位置。比如，昆山清华科技园，其依托清华大学人才和技术优势，依托清华科技园总部园区的帮助与支持，在昆山打造创新型城市的进程中，将率先成为昆山区域经济快速协调发展的“创新极”。

本章界定的创新极是指区域经济系统内具有一定规模的创新活跃、对区域经济有支撑和引领作用、对其他产业有技术溢出效应的创新型产业，是区域创新系统功能在产业层面的技术创新集聚化表征，在区域经济发展中发挥着引领作用。相对于整个区域创新系统，这些产业创新子系统处于一个“极”的位置，扮演了带动区域创新能力发展的角色。

创新极具有其时间和空间特性。创新极的时空特性反应在时间上，表现为不同时间阶段创新极发展情况不同。从时间上说，创新极是区域创新系统在演化的中期阶段出现的一种产物，其在创新系统内发挥着重要的创新引擎作用，多个创新极共同影响和决定着区域创新系统的绩效和演化方向。从空间上说，创新极是具有一定根植性的区域产业创新网络，其存在需要一定的空间，并且与特定空间环境形成一个有机整体，相互交融，而且不同空间的同一产业形成的创新极结构也不尽相同，具有客观存在性。其形成过程如图 3.1 所示。

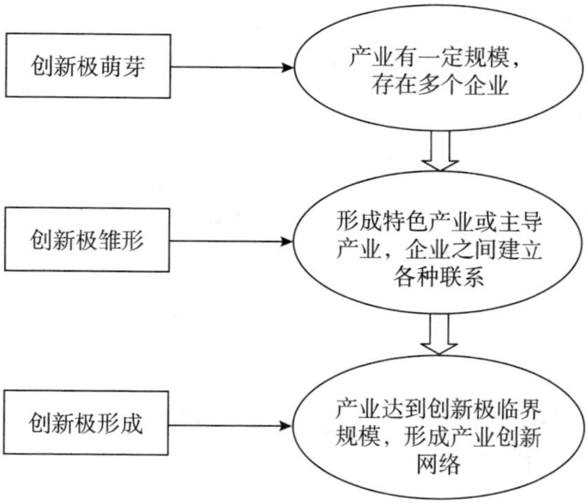

图 3.1　创新极形成示意图

3.2　创新极数学描述

假设我们研究的整个空间 M 是一个信息系统，

$$M = \{\Omega, A, V, \mathscr{R}, D, T, \mu, \delta\} \tag{3-1}$$

其中，Ω 代表研究对象，即为某区域创新系统。设 Ω 中包含 $m+n$ 个不同的产业子系统，$\Omega_1 = (x_{11}, x_{12}, \cdots, x_{1n})$，$\Omega_2 = (x_{21}, x_{22}, \cdots, x_{2m})$ 分别为创新型产

业子系统（即创新极）和非创新型产业子系统，

则 $$\Omega=\Omega\{\Omega_1,\Omega_2\}=\{(x_{11},x_{12},\cdots,x_{1n}),(x_{21},x_{22},\cdots,x_{2m})\} \tag{3-2}$$

A 代表 Ω 中产业子系统的属性集合，

$$A=\{a_1^k,a_2^k,a_3^k,\cdots,a_p^k\} \quad (k=1,2,3,\cdots,m+n) \tag{3-3}$$

a_1^k，a_2^k，a_3^k，…，a_p^k 分别表示第 k 个产业子系统的属性指标。

D 代表研究空间中产业子系统评判决策方案集，

$$D=\{d_1,d_2,\cdots,d_i\} \tag{3-4}$$

d_1，d_2，…，d_i 分别表示评判决策变量。

V 代表产业子系统属性指标值矩阵，

$$V=(v_{k1},v_{k2},\cdots,v_{kp})=\begin{bmatrix} v_{11} & v_{12} & v_{13} & \cdots & v_{1p} \\ v_{21} & v_{22} & v_{23} & \cdots & v_{2p} \\ \vdots & \vdots & \vdots & \vdots & \vdots \\ v_{m+n1} & v_{m+n2} & v_{m+n3} & \cdots & v_{m+np} \end{bmatrix} \tag{3-5}$$

$v_k=\{v_{k1},v_{k2},\cdots,v_{kp}\},(k=1,2,3,\cdots,m+n)$ 为某一产业子系统属性指标标准化值向量。

依据集对分析理论，多元联系数中联系分量大小关系所确定的多元联系数状态和演化趋势称为多元联系数的系统态势，系统态势级以及系统所处的几何方位统称为态势方位。我们用 μ 代表产业子系统 x 的态势方位，

$$\mu=\mu(x)=\{a(x)+b(x)i+c(x)j\},$$
$$x\in\Omega,\quad (k=1,2,3,\cdots,m+n) \tag{3-6}$$

根据区域创新系统理论研究，区域创新系统的构成要素是各组成部分加上个组成部分间的关系，通常各组成部分是看得见的，但各组成部分之间的相互作用关系及演变对创新的涌现和聚集发挥着关键性的重要作用，并且是看不见的或不易被观察到的和不易被测度的。我们将此称之为区域创新系统的细节，记为 $\mathscr{R}$。

δ 表示某产业子系统 $x\in\Omega$ 的鲁棒性参数，T 表示研究考察的时间阶段。

在我们的研究空间 $M=\{\Omega,A,V,\mathscr{R},D,T,\mu,\delta\}$ 中，定义 $\hat{x}$ 为一个创新极，如果 $\hat{x}$ 满足下列条件：

（1）$\hat{x}\in\Omega_1\subset M$；

（2）$\hat{x}=\hat{x}(t,\mu)$，$t\in[t_0,T]$；

（3）$\hat{x}$ 的产业技术经济指标优度函数 $\Phi(x)$，代表该产业技术变革路线图实际轨迹，$\Phi(x)$ 是分段递进函数。x 代表产业技术经济指标优度，有：

$$x = x(t) = \prod_{\xi} A^*, \quad t \in [t_0, T] \tag{3-7}$$

其中，$A^* = (a_{k1}^*, a_{k2}^*, \cdots, a_{kq}^*)$，$A^* \in A, a_{k1}^*, a_{k2}^*, \cdots, a_{kq}^*$ 是产业技术经济指标。

满足

$$| \Phi(x) - G(x^*) | < \lambda | x - x^* | \tag{3-8}$$

其中，$G(x^*)$ 是产业技术变革路线图的理想轨迹，是产业生产短期成本函数和长期成本函数的复合，x^* 代表产业技术经济指标优度的理想状态。

$$G(x^*) = \lambda \sin x^* + x^* \tag{3-9}$$

λ 的取值对初值 $\Phi(x)|_{t=t_0}$ 和 $\mathscr{R}$ 是敏感的。

（4）$\hat{x}$具有分段鲁棒性，即在产业技术变革路线图上，两个相邻的碑点内是鲁棒的，当从一个碑点跨越到另一个碑点时是不鲁棒的。也就是说，$\hat{x}$在产业技术变革路线图上两个相邻的碑点内是短期成本函数变化，两个或多个碑点间是长期成本函数变化。

（5）$\hat{x}$具有技术溢出效应。设$\hat{x}$对 k 产业的技术溢出效应向量为$\overrightarrow{r_k}(s)$，s 为技术溢出效应变量集，$s = \{s_1, s_2, s_3, \cdots, s_l\}$，则$\hat{x}$的技术溢出效应向量为

$$\overrightarrow{R} = \{\overrightarrow{r_1}(s), \overrightarrow{r_2}(s), \overrightarrow{r_3}(s), \cdots, \overrightarrow{r_k}(s)\} \quad \{k = 1, 2, \cdots, m+n-1\} \tag{3-10}$$

上式中要求 $s_1 \geqslant 0, s_2 \geqslant 0, \cdots, s_l \geqslant 0$，且 s_l 越大，溢出效应越好。

3.3　创新极功能

3.3.1　创新极极化功能

经济增长的非均质性致使资源由周边落后地区向经济中心集聚的运动称为极化现象（Polatization）。近年来区域极化程度与科技资源的聚集及创新活动密切相关，出现了明显的创新极化现象，周密（2007）运用绩效评价中的数据包络分析对科技资源变量进行了实证研究，测度出目前我国形成了京津冀单极结构创新极化区，珠江三角洲双极结构创新极化区，长江三角洲三极结构创新极化区，并构造指数衡量了三类创新极化区的极化程度，认为珠三角创新极化区域内极核的集聚效应不断增强，长三角的扩散效应开始显现，而京津冀目前仍处于极化形成期。极化过程包括吸附和扩散两种相反的运动，不同的极化阶段两种运动的作用大小不同，创新的极化现象将使区域的中心与外围创新能力呈现差异，并使中心对整个区域进行创新扩散，带动区域的创新能力提升，

创新极就具有明显的极化功能。具体有以下功能：

（1）吸引本产业的相关企业进入（成娟，2006）。创新极对企业来说具有很多优势，比如说丰富的科技资源、知识信息、成本优势等，这可使企业以较少的投入获取最大的收益，降低了内迁企业或新建企业的投资风险与成本，无论是同行业企业还是辅助、配套、服务机构，都能够降低成本并便利地获取生产和创新所需的资源。

（2）吸引人才的进入。创新极内浓厚的创新氛围，良好的工作条件及对创新人才高度认同吸引着勇于创新、富有冒险精神的本产业内专业的高素质人才的加入。这些人才的加入可以使创新极更为开展创新，服务和带动区域经济。

（3）吸引资本的进入。由于创新极在成本、效率及创新方面的优势，网络内企业能够获取较高的投资回报率，一些投资商就会倾向于在创新极内投资。

（4）吸引技术的进入。创新极内大量的企业间的协作分工，不仅有利于技术创新，并且会产生大量的技术需求，用于改造现有的生产工艺、设备，促进产业技术升级，而且网络内企业争相提高自身技术水平，或研发，或交流合作，或引进新技术消化吸收，都会提高创新极的创新水平。

3.3.2 创新极知识扩散功能

创新极是一个发展到一定阶段的产业创新网络，网络内主体之间保持高度联系与交流，这使得知识的扩散与传播成为可能。Von Hippel（1988）研究就表明大多数的企业创新不是来自本企业的发明创造，而是借助于企业外部的创新源头。可见知识传播与扩散在创新极内已非常普遍。从宏观上看，如图 3.2 所示，知识在创新极内随着企业的沟通与交流知识扩散顺利进行，并伴随着不

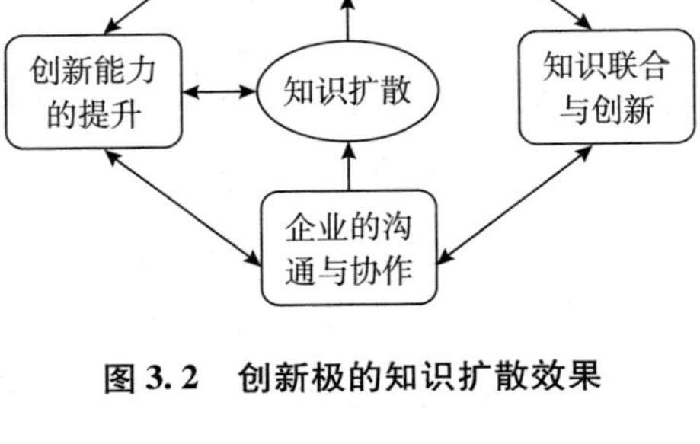

图 3.2 创新极的知识扩散效果

断地加工、整理与再创新，整个过程动态上升，最终企业提升了自身的创新能力，创新极也从整体上表现出了越迁和提高。至于知识在创新极内的具体流动、扩散的过程。

3.3.3　创新极带动功能

创新极在区域创新系统中的最重要功能就是依托创新极的特色、强势的创新能力和技术研发水平，带动区域创新绩效和效率的提升，从而支撑区域经济的发展。图 3.3 展示了创新极在区域创新系统中的带动功能。

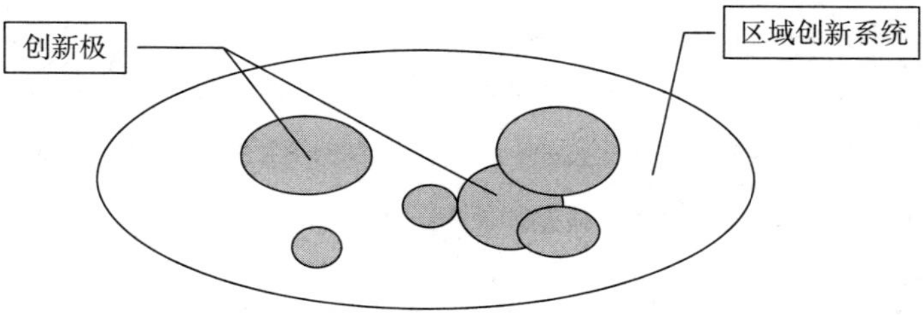

图 3.3　基于创新极的区域创新系统效果图

区域创新系统的发展与形成是由多个创新极耦合共生而成，创新极的创新能力、创新绩效和技术水平代表了区域创新系统的能力与水平，进而对区域经济的支撑和引领起决定性作用。创新极的创新能力、创新活动的活跃程度构成了区域创新系统的主体。区域创新系统形成过程，也是各创新极成长、成熟、耦合的过程，创新极的创新绩效直接影响并决定着区域创新的绩效，对区域经济有带动作用。这种带动作用在表 3.1、表 3.2 中展现的更加显著。

表 3.1　产业创新网络初期与形成创新极后对比

	产业创新网络初期	形成创新极后
系统特性	整体等于部分之和	部分之和大于整体
信息传递	各层汇总	网络化，动态化，响应迅速
创新目的	有计划的目标	不断涌现的产品需求和技术拉动
主体关系	线性关系	非线性关系
创新控制性	创新的方向由计划控制	共生体互动影响创新，自发涌现创新
环境适应性	难以适应环境变化，对环境反应迟钝	与环境形成互利共生关系
对经济贡献	对经济贡献有限，持续性未知	对经济贡献大，持续支撑经济发展

表 3.2 有无创新极的区域创新系统比较

	无创新极的区域创新体系[①]	创新极成熟的区域创新系统
企业网络结构	企业数量不多，部分企业由政府扶持，企业互动网络尚未形成	企业数量众多，各式机构齐全，各企业之间相互交流自然，企业互动网络形成
动力机制	自上而下，以政府推动为主，强调政府规划的力量	自下而上，创新网络内企业之间互动学习内生动力，强调交流和市场功能
根植性	与地方社会文化不能有机融合	企业网络根植于当地文化，与地方文化共同发展
创新模式	单个企业孤立分散突破创新，创新与生产相分离，高成本、高风险、长周期，忽视客户需求	形成了各种创新模式，创新与生产结合，单个企业创新与联合创新、合作创新结合，满足市场需求，低成本、短周期
对区域经济的贡献	点对点的贡献，对区域经济贡献、带动作用小	依托创新极的创新持续性，持续支撑和引领区域经济的发展

注：①之所以叫区域创新体系，是因为在区域创新系统形成的早期，企业技术创新规模，产业规模相对较小，难以形成系统协同效应，主要依靠政府的规划来提高系统性，发展到一定阶段后才能称之为区域创新系统。

创新极的创新与发展培育了区域的产业发展与壮大，极化效应强化了以产业技术创新为根本的企业网络综合体，使企业具有较高的投资回报率、创新产出率，带动社会文化和观念朝着鼓励创新与合作的方面发展，强化了社群创新意识。由此可见，创新极对区域创新系统，对区域经济的带动作用巨大，对产业经济、区域经济起到示范带动作用，与周围经济加强联系，使整个区域获得外部经济，带动区域经济发展。

第四章　区域创新极识别方法研究

4.1　创新极识别研究评述

4.1.1　创新极识别研究评述

区域创新系统是由多个创新极共生演化而成的系统。目前对区域创新系统的研究理论主要来源于国家创新系统理论、演化经济学、新产业区理论、现代区域发展理论。其中，国内外学者对演化经济学的研究是最少的也不具有一定的系统性，然而在研究区域创新系统方面演化经济学却是最适合的理论方法。创新本身就是一个动态概念，任何一个区域创新系统都会经历产生、发展、成熟和衰退的动态学习和调整过程，而演化经济学就是以演化范式研究经济变迁的整个过程，因此从产业演化发展的角度对其识别问题进行研究可以比较真实地展现创新系统中各个经济主体之间的多样性以及其相互间的复杂关系。从国内外关于产业演化识别的文献来看，有关产业演化的识别研究实则可以分为三大类，第一类是面向演化过程的识别研究，第二类是面向演化结果的识别研究，第三类是面向演化过程—结果的识别研究。

1. 面向演化过程的识别研究

目前，大量研究试图找出能够有效展现产业演化本质的方法以便对产业演化阶段进行准确的识别。单一产业的产业规模、产业技术和产业组织会随着产业的演化发展而发生变化，这些变化与产业演化存在一定的内在关系，因而能够从侧面展现产业演化的过程。这也为从不同视角探讨产业演化阶段的识别问题提供了可靠依据。由于很难将产业技术进行量化，因而现有研究主要从产业规模和组织视角对产业演化进行识别。外国学者侧重于从产业组织角度研究产业演进识别问题，他们根据产业演化的内在表现特征对产业演进进行识别，重点探讨产业内具备相同规律和阶段性特征的主体行为变化的具体过程。他们常采用的识别方法有：厂商“净进入率”法、二维识别法等。

厂商“净进入率”法是最早从产业组织角度研究产业演化识别的方法，其依据厂商进入产业的情况识别产业演进阶段，主要参考指标为厂商“净进入率”以及与前一阶段相比较产业内厂商的绝对数量的变化情况。Cort，Klepper（1982）提出了产业生命周期理论，它在实证研究的基础之上从动态演化的角度系统地研究产业从孕育到衰退企业所具备的阶段性和规律性行为的整个改变过程。在这篇文章中两位学者首次利用产业厂商数量的相关变动情况识别产业演进过程，通过研究 46 种产品的价格、销售、产量以及“净进入”的整个生命周期或是部分生命周期的时间序列数据，分析了每种产品市场结构的演化与厂商数量之间的关系，并依据产业内厂商的“净进入”数量将其生命周期划分为五个阶段，即引进阶段、大范围进入阶段、稳定阶段、大量淘汰阶段、成熟阶段。Klepper，Graddy（1990）随后修正了此方法，他们认为在短时间内厂商数量具有一定的波动性，因而使用了 5 年和 10 年移动平均方法，将产业内厂商数目增长率开始下降的点当作产业步入成熟时期的开始点，并将产业内厂商数量开始下降的时间点当作产业成熟时期的结束点，最终将其演化发展过程归为成长阶段、淘汰阶段和稳定阶段。由于所选取的样本数据考察期较短，Anita，Bria（2001）同样利用 Klepper 和 Graddy（1990）的识别方法将产业内厂商数目增长率出现低于前一阶段增长率 3% ~5% 的时间点作为产业步入成熟时期的起始点，并将厂商数目降低至少于前一阶段厂商数目的 97% 的时间点作为产业成熟时期的结束点。

Klepper（1996）在上述研究的基础上，采用产业创新活动程度与创新主体相结合的方法对产业的演进过程进行识别与判定，利用企业规模来反映创新主体，以 500 名员工的数量作为企业规模的划分标准，并用产业平均创新率水平来测度创新活动程度。此方法的识别结果为：少量的创新主体和较高的创新程度对应产业的形成时期，大量的创新主体和较高的创新程度对应产业的成长时期，大量的创新主体和较低的创新程度对应产业的成熟时期，少量的创新主体和较低的创新程度对应产业的衰退时期。然而，鉴于每个国家企业规模的划分标准并不一致，应用此方法则需要依据每个国家的实际情况对创新主体规模的划分标准进行调整，由此可见其可操作性并不大。

Tether，Store（1998）观测到产业内从业人员数量在产业演进过程中会随着企业数量的改变而发生阶段性改变这一现象，提出了产业内从业人员数量与产业中企业数量相结合的二维识别法，并对高技术产业的演化过程与路径进行了识别与定位。二维识别法清晰地展示了产业演化的路径：在某一个新产业的初始阶段，产业内的从业人员数量以及企业数量均呈现增长趋势，此时该产业应该隶属于类型 1 产业；伴随产业的日益成熟，产业内的从业人员数量保持上升趋势而产业内企业数量却出现下降态势，此时产业演化为类型 2 产业；此后产业内的从业人员数量与企业数量均呈现下降趋势，产业演化为类型 3 产业；当出现产业内的从业人员数量减少而企业数量却不断增加的情形时，产业就会演化为类型 4 产业，虽然它并不符合有关产业演化生命周期的相关描述，但欧洲大部分高技术制造产业却属于这种类型的产业。二维识别法不仅具有较大的可操作性，而且能够真实清晰地展现产业演化的本质与过程，在一定程度上避免了利用单一因素对产业演化进行识别与定位的不确定性。

不同于上述学者的研究，国内学者基于产业组织视角的产业演化识别研究十分有限。原因在于：我国并不能完整、有效地提供基于产业组织视角的产业演进识别研究所需要的样本数据，因此限制了我国学者在这方面的研究；而且基于产业组织视角的产业演进识别研究假设产业内企业的进入退出行为等变化可以看作产业内在演进的结果，而在我国产业内企业数目等产业组织变化主要取决于政府出台的相关政策，鉴于此情况上述假设并不一定成立。从现有的国内关于产业演进的研究来看，国内学者对定量的产业演化识别缺乏一致有效的方法，由于缺乏相关数据以及在每个演化阶段产业发展都存在一定的波动性，因而学者们会使用类比法或是特征分析法等分析方法来定性辅助其研究，因而其侧重于研究基于产业规模视角的产业演进识别问题，他们普遍采用的识别方法包括：产出增长率法、普及率法、生长曲线法。

国内学者对一般性产业演进过程进行分析时往往采用产出增长率法，原因在于不论当前经济处于增长或是下降态势，采用该方法能够克服经济整体增长态势对产业产出增长所产生的短期冲击。产出增长率法往往通过产业年平均增长率的变动同整个行业平均增长率的变动之比对产业演进过程进行判定，其侧重于对两个相邻时段内的产业增长率与该时间段内所有行业部门增长率进行比较。如果前一时期该产业的增长率大致接近全行业的平均增长率，而后一时期的增长率远远高于全行业的平均增长率，那么该产业属于形成期产业；如果在两个时期内该产业的增长率均高于全行业的平均增长率，那么该产业为成长期产业；如果在前一时期该产业的增长率高于全行业的平均增长率，而后一时期的增长率逐步低于全行业的平均增长率，那么该产业属于成熟期产业；如果在两个时期内该产业的增长率均低于全行业的平均增长率，那么该产业为衰退期产业。范从来，袁静（2002）选用1987～1993年和1994～2000年作为两个相邻时期对该时间段内上市公司所处的各个行业的演进过程进行识别，在运用上述方法时由平均GDP增长率替代各个时间段内所有行业部门的增长率。

有别于一般性产业演进过程的识别，对于诸如需求数量有限的耐用消费品产业等特殊产业，学者们往往采用普及率法对其演化过程进行识别。这种方法通常依照经验数据识别产业演进过程：在某一个产业内当其产品用户普及率低于5%时则认为其发展处于形成阶段；当其产品用户普及率处于5%～50%时则认为其发展处于成长前期阶段；当其产品用户普及率处于50%～80%时则认为其发展处于成长后期阶段；当其产品用户普及率处于80%～90%时则认为其发展处于成熟阶段；当其产品用户普及率高于90%时则认为其发展处于衰退阶段。古松，刘占霞（2006）运用普及率法对我国“十五”电信产业所处的演进阶段进行了研究，他们分析了2002～2005年间电话在我国的普及率，研究结果发现“十五”电信产业处于迅速成长阶段。这种方法能够有效地展现某些特殊产业在市场需求方面的满足程度，并能够很好地展现这些产业演化过程中所具有的阶段性特质。

一些学者提出了能够更加准确识别产业演化进程的生长曲线法。产业的产出或是销售增长率在其生命周期各个阶段一般会呈现先缓慢后快速再缓慢的特征，而且其发展过程会遵循S型曲线的形式演进，该方法在上述特征的基础上利用数学模型拟合某个产业产出或销售的时间序列，将曲线的拐点看作产业生命周期各个阶段的临界点并以此识别产业演化进程。然而，不同产业的S型演化图式所对应的函数表达式不同，常用到的函数表达式包括Logistic曲线、龚伯兹曲线、限制性指数曲线以及对数抛物线等。李凯（2005）首先采用发达国家钢铁产业的相关数据对生长曲线模型进行验证，对我国钢铁产业演化过程中的峰值点与拐点进行预测，之后结合我国的人口、资源条件以及工业化进程给出不同的假设值并对其进行相应的比较分析，研究结果发现我国的钢铁产业发展处于成长时期。韩杨（2010）将差分法与以产品生产、销售等指标测度的模拟生长曲线法相结合来探讨产业内企业数目的变化情况，以此对产业发展所处的阶段进行判定与识别，并构建了产业生命周期阶段判定与企业数目增长的定量研究模型，由差分近似替代导数，以此来反映企业数目的变化速度，研究发现2003年可以作为我国绿色食品产业成长的“拐点”。

此外，有些学者从其他研究视角对产业演化进程进行了识别与定位。例如，逯笑微（2010）从社会环境、知识存量、组织学习、组织变革、企业之间的互动以及产业的创新潜力六个方面构建产业演化发展模型，以此来分析产业演进过程中不同阶段所呈现的特征，并以制药产业为例，依据制药产业所采用的技术类型，将其演化历程划分为生物制药成分研发阶段、化学合成阶段、生物技术应用阶段、后基因解码阶段。

综上所述，现有研究大多采用单一指标识别产业演进过程，这样很难识别产业演进阶段的定位或是规避伪识别问题，而且有些研究依据经验数据，没有对识别方法进行内在逻辑分析与深入探讨。因此，应该运用多维度对产业演进阶段进行定位与识别，可以将基于产业组织视角的识别研究与基于产业规模视角的识别研究相结合，这样不仅综合考虑了产业演化的内在规律与外在表现特征，而且能够更好地展现了产业演化的内在演进逻辑。

2. 面向演化结果的识别研究

近年来，多数学者对产业演进结果的识别研究主要集中于技术创新对产业演化发展的推动作用研究以及企业进入退出行为对产业演化的影响研究等方面。随着演化经济学的产生与发展，一些学者逐步以动态演化的视角对技术创新推动产业演化的机制与过程进行探讨，并从需求、知识角度入手，运用数学理论模型、计量学、模拟仿真等方法进行了实证研究并取得了一定的研究成果。

由 Abernathy，Utterback（1978）提出的 A－U 模型是其中最具有代表性的研究成果，该模型指出企业的工艺创新与产品创新之间存在紧密相连的关系，企业在产业生命周期中所处的阶段决定了企业的创新频度与创新的类型。在产业发展初期，企业创新致力于产品创新；随后产生的主导设计预示着产业进入成长阶段，此时企业创新则侧重于工艺创新；而随着产业步入成熟阶段，企业创新则主要集中于产品创新和工艺创新。A－U 模型为更好地把握产业演化与技术创新之间的关系提供了重要的理论依据。

Adner，Levinthal（2001）基于需求空间视角对技术创新的动态发展过程进行了探讨，引入异质性门槛这一概念阐释需求环境对技术创新发展的影响作用，在假定企业可以预测消费者对产品创新所做出相应反应的前提之下，运用数理模型模拟了需求空间对技术创新与产业演化的驱动过程，进而将产业演化的过程划分成属性均衡、市场渗透以及需求成熟三个阶段。模拟结果发现，以异质性市场需求为基础的企业的创新频度与创新的类型取决于企业在产业生命周期中所处的阶段，这基本符合 A－U 模型的研究结论。

Saviotti（2001）指出消费者的需求偏好与需求层次决定了消费者的选择，

企业技术创新的速率往往会受到由此造成的需求差异的影响，进而亦会对产业的演化过程造成影响。他认为消费者对产品的熟知度、消费者的相关收入以及产品的适用程度决定了消费者是否会选择购买某种产品，这三者之间的差异表明消费者并不会对新产品立刻产生偏好，只有在所有条件都成熟的前提下消费者才能够认可此类新产品，而市场规模的变化在新旧产品交替竞争的过程中扮演着重要角色。基于此，又构建了相关动态模型进行分析，分析结果显示消费者对产品的熟知度差异以及产品相关性能的差异促使产业能够健康持续发展。

Metcalfe（2001）认为消费者是否接受一种新产品不但取决于产品的相关性能，而且还取决于消费者的需求偏好、相关收入以及时间等因素。他选用航空运输产业作为研究对象，对产业演化与消费者收入和时间因素之间的影响关系进行了探讨，研究结果发现，20 世纪 40 年代大幅度下降的机票价格以及逐步缩短的飞行时间促使了航空运输产业的迅速发展，缩短的飞行时间大大满足了消费者对便利性的需求，对预算和时间约束的双重突破促使航天运输产业相比于铁路运输产业更具有竞争优势。从突破收入和时间双重约束的视角出发，技术创新不仅能够在性能方面满足消费者的需求偏好，而且在进行价格决策时要充分考虑到消费者的购买水平以及他们选择消费某种产品的时间，只有这样的产品才可以被消费者所选择。

Malerba（2007）从需求视角对新产品进入和占据市场的过程进行了研究，他认为产业的演进阶段与市场中的主导技术的更换、替代存在一定的关联，在产业演化的进程中，市场逐步趋于集中化，新技术的出现促使产业由上一个发展阶段过渡到下一个发展阶段。此外，他利用数据模拟研究了试验型用户需求与用户多样性偏好需求对产业演进过程的影响作用。研究结果发现，市场中新进入的企业会找寻现有企业不能很好满足用户需求的新市场来进行新技术的推广，而不是与现有企业开展正面的竞争。现有企业不能很好满足用户需求的新市场的存在为新技术进驻市场提供了重要机会，市场中新进入的企业凭借这种机会才可以进驻市场并与其开展竞争，进而在很大程度上影响了产业的演化发展。

同样，知识在技术创新推动产业演进发展的过程中扮演着重要角色，知识的传播与扩散在很大程度上促使了技术进步和产业演化发展。知识具有外部溢出效应，知识的流动与传递增强了企业之间甚至产业之间的交流与合作，进而促使技术进步和产业演化发展。Brusoni（2001）利用飞机发动机制造企业与控制系统供应企业的合作研究了知识边界对技术创新和产业发展的作用。通过探讨企业知识边界在不同的技术阶段所发生的相关变化以及企业之间的纵向合作关系，发现在技术发展的初期阶段，产业内的技术标准并不明确，新技术具有较强的专用特性，企业的知识边界显著，此时发动机制造企业比较依赖于控制系统供应企业的相关知识，企业采取纵向一体化战略；随着技术的日益成熟，产业内的技术标准逐步趋于明朗化，技术具有较强的稳定性，企业的知识边界相对比较模糊，此时发动机制造企业不再过度依赖于控制系统供应企业的相关知识，企业实行业务外包策略；由此可见，知识转移的效率受到企业知识边界的影响，进而影响了不同技术发展阶段企业之间的纵向关系。

知识的传播与扩散同样会受到知识网络的影响。Cowan（2004）通过构建知识网络对知识增长的影响模型来探讨不同的知识网络结构在产业创新过程中如何影响知识扩散的效率，并引入网络结构和知识溢出的选择性两项参数模拟了知识传播的相关过程。研究结果表明，各个企业在完全规则的知识网络结构下其知识传播路径越长，知识溢出就具有越强的选择性，这将更加有利于产业整体知识水平的提高，而在不规则的网络结构下具有相反的情形。因此，在不同的知识网络结构中各个企业之间的知识传播路径与知识溢出效应具有不同的特质，企业通过技术创新提升自身的知识水平，并将与技术创新相关的知识扩散到其相邻的企业，促使产业整体知识水平的提高，进一步促进了产业的演化发展。

此外，一些学者研究了企业进入退出行为与产业演化之间的影响关系。例如，Seker（2012）认为外源性效率的差异与R&D投资产生的累积性创新的结合促使异质性的产生，将异质性引入到产业演化模型中，从生产商、价值函数、新进入者、规模演化动力学、固定产业均衡五方面对产业演化模型进行描述，并采用智利制造行业的普查数据从企业微观层面分析了企业的规模性分布情况以及企业进入壁垒与企业寿命、企业规模之间的关系。

王军（2008）认为产业的演化发展要经历选择、模仿与创新、进入三个过程，产业发展演进的过程中所有企业均会面对同样的市场价格，但是它们最初所拥有的原始资本与生产效率却各不相同，致使其日后的经济效益也不尽相同，因而一些企业能够在产业系统内继续发展而一些企业则只好选择退出；在每个企业继续向前发展的进程中，有些企业会模仿其他企业的相关技术，有些企业则会改进和创新其自身的相关技术，进而促使了创新速率和产出效率的提升；而进入过程则同时伴随着选择、模拟和创新之间的相互作用。基于上述三个过程构建了相应的产业演化模型，并从企业数目、产业集中程度、市场价格以及企业发展周期四方面对产业演化模型进行模拟。模拟结果表明，技术创新和企业的进入退出行为在很大程度上推动了产业的演化发展。

李守伟，程发新（2009）认为存在于整个产业创新系统中的网络由产业中各个企业之间的相互联系与作用所构成，而企业的进入退出行为从动态演进的视角推动了产业的演化发展，因此基于企业的进入与退出行为对产业网络的演化规律进行识别。他们认为，企业进入行为促使其与原有企业构建相关关系，进而使得产业网络不断持续扩大；企业退出行为建立在中断与其他企业之间的联系的基础上，这一行为削弱了产业网络的发展强度与规模。通过研究给定时间间隔内企业进入概率、企业间相互关系断开概率构建了产业网络的演化模型，并分析了产业网络各个节点在演化过程中相互之间的连通程度。研究结果发现，企业的进入与退出速率不仅决定了产业网络的发展强度和发展规模，而且在一定程度上影响了产业在其生命周期中所处的不同发展阶段。

3. 面向演化过程—结果的识别研究

目前，有些研究在分析产业演化本质时，不仅对产业演化发展的进程进行了有效的探讨与识别，而且找出了推动产业演化发展的动力因素。

历史友好模型是一种识别产业规则的方法，最早由意大利学者 Malerba 教授提出，它是新型演化经济模型的首个案例，属于正统的演化经济模型，其旨在以程序化的形式发掘那些影响产业发展、技术创新、制度变迁的机制和因素的定性化鉴赏理论。目前，历史友好模型处于全球研究产业动态领域的理论前沿，侧重于各个产业的发展特性及其关键性发展史，从鉴赏性视角探索真实的历史事件，并且定量化模拟和相似匹配该历史事件，以期找到促使产业演化发展的决定因素和特殊机制。例如，Malerba，Nelson，Orsenigo 等（1999）分析了计算机行业的长期发展历史，通过构建计算机行业的历史友好模型对该行业的演化发展过程进行识别，将计算机行业的演化发展历程划分为大型计算机时代、迷你计算机时代、个人电脑时代以及互联网时代，并找出了其演化发展的主要历史事件和促使其演化发展的决定性因素。Malerba，Nelson，Orsenigo 等（2008）针对计算机行业和半导体行业这两个行业的协同发展构建了相应的历史友好模型，并将公共政策引入到该模型之中。他们认为公共政策在上述行业的演化进程中发挥着重要作用，首先所有反垄断政策都试图针对 IBM，而其他政策则针对不同的行业：公共购买（如美国对早期大型计算机和晶体管与集成电路的军费支出或美国宇航局政策）、支持计算机基础研究、尝试帮助技术信息扩散以及促进新企业进入的干预措施（大多数欧洲国家、美国和日本在这一行业的发展过程中都已经完成了这些内容）。研究结果表明，在一个动态的、相互依存的市场上，针对一个特殊行业的政策可能会导致相关部门（从产品市场、企业边界到技术相互依赖的变化）的重大变革。Garavaglia（2009）认为可以运用仿真技术来了解持续变化的产业发展中的复杂性。在这些仿真模型中，历史友好模型可以在正统理论、独立发展的理论模型以及经验证据之间建立密切的联系。历史友好模型的目的就是用一种程序化和正规的方式来模拟特定行业的运作，以便探索出行业发展的主要特点和特殊机制。李蓓（2012）通过分析与铁路运输相关的各技术之间的因果关系构建了该产业的历史友好模型，并探讨了我国铁路运输业所涉及的核心技术的发展历程，找出了影响其演化发展的相关因素，即政府和铁道部主导了技术未来的发展方向，铁路运营部门对相关技术产品的需求加快了技术创新的速率，技术制造部门通过不断学习、吸收、利用以及创新相关技术提高了该产业的整体创新能力。

产业创新系统方法是由意大利学者 Malerba（2004）教授提出的，他指出“产业”由某些为了满足特定需求的互相关联的并共享一定知识的产业群体所构成，基于此提出了产业创新演化分析框架的三个维度——知识基础和技术领域、行为主体和网络、制度。产业创新系统框架从多维度与动态整合的视角研究产业系统的要素规模、行为主体以及创新网络的演化发展，并对各个产业之间的差异进行分析和比较。产业创新系统方法从演化发展的视角识别和分析产业系统的功能作用，进而试图找出直接致使各个产业产生不同绩效的因素。例如，陈衍泰，程鹏，梁正（2012）以产业创新系统方法为理论基础，认为产业相关技术的发展变化规律、产业主体的进入退出行为、产业市场的相关需求变化情况能够对产业的演化发展进行识别，产业创新系统中各项功能得以发展演化源自于新知识与技术的创造、市场中相关需求的产生与变化、产业创新网络的产生与发展以及相关政府政策和制度的推动作用，并选用风机制造产业为研究对象，从上述四个方面对我国 1980～2011 年这三十年来该产业的演化历程进行了探讨，将其发展分为两个阶段。

盛昭瀚，高洁（2007）以演化经济学为理论基础，构建了基于“新熊彼特”模式的产业演化模型，从市场竞争、创新模仿、投资战略三个大方面详细研究了产业内不同主体的研发投入、与产品技术相关的各项创新活动以及其他产业特性方面的关联作用，进而更好地呈现出产业的演化发展动态。其中，该模型主要涵盖：（1）在资本要素、劳动力要素、技术要素指定的前提下，产业产出总量、产品销售价格、产品制造成本、所占市场份额的变化趋势；

(2) 在其决定研发经费具体支出的过程中，企业开展创新模仿活动的演化结果以及下一个发展阶段所要采用的生产技术；(3) 产业决定具体采取何种投资战略；(4) 产业内的主体选择进入还是退出该产业。在此基础之上，他们对技术密集型产业和劳动密集型产业的发展演化过程进行了仿真，仿真结果表明，该模型更好地展现了这两种类型的产业在总资本、总劳动力、总供给、市场集中度、生产效率以及技术方面的演化结果，对我国产业结构的发展与优化具有理论借鉴意义。

李伟（2009）认为在产业发展演进的不同时期其所具有的创新特征各有不同，这导致不同企业所具备的特性亦不相同；实现产业创新的整个过程又源自于产业市场对企业不同特质所做出的选择；而企业的进入退出行为以及企业规模的变化则构成了产业实现技术创新的所采取的具体方式。进而在熊彼特假说的基础上，从产业创新所呈现的不同特质、完成产业技术创新的整个过程以及实现技术创新的所采取的具体方式三个方面对我国产业演化进程中市场结构和技术创新之间的相互作用和关联机制所发生的阶段性变化进行识别与分析。研究发现，上述阶段性变化大致分为三个阶段：初期引入产业技术所面临的政府主导选择条件下相对聚集的市场结构阶段；学习利用产业技术并将其转化为本土化的过程中所实现的大幅度提升的市场选择程度阶段；产业综合技术创新水平提升进程中所实现的日益激烈的市场持续性创新阶段。

陈卫（2012）对航空运输产业的演化发展过程进行了分析与识别，他指出航空运输产业的市场需求、相关技术以及政策制度共同推动了该产业的演化。需求为航天运输产业的演进奠定了基础，技术创新在其演进过程中发挥了基础性推动作用，相关需求的变化和技术创新诱使制度政策的不断改进和创新以及产业系统的渐进式跃迁，而制度创新反过来又能够成为产业组织结构调整的内外部动力因素。航空运输产业的市场需求、相关技术创新以及制度政策的改变影响了该产业的产品、要素资源以及网络的发展，促使航空运输公司在多变的内外部环境之中通过相关的知识学习、技术积累以及组织创新不断实现产业的发展与壮大。

此外，一些学者探讨了产业演化发展过程中需求、知识、技术和制度之间的协同演化问题，这种协同效应亦是产业演进过程中产生的结果。Nelson（2002）将制度作为一项“社会技术”，社会技术制度的创新能够为物质技术创新创造新的机会，而物质技术创新则为社会技术创新奠定了坚实的基础，在技术创新推动产业演化发展的进程中，技术与制度之间存在着协同演化机制，相关的制度体系结构影响了技术创新的特质与速率，产业经济体系接纳新技术的程度决定了一项新制度体系的实施情况，因而技术与制度之间的协同演化推动了产业的快速发展。之后，Nelson（2003）将美国20世纪初迅速发展的大规模生产作为案例，再次验证了技术和制度之间的协同演化对产业演化发展的推动作用。

Murmann，Brenner（2003）比较和分析了19世纪后半叶至20世纪初美国、德国、英国、法国以及瑞典五个国家的合成染料行业，对每个国家产业演化过程中技术与制度的协同机制与各个国家不同的产业发展模式进行了识别，并重点探讨了技术与制度的协同演化机制对德国合成染料行业发展的推动作用。其中，与合成染料行业相关的制度在很大程度上推动了技术创新，有效的市场制度能够很好地将消费者和生产商联系在一起，反过来技术进步亦会促进相关的制度创新，企业通过创造新技术而获得丰厚的利润，这样有利于形成制度创新的激励机制，进而促进产业的进一步发展。

蔡乌赶（2012）认为技术进步能够促进新产品的问世以及旧产品的优化改进，新产品的商品化有利于诱发新兴产业，旧产品的优化升级使得产品具有不同的特性，进而促使产业能够持续稳定发展。在给定的技术创新资源的前提下，制度创新作为产业演进发展的内部推动力在很大程度上带动了产业的演化发展。在产业演进的过程中，技术创新影响了产业的规模效益、有效地降低了产业的各项资源要素的使用成本、提升了进行制度创新所带来的潜在效益，进一步扩大了制度边界，而从事技术创新的行为主体的动力源头取决于有效的制度创新，有效的制度创新能够促使消费者思维方式和价值观的变革，进一步对技术创新的速率和方向带来影响，不断推动产业的优化升级。研究最终发现，技术创新、制度创新以及产业发展三者之间在产业的演进过程中存在螺旋式演化现象。

王欣，靖继鹏（2009）对信息产业的演化发展进行了识别与探讨，分析了信息产业演化进程中推动其发展的一切内部和外部作用力。伴随着时间的推移，外界环境与内部组织结构之间的相互作用推动着信息产业系统不断发展演进，其中对产业演进具有决定性力量的内部动力主要包括与信息产业系统相关的技术研发与应用、不断改进的创新资源要素等，而外部动力则在一定程度上促使信息产业内部的各个要素不断趋于平衡，进而使得信息产业从无序混乱状态向有序规律状态转变。研究结果表明，在内部和外部作用力的共同作用下，竞争和协同之间的交互作用促使信息产业不断稳定持续发展。

4.1.2 创新极识别因素研究

产业作为一个有机系统，其在外部宏观环境改变和内部自身结构调整的相互作用下不断演化发展。产业演化的过程作为一个复杂的系统演进过程，涉及许多影响因素。从现有的研究来看，基于产业演化发展的识别因素研究大致可以分为综合识别因素研究、规模识别因素研究、创新识别因素研究以及溢出效应识别因素研究。

1. 综合识别因素研究

焦方平（2009）对我国的电信产业的演化历程进行了探讨，找出了该产业发展过程中的关键性拐点，在此基础上从宏观的环境竞争力层面、中观的市场竞争力层面以及微观的企业竞争力层面对电信产业演化发展过程进行综合性评价，进一步确认电信产业演化发展过程中的决定性因素：相关业务总量、主要电话交换机容量、长途光缆线路总长度、电话普及程度、总收入与利润总额。评价结果发现，我国电信产业的市场结构还不是很完善，其仍处于初步发展阶段。

王子龙，谭清美，许箫迪（2007）对产业系统演化发展过程中的相关状态变量进行研究，采用产业演化模型中的产业产出总量、产业产出的自然增长率、某一产业对另一产业产出水平的影响程度、技术创新弹性以及技术创新效率等指标测定了我国 1985 ~ 2004 年部分制造业的整体演化历程。研究结果发现，目前只有电子及通信设备制造业处在快速发展时期，家具制造业、医药制造业以及文娱设备制造业的发展处在成熟阶段，而普通机械制造业与化学纤维制造业却处在衰退阶段。

孙晓华，周旭（2012）以 1987 ~ 2008 年间我国电子与通信设备制造业的数据为样本，首先采用二维识别方法并以企业就业人数和企业数目为测度指标对电子与设备制造业的演化过程进行探究，然后对该产业的全年产出增长率的改变量与全部产业的平均产出增长率的改变量进行对比以识别出其演化阶段，在此基础上以该产业所产出的各项产品的销售收入为衡量指标利用生长曲线方法对其发展演化进程中不同阶段所占据的时间范畴以及每个阶段各项指标所呈现的不同特点进行识别与探究，研究发现，该产业的发展正处在快速成长时期。

盖翊中（2006）从单个产业的角度出发，认为产业的演化发展应该在一定程度上反映某单个产业由萌芽到发展壮大、由小变大、由弱变强的整个变化过程。他以产业生命周期为理论依据，对产业演进中的各个发展阶段进行详尽地分析与识别，并选用产业的发展规模、市场的相关组织结构、产品售价、企业个数以及产品性能五项指标来测度和识别产业演化发展过程中各个阶段的特征。

方荣贵（2011）基于产业生命周期理论的相关内容，从动态、演化的角度分析和识别了共性技术的供给模式，并将半导体产业作为研究对象从从事技术开发的行为主体、供给方的结构功能、所选择的技术开发层面、相关人力与物力的投入强度、先进技术的转移与研发成果的应用、政府的引导功能六个方面对产业演化发展过程中不同阶段的共性技术的供给模式进行了识别与比较。

2. 规模识别因素研究

Klepper（1996）对产业的演进过程进行识别与判定时采用创新活动程度与创新主体相结合的方法，其中他利用企业规模来反映创新主体，并以 500 名员工的数量作为企业规模的划分标准。

姚建华（2009）从产业规模、市场结构、产业素质三个层面对产业的演化发展进行描述和识别。其中，产业规模主要由产业生产规模或是产业销售规模、企业数量两个方面来反映，市场规模主要从市场集中度、产品差异化、企业进入壁垒三方面进行阐述，而产业素质则是从产业技术进步、产品质量提升以及产品价格下降视角进行描述。在此基础上，从微观企业层面和中观产业层面构建了企业家创新和产业演化的概念模型。

赵旭（2012）认为在产业的演化进程中，大规模地生产某项技术发明所创造出的产品、定性化地运用某项技术发明所研发的新产品工艺以及有效地采用各种生产方法等方式都会在一定程度上扩大产业的规模，进一步实现产业的规模化发展。

孙娜（2009）探讨了产业发展进程中企业规模的相关变化对技术创新的影响作用，认为可以从投入和产出角度分别对企业规模进行测度，其中企业人员数量、投资总额和固定资产总额可以作为投入规模的衡量要素，主营业务收入、工业总产值、总利润等可以作为产出规模的衡量要素。并将我国汽车行业作为研究对象，以该行业中不同企业主体各年的主营业务收入作为企业规模的测度指标，以 R&D 经费支出与新产品销售收入之比作为技术创新的衡量指标构建数学模型，进而针对该行业的相关数据开展研究。

3. 创新识别因素研究

Flor，Oltra（2004）认为对科技创新型企业的识别与这些企业创新活动指标的制定相关。他们回顾了1994～1996年间西班牙瓷砖行业中企业科技创新活动所涉及的指标，例如研发预算、企业中现有的正规研发、同其他组织合作的研发项目、政府出资支持的创新项目以及企业员工的文化程度等，并在此基础上依据这些指标是否基于创新过程的投入与产出、企业所掌握的信息是一手信息还是二手信息将其进行归类。研究结果发现，基于直接信息的管理者自我评估方法能够更有效地识别产品创新和工艺创新，而在众多的基于辅助信息的评价方法中基于创新产出的文献追踪方法能够最有效地识别产品创新。

Tan Heng（2010）建立了一个包含科技创新环境、投资与绩效在内的动态指标体系，并利用非线性加权综合评价法对河南省大中型工业企业进行了实证分析，最终发现了一些影响企业科技创新的关键性因素，例如，在创新环境中研发经费的数额与研发人员的稳定性扮演着重要角色；在投资方面创新投资基金、技术改造投资发挥着重要作用；而新产品产值以及营业收入总额则是创新绩效的最具代表性的测度指标。

解学梅，曾赛星（2008）对科技产业集群的持续创新能力进行了探讨，从参与创新的行为主体、支撑创新实施的行为主体和创新开展所需的环境三个方面出发，通过因子分析方法实证研究了青岛地区的持续创新能力。其中，选用研发经费支出在区域GDP中所占比重、研发经费支出额在区域整体科技经费支出总额中所占比重、研发人员在全部从业人员中所占比重以及百万人所拥有的发明专利数量作为测度创新持续性的投入指标，选用区域人均GDP作为衡量创新持续性的产出指标，选用研发人员年增长率、研发经费支出额年增长率作为衡量创新持续性效率的指标。

罗亚非，李望月，张赤东（2011）从生产函数角度出发，重新确立创新型企业技术创新评价指标，将所投入的相关研发人员以及所投入的研发经费作为测度技术创新投入的指标，将新产品产值以及专利数目作为测度技术创新产出的指标，由于这些指标均是描述型指标，所以他们又进一步将其转化为研发经费投入强度、研发人员所占从业人员的比重、新产品产值所占主营业务收入的份额以及生产设施的领先程度等可以直接量化的测度指标。

蔡乌赶（2012）对技术创新与制度创新在产业演化发展过程中发挥的重要作用进行了识别与探讨。基于此，以福建省软件产业作为研究对象，通过建立基于技术创新、制度创新和产业发展的协同度度量模型对其相互之间存在的螺旋式演化现象进行验证。其中，选用研发经费支出额、科技人员数量、拥有专利数量、科技研发项目数量四项指标来衡量技术创新，选用工业总产值、工业增加值、企业数量规模三项指标来测度产业发展。验证结果表明，技术创新、制度创新以及产业发展三者之间的协同发展所表现出的螺旋式增长态势推动了福建省软件产业的快速发展。

冯志军（2012）认为中国制造业的技术创新系统的演化过程具有二象性特征，制造业的创新能力可以作为其创新系统子系统的表征，因而基于技术创新能力的视角从技术创新在相关资源投入、技术支撑、研发、产出、节约环保五个方面的具体能力对该产业技术创新系统的演化状态水平进行识别与探讨。其中，选用科技人员在从业人员中所占的比重、科技经费内部支出额所占产品产值的比重、新产品研发经费支出额所占科技经费内部支出额的比重等指标测度技术创新在资源投入方面的能力，选用产业利润率、产业劳动生产率等指标测度技术创新在技术支撑方面的能力，选用研发人员所占科技活动人员的比重、每千人的专利申请数量以及新产品开发项目数量等指标测度技术创新在研发方面的能力，选用新产品的销售收入所占产品总产值的比重、新产品产值与工业总产值之比等指标测度技术创新在产出方面的能力，选用每万元产值的耗能水平以及工业废弃物的综合利用率等指标测度技术创新在节约环保方面的能力。

4. 溢出效应识别因素研究

从现有文献中可以发现，在产业演进过程中存在着知识溢出、技术溢出等现象，溢出效应不仅体现了某一主体对另一主体的影响程度与带动作用，而且能够显著影响产业的发展和区域经济的增长。

知识在技术创新、产业演进、区域经济增长中扮演着重要角色，知识的流动与传播是推动产业演化发展的重要力量。以前的众多学者认为知识流动的轨迹是无形的，因而不容易考究知识溢出的整个过程。Jaffe（1993）认为知识溢出能够被测度，首次提出利用专利引用数据来表示知识流动，知识溢出的整个过程可以由研究专利与专利之间的相互引用关系来展现。在此基础上，Jaffe（2000）对利用专利引用量表示知识流动的有效性进行验证，他将 150 多名专利发明者分为专利引用实验组和专利被引用实验组，并对其开展相应的问卷调查，研究发现专利之间的相互引用关系可以显示知识流动的轨迹，专利引用量可以作为衡量知识溢出的有效测度指标。

Verspagen（2002）指出在知识溢出的过程中，参与技术溢出的双方不仅在地理位置上存在一定的间隔而且在技术上存在一定的差距，二者可以在很大程度上影响知识外溢的程度。

在上述学者的研究基础上，Caniels（2003）认为技术在不同地区之间存在着一定的差距，基于此建立相关指数模型，并选用各个区域对知识的吸收能力以及区域内的知识存量两项指标计量知识在不同地区间的溢出程度。

朱付元（2005）以知识流强度为测度指标对区域创新系统的发展阶段进行识别。他将知识流分为将有关新技术的知识应用到具体生产过程中的物化性质的知识和以专利、许可证的形式进行传播的知识技术等非物质性质的知识。其中，选用区域间合作论文数量和区域间论文引用次数作为知识流动强度的测度指标，研究发现知识在区域间的流动具有聚集特性，进而可以利用知识在区域间流动的强度识别区域创新系统的发展边界。

陈继勇，雷欣（2010）从数量上测度了知识在不同区域之间的溢出效应，通过引入相关的 R&D 投入和知识的产出量两个变量建立了相关回归模型。其中，选用各个区域所授权的专利申请数量作为所产出的知识总量的测度指标，选用各个区域 R&D 资金投入和相关科技人员数量作为 R&D 相关投入的测度指标。

在对产业演化发展进行识别与研究的过程中，众多学者关注技术溢出效应对产业演化发展的推动作用。Jaffe（1986）指出不同行业之间的技术存在不同的差距，基于此提出运用技术相似度对其进行测度。通过构建由各个企业用于不同技术层面的研发投入所组建的技术位置向量以及由各个企业在不同市场的销售产品获得的收入所组建的市场位置向量测算每个企业在不同位置向量之间的毗邻程度，进而识别出技术在各个行业之间溢出的程度。

潘文卿，李子奈，刘强（2011）指出在产业的演化发展过程中技术存在溢出现象，它在一定程度上带动了产业经济的快速发展。选用固定资产总额、平均从业人员数量以及科技经费内部支出额作为技术在各个产业之间溢出程度的衡量指标，并在此基础上建立基于技术溢出效应的生产函数模型，最终得出技术在不同产业部门之间的外溢效应能够提升其生产效率。

吴永林，陈珏（2012）指出在产业演化发展的进程中技术在产业间的溢出效应对产业的发展具有显著的推动作用，产业所拥有的技术发展能力在一定程度上可以展现技术在产业之间的溢出程度。基于此，将北京高技术产业作为研究对象，并从模仿相关产品创新、科技人员的互动交流以及研究成果共享的视角测算技术在该产业之间的外溢作用。其中，选用新产品所创造的价值这一指标测度基于模仿相关产品创新的技术外溢效应，选用科技研发人员的数量这一指标测度基于科技人员互动交流的技术外溢效应，选用 R&D 经费总体投入指标测算基于研究成果共享的技术外溢效应。

洪勇，康宇航（2012）指出在行业的发展进程中技术知识在各个企业间的流动带动了企业创新能力的进一步提升，对技术在企业层面上的溢出效应进行识别能够为企业在技术领域的创新创造更多的发展机会，基于此将公路工程领域作为研究对象，运用专利引用量来衡量技术在该领域内外溢的程度与作用。其中，选用专利的引用频率这一指标测度技术在该领域内的先进程度，选用该领域专利的拥有量以及该领域平均专利增长率两项指标测度该行业内开展与技术创新相关的各项学习活动的活跃程度。

此外，一些学者探讨了经济层面的溢出效应。例如，Crozet，Koenig（2005）指出人均收入水平能够代表区域经济的发展水平，利用欧洲地区的人均收入衡量该地区的溢出效应，研究结果发现一个地区潜在的市场能力能够显著带动其人均收入水平的快速提升。

张颖丽，许正良（2003）指出在信息产业的演化发展进程中其发展水平、速度、结构以及规模都在一定程度上带动了国民经济的快速发展，在此基础上从上述四个方面出发，利用人均 GNP 增加量与人均 IP 增加量之比测度该产业带动经济发展水平的程度，利用 GNP 平均增长率与 IP 平均增长率之比测度该产业影响经济快速增长的程度，利用 GNP 规模的变化程度与 IP 规模的变化程度之比测度该产业影响经济规模变动的程度。

潘文卿（2012）指出人均 GDP 在我国各个省市区域具有不同的空间分布并呈现出不同的特点，侧重于研究我国省市区域在经济层面的溢出效应，进一步探讨了我国各个省市区域之间在空间格局上的相互联系对区域经济增长的相关影响作用，并选用人均收入这一指标测度各个地区人均收入水平与区域经济发展溢出效应之间的关系，最终发现一个地区潜在的市场能力可以直接带动该地区人均收入水平的快速提升，进而可以利用潜在的市场能力来测度省市区域在经济增长层面的溢出程度与作用。

4.1.3 创新极识别研究进展

依据上文对创新极识别的研究评述，目前国内外对区域创新极识别研究呈现以下三个方面。

（1）绝大多数国内学者对创新极的认识仅仅停留在概念界定这一层面上，他们认为创新极是某一区域内具有带动效应的产业。本书所研究的创新极则是从产业演化发展的视角出发，是相对于整个区域而言具有相对较大规模、创新持续性、区域带动效应的产业创新子系统。

（2）基于演化经济学的国内外产业演化识别研究大致分为面向演化过程的识别研究、面向演化结果的识别研究以及面向演化过程—结果的识别研究。在面向演化过程的识别研究方面，国外学者主要从产业组织视角进行研究，而国内学者则大多从产业规模视角开展相关研究；在面向演化结果的识别研究方面，国内外学者主要侧重于技术创新对产业演化发展的推动作用研究以及企业进入退出行为对产业演化的影响研究等方面；在面向演化过程—结果的识别研究方面，以产业创新系统方法和历史友好模型为代表的理论不仅研究了对产业的演化发展过程，而且找出了影响产业发展的关键性因素。目前，国内学者运用上述两种理论对产业的演化发展进行识别的研究极少，本书为了更合理有效地识别出区域内的创新极，试图借助以产业创新方法为代表的相关理论对产业的演化发展过程进行详尽地分析，并找出在此过程中发挥关键性作用的因素。

（3）对产业的演化发展进行识别的过程中涉及许多识别因素。从现有的研究来看，基于产业演化发展的识别因素研究大致可以分为综合识别因素研究、规模识别因素研究、创新识别因素研究以及溢出效应识别因素研究。目前，国内外学者主要从某一个或是两个层面对基于产业演化发展的识别因素进行研究，本书为了更准确地展现创新极的判定特征，试图综合运用上述识别因素对创新极识别的各项判别依据进行直观地描述，进而为创新极测度指标的确立提供依据。

4.2 创新极描述指标确定

4.2.1 创新极特征

1. 规模性

创新极是由各种不同规模的企业通过协作分工而形成的具备一定规模的产业创新子系统。创新极的规模性是指与其他产业相比其具有相对较大的规模。创新极的规模性特征主要表现为：（1）总量层面的规模性，创新极外在表现为一个产业创新子系统，其在固定资产总额、工业总产值、从业人员数量等方面的总体规模相对较大；（2）知识和技术存量层面的规模性，对于一些创新极（例如，高新技术产业）而言，虽然并不具备较大的总体规模，但其却具有相对较高的知识累积量和专利产出量，较大规模的知识和技术存量支撑和带动了创新极的快速发展；（3）创新极本身具有规模效应，创新极相对于其他产业而言发展较为迅速，规模效应使其拥有更多的动力源泉进而更好地带动其他产业的发展；（4）网络层面的发展规模，创新极由满足一定条件的产业创新网络发展而成，而产业创新网络又由一定数量规模的产业主体所构成，只有具备一定数量规模的产业创新网络才能形成创新极；（5）创新资源具有相对较高的规模水平，创新极拥有相对活跃的创新活动，而其各项创新活动的顺利开展源自于创新资源总量上的较大规模；（6）区域聚集的规模程度，创新极是大量拥有不同技术创新活动的企业在某一特定地理位置上的聚集，只有各项技术创新活动的大规模聚集才能构成区域创新绩效的主要来源。

2. 创新持续性

创新极相对于其他产业而言具有超强的创新能力以及显著的创新优势。创新极的创新持续性指其知识技术创新状态的持续性，它不仅能够保持而且可以不断提高自身的综合创新能力。创新极的创新持续性特征主要表现为：（1）创新极的生产发展具有一定的惯性趋势，即使在某段时间内不对其进行研发投入，创新极自身的“极”效应会促使其继续向前发展；（2）创新投入产出具有持续性，相对于其他产业而言创新极的创新能力很强，源源不断的创新投入使得知识技术的创新状态得以保持并不断提升，加大了技术创新的新成果的产出效率；（3）组织学习活动具有持续性，创新极是具有显著创新优势的产业创新子系统，组织学习过程为创新提供了支撑和动力源泉，只有不断开展组织学习才能保持并不断提升创新极的创新优势；（4）发展空间具有持续性，对一些创新极而言其发展处于朝阳阶段，强大的生命力使得其存在很大的空间潜力进行持续的技术突破创新，进而带动其发展为主导型产业；（5）协同创新网络具有持续性，创新极本身就是一个基于产业协同创新的网络，该网络将产业系统内的各个主体有机地联系在一起，知识与技术在网络内得以广泛传播与扩散，各个主体通过协同创新网络平台不断开展知识交流、研发成果共享和技术研发合作，创新极较强的创新能力得以保持并不断提升；（6）政府对产业发展的支撑和指导具有持续性，在多变的外部宏观环境下创新极的发展离不开政府源源不断的支撑和指导，政府的相关政策为创新极的发展创造了良好的创新氛围，政府的持续性指导作用能够引领创新极朝着更合理有序的方向发展。

3. 带动性

创新极的带动性指其在区域内演化发展过程中所具备的知识高度积累性、

技术领先性、创新网络协同性等对区域内其他产业存在知识、技术等溢出效应。创新极的带动性特征主要表现为：（1）带动自身发展，创新极所具有的规模总量为自身的发展奠定了雄厚的基础，而其本身所具有的创新持续性又可以不断提高其自身的综合创新能力，进而带动了自身的持续发展；（2）带动技术进步，创新极的超强创新能力和显著创新优势使其保持并提升自身的知识技术的创新状态，进而带动技术水平的进一步提升；（3）带动其他产业发展，创新极发展过程中所呈现的知识、技术溢出效应等会带动区域内的其他产业主体进行知识技术创新与交流合作，促使其进一步提升创新产出效率与产业绩效，进而带动了其他产业的快速发展；（4）带动社会就业，在协同创新网络的驱使下创新极所呈现的组织间溢出效应使得区域内的各项资源要素得以更合理有效地配置，加速了区域内相关人员的流动，进而在一定程度上带动了社会就业；（5）带动区域创新能力提升，区域内各个创新极的共生发展构成了区域创新系统的产生与发展，各个创新极所具有的创新技术能力以及创新绩效直观地展现了区域创新系统的整体水平，进而带动区域整体创新能力的提升；（6）带动区域经济发展，区域内多个创新极的演进过程构成了区域创新系统的形成过程，区域创新的绩效由创新极的创新绩效决定并受到其直接影响，能带动区域经济的快速发展。

基于此，本篇从发展规模、创新持续性和区域带动效应三个方面，提出区域创新极识别的规模性判据、创新持续性判据以及带动性判据，以期找出这三方面判据的具体描述指标。

4.2.2 区域创新极识别理论判据

1. 创新极的规模性理论判据

产业创新系统方法是由意大利学家 Malerba 教授于 2002 年提出的，其思想源自于演化经济学理论。产业创新系统方法认为在创新速度、创新类型以及创新活动的组织结构三个方面不同的产业存在着较大差异，进一步提出产业创新演化分析框架的三个维度——知识基础和技术领域、行为主体和网络、制度。产业创新系统框架从多维度与动态整合的视角研究产业系统的要素规模、行为主体以及创新网络的演化发展，并对各个产业之间的差异进行分析和比较。产业创新系统方法指出，知识技术、行为主体以及网络的总量可以在一定程度上描述一个产业的规模（Malerba，2004）。本书所研究的创新极是区域经济产业系统内具有一定规模的创新型产业，因此可以借鉴产业创新系统的思想对创新极的规模性特征进行描述。

（1）知识和技术总量。

演化经济学指出，在与创新相关的知识与技术基础和学习过程中各个产业之间存在一定的差异。一个产业所具备的基于创新活动的特有技术知识构成了其特定的知识领域。产业创新系统理论认为，每个产业本身都具备其特有的知识技术基础和相关投入，知识和技术在创新中发挥了关键性作用，一个产业所拥有的知识和技术总量能够在客观上反映该产业知识领域的发展规模。首先，不同知识和技术所具有的获取产业外部知识和技术机会的程度不同，知识和技术机会的水平与来源决定了产业外部知识和技术的可获取程度，外界环境通过向产业内输送具备高水平的知识和技术人员以及由其他组织机构研发的科学技术知识不断增大产业的知识技术储备量，而它们或许会形成整个产业的内外部知识和技术，从而扩大产业知识领域的规模。其次，在企业层面上知识具有较高的异质性，它不能在企业间自由地扩散与流动，只有依靠企业长时间积累而成的能力对其进行吸收与利用。知识具有积累性，在现有知识的基础上新知识得以不同程度地创造。企业所特有的高度路径依赖性的知识和技术生产能力、对知识和技术学习过程的认知程度以及源于市场的反馈导致了知识的高度积累性，此时某个区域产业内的知识溢出会与某个特定层面高度累积的知识产生关联，技术层面的知识积累激发了先行优势并创造了新知识和技术，最终促使产业产生了较高集中度的同时，进一步扩大了产业在特定知识领域的组织规模。

Orsenigo，Pammolli（2004）以制药产业为例对其知识和技术维度进行了分析，他们指出在制药产业的早期发展阶段产业内主要依靠许可开展一些“不正规”的研究，产业规模很小；随后其从化学行业引入随机性的自然筛选技术，开创了 R&D 活动，知识和技术得以积累，产业规模不断扩大；直到 20 世纪 80 年代，该产业在分子基因和 DNA 技术的基础上建立了新的学习范式，并创立了专业化技术搜索范式和通用性技术搜索范式，进一步增强了其自身的知识和技术总量，进而促使其产业规模得以空前壮大，产业绩效持续增加。由此可见，在制药产业中，创新和组织规模主要取决于知识和技术基础和相关的学习过程。Wengel，Shapira（2004）认为机床产业的知识和技术基础不仅集中于拥有技术资源的技工身上，还集中于在企业中累积了长期工作经验的设计工程师身上。在产业发展的早期阶段，小型机床企业并没有广泛开展 R&D 活动与合作，企业的知识和技术积累相对薄弱，企业的规模呈现较小的状态；随后该产业的基础知识逐步转向信息、微电子等密集型知识，隐性知识得以更多编码，R&D 活动得以广泛开展，知识和技术来源得以扩充，产品也越来越趋于标准化和模块化，产业规模也随之不断扩张，许多大型机床企业纷纷开展国际化运营模式，并充分利用其遍布于全球各地的子公司的知识和技术来源进行产品和技术的创新。机床产业的案例同样表明，产业所具有的与产品应用相关的知识和技术总量对产业的创新以及产业组织规模具有非常重要的影响。

制药产业和机床产业是产业创新系统中的典型代表产业，其对这些具有代表性产业进行分析时侧重于知识和技术基础对其创新以及产业规模的影响，而本书所研究的创新极是区域内具有一定规模的榜样型创新型产业，因此，基于上述观点，本书从产业创新系统方法的知识和技术维度的视角出发，将知识和技术总量作为衡量产业规模的标准之一，并对创新极的规模性特征进行描述。

（2）主体规模。

产业创新系统方法指出，产业系统由包含各类组织和个人在内的存在较大异质性的行为主体构成，各个行为主体通过创造、交流互换以及创新与之相关的知识技术等方式系统性实现创新，其中在新技术创造、采纳和运用的过程中企业扮演着关键性的角色，它在特定的能力、预期、目标和组织的基础上持续不断地开展学习和知识积累，在学习的过程中随着知识积累的增多，企业会在原有的基础上进行新知识和技术的创造，这些知识会通过溢出、扩散等方式吸引新创新者进入，与此同时，通过开展创新、生产和销售等活动，企业与用户和供应商之间建立各种紧密关联，在扩充了自身规模的同时进一步扩大了产业规模。此外，以高校等非企业组织为代表行为主体，通过开展交流合作等方式与企业建立联系以此来支持企业的知识扩散、技术创新和新产品生产，提升了整体的创新能力。各个行为主体创新能力的提升促使其进一步加大自身的投资与研发的强度，进而使得产业规模得以扩大。在一个产业创新系统的框架中，行为主体的数量和规模可以在一定程度上反映产业容量以及产业内进入退出壁垒的大小。

Arora（1998）研究了化工产业的演化发展进程，在该产业发展的初始阶段，一些具有创新优势和商业优势的大型企业作为创新的主要来源使得其长期处于化工产业系统的中心位置。合成染料模型的引入促使大学开始在该产业中发挥重要作用，企业逐步扩大 R&D 范围以及其自身的规模，产业规模进一步得以扩张；而随后聚合化工业的扩散凸显出不同细分市场知识的重要性，与化学工程师的研发活动以及与“运作单元”概念相关的其他重要变化使得化工企业和技术供应商之间的劳动分工进一步细化，产业内专业化工程企业的规模和数量不断攀升，最终致使化工产业的规模得以空前扩大。

在众多产业中，化工产业属于高度创新性、技术具有代表性的创新型产业，利用产业创新系统的思想对产业的组织结构进行分析时侧重于行为主体规模以及行为主体之间的互联关系对产业规模结构的影响。以下所研究的创新极是区域内具有一定发展规模的代表性创新型产业，基于此，以下从产业创新系统方法的行为主体维度视角出发，将主体规模作为衡量产业规模的标准之一，并对创新极的规模性特征进行描述。

（3）网络发育度。

产业创新系统理论认为，一个产业系统是由存在于不同信念、目标、能力和行为的异质行为者之间的关系网络所组成，这些关系还会对行为主体的行为产生影响；网络的规模总量和发展强度在一定程度上可以反映产业的发展规模。在一个产业内，知识、能力和专业化之间存在一定的互补性，而网络则作为纽带将这些互补性整合起来。伴随着现代经济的快速发展，知识所扮演的角色越来越重要，各个组织之间的交流与合作也越加频繁，网络逐步为产业内各个行为主体实现知识和技术资源共享、研发新产品、开展技术创新搭建平台。产业内的行为主体由于有机会参与更多的创新活动、学到更多的经验，拓展了其自身能够利用的知识基础和技术资源，扩大了其自身特定知识领域的规模。通过开展多种合作、发展与合作者之间的更多关联或是将现有的研发合作关系拓展到下游的发展，主体之间的接触点不断增加，产业内的网络强度和规模不断扩大，更多的投入和更宽更广范围的知识共享亦会随之而来，而随着投入的增加产业规模也逐步得以扩张。由此可见，产业规模在一定程度上与产业内网络强度和网络规模的发展相关。

Malerba，Nelson，Orsenigo 等（1999）对技术进步迅猛、创新高度集中的计算机行业进行了研究，在发展初期大型计算机企业一直垄断着计算机市场，并表现出先进知识和技术的高度累积性，尤其在 20 世纪 60 至 70 年代，以 IBM 为代表的大型企业在研发、创造、生产、销售大型系统和零部件方面占据了大部分的市场份额，长时期的垄断使得该行业内所构建的关系网络规模小、发展强度弱，产业结构规模由大型计算机企业所控制；之后微处理器的发明促使个人电脑这一细分市场的出现，专业化零部件和专业化生产企业逐步进入计算机行业，专业化企业群的竞争就此拉开帷幕，这些专业化企业与以不同分散技术为特征的平台相关联，创新不再中心化，与技术开发和反馈紧密相关的主体网络发展规模和发育强度的增大使得计算机网络趋于模块化和标准化，产业内专有化企业的数量和规模不断增加，计算机行业的规模也逐步向多元化扩张。

产业创新系统方法对以计算机行业为代表的创新型产业内的主体关系网络进行分析时，主要侧重于在这些产业的演化进程中其网络发展规模与发育强度对产业规模的影响作用。本书所研究的创新极是由创新行为主体通过相互之间的联系与交互作用所构成的区域内具有一定规模的产业创新网络，基于此，以下从产业创新系统方法的网络维度视角出发，将网络发育度作为衡量产业规模的标准之一，并对创新极的规模性特征进行描述。

综上所述，从产业创新系统方法的理论分析以及上述学者的研究中可以发现，产业创新系统方法在描述创新型产业特别是具有榜样性质的创新型产业的发展演化进程时，分别从知识技术、行为主体以及网络三个方面对演进过程中的产业发展规模进行了一定程度的阐释。本课题所研究的创新极即是区域内具有一定规模性的创新型产业，因此可以利用产业创新系统方法中涉及的知识和技术维度、行为主体维度以及网络维度，从知识和技术总量、主体规模以及网络发育度三个方面描述创新极的规模性特征。其推导过程如图 4. 1 所示。

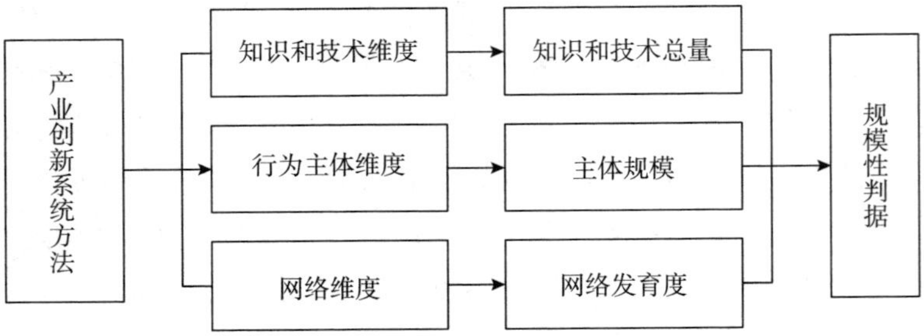

图 4. 1　创新极的规模性判据

2. 区域创新极的创新持续性理论判据

历史友好模型是目前世界上研究产业动态演化的理论前沿，它以一种程序化的方式去捕捉能够直接影响产业长远发展、产业技术创新、产业网络组织的机制和因素，而这些机制和因素通常来源于以往对产业组织规模、组织结构、产业技术创新以及产业演化发展历史的实证研究。历史友好模型通过描述一个产业的发展和特征建立相应的模型以反映产业发展演化的规律特征，侧重于各个产业的发展特性及其关键性发展史，将对产业演进过程中关键性事件的透彻理解与支配其行为规律的规范化关系相融合，从鉴赏性视角探索真实的历史事件，并且定量化模拟和相似匹配该历史事件，以期找到促使产业演化发展的决定因素和特殊机制。历史友好模型不仅从“产业动态”的角度研究不同产业发展的特点和规律（企业进出率、企业间的异质性程度、企业特质的持久性），而且对产业发展的分析注重于产业的历史模块，试图识别变量时间序列上微观经济的影响因素（产业集中度、企业进出率、创新持续性）。历史友好模型对“产业动态”的研究主要分为三个层次：第一级，“工业人口统计学”研究，即分析产业动态的特殊方面，旨在理解并解释一系列已被证实的事实与经验规则的决定因素。更确切地说，由于产业结构具有高度动荡性和多样性的特点，产业结构变革速率随着技术知识的不断变革亦不尽相同，诸如绩效、存活率、创新活动持续性等；第二级，“结构上的变化”，即对能够描述行业特点的主要结构变量进行综合研究，例如一体化协同发展、企业的进出率、企业的产品和工艺创新等变量；第三级，“结构上的演化”，这一层级以更广泛的视角分析问题，它将产业演化作为一个整体开展研究，研究内容主要包括新产品和新技术的问世、新技能和企业竞争力的出现、对产业边界的全新定义、知识互动的过程、网络的形成、公共权威机构的设置以及政府制度的作用等。

历史友好模型为逻辑检验和实证研究所得出的因果解释提供了理论分析工具。历史友好模型的构建分为两个部分：首先，对所研究产业的特质、发展规律进行描述和分析，有助于解释和模拟该产业的动态演化发展过程；其次，基于能够体现该产业发展特质和各个行为主体之间基本关系的理论来建立相应的历史友好模型。

（1）知识创新持续性。

Malerba，Nelson，Orsenigo 等（2006）以纵向一体化理论为基础，运用历史友好模型研究了在计算机和半导体行业发展过程中计算机企业在纵向范围上的发展变化历程，提出在动态且不确定的技术和市场环境的情况下周期性的技术革命会不断打断相对的技术稳定性和平稳的技术发展。该模型对计算机行业纵向一体化进行分析时指出，对每一个基本的元件技术而言，其所具备的知识都是特有的，当一项新技术产生后，其相应的知识水平会低于现有的技术知识水平，因此要想使技术更加具有竞争优势，就要不断提升知识的水平和创新速率，只有通过一步一步的知识积累和知识创新，计算机行业才能不断创造出更多有效实用的技术产品。

计算机行业属于创新度较高、技术领先的产业，历史友好模型对这些榜样型创新产业的演化发展进行分析时指出，产业中技术机会等要素构成了企业所处的知识技术领域，技术机会反映了企业需求、行业市场对产品创新的可接受程度。在产业发展初期，产业处于开始起步的状态，此时企业会依据现有的资源、知识技术基础吸收和引进外界同行业领域内的先进技术，由于市场潜力比较大，知识积累多，技术不成熟，产业拥有较多的技术机会，而且其知识具有较高的隐性化程度，较多的技术机会能够激励其开展更多的创新实践活动，这预示着资源稀缺的限制因素不会束缚产业所处的市场，此时潜在的创新主体将会提供更多的关键性技术创新；与此同时，由于此阶段产业内的知识具有高度的积累性，产业内存在一种诱使创新出现高度专有性的隐形机制，此时区域产业内的知识溢出会与某个特定层面的高度累积的知识产生一定的关联，知识在企业技术层面的高度积累激发了先行优势，并使产业产生了较高的集中度，产业主体在已有知识和技术的基础上不断创新与其相关的知识和技术并开发新技术与新知识，促使产业系统内的知识得以持续生产、创新、转移、扩散，并同技术的研发与运用保持相互作用，进而带动知识领域的创新得以不断持续。

由上述分析可以发现，运用历史友好模型对榜样型创新产业的前期发展阶段的持续性创新进行分析时，其主要侧重于知识创新的持续性研究，而创新极是区域经济产业系统内的创新型产业，能够引领区域经济的快速发展，因此可以借鉴历史友好模型理论对创新型产业的创新持续性的分析，从知识创新持续性角度对创新极的创新持续性特征进行描述。

（2）产品创新持续性。

历史友好模型对具有代表性的创新型产业的发展演化过程进行分析时指出，在产业发展中期，产业内知识的编码程度得以进一步提升，产品和技术的创新潜力得以不断开发和挖掘，产业拥有适量的技术机会而且知识隐性化程度亦适中。伴随着产业内的主流技术和主导厂商的大量涌入，消费者群体的数量亦日趋增加，其对产品相关需求的日益增多使得各厂商之间的竞争日趋激烈，此时基于主流技术的新产品模仿与创新显得尤为突出。产品作为知识溢出的良好载体，此阶段产业系统内存在的知识溢出效应使得各行为主体之间可以借鉴彼此的创新成果，在此基础上不断改善产品性能并创造自身产品的创新优势。随着产品性能和技术效率的不断完善与提升，产品的创新潜能得以充分地开发与维持，产品逐步趋于标准化，产品的附加值得到进一步提高，产业效益得以日益提升，因而此阶段产品的创新持续性尤为突出。

例如，Malerba，Nelson，Orsenigo 等（1999）利用历史友好模型分析了计算机行业的长期演化发展历史，将计算机行业的演化发展历程划分为大型计算机时代、迷你计算机时代、个人电脑时代以及互联网时代，找出了其演化发展的主要历史事件，即20世纪50年代初期IBM进入电子计算机行业并一度成为该行业的垄断者，随后晶体管技术与集成电路的出现使得DEC等企业占据迷你计算机市场的大半个江山，以及之后微处理器的发明促使个人电脑这一细分市场的出现。在大型机时代以IBM为首的主导企业之所以能够在市场中处于垄断地位，主要是因为其投入了大量的技术创新支持用以生产满足用户信息系统的产品，微型计算机和个人电脑的出现主要取决于基础技术的较大改变致使其无法占领个人电脑市场，顾客对引入新技术的大型机市场的锁定效应要高于个人电脑市场，因此行业内的行为主体更加侧重于产品方便性的改进和降低性价比的技术应用，这些企业通过销售产品获得丰厚的利润，这些利润大部分用于企业对新产品和新技术的投资研发，持续的产品研发创新使得企业的技术能力得以积累，并获得一定的技术竞争优势，从而制造出具有更好性能和价格适宜的产品以满足消费者不断变化的需求。

从历史友好模型对计算机行业的分析可以看出，计算机行业从过去的知识积累和成功经验中吸收新知识和新技术，利用新技术和新知识再去缔造新的创新成果，不断保持并提高其产品和工艺的技术创新水平，正是持续不断的产品创新以及新技术、新产品的出现等决定性因素使得计算机行业得以演化发展。创新极作为区域内的榜样型创新产业，只有保持并不断提升自身的创新素质才能不断有技术创新的新成果问世，因此可以借鉴历史友好模型理论对创新型产业中期发展进程中产品工艺创新持续性的分析，从产品创新持续性角度对创新极的创新持续性特征进行描述。

（3）协同创新持续性。

同样，历史友好模型对具有代表性的创新型产业进行分析时亦指出，在产业发展后期，产业内的生产能力过剩，技术水平不断衰退，大批产品趋于老化状态，产业规模呈现相对萎缩的态势，产业拥有较少的技术机会和较低程度的隐性化知识，由主导企业引领创新的能力受到严重制约，创新不再中心化，产业内的企业已不能仅凭自身的力量来提升竞争力，一些企业选择退出。然而，对大多数创新型产业而言这并不意味着产业发展就此停滞，相反，此时外界对其新产品和新技术的要求进一步加大，这预示着新一轮的产品技术创新就此拉开帷幕。在这种情况下，产业内存留下来的多数企业通过引进外部先进技术或是凭借契约关系、社会关系、合作网络等方式同拥有充足智力资源的其他企业、科研机构、高校等组织达成联盟，产业内的创新网络的作用显得尤为重要，它的存在促使其将自身的研发成果应用到企业的创新实践，促使产业内形成协同合作创新网络，产业内的各种资源要素得以合理配置与利用，进一步促进了知识的共享、产品质量的完善以及整体技术创新水平的提升。其中，政府部门可以通过制定相关的战略规划和政策来促成企业同大学、科研机构等组织的交流合作，促进产业的创新并推动网络的协调发展；企业之间通过技术交流、知识共享等方式所形成的技术与知识合作，有利于其发展自身的核心创新能力和关键性技术资源；中介机构通过扮演“黏合”和“纽带”的角色，促进了知识与专利技术在协同创新网络中的扩散与转移，进一步推动了技术创新成果的专业化；而高校和科研机构通过输入有效的科研人员、知识支持和技术支撑与企业开展合作，推动了产业开展研发合作与知识共享活动，加快了知识、新产品、专利技术的产出速率，不断实现创新网络的协同效应。

Murmann，Brenner（2003）对德国合成染料行业建立了历史友好模型，通过从有机化学家那里所获取的相关信息，他们对20世纪初德国合成染料行业所处的国际垄断市场地位进行了实证研究，研究结果表明随着合成染料行业的发展和相关新产品、专利的不断推出，产业内的竞争尤为激烈，这促使合成染料行业引进大量的化学家以及科研人员，而德国的各个高校系统和科研机构积极响应了此项需求并与化工企业开展交流合作，分享知识和技术成果，不断进行产品技术创新以增强创新能力，保持并实现了合成染料行业网络的协同创新，不仅为化工企业提供了大量的优质人才，而且为其提供了相关的新技术等创新成果，最终使得德国的化工企业能够位居世界前列。

历史友好模型对创新型产业的后期发展进行研究时指出，对多数创新型企业来说，产业后期发展的各种迹象特征并不意味着该产业的发展就此终结，相反，这将成为该产业进入新发展阶段的一个转折点；在这种情况下产业创新网络范围内所形成的各行为主体间的协同创新效应则显得尤为重要，它通过促使各个行为主体开展知识、科技成果共享与技术交流合作使得产业不断开展并保持持续性创新，进而能够顺利进入到下一个产业生命周期，而创新极是区域创新系统内创新活动密集、创新能力具有代表性的创新型产业，因此可以借鉴历史友好模型理论对创新型产业后期发展进程中创新持续性的分析，从协同创新持续性角度对创新极的创新持续性特征进行描述。

综上所述创新极是区域经济产业系统内的创新型产业，是区域创新系统功能在该产业技术创新集聚演化的表征，能够引领区域经济的快速发展。创新极的创新持续性指其创新状态的持续性，具备创新正反馈机制，能够保持并不断提升自身的创新素质。只有技术创新状态具有可持续性，才能不断有新技术成果问世。本节以历史友好模型为理论基础，并借鉴其对具有代表性的创新型产业的分析思路，选用知识创新持续性、产品创新持续性、协同创新持续性三方面作为创新极的创新持续性判据。其推导过程如图 4.2 所示。

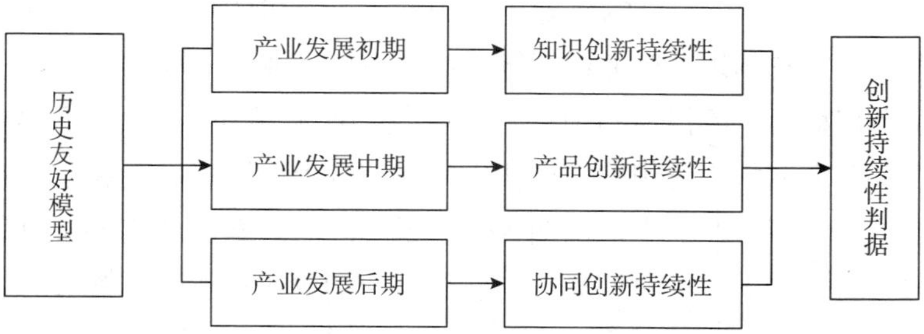

图 4.2　创新极的创新持续性判据

3. 创新极的带动性理论判据

（1）产业生命周期理论。

管理学领域和经济学领域首先引入生命周期这一概念对其产品进行研究，之后又应用于企业研究和产业研究。产业生命周期理论最早由 Gort 和 Klepper 于 1982 年提出，其思想来源于产品生命周期理论。演化经济学理论指出产业演化的动态性首先表现为单一产业的生命周期，所谓一个产业的生命周期是指从一个产业孕育到衰退其主体行为的整个改变过程，这些行为主体具有相同规律性和一定周期性特征。任何产业的发展都会历经由初创到衰落并且不断循环的演化过程。一个产业从孕育到衰退一般都会经过企业数目先增加后减少、产品价格逐步下降、产出总量逐步增加的过程，这一过程具有非单调性。产业生命周期理论作为研究产业从孕育到衰退整个演进过程中产业内的企业数量、产业组织结构、产品创新发展动态的产业演化理论，它侧重于研究产业的不同发展阶段与产业主体行为、产业组织结构以及产业绩效相互之间的因果关系。

依据产业生命周期的相关理论，产业的生命周期一般划分为导入期、成长期、成熟期、衰退期四个阶段；在产业的导入期，产业内的企业数量偏小，产品形式比较单一，产品总产值所占比重偏低，而且管理不太完善；在产业的成长期，产业中的企业数目不断增加，产品形式呈现多样化，产业总产出量所占比重呈快速递增态势，市场规模不断扩大；在产业的成熟期，产业集中度较高，产业技术日益成熟，新产品不断涌现，产品质量不断提升，市场需求呈缓慢递增态势，市场规模也趋于稳定；而在产业的衰退期，企业数量相对减少，产业技术相对落后，产业的总产出量减少，此时可以引入新知识和技术创新来带动产业继续发展。

基于已有的大量文献，对产业生命周期各个阶段的划分主要参照产业的规模、产业的相关技术以及产业组织等标准，而对产业生命周期的研究主要集中于产业生命周期各个阶段所对应的厂商数量、产业结构、产品创新发展动态、产业集中度等方面的变化规律、产业生命周期各个阶段定制企业发展规划与相关产业政策、创新与产业生命周期各个阶段之间的关系、产业生命周期不同阶段的演化动力机制、实证研究具有不同特质的产业或是不同市场情境下产业发展阶段所呈现出的具体特征等。例如，Gort，Klepper（1982）研究了46种产品的价格、销售量、产量以及“净进入”在整个生命周期或是部分生命周期的时间序列数据，分析了每种产品市场结构的演化与厂商数量之间的关系，并依据产业内厂商的“净进入”数量将其生命周期划分为五个阶段，即引进阶段、大范围进入阶段、稳定阶段、大量淘汰阶段、成熟阶段。Hynes，Wilson（2012）考察了在协同发展前提下产业生命周期不同阶段企业组织形式、企业行为、企业竞争、企业变革所呈现的不同特征，以昆士兰生物技术产业为案例进行研究，最终发现在产业发展的前期或后期战略联盟和产业动态更多地展现为协同发展的特征，而在产业发展中期优胜劣汰的生存规则尤为突出。Bos，Claire，Sanders（2013）对来自于21个欧洲制造产业的创新模式构建模型，结果发现伴随着产业生命周期的各个阶段产业创新会呈现出不同的特征，在产业发展阶段产业具有很高的创新水平，而在产业发展的成熟阶段产业却不具备较高的创新能力，随着产业的日益成熟产品创新水平会逐步降低而工艺创新水平却不断提升。李凯（2005）将产业生命周期作为理论基础，运用生长曲线模型与类比法相结合的方法研究了我国钢铁产业生命周期中各个阶段的代表性指标特征，找出了我国钢铁产业达到极值点时所对应的时间。刘家国（2009）基于产业生命周期理论对我国船舶工业产业的各个发展阶段进行了描述与分析，依照其发展所呈现出的阶段性特征并利用龚伯兹曲线函数识别出我国的船舶工业产业正处于迅猛发展时期。花磊（2013）将产业生命周期划分为三个阶段，并对不同阶段的产业技术机会以及产业知识的隐性化程度进行了分析，依据产业不同发展阶段所设置的参数特征构建了集体创新网络模型，最终找出了产业发展过程中最有效的集体创新网络结构。

（2）历史友好模型理论。

由上述关于历史友好模型的理论分析可知，历史友好模型是目前世界上研究产业动态演化的理论前沿，它以一种程序化的方式去捕捉能够直接影响产业长远发展、产业技术创新、产业网络组织的机制和因素，而这些机制和因素通常来源于以往对产业组织规模、组织结构、产业技术创新以及产业演化发展历史的实证研究。历史友好模型通过描述一个产业的发展和特征建立相应的模型以反映产业发展演化的规律特征，侧重于各个产业的发展特性及其关键性发展史，将对产业演进过程中关键性事件的透彻理解与支配其行为规律的规范化关系相融合，从鉴赏性视角探索真实的历史事件，并且定量化模拟和相似匹配该历史事件，以期找到促使产业演化发展的决定因素和特殊机制。历史友好模型不仅从“产业动态”的角度研究不同产业发展的特点和规律，而且它对产业发展的分析注重产业演进过程中涉及的历史模块，试图识别出变量时间序列上微观经济的影响因素。

以 Malerba 为代表的外国学者对发展迅速的具有代表性的创新型产业构建了相应的历史友好模型，并对这些产业发展的不同阶段的产业特质与关键性历史事件进行了描述与分析。例如，Malerba，Nelson（2000）对制药行业构建了历史友好模型，旨在找出该行业演化进程中的主要发展特质，进而对随机筛选时代以及分子生物学时代进行区分。研究结果表明，药物开发过程中知识的低积累性以及竞争过程中技术的停滞特性使得制药行业的整体集中度水平比较低；而且进入时机决定了潜在厂商的有效进入率，即不同时期进入者进入时机的时间跨度越大，那么最后进入的企业的进入成功率越低，其所能获得的市场份额也越低，因此生物技术厂商的进入没有成为制药行业发展的一个关键性特点。Kim，Lee（2003）研究了随机存取内存芯片行业的发展历程，构建了相应的历史友好模型，试图找出不同的技术体制与厂商进入行为、企业选择不同组织类型以及市场结构之间存在的影响关系。该模型依据市场中的技术制度特点，重点考察了市场累积程度和工艺创新对生产力提高的影响。模拟结果表明，市场累积程度越低，生产力提高与工艺创新的关联度越高。市场累积度与企业进入存在负相关关系，原因在于原有生产力水平严重制约着现有生产力水平，而且市场更加偏好现存企业。此外，生产力提高的参数决定了现有企业与潜在进入者平均生产力水平之间差距的缩小速度：参数值越高，差距缩小速度越快，企业越容易进入市场。因此，随着研发投入的持续增加，大型多元化企业逐步替代小型专业化企业，并占据大部分市场。

通过上述理论分析与研究可以发现，历史友好模型从演化经济学的角度侧重于研究产业发展过程中各历史模块，并对产业演进过程中的每个历史模块进行描述，以期找出促使产业发展的决定因素；而产业生命周期理论重点探讨产业从产生到衰退的整个演进过程，描述和分析各个演化阶段中产业所呈现出的不同发展特质。因此，本节将产业的演化发展过程分为成长期、成熟期、衰退期三个阶段，借鉴产业生命周期理论和历史友好模型的思想对产业发展的各个阶段进行详尽地描述，进而找出不同阶段对产业发展具有显著带动作用的特征因素。

产业生命周期理论和历史友好模型对产业特别是具有代表性创新型产业进行描述时指出：

（1）知识溢出。

在产业成长阶段，市场容量比较小但却拥有很高的不确定性因素，产业中只有个别的企业拥有先进的技术，它们逐步扩大自身的生产规模并依托规模经济的作用创造丰厚的利润。此时不同企业具备不同的产品与过程创新技术、产品的品牌、外部包装以及技术性能等，产品形式单一且质量偏低，因此该阶段的产品具有较高的替代性，整个市场处于完全竞争状态。在这一阶段，产业中并未形成主流技术，竞争主要表现为争占市场中主流技术的竞争。在此情况下，产业内的行为主体主要对知识形态技术进行研发，他们在引入或模仿本行业领域内先进知识与技术的过程中不断发展、学习、积累产品生产技术、产品制作工艺、市场信息等方面的知识，而在某一行为主体基于原有知识累积创造出新知识的过程中，会有一大部分与生产技术、产品工艺、产品的市场信息、研发成果等相关的新知识通过在产业内个人之间、企业之间、个人与企业之间等的流动而外溢到整个产业系统中，成为整个产业系统所共享的知识，这就形成了知识溢出。当产业内某一个主体层面产生知识溢出效应时，其会带动与之技术相近的其他行为主体所拥有知识储量的增加，而与之紧密相连的其他主体也会获得新产品、新原材料的相关知识。知识溢出提高了产业内各主体间知识共享的水平，使得各主体既可以不断转移和扩散新知识，又能够使用较低的成本快速获得其所需的知识，大幅度提升了整个产业的知识累积水平，进而加速了新知识的产生与转移。

基于知识的创新理论，知识作为创新的重要影响因素之一，创新主体的知识累积水平对其技术创新能力具有直接影响。知识溢出提升了产业内的创新产出，创新产出的增加不仅会进一步促进新产品的研发，而且会增加整个产业系统知识存量的总量，进而为下一阶段的创新活动奠定良好的知识基础。由此可见，在产业的成长阶段，知识扮演了重要的角色，从产业带动的层面出发，知识溢出对产业内整体的知识积累水平的带动作用尤为突出。

（2）专利技术溢出。

在产业成熟阶段，随着上一阶段产业内创造的有关生产技术、产品工艺、产品的市场信息、研发成果等的新知识的溢出，产业技术得以改进和提升，市场中的一些不确定因素逐步减少，大量企业为获取更多利润纷纷携带基于现有知识和技术而改进的产品和过程创新技术进入该产业。产业内某些主体通过其知识积累创造出新技术、新产品以带动与之技术相近的其他行为主体凭借知识溢出效应获取与新技术、新产品相关的各项知识，结合自身的研发基础创造出与之相近的新技术成果，此时越来越多的该项新技术应用于市场中的相关产品和服务，产业内创造的新技术会凭借示范、竞争、关联以及研发人员流动等方式外溢到整个产业系统中，加速了产业结构调整与优化升级，进而带动了产业创新收益的增加。面对高额的产业创新收益，越来越多的企业涌入该产业系统，企业间的竞争变得日益激烈，具有雄厚实力的主导厂商在经费投入和技术研发方面明显比小厂商具有优势，其通过扩大内部规模和外部并购的方式不断扩大规模并且生产规模扩大较快，而这些不具优势的小企业由于难以适应现有的竞争环境而选择退出该产业，而此时进入者的总数量远远大于退出者的总数量，所以产业的生产规模总体来讲在不断扩大的同时逐步趋于稳定状态。伴随着消费者群体的数量日趋增加，其对产品需求的日益增多使得各厂商之间的竞争日趋激烈，此时由基于主流技术的新产品模仿创新所引发的溢出效应尤为突出。为了稳固自己的市场地位，大多数厂商不断增大研发投入、人力资本投入以及技术投入来创造更为优质的产品，并通过利用改善外观设计、挖掘技术潜能、加大售后服务、注册多个品牌等方式来留住顾客群，这既增加了产业的技术存量，又进一步提高了产业整体技术水平。

专利技术溢出效应促进了同行和其他企业的技术进步，降低了产业的综合成本，提高了产业的综合竞争力，带动了产业全体要素资源的生产效率和技术创新效率，加大了产业内企业与其他技术水平较强的主体开展广泛的技术交流与合作，进一步增强了整个产业系统的综合创新水平。由此可见，在产业成熟阶段，从产业带动的影响范围角度出发，专利技术溢出在产业结构改善与产业整体创新水平提升的过程中扮演了非常重要的角色。

（3）组织间溢出。

在产业衰退阶段，产业的产出水平增长缓慢，企业的进入率逐步下降，技术创新水平逐步下降，产业生产能力过剩，产品呈现逐步退化、老化等状态，产业利润大幅度下降甚至发生亏损，部分企业选择退出该产业，产业发展规模出现相对萎缩。此时，产业内存在一部分人员流失的现象，这些人员离开时会带走其所掌握的知识和技术，人员的流动促使其将之前学习和积累的先进知识、技术应用到新企业中，这些先进知识与技术在产业内得以迅速普及与扩散，产业规模化发展所需的人力、知识和技术资源得以重新配置，带动了产业内经济的小幅增长，进而适当减轻了产业萎靡发展的现状。然而，对于多数创新型产业而言，衰退期并不预示着产业发展的终止，相反，它可以看作是产业蜕变到下一个发展阶段的创新时期，此时外界进一步提高了对新产品和技术创新的要求，这些因素都促使新一轮产品技术创新的产生。此时，产业内留存下来的企业可以引进外部先进技术和高质量人才，定期对其员工开展科技培训，凭借产业创新网络与高校、科研机构及其他企业进行合作创新来开展新技术研发、新产品应用与营销等活动，将各项创新活动进行更合理有效的分工，实现知识—技术—网络之间的协同创新。此时，产业内的协同创新网络也为各行为主体的非正式交流与合作提供了一定的场所，产业行为主体之间的互动频率增大，通过培训与合作等方式，人力资本平均水平得以提高，产业中优质的企业管理者以及专业技术人员等资源得以充分积累与有效利用。随着相关人员的流动，固化在其身上的各种知识技能会随之溢出到产业的各个层面，带动了知识、技术等在产业间的传播与扩散，促进了产业的整体技术创新水平，产业持续稳定发展所需的各种要素资源得以重新配置与有效利用，进一步提高了产业经济效益。

对多数创新型产业而言，产业衰退期的各种迹象特征并不意味着该产业的发展就此结束，相反，这将成为该产业蜕变的一个转折点，此时组织间溢出作用则显得尤为突出。它促进了知识、技术、相关人员在产业间的流动，带动了产业间的人员沟通、知识共享、技术合作与成果交流，不仅有利于知识和技术在同一层面的产业中扩散，而且更有助于新思想和新技术的创造以及新产品的研发。产业内新的产品技术研发再次起步，技术效率就此发挥作用，进而在一定程度上提升了产业的经济效益。由此可见，在产业衰退阶段，从产业带动的程度角度出发，组织间溢出在产业要素资源重新配置与产业经济效益提升的过程中发挥了非常重要的作用。

综上所述，本节以产业生命周期理论和历史友好模型为理论基础，对产业发展的各个阶段进行详尽地描述，并借鉴其对具有代表性的创新型产业的分析思路，找出在产业发展的不同阶段对其具有显著带动作用的特征因素。最终，选用知识溢出、专利技术溢出、组织间溢出三方面作为创新极的带动性判据。其推导过程如图4.3所示。

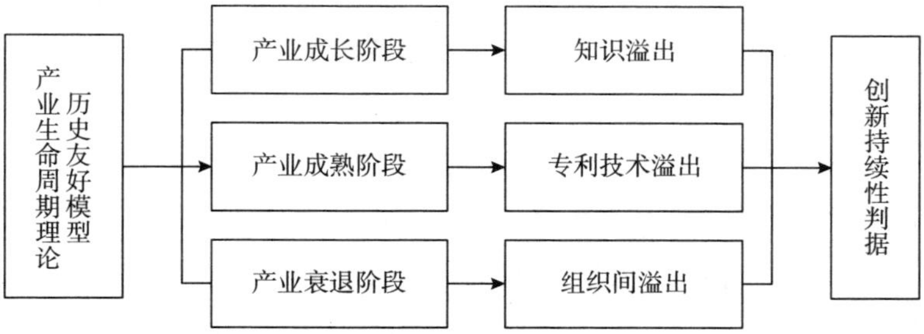

图4.3　创新极的带动性判据

4.2.3　创新极识别判据测度指标确立

1. 创新极识别规模性判据测度指标的选取

（1）知识和技术总量测度指标。

国内外研究通常利用知识的最终产品来计量知识的总量。从知识的产出形态视角出发，知识既包括显性知识，如论文、专利、著作等具体产品；也包括物化在生产技术设备中或是科技人员身上的隐性化知识。目前，国内外学者对产业的知识总量进行测度时，往往会选用显性知识作为计量指标。对知识总量进行衡量有利于掌握一个产业所拥有的知识资源的总量，以及其特定知识领域的发展规模，进而更好地反映产业的组织结构和发展规模。同样，国内外学者通常将专利作为衡量技术进步的测度指标。对专利总量进行测度有利于把握一个产业所具备的技术资源的总量以及其技术层面的发展规模，进而能够在一定程度上展现产业的发展规模。

本节拟采用论文发表数量作为知识总量的测度指标，采用专利拥有量作为技术总量的测度指标。其中，论文发表数量是指一个产业在有正规刊号的期刊上所发表的论文数量；专利拥有量由有效发明专利数量来代替，即某一产业内企业作为专利权人在报告期内拥有的、由国内外知识产权部门所授权的并且在有效期内的发明专利数量的总和。之所以选用这两项指标是因为：在产业内各个行为主体所产出的书面报告、期刊发表物、会议论文集等成果中，论文的传播范围比较广泛而且最容易受到同行的认可，论文在很大程度上展现了行为主体所生产的知识产品，一个产业中所发表的论文数量的总和可以作为该产业所创造的知识产品，而且其数量能够在一定程度上反映该产业知识领域的产出规模；专利既可以作为行为主体创造和生产知识的结晶，也可以作为隐性知识与显性知识相互转化的表现方式，一个产业内拥有的专利数量不仅反映了产业在某一时间点上专利的存量水平，而且在一定程度上反映其在某一特定技术领域的发展规模与知识水平，进而更客观有效地展现产业的发展规模。

（2）主体规模测度指标。

研究产业的规模性首先要明确采用什么指标或是使用什么标准作为规模性的测度依据。在实际研究中国内外学者将可以测度产业行为主体（主要指产业内的企业）的指标大体上划分为投入规模参数和产出规模参数两类。其中，投入规模测度指标包括企业员工人数、投资额、固定资产原值等，产出规模测度指标包括产品的产量、营业收入额、利润总额、年末公司市场价值等。例如，Daniele，Rinaldo（1995）在研究中将主营业务收入、从业人员数量作为衡量指标，并依据不同的销售总额及从业人员数量范围将企业划分为小型、中型、大型企业。杨海英，熊飞（2008）选用了企业总资产以及企业年销售收入两项指标，利用因子分析法对北京市的高新技术企业的规模进行测度。张西征，熊飞（2012）对企业规模与R&D之间的关系进行研究时，选用企业从业人员总数来测度企业规模，并依据不同从业人员的范围将企业分成大型、中型、小型三类。

鉴于此，本节拟采用固定资产总额、从业人员数量两项指标对行为主体的规模进行衡量。固定资产总额指产业内主体所拥有的使用期限超过一年的建筑物、运输工具、机械设备以及其他与生产运营相关的工具、设备等的总体价值，它是产业内主体得以生产运营的主要资产，在一定程度上反映了主体的运营规模。从业人员数量作为时点指标，是指报告期最后一天工作于该产业，并获得劳动报酬的在岗员工、劳务派遣人员以及其他从业人员的总和，人力资源问题是产业主体实现规模化发展所需考虑的首要问题，从业人员的不同范围决定了主体规模的大小。这两项指标数据易于获取并具有客观准确性和广泛适用性，是便于计量的可量化指标，能够客观准确地反映产业得以有效运营所具有的规模。

（3）网络发育度测度指标。

目前，国内外学者对产业的网络发展规模与强度进行测度时，主要从创新技术平台、国内合作以及国际合作三方面入手；其中，衡量创新技术平台的指标包括：产业技术创新联盟的数量、国家级企业技术中心数量、国家工程研究中心数量、国家重点实验室数量等；国内合作的测度指标主要包括：企业研发经费外部支出总额、产业技术开发合同实际金额、开展产学研合作的企业数量、企业与国内单位合作发表SCI论文的数量、企业与国内单位合作申请的数量等；而国际合作的测度指标包括：引进外国技术的企业数量、向外国输出专利的企业数量等。

本节选取R&D经费外部支出总额与R&D经费内部支出总额的比值、R&D经费外部支出总额两项指标来测度网络发育度，原因在于：产业系统内不断发展创新网络促使产业主体逐步加大同外界组织开展技术研发合作与技术引入活动的经费投入，R&D经费外部支出总额作为产业用于开展科技合作活动的经费支出，反映了产业内主体与外界组织开展科技合作研发活动的活跃程度，进而能够在一定程度上测度产业内网络的发展规模和强度；而R&D经费外部支出总额与R&D经费内部支出总额的比值不仅反映了本领域内技术开发与技术创新合作的潜力和储备，而且从侧面体现了产业内网络规模发展的相对程度。这两项指标数据易于获取，具有广泛的适用性，它们在很大程度上展现了行为主体之间通过产业内的创新网络进行交流与合作所创造出的众多研究成果，进而能够很好地度量产业系统内由不同行为主体所组成的关系网络的发展强度与规模。

2. 创新极识别创新持续性判据测度指标的选取

（1）知识创新持续性测度指标。

知识创新在很大程度上反映了产业在知识传播、科技创新以及创新产出三方面的整体实力。然而，有关知识创新评价的研究并不多。Brohman（2006）指出，知识创新是知识获取、传播、转移的最终结果。张红兵，金生（2007）采用知识发酵理论对知识创新机制进行了探讨，研究结果发现：企业知识创新过程是组织进行学习的过程，在这一过程中各个行为主体以原有的知识积累为基础对已有知识与新知识进行耦合分析。目前，国内外学者主要采用以下指标对知识创新进行测度指标：科技情报与文献机构的数量、企业R&D人员数量、企业市场知识存量、企业R&D投入强度、企业发明专利申请增长率、企业发表论文的数量等。国内比较有代表性的研究为刘敬严、李文慧等人的研究。刘敬严（2008）利用DEA方法对企业知识创新能力进行研究，在构建评估模型时选用知识创新成果作为产出指标。李文慧（2009）利用模糊综合评价方法分析了企业知识创新能力，从知识存量、知识创造、知识应用、知识共享以及知识创新环境五个方面入手，并选取科技情报与文献机构的数量、技术开发银行贷款总额、企业 R&D 人员数量、企业市场知识存量、企业 R&D 投入强度、企业发明专利申请数量、企业发表论文的数量等指标进行了综合评价。

由于本节所研究的创新极的创新持续性是指一种持续发展的状态，因此在筛选出相应的指标之后通过构建该指标的增长率对持续性进行测度。因此，本课题选取论文发表数量增长率以及专利拥有量增长率两项指标测度创新极的知识创新持续性。原因在于：知识具有高度的累积性，为了促使知识在产业创新系统内持续生产、转移与扩散，产业主体会在原有知识与技术的基础上不断创造新知识与新技术，而新知识和新技术的创造与应用又会进一步带动知识的持续扩散与传播，进而带动产业在知识层面的创新得以持续发展。论文和专利作为显性的知识产出形态，其便于计量知识的产出量。论文发表数量增长率反映了知识创新中科学研究的产出效率，专利拥有量增长率反映了知识创新中技术开发的潜力与产出效率。这两项指标具有广泛适用性，它们不仅可以反映知识的产出效率，也能够展现产业在知识创新层面的发展状态与速率。

（2）产品创新持续性测度指标。

产品创新是一个不断改进和提升旧产品并创造新产品的过程。目前，国内外学者通常会从产品创新投入、产品创新管理、产品创新产出等方面衡量产品创新。测度产品创新投入的指标主要包括：研发经费投入强度、研发人员投入强度、技术开发专用设备的数量等；产品创新管理的计量指标主要包括开发机构设置状况、产品开发人员的培训与交流状况、产品信息管理水平等；衡量产品创新产出的指标主要包括：新产品销售收入、新产品销售收入占主营业务额的比重、产品增加值指数等。

鉴于此，本节选用新产品销售收入和新产品销售收入增长率两项指标测度创新极的产品创新持续性。这两项指标的数据易于获取，能够客观准确地衡量产品创新持续性特征。更重要的原因在于：产品创新的最终目的就是创造新产品，新产品是衡量产品创新的关键因素，企业通过利用新技术、新思想进行研发创造或是改进原有的工艺、材质等方式进行产品创新，产品创新促使生产商提升了产品的质量，增加了产品的品种，提高了产品的价值，进一步提高了经济效益，而超额的经济收益亦会促使主体投入更大的研发资源进行产品创新，最终促使产品创新不断持续发展。由此可见，新产品销售收入作为产业销售新产品所获得的收入，不仅在一定程度上体现了产业主体驾驭内外部资源总量的有效性，而且反映了通过产品创新所生产的新产品，或者提高了产品原有性能的产品对产业经济效益的影响作用；而新产品销售收入增长率不仅反映了产业创新活动的活跃程度，而且在很大程度上体现了产品创新经济效益的持续性。

（3）协同创新持续性测度指标。

产业内的协同创新并不是产业内各个资源要素的简单积累，而是由各个资源要素以及其之间的相互关系归整而成的集合。目前，国内外学者对协同创新能力的衡量主要包括三个方面：合作创新、产学研合作以及创新资源整合。其中，常用到的衡量指标包括：企业与国内单位合作发表 SCI 论文的数量、企业与国内单位合作申请专利的数量、企业 R&D 经费外部支出中高校和科研机构所占的比重以及开展产学研合作的企业占全部企业的比重等。例如，苏先娜（2013）在协同创新理论的基础上，将企业技术创新能力划分为研发能力、财务能力、协同能力、产出能力，并将企业对研究机构及高校 R&D 经费支出、政府对企业 R&D 经费投入以及高校与研发机构专利所有权转让与许可收入作为协同创新能力的衡量指标。徐丰伟，刘军（2008）基于协同创新视角构建产业技术创新能力评价指标体系过程中，选取产学研合作开发度、技术引进经费比重、创新组合效率等指标来测度技术创新的协同能力。王阅（2013）研究了辽宁省高技术产业的协同创新能力，利用 R&D 经费支出、技术引进经费、申请专利数、新增固定资产、科研机构数量等指标对高技术产业技术创新协同能力进行了衡量。

本节参照国内外学术界对协同创新的研究，考虑测度指标数据的易获取性、可计量性、广泛适用性，构建合作论文增长率和 R&D 经费外部支出总额增长率两项指标测度创新极的协同创新持续性。原因在于：产业的协同创新能力反映了产业内的行为主体引进和吸收外部创新资源、开展产学研合作的能力，产业内的各个行为主体之间通过不断加大研发经费外部支出额的投入强度进行知识、技术的交流与合作促使相互之间创造更多的合作论文等研究成果，而合作论文等众多研究成果的问世又有利于产业内的各个行为主体之间进一步开展交流与合作，并不断分享研究成果，进而促使创新极的协同创新得以持续健康发展。合作论文增长率可以衡量产业内的各个行为主体之间开展合作创新的持续性，它反映了产业内各个行为主体之间相互协作的程度以及知识合作与共享的产出效率；R&D 经费外部支出总额增长率可以测度产业开展技术合作活动和技术引进的持续状态，它反映了产业内各个行为主体之间相互协作的程度以及技术引入与合作的产出效率。

3. 创新极带动性识别判据测度指标的选取

（1）知识溢出测度指标。

目前，国内外学者对知识溢出的测度主要包括对物化形式的知识溢出的测度以及对非物化形式的知识溢出的测度。测度物化形式的知识流动，一般采用“技术流量矩阵”作为半成品和资本中物化的R&D在产业间的流动的指标，但其却无法衡量横向范围内同类产业之间的知识溢出，而且这方面的相关统计数据比较匮乏，因此，采用这种测度方法存在很大困难。测度非物化形式的知识流动，通常采用论文互引分析、专利引用等科学计量方法。论文互引情况充分体现了产业内具有高度积累性、持续连贯性以及继承性的知识外溢现象，对论文之间的相互引用关系进行分析能够更好地展现知识是如何在同类产业或不同产业间进行流动与传播的。

鉴于此，本节选用论文引用量和论文引用率两项指标作为知识溢出的测度指标。原因在于：知识流动的踪迹通常以论文、发明专利等显性的知识形式存在，使用论文引用的相关数据来测度知识溢出有利于更好地掌握知识溢出的时间途径和空间轨迹。论文引用量不仅可以反映知识溢出在总量层面的特征，而且能够展现知识溢出的轨迹；论文引用率则指论文被使用的频率，反映了知识溢出的效率与溢出程度。论文引用量和论文引用率反映了知识在产业内转移、传播的总量与频率，二者可以在很大程度上衡量过去知识积累与近期知识创造之间的知识溢出，它们是测度知识溢出最直接有效的指标。

（2）专利技术溢出测度指标。

目前，国内外学者认为专利之间的引用关系能够客观地测度技术知识的流动，他们在分析技术溢出的测度问题时普遍会采用以专利引用为基础的技术流矩阵方法和文献跟踪方法。专利之间的引用关系可以有效地测度技术溢出。例如，Macgarvie（2006）通过相关专利的引用数量来探讨国外技术如何影响法国企业申请相关专利，研究发现相比于不存在进口交易的企业，国外技术更容易影响拥有进口交易的企业对相关专利的申请量；Jasjit（2007）通过相关专利的引用数量对技术知识在东道国企业与跨国子企业之间的流动进行计量，研究发现知识在二者之间的流动具有明显的双向性；向希尧，蔡虹（2009）使用相关专利的引用数量对基于专利发明者的合作网络进行分析，并测度了技术在国家与国家之间的溢出效应；胡健，印玺（2010）选用相关专利引文的数据以及被引用专利的相关情况构建技术流矩阵，对技术在以天然气产业为核心的制造业之间的溢出作用进行了测度。

专利申请作为专利技术溢出的结果，本节从利用其结果反映专利技术溢出效应的思路出发，选用专利申请增长量和专利申请增长率两项指标对专利技术溢出进行测度。原因在于：专利技术溢出效应促使产业主体通过学习、吸收、模仿外溢到产业内的先进技术不断增强自身的技术创新能力，加快的技术创新的速率与产出效率增大了申请专利的数量。专利常常被用于测度技术产出，专利申请的数据易于获取并具有广泛适用性，专利申请增长量和专利申请增长率不仅可以反映行为主体在产业内的技术创新活动的活力以及技术的产出效率，而且从一定程度上体现了技术在产业中的领先地位和影响程度。

（3）组织间溢出测度指标。

组织与组织之间的溢出促使产业内各种创新资源的持续投入，而各种创新资源的持续投入又会带动产业进一步提升知识、技术、产品等的创造能力与创新速率，进而带动了产业经济效益的提升。从经济学角度上来看，组织间溢出是一个宏观结果，属于边际生产率的问题范畴，很难将其单独剥离出来。

鉴于此，本节选用人均年产值增加量以及每万元 R&D 投入产值增加量两

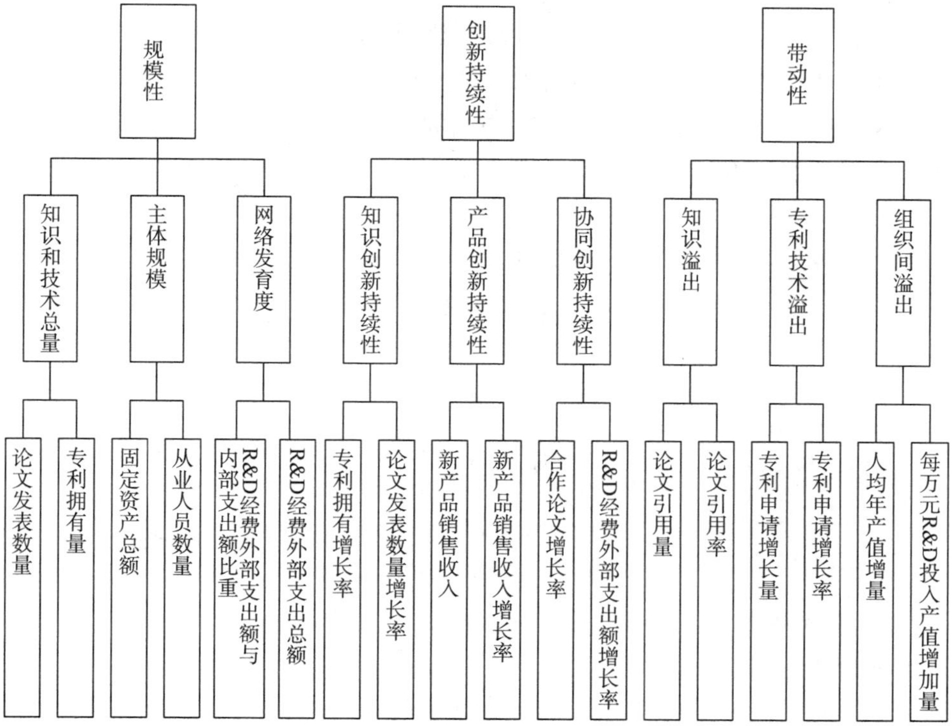

图 4.4　创新极识别判据的测度指标

项指标对组织间溢出进行测度。原因在于：人均年产值增加量是指某一区域经济在一定核算期内所创造的所有最终产品的总量的增加量，它常常被看作衡量某一区域经济发展状况的重要指标之一，并且能够从宏观角度反映组织间溢出对产业经济的带动作用；而每万元 R&D 投入产值增加量不仅反映了一个产业内各种创新研发经费投入强度对工业总产值的影响作用的持续性，而且从创新研发投入的角度反映了组织间溢出对产业创新速率与产出效率的带动作用。

创新极识别规模性判据、创新持续性判据、带动性判据每个层面的具体测度指标如图 4.4 所示。

4.3 区域创新极识别方法模型构建

4.3.1 区域创新极识别的三个维度

由创新极所具有的较大规模、创新的持续性、显著的区域带动作用三个特征推导出了创新极识别的规模性判据、创新持续性判据以及带动性判据三大方面，这三大方面在一定程度上构成了创新极识别的三个维度。由于这三大方面既不能重复替代又不能进行简单累加，因而可以把它们置于一个三维的立体空间，这三大方面恰恰可以比作该立体空间的三个维度。鉴于此，本节引入系统工程的“三维结构体系”理论，并在此基础上构建了创新极识别维度模型（如图 4.5 所示）。

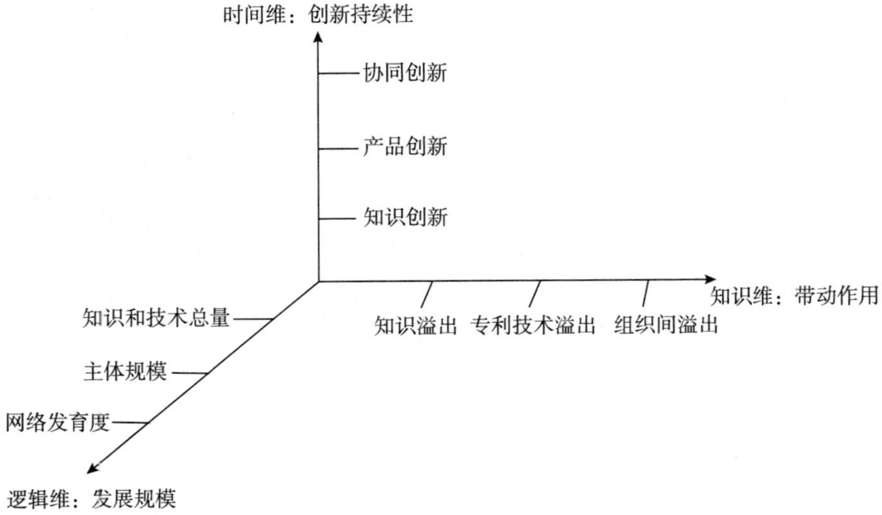

图 4.5 创新极识别维度模型

1. 创新极识别三个维度的由来

1969 年美国知名学者 Hall（1969）提出了系统工程的“三维结构体系”，认为系统工程活动是由知识维、时间维、逻辑维三个维度构成的三维结构，即霍尔三维模型。其中，时间维用来反映系统工程活动由策划到更新按照时间先后开展的整个过程，逻辑维是采用系统工程方法衡量和解决每个工作阶段所面临的问题时的整个逻辑思维过程，知识维则是用于解决项目风险问题的全部知识。霍尔三维模型能够从不同层面立体化地刻画系统工程的运作流程，它是用来解决具有较大规模、复杂结构以及众多影响因素的大型项目管理问题的系统工程方法论。

国内外学者在霍尔三维模型的基础上进行了大量的研究，例如，英国学者 Jap、德国学者 Aden、美国学者 Jamdon、美国学者 Simon 以及美国著名学者 Kenn 等人将霍尔三维系统应用到了医学、建筑学、管理学等各个领域（王俊杰，2005；Aaron Therentica D，2000；Kenneth E，1984）。宋刚（2007）研究了现代城市在空间、经济和社会结构等方面的复杂性，提出了城市管理中的三维结构概念模型。王乾坤（2006）基于传统建设项目多个实施主体在管理系统上的效率低下与浪费现象，从集成管理系统再造等基本要求出发，对原有的霍尔三维模型进行改造，建立了基于过程、组织和信息方法集成的项目集成管理三维结构体系。鲁夏琼（2011）认为国内外的融资模式运营体系比较单一，在此基础上依照项目 BOT 转 TOT 运营过程，结合具体的个旧—大屯高速公路隧道案例，建立了以霍尔三维模型为基础的特许定价模型。贾倩，杨玉堃，康磊晶（2013）将霍尔三维模型的相关理论运用到航天企业知识库的建设中，对其内部专业性知识库的建设方法及相关流程进行了探讨。裴国忠（2012）运用霍尔三维模型的相关理论从定性和定量的角度对房地产投资项目的风险因素进行了分析。孙荣霞（2010）基于霍尔三维模型构建了公共基础设施项目风险管理与控制的三维结构模型，进一步研究了公共基础设施 PPP 项目中存在的风险问题。

依据霍尔三维模型的定义和应用，结合创新极识别的规模性特征、创新持续性特征、带动性特征，本课题对霍尔三维模型进行改造，并构建了三个维度：逻辑维—发展规模、时间维—创新持续性、知识维—带动作用。

2. 逻辑维—发展规模

霍尔三维模型中的逻辑维度是采用系统工程方法衡量和解决每个工作阶段

所面临的问题时的整个逻辑思维过程，而创新极的规模性描述主要依据产业创新系统方法对产业发展规模进行研究时所遵循的由知识技术到行为主体再到网络的逻辑思维程序。首先，每个产业本身都具备其特有的知识技术基础和相关投入，知识和技术在创新中发挥了关键性作用，一个产业所拥有的知识和技术总量在客观上反映了该产业的规模。其次，产业系统是由包含各类组织和个人在内的存在较大异质性的行为主体所构成，各个行为主体凭借创造、交流互换以及创新与之相关的知识技术等方式系统性实现创新，行为主体的数量和规模可以在一定程度上反映产业容量以及产业内进入退出壁垒的大小。最后，产业内的行为主体既存在差异又彼此之间相互关联，这些关系还会对行为者的行为产生影响，而且由这些关系发展而成的网络则在某种程度上构成了一个产业创新系统；网络的规模总量和发展强度可以从一定程度上体现产业的发展规模。描述创新极规模性的思维程序具有高度清晰的逻辑性，这与霍尔三维模型中的逻辑维度含义相吻合。因此，本书利用逻辑维度来反映创新极的发展规模。

产业系统是由特定的知识技术、异质行为主体、网络以及制度所构成的。一个产业所具备的基于创新活动的特有技术知识构成了其特定的知识领域。产业内具有异质性的行为主体通过其自身的学习与知识积累开展各种新知识、新技术、产品等的研发与创新活动，进而不断扩大产业规模。而产业内网络的存在则将这些行为主体联系在一起，它不仅促进了知识和技术的流动，而且加强了各主体之间的互动协作，提升了产业的创新产出效率与收益，进而扩大了产业规模。由此可见，逻辑维度的三个要素之间是相互联系的，利用这三者的总量依次描述创新极的发展规模具有高度清晰的逻辑性。

3. 时间维—创新持续性

霍尔三维模型中的时间维度用来反映系统工程活动由策划到更新按照时间先后开展的整个过程，而依据历史友好模型对创新极的带动性进行描述时则对应于创新极发展的不同阶段所表现出的不同层面的创新持续性。在产业发展初期，知识积累多，技术不成熟，产业拥有较多的技术机会而且其知识却具有较高的隐性化程度，企业在已有知识和技术的基础上不断创新与其相关的知识和技术并开发新知识与新技术，促使产业内的知识得以持续生产、创新、转移、扩散，并同技术开发应用保持相互作用，进而带动知识领域的创新得以不断持续，因而此阶段表现为知识的创新持续性。在产业发展中期，产业内知识的编码程度得以进一步提升，产品的创新潜力不断得以开发和挖掘，消费者对产品相关需求的日益增长促使产品性能和技术效率得以不断完善与提升，产品和技术的创新潜力得以不断开发和挖掘，产品的附加值得到进一步提高，产业效益得以日益提升，因而此阶段表现为以企业为主的各个行为主体在产品层面的创新持续性。在产业发展后期，产业内的生产能力过剩，技术水平不断衰退，产业拥有较少的技术机会和较低程度的隐性化知识，由主导企业引领创新的能力受到严重制约，创新不再中心化，一些企业选择退出。然而，对大多数创新型产业而言这并不意味着产业发展就此停滞，相反，此时外界对其新产品和新技术的要求进一步加大，这意味着新一轮产品技术创新的开始，产业内存留下来的多数企业通过引进外部先进技术或是凭借契约关系、社会关系、合作网络等方式与拥有充足智力资源的其他企业、科研机构、高校等组织达成联盟，进而形成协同合作创新网络，进一步促进了知识的共享、产品质量的完善以及整体技术创新水平的提升，因而此阶段表现为基于产业内网络的协同创新持续性。这恰恰同描述创新极发展规模的逻辑维度相对应。创新极的创新持续性随着时间的推移会呈现出不断发展的态势，可以说它代表一种惯性，是一种不断持续发展的状态。因此，本书利用霍尔三维模型中的时间维度来反映创新极的创新持续性特征。

从知识的角度出发，创新的过程可以看作是企业将现有知识进行重组的过程，新思想的创造源于知识的重组过程，而那些符合技术机会或是能够改进现状的思想才会最终引发创新。产品创新源自于产业主体之间（主要是企业之间）在彼此相互交流的过程中产生的知识流动，它普遍存在于各个产业当中并在产业发展演进的过程中发挥着重要作用。在竞争日益激烈的产业市场中，产业主体之间高频度的合作与交流引发的知识流动提高了产业内产品的创新速率以及新产品的产出效率，而持续的产品创新反过来又会促使知识产出速率、产业经济效益的大幅增长以及行为主体之间的互动协同创新的开展。与此同时，知识流动得以实现主要是通过创新行为主体之间的网络，存在于各个行为主体之间的网络结构会显著影响知识流动的程度，进而对产品的创新潜能造成影响。由此可见，逻辑维度的三个要素之间存在相互依赖、相互促进的关系，持续的知识创新促使新思想新观念的产生，进而促使新产品、新技术的问世；为了保持产业在市场中的竞争优势，各行为主体通过引进先进技术与优质人才加强彼此之间的交流与合作，不断改进和创新原产品并创造新产品，保持产品的创新性；交流与合作频度的不断增大进一步带动了产业内关系网络的规模发展与协同创新，而网络协同创新的持续性又促进了知识创新与产品创新的持续性，这三者之间的相互关系使得创新极的创新性得以保持并不断发展。

4. 知识维一带动作用

产业主体的知识累积程度能够直接带动其技术创新能力的提升，知识溢出提高了产业内各行为主体间知识共享的水平，提高了产业创新的产出效率，创新产出的增加不仅会进一步促进新产品的研发，而且会增加整个产业知识存量的总量，进而为技术溢出提供充足的知识资源。专利技术溢出效应降低了产业的综合成本，提高了产业的综合竞争力，带动了产业全体要素资源的生产效率和技术创新效率，促进了产业内企业与其他技术水平较强的主体开展广泛的技术交流与合作，进而提升了整个产业系统的综合创新能力。而组织间溢出效应又进一步促进了产业间的人员沟通、知识共享、技术合作与成果交流，不仅有助于知识和技术在同一层面的产业中扩散，而且更有利于新思想和新技术的创造以及新产品的研发。产业内新的产品技术研发再次起步，技术效率就此发挥作用，进而在一定程度上提升了产业的经济效益。知识维度的三个方面之间可以相互影响、相互促进，三者之间的关系促进了产业内知识、技术的流动与扩散，增强了行为主体之间的交流和合作，不断提升了产品技术研发与技术创新效率，进而带动整个产业向更具规模化方向发展。

4.3.2 创新极识别方法的三个层面

对创新极的特征进行表述之后，本节欲从知识技术层、企业产品层、社会网络层三个层面对创新极进行客观表述，三层的关系如图 4.6 所示。

1. 知识技术层

对于一个产业系统而言，行为主体最初所具备的知识技术储量确定了其之后进行产品技术研发创新的能力。知识和技术作为产业特有的资源，其在产业演化发展的过程中发挥着关键性作用。首先，在企业层面上知识具有较高的异质性，它不能在企业间自由地扩散与流动，只有依靠企业长时间积累而成的能力对其进行吸收与利用。产业主体在已有知识和技术的基础上不断创新与其相关的知识和技术并开发新技术与新知识，促使产业系统内的知识得以持续生产、创新、转移、扩散，并同技术的研发与运用保持相互作用，进而带动知识领域的创新得以不断持续。这些知识通过转移、扩散、传播出去，这些知识被产业内的行为主体所吸收和利用，创造出新的知识，而且知识积累所制造的知识积累又会促使其不断进行持续性创新。其次，知识所具有的积累性致使新知识创造的程度要建立在现有知识的基础上，而且知识又是具有非竞争特性和部

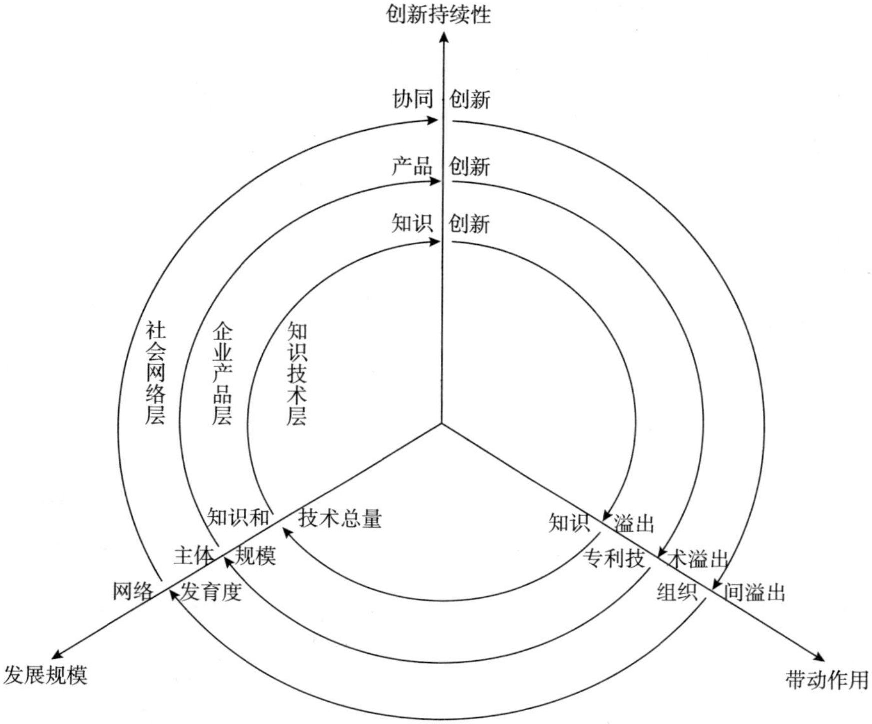

图 4.6　创新极识别模型的三个层面

分排他特性的公共产品，其在竞争市场上呈现的租用价格为零。因此，当某一行为主体在原有知识总量的基础上创造出新知识的过程中，会有一大部分与生产技术、产品工艺、产品的市场信息、研发成果等相关的知识通过在产业内个人之间、企业之间、个人与企业之间的流动而外溢到创新极之中，成为创新极所共享的知识，这就形成了知识溢出。知识溢出促进了创新极内知识的流动与转移，而伴随着知识在创新极内的流动，各个行为主体之间会涌现出大量的合作、交流与反馈，从而实现了知识共享，知识共享又促使产业内新增知识的质量得以提升，进一步促进创新极形成其专有的核心能力。再次，知识技术基础和相关企业学习过程中的变化会引发各种行为主体及其相互间行为和结构的深刻变化。产品技术创新的萌芽常常受到知识的引导和启发，产品技术创新活动的开展建立在已有的知识基础与研究成果基础之上，而且在产品技术创新的过程中产业内的行为主体一般会将累积的基础知识、基础性研究成果应用到各种工艺生产，创造新产品和新服务，进而为产业创造更多效益。总之，知识的特性、来源影响了技术变化的速率、方向和创新活动、生产活动的组织，以及产业取得优异绩效的决定因素。

由此可见，知识技术为创新极的形成和发展奠定了基石，知识技术层可以作为整个区域产业系统的基础层与核心层。知识既是技术创新的基础，又是新技术的源泉，知识技术为创新极的发展提供了所需的知识基础，过去的知识积累与学习过程促使了新知识的产生，由于创新极对区域具有带动作用，它将在知识创新的基础上充分发挥极的作用，即将新知识外溢到整个系统之中，新知识又会诱发技术和产品的进一步创新，进而带动了创新极的产出效益。

2. 企业产品层

产品作为创新极知识技术层中知识溢出的物化表现形式之一，进一步体现了知识和技术的重要性。产品技术创新的萌芽常常受到知识的引导和启发，产品技术创新活动的开展建立在已有的知识基础与研究成果基础之上。在产业发展中期，产业内知识的编码程度得到提升，产业的技术机会适中而且知识隐性化程度亦适中，随着技术的不断完善，产业内的新材料技术、新能源技术进一步降低了资源的消耗率，产业内的行为主体通过其知识积累创造出新技术、新产品会带动与之技术相近的其他行为主体凭借知识外溢获取与新技术相关的基础知识，结合自身的研究开发出与之相近的技术成果，市场中的相关产品和服务亦会逐步体现此类技术，此时产业内创造的新专利技术会凭借示范、竞争、关联以及研发人员流动等方式外溢到创新极，加速了其产业结构的优化升级，进而带动了创新极创新收益的增加；伴随着与企业产品创新相关的专利、技术的外溢，产品的生产成本大幅下降，创新极内的企业主体借助需求的膨胀来扩大其新产品的开发及生产能力，不断实现规模经营。与此同时，凭借丰厚的利润企业又会进一步加大技术创新研发的力度，通过不断引进外部的先进技术和优秀人才，加强相互之间的交流与合作，促使了知识和研发成果的流动与共享，最终使得创新极向更高层次发展。而且技术效率的提高也大大提升了产品附加值以及全要素的生产效率，产品生产逐步趋于标准化，产业内的资源不断聚集，大量企业进入该行业，促使产业规模不断膨胀。

由此可见，企业产品层作为中间层，它起到了承上启下的作用。企业产品层中的行为主体利用知识技术层面所提供的知识技术基础进行产品的创新与研发，使得产品的创新潜力不断得以开发和挖掘，创新极的带动作用促使专利、技术外溢到整个系统之中，而产品、技术流动又带动创新极内存在竞争关系的企业进行模仿性创新，有效地节约了研发成本，促进了创新极内企业的技术进步；与此同时，新技术的开发与新产品的研发给企业创造了更多的收益，而凭借丰厚的利润企业会进一步加大技术创新研发的力度，使得创新极的创新能够不断持续进行。

3. 社会网络层

网络是指与行为主体活动密切关联的所有相互关系以及那些由全部信息资源所构成的多维向量空间，它既为产业的发展奠定了基石，又为产业创新的成功提供了强有力支撑。创新极的知识、能力和专业化之间具有一定的互补性，网络的存在则将这些互补性整合起来。随着外界对新产品和新技术要求的进一步加大，新一轮的产品技术创新拉开帷幕，创新极内的企业很难凭借自身的力量来提升竞争力，此时尽管各个科研机构、高校拥有充足的智力资源，但是它们却不具备将自身的研发成果应用到创新实践的一个平台，此时创新极中的企业主体同高校、科研机构、政府、金融机构、中介等各个行为主体之间通过相互交流、协作与补充开展新技术研发、新产品应用与营销等活动，将研发、生产等进行更有效的分工，实现知识—技术—网络之间的协同创新，并在原有网络的基础上构建起更加稳定、可以诱发创新、正式或非正式的关系的协同创新网络。创新极中的创新行为主体通过前期所积累的知识基础和技术要素的流动形成了贯穿于整个协同创新网络的技术知识链环，该链环在产业内的有效运转促使技术得以扩散、知识得以持续性积累，促进了协同网络范围内相关科技创新人员的流动，进一步加强了不同成员之间的协同交流、合作与互动。创新极的带动作用使得协同创新网络内成员之间在开展协同合作与互动的过程中产生了相关的组织溢出，组织溢出效应又促使相关的知识、技术在创新极内传播、扩散与共享，此时信息、人员、资金、技术等要素资源的流动比较频繁，网络中的各个行为主体之间不再是完全竞争的关系，他们互相合作与学习进行资源互补，共享新科技、新产品、新工艺的开发成果，提升了产品技术创新水平和产品性能，进而促使创新极向持续规模化发展。

由此可见，处于外维的社会网络层是创新极识别模型的宏观表现。可以说，基于原有网络的协同创新网络伴随着各个创新环节的并行化、有效创新资源的归整化、各个行为主体的协同化而逐步发展壮大。创新极中的行为主体之间在原有网络的基础上通过开展交流、技术研发合作实现协同创新，在协同创新的过程中网络内成员之间的交流、合作与互动产生了相关的组织溢出，而组织溢出效应又促进了知识、技术在创新极中的流动与共享，加大了创新极整体的知识累积量，加快了新知识、新技术的创造与开发，提高了创新极的整体创新水平，进一步壮大了创新极的发展。

4.3.3 创新极识别方法数学建模

区域创新极识别的目的就是进一步认识、培育、壮大创新极，促进创新极的成长，带动区域的创新扩散和经济繁荣，要客观合理地识别区域内的创新极就应该准确合理地筛选出满足创新极特征的产业。因此，本节引入创新极特征判据识别指数来表示其识别作用，基于区域创新极识别维度模型构建规模性判别指数、创新持续性判别指数以及带动性判别指数三项新指标用以描述创新极的特征，基于创新极判定模型构建产业知识基础因子、产业创新产出因子以及产业共生效应因子用以从客观层面对创新极进行实体表述，最终引入变权理论并综合这三个方面建立创新极识别方法数学模型。

1. 创新极规模性识别方法

依据上文构建的创新极识别指标体系，创新极的规模性特征由知识和技术总量、主体规模、网络发育度三项指标来描述，而这三项描述性指标又分别由具体的指标来进行测度，有关创新极规模性的具体指标体系如图 4.7 所示。

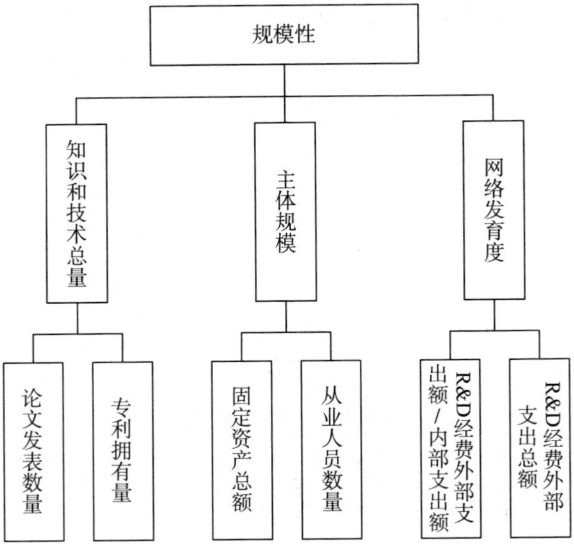

图 4.7 创新极规模性判据测度指标

（1）数据的标准化。

由于创新极规模性判据的各项具体测度指标均属于“效益型”指标，因而采用极差法对其进行无量纲化处理。令 k 表示创新极识别规模性判据测度指标选取的个数，随着选取指标个数的不同可以取不同的值；i 表示创新极识别规模性判据所选取的具体描述指标的个数；x_{ki}表示规模性判据的测度指标。

令每个创新极规模性特征判据测度指标数据中的最小值和最大值分别为 $m_{ki} = \min\{x_{ki}\}, M_{ki} = \max\{x_{ki}\}$，则标准化后的规模性判据测度指标 x'_{ki} 可以表示为：

$$x'_{ki} = \frac{x_{ki} - m_{ki}}{M_{ki} - m_{ki}} \quad k = 1,2; i = 1,2,3 \tag{4-1}$$

其中，定义 x'_{ki} 为创新极规模性判据的单个测度指标指数，式中 $x'_{ki} \in [0, 1]$。

（2）规模性判别指数模型。

令 i 表示创新极识别规模性判据所选取的具体描述指标的个数，选用 δ_i 表示创新极规模性的知识和技术存量指数、主体规模指数和网络发育度指数，则 δ_i 可由标准化后的规模性判据测度指标 x'_{ki}表示为：

$$\delta_i = \frac{1}{2} \times x'_{i1} + \frac{1}{2} \times x'_{i2} \quad i = 1,2,3 \tag{4-2}$$

选用 l_i 表示创新极规模性的知识和技术存量指数、主体规模指数和网络发育度指数的权重，那么创新极识别的各个发展规模指标的规模性判别指数模型为：

$$\alpha_i = l_i \cdot \delta_i \quad i = 1, 2, 3 \tag{4-3}$$

区域创新极识别的规模性测度指标指数 α 可以定义成上述三项规模性判别指数的加权平均综合指数，那么其可以表示为：

$$\alpha = \sum_i \alpha_i = \sum_i l_i \delta_i \quad i = 1,2,3 \tag{4-4}$$

2. 创新极创新持续性识别方法

依据上文构建的创新极识别指标体系，创新极的创新持续性特征由知识创新持续性、产品创新持续性、协同创新持续性三项指标来描述，而这三项描述性指标又分别由具体的指标来进行测度，有关创新极规模性的具体指标体系如图 4.8 所示。

（1）数据的标准化。

由于创新极创新持续性判据的各项具体测度指标均属于“效益型”指标，因而采用极差法对其进行无量纲化处理。令 k 表示创新极识别创新持续性判据测度指标选取的个数，随着选取指标个数的不同可以取不同的值；i 表示创新极识别创新持续性判据所选取的具体描述指标的个数；y_{ki}表示规模性判据的测度指标。

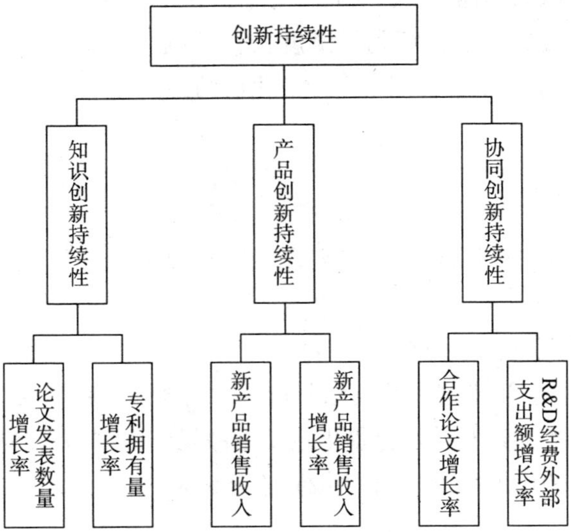

图 4.8　创新极创新持续性判据测度指标

令每个创新极创新持续性特征判据测度指标数据中的最小值和最大值分别为 $m'_{ki} = \min\{y_{ki}\}, M'_{ki} = \max\{y_{ki}\}$，则标准化后的创新持续性判据测度指标 y'_{ki} 可以表示为：

$$y'_{ki} = \frac{y_{ki} - m'_{ki}}{M'_{ki} - m'_{ki}} \quad k = 1,2; i = 1,2,3 \tag{4-5}$$

其中，定义 y'_{ki} 为创新极创新持续性判据的单个测度指标指数，式中 $y'_{ki} \in [0, 1]$。

（2）创新持续性判别指数模型。

令 i 表示创新极识别创新持续性判据所选取的具体描述指标的个数，选用 μ_i 表示创新极创新持续性的知识创新持续性指数、产品创新持续性指数和协同创新持续性指数，则 μ_i 可由标准化后的创新持续性判据测度指标 y'_{ki} 表示为：

$$\mu_i = \frac{1}{2} \times y'_{i1} + \frac{1}{2} \times y'_{i2} \quad i = 1, 2, 3 \tag{4-6}$$

选用 g_i 表示创新极创新持续性的知识创新持续性指数、产品创新持续性指数和协同创新持续性指数的权重，那么创新极识别的各个创新指标的创新持续性判别指数模型为：

$$\beta_i = g_i \cdot \mu_i \quad i = 1, 2, 3 \tag{4-7}$$

区域创新极识别的创新持续性判别指数 β 可以定义成上述三项创新持续性

判别指数的加权平均综合指数，那么其可以表示为：

$$\beta = \sum_i \beta_i = \sum_i g_i \mu_i \quad i = 1,2,3 \tag{4-8}$$

3. 创新极带动性识别方法

依据上文构建的创新极识别指标体系，创新极的带动性特征由知识溢出、专利技术溢出、组织间溢出三项指标来描述，而这三项描述性指标又分别由具体的指标来进行测度，有关创新极带动性的具体指标体系如图4.9所示。

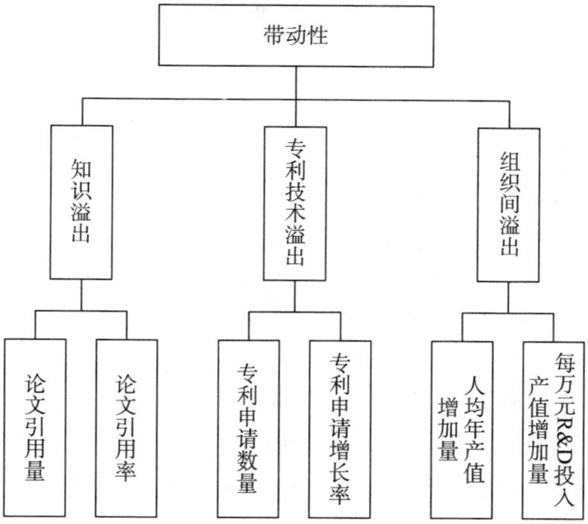

图4.9　创新极带动性判据测度指标

（1）数据的标准化。

由于创新极带动性判据的各项具体测度指标均属于“效益型”指标，因而采用极差法对其进行无量纲化处理。令 k 表示创新极识别带动性判据测度指标选取的个数，随着选取指标个数的不同可以取不同的值；i 表示创新极识别带动性判据所选取的具体描述指标的个数；z_{ki} 表示带动性判别的测度指标。

令每个创新极带动性特征判据测度指标数据中的最小值和最大值分别为 $m''_{ki} = \min\{z_{ki}\}, M''_{ki} = \max\{z_{ki}\}$，则标准化后的带动性判据测度指标 z'_{ki} 可以表示为：

$$z'_{ki} = \frac{z_{ki} - m''_{ki}}{M''_{ki} - m''_{ki}} \quad k = 1,\ 2;\ i = 1,\ 2,\ 3 \tag{4-9}$$

其中，定义 z'_{ki} 为创新极带动性判据的单个测度指标指数，式中 $z'_{ki} \in [0,\ 1]$。

（2）带动性判别指数模型。

令 i 表示创新极识别带动性判据所选取的具体描述指标的个数，选用 θ_i 表示创新极带动性的知识溢出指数、专利技术溢出指数和组织间溢出指数，则 θ_i 可由标准化后的创新带动性判据测度指标 z'_{ki} 表示为：

$$\theta_i = \frac{1}{2} \times z'_{i1} + \frac{1}{2} \times z'_{i2} \quad i = 1,\ 2,\ 3 \tag{4-10}$$

选用 f_i 表示创新极带动性的知识溢出指数、专利技术溢出指数和组织间溢出指数的权重，那么创新极识别的各个溢出效应指标的带动性判别指数模型为：

$$\gamma_i = f_i \cdot \theta_i \quad i = 1,\ 2,\ 3 \tag{4-11}$$

区域创新极识别的带动性判别指数 γ 可以定义成上述三项带动性判别指数的加权平均综合指数，那么其可以表示为：

$$\gamma = \sum_i \gamma_i = \sum_i f_i \theta_i \quad i = 1,2,3 \tag{4-12}$$

4.3.4 创新极识别方法模型

创新极识别指数模型是规模性测度指标指数、创新持续性测度指标指数、带动性测度指标指数的综合。从创新极识别模型的构建以及创新极的特征描述可以看出，创新极的规模性、创新持续性、带动性是创新极识别指数模型中三个不可替代的因素，三个因素缺一不可，而且任何一个因素的低水平均会导致其不能称之为创新极。例如，对某一产业而言，当它的创新不具有持续性时，即便它的产业规模再大，带动性再强，也不能称之为创新极，原因在于创新是促使产业发展的关键因素，如果该产业的创新水平只是维持当前水平而不是积极采取各种措施促使其创新能力不断持续发展，那么该产业则不具备良好的发展态势，因而不能将其作为创新极。区域创新极是区域内各对象之间相互支持、相互作用、相互制约的一个产业子系统，因此创新极识别指数模型中的规模性、创新持续性、带动性三部分的权重不能简单固定，应该能够从一定程度上反映上述三部分的重要性和不可替代性。

鉴于此，本书引入变权综合原理构建创新极识别算法模型，以此设定创新极识别的规模性、创新持续性、带动性三部分的权重。变权理论隶属于因素空间理论，作为一种非线性加权的综合性算法，它能够突显出评价数值偏小的指标项所发挥的作用，这恰恰类似于“木桶原理”，木桶由许多木板装定而成，经过长时间的使用，木板由于磨损而变得参差不齐，而此时最短的那节木板的长度将决定木桶最终的容量，此时对木桶的容量进行评估时则必须考虑最短的那节木板，这种情况下的评价体系十分敏感于评价数值偏小的指标项，这就会导致综合评估体系的评估数值迅速趋于零。由此可见，变权综合理论不仅可以区分各个指标要素在综合决策与评估过程中所扮演角色的重要程度，而且能够在一定程度上反映各个要素之间的无可替代性。我们可以将这种无可替代性理解为：在综合评价的过程中，即便某一要素所发挥的作用最微不足道，只要系统对它的评估值为零，那么总体综合评估的数值亦为零。此外，创新极识别算法的变权模型充分考虑了产业系统中各部分相互制约的实际，并且在一定程度上反映出在创新极综合识别过程中，当某一项识别指标的数值特别大时其变权会相应变得特别小，从而避免了由于某一项识别指标数值过大导致总体综合识别结果过高的静态假象。

变权综合理论既侧重于各个因素之间的相互作用，又侧重于各个因素之间的内在联系。变权综合理论主要由因素变权向量、状态变权向量以及均衡函数构成。其中，因素变权能够反映决策问题的变化规律，它会随着各因素状态取值的不同而发生变化；变权向量为因素常权向量与状态变权向量的归一化 Hadamard 乘积；而状态变权向量则是由均衡函数的梯度向量构成。变权综合能够避免常权综合中由于要素权重固定不变所造成的不精确的评价结果，其定义如下：

定义 1：一组变权 $W(X) = (w_1(x),\cdots,w_n(x))$ 中下设的 n 个映射 $w_j(j = 1,2,\cdots,n)$，w_j：$[0,\ 1]^n \to [0,\ 1]$，$(x_1,x_2,\cdots,x_n) \mapsto w_j(x_1,x_2,\cdots,x_n)$ 应该满足下述几项公理：

（1）归一性原理：$\sum_{j=1}^{m} w_j(x_1,x_2,\cdots,x_m) = 1$；

（2）连续性原理：$w_j(x_1,x_2,\cdots,x_m)(j = 1,2,\cdots,m)$，对于每一项变量元素 x_j 都具有连续性；

（3）惩罚性原理：$w_j(x_1,x_2,\cdots,x_m)(j = 1,2,\cdots,m)$，对于变量元素 x_j 均呈现单调递减的态势；

（4）激励性原理：$w_j(x_1,x_2,\cdots,x_m)(j = 1,2,\cdots,m)$，对于变量元素 x_j 均呈现单调递增的态势；

（5）混合性原理：$w_j(x_1,x_2,\cdots,x_m)$ 对于变量元素 $x_j(j = 1,2,\cdots,p)$ 呈现单调递减趋势，而对于变量元素 $x_j(j = p+1,\cdots,m)$ 则呈现单调递增趋势；

将满足公理（1）、公理（2）和公理（3）的变权 $W(X)$ 定义为惩罚型变权向量；将满足公理（1）、公理（2）和公理（4）的变权 $W(X)$ 定义为激励型变权向量；将满足公理（1）、公理（2）和公理（5）的变权 $W(X)$ 定义为混合型变权向量。

定义 2：在定义 1 的基础上构建映射 $S:[0,1]^n \to [0,1]^n, X \mapsto S(X) = [S_1(X),\cdots,S_n(X)]$，此时，将 $S(X)$ 定义为 n 维的状态变权向量（$i = 1,2,\cdots,n$；$j = 1,2,\cdots,n$），如果满足以下公理：

（1）$x_i \geqslant x_j \to S_i(X) \leqslant S_j(X)$；

（2）$S_j(X)(j = 1,2,\cdots,n)$ 对于每一项变量元素 x_j 都具有连续性；

（3）若对于每一个 $j \in \{1,2,\cdots,n\}$ 存在 $\gamma_j \leqslant \theta_j$ 并且 γ_j，$\theta_j \in [0,1]$，那么对于任何一项常权变量 $W^0 = (w_1^0, w_2^0, \cdots, w_n^0)$，$W_j(X) = \dfrac{W_j^0 S_j(X)}{\sum_{m=1}^{n} W_m^{(0)} S_m(X)}$ 在 $[0, \gamma_j]$ 上呈现单调递减趋势，在 $[\theta_j, 1]$ 上呈现单调递增趋势；而且当 $0 \leqslant x_i \leqslant x_m \leqslant \gamma_i \wedge \gamma_m$ 时，$S_i(x) \geqslant S_m(x)$；当 $\theta_i \vee \theta_m \leqslant x_i \leqslant x_m \leqslant 1$ 时，则将 $W(X) = \dfrac{(w_1^0 \cdot S_1(X),\cdots,w_n^0 \cdot S_n(X))}{\sum_{j=1}^{n}(w_j^0 \cdot S_j(X))} = \dfrac{W^0 \cdot S(X)}{\sum_{j=1}^{n}(w_j^0 \cdot S_j(X))}$ 定义成 n 维要素指标的变权向量。

基于此，为了客观准确地表达创新极识别中规模性判别指数、创新持续性判别指数以及带动性判别指数的不可替代性，本书构建了如下创新极识别方法的变权综合数学模型：

$$
\begin{aligned}
s_i = & \frac{w_1 \times \alpha_i^{-\frac{1}{2}}}{w_1 \times \alpha_i^{-\frac{1}{2}} + w_2 \times \beta_i^{-\frac{1}{2}} + w_3 \times \gamma_i^{-\frac{1}{2}}} \times \alpha_i \\
& + \frac{w_2 \times \beta_i^{-\frac{1}{2}}}{w_1 \times \alpha_i^{-\frac{1}{2}} + w_2 \times \beta_i^{-\frac{1}{2}} + w_3 \times \gamma_i^{-\frac{1}{2}}} \times \beta_i \\
& + \frac{w_3 \times \gamma_i^{-\frac{1}{2}}}{w_1 \times \alpha_i^{-\frac{1}{2}} + w_2 \times \beta_i^{-\frac{1}{2}} + w_3 \times \gamma_i^{-\frac{1}{2}}} \times \gamma_i \quad i = 1,2,3
\end{aligned}
\tag{4-13}
$$

其中，s_1 为产业知识基础因子，s_2 为产业创新产出因子，s_3 为产业共生效应因子；w_1、w_2、w_3 分别为规模性判别指数 α、创新持续性判别指数 β 以及带动性判别指数 γ 的常权权重值。显然，由上式可以看出：$\lim_{\alpha_i \to 0^+} s_i = 0$、$\lim_{\beta_i \to 0^+} s_i = 0$ 以及 $\lim_{\gamma_i \to 0^+} s_i = 0$，恰好符合不可替代性的要求。与此同时，由上述创新极识别指数模型中可以看出：当某一项指标的数值特别大时，该项指标的变权会相应变小，从而规避了因为某一项指标数值很大所导致的总体识别结果过高的情形。

4.3.5 区域创新极综合识别方法模型

区域创新极综合识别指数是指从各个测度方面对创新极的整体识别。因此，创新极各个测度指标指数的综合加权平均构成了创新极综合识别指数。设创新极各个测度方面的权系数为 $w_i(i=1,2,3)$，那么区域创新极综合识别指数模型为：

$$S=\sum_i w_i\times s_i \quad i=1,2,3 \qquad (4-14)$$

由于创新极识别的各个测度指标指数本身就能够反映其对区域内创新极某一层面的识别作用，因此，可有下式：

$$w=\frac{s_i}{\sum_i s_i} \quad i=1,2,3 \qquad (4-15)$$

因此，可有：

$$S=\frac{1}{\sum_i s_i}\times\sum_i s_i^2 \quad i=1,2,3 \qquad (4-16)$$

上述公式即为区域创新极综合识别方法模型。本书将采用上述模型对区域内的创新极进行识别，进而准确客观地找出区域内能够作为创新极的产业。

结合上文所建立的创新极识别维度模型、创新极识别方法的三个层面以及创新极识别方法模型，本节构建了创新极判定模型，如图 4.10 所示。

首先，知识和技术总量、主体规模、网络发育度构成了创新极识别的规模性判据，知识创新持续性、产品创新持续性、协同创新持续性构成了创新极识别的创新持续性判据，知识溢出、专利技术溢出、组织间溢出构成了创新极识别的带动性判据；其次，在知识技术层面上，知识在原有知识和技术积累的基础上得以不断创新，知识的高度积累和创新又带动了知识在产业内的传播与转移，而知识溢出效应又带动了知识的进一步创新，因此知识技术层面上的知识技术总量、知识创新持续性以及知识溢出三者之间的交互作用构成了产业知识基础；在企业技术层面上，具有一定规模的主体在原有的、引入和吸收的知识和技术基础上不断改善、创新产品，产品技术创新的过程促使了相关专利技术的模仿、转移与示范，而专利技术溢出效应又带动了产品和相关技术的进一步创新，因此企业产品层面上的主体规模、产品创新持续性以及专利技术溢出三

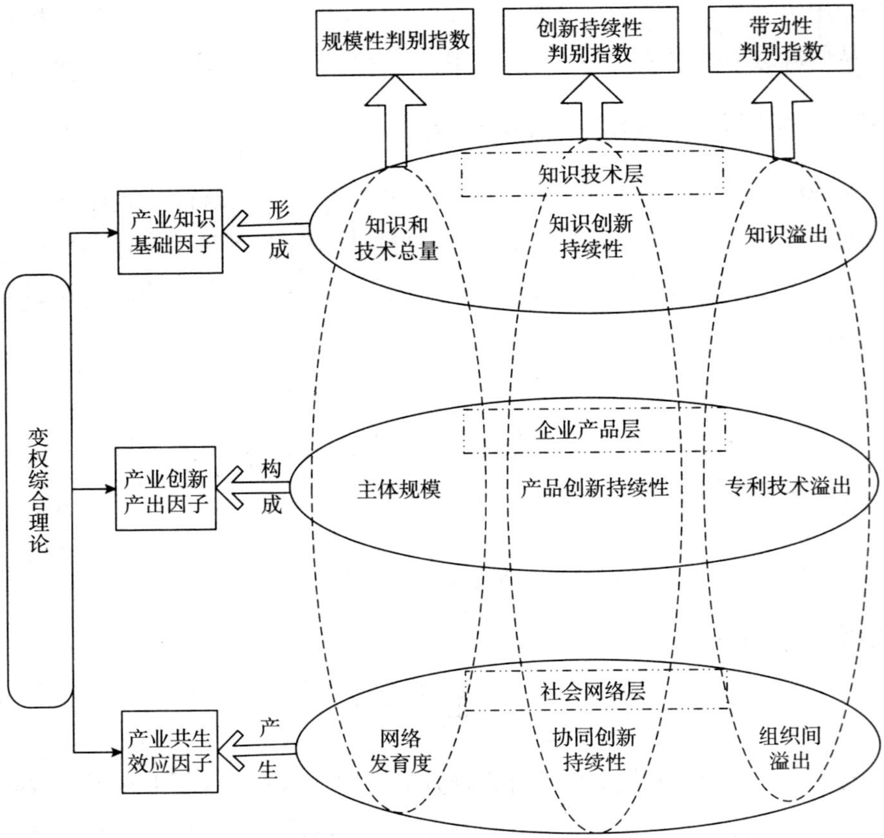

图 4.10　创新极判定模型

者之间的相互联系形成了产业创新产出；在社会网络层面上，产业创新网络较大的发展规模与强度加强了产业系统内各个主体之间的互动与合作，通过产学研互动与合作平台不断开展各项协同创新活动，大大提升了产业的经济效益，而组织间溢出效应又进一步带动了协同创新网络内各项创新资源要素的优化与合理配置，提升了产业的整体创新水平，因此社会网络层面上的网络发育度、协同创新持续性以及组织间溢出三者之间的关联作用产生了产业共生效应；最后，创新极识别的各个判据、各个层面之间既单独存在又相互联系，彼此之间又具有不可替代性，因此在提出产业知识基础因子、产业创新产出因子、产业共生效应因子的基础上引入变权综合理论构建了创新极识别方法模型。

第五章　区域创新极识别实证研究

创新极的识别作为整个区域创新系统测评方法的开始点和最重要的环节，对创新极进行识别将有利于更好地认识区域创新系统的内涵与功能，便于各区域从产业创新和促进有前景产业形成新的经济增长点角度出发带动创新极的共生发展，进一步增强区域的综合创新水平。本课题以天津市为例，分别对其2010年采矿业、制造业以及电力、热力生产和供应业三个门类下的36个大类产业和2012年采矿业、制造业以及电力、热力生产和供应业三个门类下的37个大类产业进行识别，找出该区域内的创新极，进而为其选择主导产业、监测本地创新系统发展提供理论依据。

5.1　样本选择

5.1.1　样本来源

天津市地处环渤海区域，享有得天独厚的区位地理优势。随着国家“十二五”规划的实施以及京津冀一体化发展战略的提出，对天津区域内的创新极进行识别有利于天津市从产业创新的视角出发，便于其在促进有发展前景产业形成新经济增长点的基础上带动区域内创新极的共生发展，进而提升天津区域内的整体综合创新能力。天津市经济发展相对较好，区域创新系统和区域内的创新型产业相对明显，而且其统计数据相对其他省市比较完备，便于本书的实证研究。本书将天津市规模以上工业企业作为研究对象，依据上文所构建的创新极识别模型找出天津区域内符合创新极特征的产业。

为了能够真实客观地找出天津区域内能够作为创新极的产业，本书参照《国民经济行业分类与代码》（GB/4754—2011）中采矿业、制造业以及电力、热力生产和供应业三个门类，分别从2010年与2011年、2012年与2013年《天津科技统计年鉴》内选取出对应于上述三个门类的36、37个大类产业，并对这些产业进行梳理与简单合并，剔除《天津科技统计年鉴》中未记载的产业以及那些数据不完善的产业。其中，2010 年与 2011 年、2012 年与 2013 年《天津科技统计年鉴》中的采矿业均未涉及有色金属矿采选业，2012 年与 2013 年《天津科技统计年鉴》中的采矿业增添了开采辅助活动一项、制造业增添了汽车制造业一项，而 2012 年与 2013 年《天津科技统计年鉴》制造业中的烟草制造业仅有两项指标数据。因此，从上述三大门类中选取 36 个规模以上工业企业作为 2009 ~ 2010 年天津市数据样本，选取 37 个规模以上工业企业作为 2011 ~ 2012 年天津市数据样本，并将其作为本书实证分析的研究对象，如表 5. 1 所示。

表 5. 1　2010 年、2012 年规模以上工业企业（按行业分类）名称对应表

	2010 年	2012 年
	采矿业	采矿业
1	煤炭开采和洗选业	煤炭开采和洗选业
2	石油和天然气开采业	石油和天然气开采业
3	黑色金属矿采选业	黑色金属矿采选业
4	非金属矿采选业	非金属矿采选业
5		开采辅助活动
	制造业	制造业
6	农副食品加工业	农副食品加工业
7	食品制造业	食品制造业
8	饮料制造业	酒、饮料和精制茶饮料制造业
9	烟草制造业	烟草制造业
10	纺织业	纺织业
11	纺织服装、鞋、帽制品业	纺织服装、服饰业
12	皮革、毛皮、羽毛（绒）及其制品业	皮革、毛皮、羽毛及其制品业和制鞋业
13	木材加工及木、竹、藤、棕、草制品业	木材加工及木、竹、藤、棕、草制品业
14	家具制造业	家具制造业
15	造纸及纸制品业	造纸和纸制品业
16	印刷业和记录媒介的复制业	印刷和记录媒介复制业
17	文教、工美、体育用品制造业	文教、工美、体育和娱乐用品制造业
18	石油加工、炼焦及核燃料加工业	石油加工、炼焦及核燃料加工业
19	化学原料及化学制品制造业	化学原料和化学制品制造业
20	医药制造业	医药制造业
21	化学纤维制造业	化学纤维制造业

续表

	2010 年	2012 年
	制造业	制造业
22	橡胶制品业	橡胶和塑料制品业
23	塑料制品业	
24	非金属矿物制品业	非金属矿物制品业
25	黑色金属冶炼和压延加工业	黑色金属冶炼和压延加工业
26	有色金属冶炼和压延加工业	有色金属冶炼和压延加工业
27	金属制品业	金属制品业
28	通用设备制造业	通用设备制造业
29	专用设备制造业	专用设备制造业
30		汽车制造业
31	交通运输设备制造业	铁路、船舶、航空航天和其他运输设备制造业
32	电气机械及器材制造业	电气机械和器材制造业
33	通信设备、计算机及其他电子设备制造业	计算机、通信和其他电子设备制造业
34	仪器仪表及文化、办公用机械制造业	仪器仪表制造业
35	工艺品及其他制造业	其他制造业
36	废弃资源和废旧材料回收加工业综合利用业	废弃资源综合利用业
	电力、热力、燃气及水生产和供应业	电力、热力、燃气及水生产和供应业
37	电力、热力生产和供应业	电力、热力生产和供应业
38	燃气生产和供应业	燃气生产和供应业
39	水的生产和供应业	水的生产和供应业

资料来源：《国民经济行业分类与代码》（GB/4754—2011）

鉴于国民经济行业分类标准在 2011 年进行了修订，本书将所选取的天津市 2010 年和 2012 年的采矿业、制造业以及电力、热力生产和供应业三个门类下的大类产业名称进行了归整与合并，并赋予它们新的产业编号，以便下文的实证研究。其中，将 2010 年的橡胶制造业和塑料制造业进行了合并，其余产业（除交通运输设备制造业以外）名称均按照新修订的产业名称进行了适当的归整，由于 2011 年新增添的汽车制造业是从原有的交通运输设备制造业中分离出来的，因此 2010 年的交通运输设备制造业的名称未做改动。以下产业即为本书开展实证研究所选取的研究样本，如表 5.2 所示。

表 5.2　2010 年、2012 年规模以上工业企业（按行业分类）统一名称表

	2010 年	2012 年
	采矿业	采矿业
1	煤炭开采和洗选业	煤炭开采和洗选业
2	石油和天然气开采业	石油和天然气开采业
3	黑色金属矿采选业	黑色金属矿采选业
4	非金属矿采选业	非金属矿采选业
5		开采辅助活动
	制造业	制造业
6	农副食品加工业	农副食品加工业
7	食品制造业	食品制造业
8	酒、饮料和精制茶饮料制造业	酒、饮料和精制茶饮料制造业
9	烟草制造业	烟草制造业
10	纺织业	纺织业
11	纺织服装、服饰业	纺织服装、服饰业
12	皮革、毛皮、羽毛及其制品业和制鞋业	皮革、毛皮、羽毛及其制品业和制鞋业
13	木材加工及木、竹、藤、棕、草制品业	木材加工及木、竹、藤、棕、草制品业
14	家具制造业	家具制造业
15	造纸和纸制品业	造纸和纸制品业
16	印刷和记录媒介的复制业	印刷和记录媒介复制业
17	文教体育用品制造业	文教、工美、体育和娱乐用品制造业
18	石油加工、炼焦及核燃料加工业	石油加工、炼焦及核燃料加工业
19	化学原料及化学制品制造业	化学原料和化学制品制造业
20	医药制造业	医药制造业
21	化学纤维制造业	化学纤维制造业
22	橡胶制品业	橡胶和塑料制品业
23	塑料制品业	
24	非金属矿物制品业	非金属矿物制品业
25	黑色金属冶炼和压延加工业	黑色金属冶炼和压延加工业
26	有色金属冶炼和压延加工业	有色金属冶炼和压延加工业
27	金属制品业	金属制品业
28	通用设备制造业	通用设备制造业
29	专用设备制造业	专用设备制造业

续表

	2010年	2012年
	制造业	制造业
30		汽车制造业
31	交通运输设备制造业	铁路、船舶、航空航天和其他运输设备制造业
32	电器机械及器材制造业	电器机械和器材制造业
33	通信设备、计算机及其他电子设备制造业	计算机、通信和其他电子设备制造业
34	仪器仪表及文化、办公用机械制造业	仪器仪表制造业
35	工艺品及其他制造业	其他制造业
36	废弃资源和废旧材料回收加工业	废弃资源综合利用业
	电力、热力、燃气及水生产和供应业	电力、热力、燃气及水生产和供应业
37	电力、热力生产和供应业	电力、热力生产和供应业
38	燃气生产和供应业	燃气生产和供应业
39	水的生产和供应业	水的生产和供应业

资料来源：《国民经济行业分类与代码》（GB/4754—2011）。

5.1.2　天津市区域创新极识别指标数据收集

本节在进行实证研究之前首先收集、归纳和处理了实证分析所需要的相关数据。本书的所有数据信息均选自于CNKI数据库、《天津科技统计年鉴》以及天津统计局等。通过查阅CNKI数据库以及天津科技统计年鉴，收集归纳相关的指标数据信息，依照《国民经济行业分类与代码》（GB/4754—2011）中采矿业、制造业以及电力、热力生产和供应业三个门类下的36个（2010年）以及37个（2012年）规模以上工业企业进行划分，归纳出本书所选取样本的相关指标数据，即论文发表数量、专利拥有量、固定资产总额、从业人员数量、R&D外部支出总额与内部支出总额比重、R&D外部支出总额、专利拥有量增长率、论文发表量增长率、新产品销售收入、新产品销售收入增长率、合作论文增长率、R&D经费外部支出额增长率、论文引用量、论文引用率、专利申请增长量、专利申请增长率、人均年产值增加量以及每万元R&D投入产值增加量。其中，利用科技论文发表数量代替论文发表数量，利用有效发明专利数量代替专利拥有量。

5.2 2010 年天津市区域创新极识别

本节依照国民经济行业分类中的大类对天津市规模以上工业企业进行划分，并将其作为研究对象，利用2009～2010年天津市相关指标数据对2010年天津区域内的创新极进行识别。其中，采用2010年数据相对于2009年数据的增长率表示各项增长率指标。

5.2.1 数据处理

（1）依照（4－1）式、（4－5）式、（4－9）式对测度创新极规模性、创新持续性和带动性的各项指标数据进行标准化。

对于论文发表数量 x_{11}，$M_{11}=763$（黑色金属冶炼和压延加工业），$m_{11}=0$（造纸和纸制品业），则标准化后的规模性判据测度指标 $x'_{11}=\frac{x_{11}-0}{763-0}$。

对于专利拥有量 x_{12}，$M_{12}=1343$（电气机械和器材制造业），$m_{12}=0$（皮革、毛皮、羽毛及其制品和制鞋业），则标准化后的规模性判据测度指标 $x'_{12}=\frac{x_{12}-0}{1343-0}$。

对于固定资产总额 x_{21}，$M_{21}=24128932.2$（黑色金属冶炼和压延加工业），$m_{21}=20885.5$（烟草制造业），则标准化后的规模性判据测度指标 $x'_{21}=\frac{x_{21}-20885.5}{24128932.2-20885.5}$。

对于从业人员数量 x_{22}，$M_{22}=166714$（计算机、通信和其他电子设备制造业），$m_{22}=883$（烟草制造业），则标准化后的规模性判据测度指标 $x'_{22}=\frac{x_{22}-883}{166714-883}$。

对于 R&D 经费外部支出总额与内部支出总额比重 x_{31}，$M_{31}=0.7534$（计算机、通信和其他运输设备制造业），$m_{31}=0$（橡胶和塑料制品业），则标准化后的规模性判据测度指标 $x'_{31}=\frac{x_{31}-0}{0.7534-0}$。

对于 R&D 经费外部支出总额 x_{32}，$M_{32}=129475.1$（计算机、通信和其他运输设备制造业），$m_{32}=0$（烟草制造业），则标准化后的规模性判据测度指标 $x'_{32}=\frac{x_{32}-0}{129475.1-0}$。

对于专利拥有量增长率 y_{11}，$M'_{11}=4$（金属制品业），$m'_{11}=-1$（化学纤维制造业），则标准化后的创新持续性判据测度指标 $y'_{11}=\frac{y_{11}-(-1)}{4-(-1)}$。

对于论文发表量增长率 y_{12}，$M'_{12}=6$（电力、热力生产和供应业），$m'_{12}=-1$（造纸和纸制品业），则标准化后的创新持续性判据测度指标 $y'_{12}=\frac{y_{12}-(-1)}{6-(-1)}$。

对于新产品销售收入 y_{21}，$M'_{21}=8779561.3$（交通运输设备制造业），$m'_{21}=0$（木材加工和木、竹、藤、棕、草制品业），则标准化后的创新持续性判据测度指标 $y'_{21}=\frac{y_{21}-0}{8779561.3-0}$。

对于新产品销售收入增长率 y_{22}，$M'_{22}=8.3244$（文教、工美、体育和娱乐用品制造业），$m'_{22}=-1$（木材加工和木、竹、藤、棕、草制品业），则标准化后的创新持续性判据测度指标 $y'_{22}=\frac{y_{22}-(-1)}{8.3244-(-1)}$。

对于合作论文增长率 y_{31}，$M'_{31}=5$（金属制品业），$m'_{31}=-1$（化学纤维制造业），则标准化后的创新持续性判据测度指标 $y'_{31}=\frac{y_{31}-(-1)}{5-(-1)}$。

对于 R&D 经费外部支出总额增长率 y_{32}，$M'_{32}=2.4319$（食品制造业），$m'_{32}=-1$（造纸和纸制品业），则标准化后的创新持续性判据测度指标 $y'_{32}=\frac{y_{32}-(-1)}{2.4319-(-1)}$。

对于论文引用量 z_{11}，$M''_{11}=572$（黑色金属冶炼和压延加工业），$m''_{11}=0$（皮革、毛皮、羽毛及其制品和制鞋业），则标准化后的带动性判据测度指标 $z'_{11}=\frac{z_{11}-0}{572-0}$。

对于论文引用率 z_{12}，$M''_{12}=9.5455$（石油和天然气开采业），$m''_{12}=0$（皮革、毛皮、羽毛及其制品和制鞋业），则标准化后的带动性判据测度指标 $z'_{12}=\frac{z_{12}-0}{9.5455-0}$。

对于专利申请增长量 z_{21}，$M''_{21}=510$（专用设备制造业），$m''_{21}=-75$（电气机械和器材制造业），则标准化后的带动性判据测度指标 $z'_{21}=\frac{z_{21}-(-75)}{510-(-75)}$。

对于专利申请增长率 z_{22}，$M''_{22}=17.5$（电力、热力生产和供应业），$m''_{22}=-1$（皮革、毛皮、羽毛及其制品和制鞋业），则标准化后的带动性判据测度指标 $z'_{22}=\dfrac{z_{12}-(-1)}{17.5-(-1)}$。

对于人均年产值增加量 z_{31}，$M''_{31}=302.0869$（石油加工、炼焦和核燃料加工业），$m''_{31}=-12836.6335$（煤炭开采和洗选业），则标准化后的带动性判据测度指标 $z'_{31}=\dfrac{z_{31}-(-12836.6335)}{302.0869-(-12836.6335)}$。

对于每万元 R&D 投入产值增加量 z_{32}，$M''_{32}=15460.0736$（废弃资源利用业），$m''_{32}=-605.5687$（木材加工和木、竹、藤、棕、草制品业），则标准化后的带动性判据测度指标 $z'_{32}=\dfrac{z_{32}-(-605.5687)}{15460.0736-(-605.5687)}$。

各项指标数据的标准化结果参见附录 B 中的附表 1。

（2）依照（4－2）式、（4－3）式、（4－4）式计算区域创新极识别的规模性测度指标指数。其中，依据专家打分法分别赋予测度创新极规模性的知识和技术总量指数、主体规模指数和网络发育度指数权重为 0.3、0.4 和 0.3（专家打分相关问卷参见附录 A）。

以采矿业中的石油和天然气开采业为例：

知识和技术总量指数 $\delta_1=\dfrac{1}{2}\times x'_{11}+\dfrac{1}{2}\times x'_{12}=\dfrac{1}{2}\times 0.3172+\dfrac{1}{2}\times 0.1109=0.2141$

主体规模指数 $\delta_2=\dfrac{1}{2}\times x'_{21}+\dfrac{1}{2}\times x'_{22}=\dfrac{1}{2}\times 0.6303+\dfrac{1}{2}\times 0.4222=0.5262$

网络发育度指数 $\delta_3=\dfrac{1}{2}\times x'_{31}+\dfrac{1}{2}\times x'_{32}=\dfrac{1}{2}\times 0.0547+\dfrac{1}{2}\times 0.0574=0.0561$

知识和技术总量判别指数模型 $\alpha_1=l_1\cdot\delta_1=0.3\times 0.2141=0.0642$

主体规模判别指数模型 $\alpha_2=l_2\cdot\delta_2=0.4\times 0.5262=0.2105$

网络发育度判别指数模型 $\alpha_3=l_3\cdot\delta_3=0.3\times 0.0561=0.0168$

规模性测度指标指数 $\alpha=\sum_i\alpha_i=\alpha_1+\alpha_2+\alpha_3=0.0642+0.2105+0.0618$

$=0.2915$

其他产业的规模性测度指标指数的计算均类似于上述各式，2010 年天津市区域创新极识别的各项规模性判别指数计算结果如表 5.3 所示。

表 5.3　2010 年天津市区域创新极识别的规模性判别指数计算结果

指标 规模以上工业企业（按行业分）	知识和技术总量指数 δ_1	主体规模指数 δ_2	网络发育度指数 δ_3	规模性判别指数 α_1	规模性判别指数 α_2	规模性判别指数 α_3	规模性判别指数 α
煤炭开采和洗选业	0.0004	0.1145	0.0312	0.0001	0.0458	0.0094	0.0553
石油和天然气开采业	0.2141	0.5262	0.0561	0.0642	0.2105	0.0168	0.2915
黑色金属矿采选业	0.0011	0.0230	0.0156	0.0003	0.0092	0.0047	0.0142
非金属矿采选业	0.0414	0.0391	0.0161	0.0124	0.0156	0.0048	0.0329
农副食品加工业	0.0426	0.1081	0.0383	0.0128	0.0432	0.0115	0.0675
食品制造业	0.0309	0.1326	0.0041	0.0093	0.0530	0.0012	0.0635
酒、饮料和精制茶制造业	0.0415	0.0654	0.0099	0.0125	0.0261	0.0030	0.0416
烟草制造业	0.0000	0.0000	0.0000	0.0000	0.0000	0.0000	0.0000
纺织业	0.0317	0.0960	0.0086	0.0095	0.0384	0.0026	0.0505
纺织服装、服饰业	0.0088	0.3149	0.0033	0.0026	0.1260	0.0010	0.1296
皮革、毛皮、羽毛及其制品和制鞋业	0.0000	0.0285	0.0000	0.0000	0.0114	0.0000	0.0114
木材加工和木、竹、藤、棕、草制品业	0.0000	0.0130	0.0000	0.0000	0.0052	0.0000	0.0052
家具制造业	0.0164	0.0647	0.0112	0.0049	0.0259	0.0033	0.0341
造纸和纸制品业	0.0000	0.0883	0.0000	0.0000	0.0353	0.0000	0.0353
印刷和记录媒介复制业	0.0004	0.0420	0.0046	0.0001	0.0168	0.0014	0.0183
文教、工美、体育和娱乐用品制造业	0.0230	0.0530	0.0122	0.0069	0.0212	0.0037	0.0317
石油加工、炼焦和核燃料加工业	0.0178	0.1400	0.0115	0.0054	0.0560	0.0035	0.0648
化学原料和化学制品制造业	0.1632	0.3848	0.0165	0.0489	0.1539	0.0050	0.2078
医药制造业	0.3270	0.2426	0.0569	0.0981	0.0970	0.0171	0.2122
化学纤维制造业	0.0000	0.0013	0.0000	0.0000	0.0005	0.0000	0.0005
橡胶和塑料制品业	0.0390	0.3071	0.0307	0.0117	0.1229	0.0092	0.1438
非金属矿物制品业	0.0330	0.1546	0.0081	0.0099	0.0618	0.0024	0.0742
黑色金属冶炼和压延加工业	0.5190	0.8125	0.2067	0.1557	0.3250	0.0620	0.5427

续表

指标 / 规模以上工业企业（按行业分）	知识和技术总量指数 δ_1	主体规模指数 δ_2	网络发育度指数 δ_3	规模性判别指数 α_1	规模性判别指数 α_2	规模性判别指数 α_3	规模性判别指数 α
有色金属冶炼和压延加工业	0.0278	0.0673	0.0030	0.0083	0.0269	0.0009	0.0362
金属制品业	0.0635	0.3639	0.0075	0.0191	0.1455	0.0023	0.1669
通用设备制造业	0.1392	0.4509	0.0951	0.0418	0.1803	0.0285	0.2506
专用设备制造业	0.2723	0.3640	0.0248	0.0817	0.1456	0.0075	0.2348
交通运输设备制造业	0.0923	0.7344	0.0941	0.0277	0.2937	0.0282	0.3497
电气机械和器材制造业	0.5328	0.3347	0.0442	0.1598	0.1339	0.0133	0.3070
计算机、通信和其他电子设备制造业	0.1800	0.6878	1.0000	0.0540	0.2751	0.3000	0.6291
仪器仪表制造业	0.0827	0.0729	0.0101	0.0248	0.0292	0.0030	0.0570
其他制造业	0.0039	0.0715	0.0334	0.0012	0.0286	0.0100	0.0398
废弃资源综合利用业	0.0023	0.0182	0.0640	0.0007	0.0073	0.0192	0.0272
电力、热力生产和供应业	0.0386	0.3095	0.0172	0.0116	0.1238	0.0052	0.1406
燃气生产和供应业	0.0000	0.0379	0.0000	0.0000	0.0151	0.0000	0.0151
水的生产和供应业	0.0023	0.0506	0.0000	0.0007	0.0202	0.0000	0.0209

资料来源：2010 年与 2011 年《天津科技统计年鉴》。

（3）依照（4－6）式、（4－7）式、（4－8）式计算区域创新极识别的创新持续性测度指标指数。其中，依据专家打分法分别赋予测度创新极创新持续性的知识创新持续性指数、产品创新持续性指数和协同创新持续性指数权重为 0.3、0.4 和 0.3（专家打分相关问卷参见附录 A）。

以采矿业中的石油和天然气开采业为例：

知识创新持续性指数 $\mu_1 = \frac{1}{2} \times y'_{11} + \frac{1}{2} \times y'_{12} = \frac{1}{2} \times 0.1630 + \frac{1}{2} \times 0.1625 = 0.1627$

产品创新持续性指数 $\mu_2 = \frac{1}{2} \times y'_{21} + \frac{1}{2} \times y'_{22} = \frac{1}{2} \times 0.0115 + \frac{1}{2} \times 0.4771 = 0.2443$

协同创新持续性指数 $\mu_3 = \frac{1}{2} \times y'_{31} + \frac{1}{2} \times y'_{32} = \frac{1}{2} \times 0.1393 + \frac{1}{2} \times 0.1649 = 0.1521$

知识创新持续性判别指数模型 $\beta_1 = g_1 \cdot \mu_1 = 0.3 \times 0.1627 = 0.0488$

产品创新持续性判别指数模型 $\beta_2 = g_2 \cdot \mu_2 = 0.4 \times 0.2443 = 0.0977$

协同创新持续性判别指数模型 $\beta_3 = g_3 \cdot \mu_3 = 0.3 \times 0.1521 = 0.0456$

创新持续性测度指标指数 $\beta = \sum_i \beta_i = \beta_1 + \beta_2 + \beta_3 = 0.0488 + 0.0977 + 0.0456 = 0.1921$

其他产业的创新持续性测度指标指数的计算均类似于上述各式，2010 年天津市区域创新极识别的各项创新持续性判别指数计算结果如表 5.4 所示。

表 5.4　2010 年天津市区域创新极识别的创新持续性判别指数计算结果

指标 规模以上工业企业（按行业分）	知识创新持续性指数 μ_1	产品创新持续性指数 μ_2	协同创新持续性指数 μ_3	创新持续性判别指数 β_1	创新持续性判别指数 β_2	创新持续性判别指数 β_3	创新持续性判别指数 β
煤炭开采和洗选业	0.6000	0.5008	0.5833	0.1800	0.2003	0.1750	0.5553
石油和天然气开采业	0.1627	0.2443	0.1521	0.0488	0.0977	0.0456	0.1921
黑色金属矿采选业	0.6000	0.5011	0.5833	0.1800	0.2004	0.1750	0.5554
非金属矿采选业	0.2706	0.0575	0.1951	0.0812	0.0230	0.0585	0.1627
农副食品加工业	0.3700	0.1603	0.5867	0.1110	0.0641	0.1760	0.3512
食品制造业	0.1863	0.0961	0.5185	0.0559	0.0384	0.1556	0.2499
酒、饮料和精制茶制造业	0.5216	0.0584	0.2673	0.1565	0.0233	0.0802	0.2600
烟草制造业	0.1714	0.0536	0.2290	0.0514	0.0214	0.0687	0.1416
纺织业	0.2362	0.0847	0.3535	0.0709	0.0339	0.1060	0.2108
纺织服装、服饰业	0.2707	0.1589	0.0873	0.0812	0.0636	0.0262	0.1710
皮革、毛皮、羽毛及其制品和制鞋业	0.1000	0.0144	0.0833	0.0300	0.0058	0.0250	0.0608
木材加工和木、竹、藤、棕、草制品业	0.1714	0.0000	0.2290	0.0514	0.0000	0.0687	0.1201
家具制造业	0.5714	0.2525	0.5559	0.1714	0.1010	0.1668	0.4392
造纸和纸制品业	0.1000	0.0665	0.0833	0.0300	0.0266	0.0250	0.0816
印刷和记录媒介复制业	0.1036	0.0290	0.5833	0.0311	0.0116	0.1750	0.2177
文教、工美、体育和娱乐用品制造业	0.7143	0.5016	0.1372	0.2143	0.2006	0.0412	0.4561
石油加工、炼焦和核燃料加工业	0.2158	0.0733	0.2433	0.0647	0.0293	0.0730	0.1670

续表

指标 规模以上工业企业（按行业分）	知识创新持续性指数μ_1	产品创新持续性指数μ_2	协同创新持续性指数μ_3	创新持续性判别指数β_1	创新持续性判别指数β_2	创新持续性判别指数β_3	创新持续性判别指数β
化学原料和化学制品制造业	0.2013	0.1631	0.2649	0.0604	0.0652	0.0795	0.2051
医药制造业	0.2040	0.1116	0.1431	0.0612	0.0446	0.0429	0.1488
化学纤维制造业	0.0714	0.3231	0.1457	0.0214	0.1293	0.0437	0.1944
橡胶和塑料制品业	0.1509	0.1090	0.3051	0.0453	0.0436	0.0915	0.1804
非金属矿物制品业	0.5226	0.0782	0.2849	0.1568	0.0313	0.0855	0.2735
黑色金属冶炼和压延加工业	0.1879	0.3656	0.3472	0.0564	0.1463	0.1042	0.3068
有色金属冶炼和压延加工业	0.5767	0.4868	0.5833	0.1730	0.1947	0.1750	0.5427
金属制品业	0.6333	0.0901	0.5266	0.1900	0.0360	0.1580	0.3840
通用设备制造业	0.2102	0.1628	0.3474	0.0631	0.0651	0.1042	0.2324
专用设备制造业	0.2874	0.1553	0.3129	0.0862	0.0621	0.0939	0.2422
交通运输设备制造业	0.1833	0.5702	0.2850	0.0550	0.2281	0.0855	0.3686
电气机械和器材制造业	0.2258	0.2341	0.2291	0.0677	0.0936	0.0687	0.2301
计算机、通信和其他电子设备制造业	0.3351	0.4936	0.4871	0.1005	0.1974	0.1461	0.4441
仪器仪表制造业	0.2030	0.1669	0.2495	0.0609	0.0668	0.0748	0.2025
其他制造业	0.5833	0.1565	0.5833	0.1750	0.0626	0.1750	0.4126
废弃资源综合利用业	1.0000	0.5000	0.5833	0.3000	0.2000	0.1750	0.6750
电力、热力生产和供应业	0.6962	0.0715	0.2407	0.2088	0.0286	0.0722	0.3096
燃气生产和供应业	0.1714	0.5002	0.0833	0.0514	0.2001	0.0250	0.2765
水的生产和供应业	0.0423	0.0536	0.0417	0.0127	0.0214	0.0125	0.0466

资料来源：2010 年与 2011 年《天津科技统计年鉴》。

（4）依照（4－10）式、（4－11）式、（4－12）式计算区域创新极识别的带动性测度指标指数。其中，依据专家打分法分别赋予测度创新极带动性的知识溢出指数、专利技术溢出指数和组织间溢出指数权重为 0.3、0.4 和 0.3（专家打分相关问卷参见附录 A）。

以采矿业中的石油和天然气开采业为例：

知识溢出指数 $\theta_1 = \frac{1}{2} \times z'_{11} + \frac{1}{2} \times z'_{12} = \frac{1}{2} \times 0.4038 + \frac{1}{2} \times 1 = 0.7019$

专利技术溢出指数 $\theta_2 = \frac{1}{2} \times z'_{21} + \frac{1}{2} \times z'_{22} = \frac{1}{2} \times 0.2256 + \frac{1}{2} \times 0.0981 = 0.1619$

组织间溢出指数 $\theta_3 = \frac{1}{2} \times z'_{31} + \frac{1}{2} \times z'_{32} = \frac{1}{2} \times 0.9831 + \frac{1}{2} \times 0.0389 = 0.5110$

知识溢出判别指数模型 $\gamma_1 = f_1 \cdot \theta_1 = 0.3 \times 0.7019 = 0.2106$

技术溢出判别指数模型 $\gamma_2 = f_2 \cdot \theta_2 = 0.4 \times 0.1619 = 0.0647$

组织间溢出判别指数模型 $\gamma_3 = f_3 \cdot \theta_3 = 0.3 \times 0.5110 = 0.1533$

带动性测度指标指数 $\gamma = \sum_i \gamma_i = \gamma_1 + \gamma_2 + \gamma_3 = 0.2106 + 0.0647 + 0.1533 = 0.4286$

其他产业的带动性测度指标指数的计算均类似于上述各式，2010 年天津市区域创新极识别的各项带动性判别指数计算结果如表 5.5 所示。

表 5.5　2010 年天津市区域创新极识别的带动性判别指数计算结果

指标 规模以上工业企业（按行业分）	知识溢出指数 θ_1	专利技术溢出指数 θ_2	组织间溢出指数 θ_3	带动性判别指数 γ_1	带动性判别指数 γ_2	带动性判别指数 γ_3	带动性判别指数 γ
煤炭开采和洗选业	0.0000	0.5658	0.0268	0.0000	0.2263	0.0080	0.2344
石油和天然气开采业	0.7019	0.1619	0.5110	0.2106	0.0647	0.1533	0.4286
黑色金属矿采选业	0.0000	0.0911	0.5124	0.0000	0.0365	0.1537	0.1902
非金属矿采选业	0.4580	0.0873	0.5070	0.1374	0.0349	0.1521	0.3245
农副食品加工业	0.2635	0.1763	0.5091	0.0791	0.0705	0.1527	0.3023
食品制造业	0.2645	0.3093	0.4968	0.0794	0.1237	0.1490	0.3521
酒、饮料和精制茶制造业	0.2770	0.0970	0.5072	0.0831	0.0388	0.1522	0.2741
烟草制造业	0.0000	0.0911	0.5108	0.0000	0.0365	0.1533	0.1897
纺织业	0.1770	0.1866	0.5094	0.0531	0.0747	0.1528	0.2806
纺织服装、服饰业	0.1318	0.1276	0.5179	0.0395	0.0510	0.1554	0.2459
皮革、毛皮、羽毛及其制品和制鞋业	0.0000	0.0128	0.5123	0.0000	0.0051	0.1537	0.1588
木材加工和木、竹、藤、棕、草制品业	0.0000	0.0911	0.4887	0.0000	0.0365	0.1466	0.1831
家具制造业	0.1544	0.0665	0.5074	0.0463	0.0266	0.1522	0.2251

续表

指标 规模以上工业企业（按行业分）	知识溢出指数 θ_1	专利技术溢出指数 θ_2	组织间溢出指数 θ_3	带动性判别指数 γ_1	带动性判别指数 γ_2	带动性判别指数 γ_3	带动性判别指数 γ
造纸和纸制品业	0.0000	0.1269	0.5160	0.0000	0.0507	0.1548	0.2056
印刷和记录媒介复制业	0.0000	0.0493	0.5122	0.0000	0.0197	0.1537	0.1734
文教、工美、体育和娱乐用品制造业	0.0000	0.0983	0.5037	0.0000	0.0393	0.1511	0.1904
石油加工、炼焦和核燃料加工业	0.2680	0.1413	0.5218	0.0804	0.0565	0.1566	0.2935
化学原料和化学制品制造业	0.2275	0.2743	0.5091	0.0683	0.1097	0.1527	0.3307
医药制造业	0.3727	0.2102	0.5075	0.1118	0.0841	0.1523	0.3481
化学纤维制造业	0.0000	0.0911	0.4956	0.0000	0.0365	0.1487	0.1851
橡胶和塑料制品业	0.0742	0.2852	0.5063	0.0223	0.1141	0.1519	0.2882
非金属矿物制品业	0.1528	0.2645	0.5022	0.0458	0.1058	0.1506	0.3023
黑色金属冶炼和压延加工业	0.6636	0.1167	0.5082	0.1991	0.0467	0.1525	0.3982
有色金属冶炼和压延加工业	0.4199	0.1462	0.5058	0.1260	0.0585	0.1518	0.3362
金属制品业	0.1109	0.4519	0.5081	0.0333	0.1808	0.1524	0.3665
通用设备制造业	0.1227	0.2689	0.5064	0.0368	0.1076	0.1519	0.2963
专用设备制造业	0.3194	0.5490	0.5069	0.0958	0.2196	0.1521	0.4675
交通运输设备制造业	0.2305	0.4381	0.5062	0.0692	0.1752	0.1519	0.3962
电气机械和器材制造业	0.3161	0.0255	0.5064	0.0948	0.0102	0.1519	0.2570
计算机、通信和其他电子设备制造业	0.2696	0.1675	0.5068	0.0809	0.0670	0.1520	0.2999
仪器仪表制造业	0.3238	0.2413	0.5072	0.0971	0.0965	0.1522	0.3458
其他制造业	0.1318	0.1412	0.6412	0.0395	0.0565	0.1924	0.2884
废弃资源综合利用业	0.0733	0.5667	0.9848	0.0220	0.2267	0.2955	0.5441
电力、热力生产和供应业	0.1983	0.6239	0.5278	0.0595	0.2496	0.1583	0.4674
燃气生产和供应业	0.0000	0.0911	0.9321	0.0000	0.0365	0.2796	0.3161
水的生产和供应业	0.1764	0.0632	0.9639	0.0529	0.0253	0.2892	0.3674

资料来源：2010 年与 2011 年《天津科技统计年鉴》。

（5）依照（4－13）式计算产业知识基础因子 s_1、产业创新产出因子 s_2 以及产业共生效应因子 s_3。其中，依据专家打分法分别赋予规模性判别指数 α、创新持续性判别指数 β 以及带动性判别指数 γ 的常权权重 w_1、w_2、w_3 为0.3、0.3和0.4（专家打分相关问卷参见附录A）。

以采矿业中的石油和天然气开采业为例：

产业知识基础因子

$$s_1 = \frac{w_1 \times \alpha_1^{-\frac{1}{2}}}{w_1 \times \alpha_1^{-\frac{1}{2}} + w_2 \times \beta_1^{-\frac{1}{2}} + w_3 \times \gamma_1^{-\frac{1}{2}}} \times \alpha_1 + \frac{w_2 \times \beta_1^{-\frac{1}{2}}}{w_1 \times \alpha_1^{-\frac{1}{2}} + w_2 \times \beta_1^{-\frac{1}{2}} + w_3 \times \gamma_1^{-\frac{1}{2}}} \times \beta_1 + \frac{w_3 \times \gamma_1^{-\frac{1}{2}}}{w_1 \times \alpha_1^{-\frac{1}{2}} + w_2 \times \beta_1^{-\frac{1}{2}} + w_3 \times \gamma_1^{-\frac{1}{2}}} \times \gamma_1$$

$$= \frac{0.3 \times \frac{1}{\sqrt{0.0642}}}{0.3 \times \frac{1}{\sqrt{0.0642}} + 0.3 \times \frac{1}{\sqrt{0.0488}} + 0.4 \times \frac{1}{\sqrt{0.2106}}} \times 0.0642 + \frac{0.3 \times \frac{1}{\sqrt{0.0488}}}{0.3 \times \frac{1}{\sqrt{0.0642}} + 0.3 \times \frac{1}{\sqrt{0.0488}} + 0.4 \times \frac{1}{\sqrt{0.2106}}} \times 0.0488 + \frac{0.4 \times \frac{1}{\sqrt{0.2106}}}{0.3 \times \frac{1}{\sqrt{0.0642}} + 0.3 \times \frac{1}{\sqrt{0.0488}} + 0.4 \times \frac{1}{\sqrt{0.2106}}} \times 0.2106 = 0.0955$$

产业创新产出因子

$$s_2 = \frac{w_1 \times \alpha_2^{-\frac{1}{2}}}{w_1 \times \alpha_2^{-\frac{1}{2}} + w_2 \times \beta_2^{-\frac{1}{2}} + w_3 \times \gamma_2^{-\frac{1}{2}}} \times \alpha_2 + \frac{w_2 \times \beta_2^{-\frac{1}{2}}}{w_1 \times \alpha_2^{-\frac{1}{2}} + w_2 \times \beta_2^{-\frac{1}{2}} + w_3 \times \gamma_2^{-\frac{1}{2}}} \times \beta_2 + \frac{w_3 \times \gamma_2^{-\frac{1}{2}}}{w_1 \times \alpha_2^{-\frac{1}{2}} + w_2 \times \beta_2^{-\frac{1}{2}} + w_3 \times \gamma_2^{-\frac{1}{2}}} \times \gamma_2$$

$$= \frac{0.3 \times \frac{1}{\sqrt{0.2105}}}{0.3 \times \frac{1}{\sqrt{0.2105}} + 0.3 \times \frac{1}{\sqrt{0.0977}} + 0.4 \times \frac{1}{\sqrt{0.0647}}} \times 0.2105$$

$$+\frac{0.3\times\frac{1}{\sqrt{0.0977}}}{0.3\times\frac{1}{\sqrt{0.2105}}+0.3\times\frac{1}{\sqrt{0.0977}}+0.4\times\frac{1}{\sqrt{0.0647}}}\times 0.0977$$

$$+\frac{0.4\times\frac{1}{\sqrt{0.0647}}}{0.3\times\frac{1}{\sqrt{0.2105}}+0.3\times\frac{1}{\sqrt{0.0977}}+0.4\times\frac{1}{\sqrt{0.0647}}}\times 0.0647=0.1046$$

产业共生效应因子

$$s_3=\frac{w_1\times\alpha_3^{-\frac{1}{2}}}{w_1\times\alpha_3^{-\frac{1}{2}}+w_2\times\beta_3^{-\frac{1}{2}}+w_3\times\gamma_3^{-\frac{1}{2}}}\times\alpha_3+\frac{w_2\times\beta_3^{-\frac{1}{2}}}{w_1\times\alpha_3^{-\frac{1}{2}}+w_2\times\beta_3^{-\frac{1}{2}}+w_3\times\gamma_3^{-\frac{1}{2}}}\times\beta_3$$

$$+\frac{w_3\times\gamma_3^{-\frac{1}{2}}}{w_1\times\alpha_3^{-\frac{1}{2}}+w_2\times\beta_3^{-\frac{1}{2}}+w_3\times\gamma_3^{-\frac{1}{2}}}\times\gamma_3$$

$$=\frac{0.3\times\frac{1}{\sqrt{0.0168}}}{0.3\times\frac{1}{\sqrt{0.0168}}+0.3\times\frac{1}{\sqrt{0.0456}}+0.4\times\frac{1}{\sqrt{0.1533}}}\times 0.0168$$

$$+\frac{0.3\times\frac{1}{\sqrt{0.0456}}}{0.3\times\frac{1}{\sqrt{0.0168}}+0.3\times\frac{1}{\sqrt{0.0456}}+0.4\times\frac{1}{\sqrt{0.4286}}}\times 0.0456$$

$$+\frac{0.4\times\frac{1}{\sqrt{0.1533}}}{0.3\times\frac{1}{\sqrt{0.0168}}+0.3\times\frac{1}{\sqrt{0.0456}}+0.4\times\frac{1}{\sqrt{0.1533}}}\times 0.1533=0.0548$$

其他产业的产业知识基础因子、产业创新产出因子以及产业共生效应因子的计算均类似于上述各式。

（6）依照（4－14）式计算区域创新极综合识别指数 S。

以采矿业中的石油和天然气开采业为例：

$$S=\frac{1}{\sum_i S_i}\times\sum_i S_i^2=\frac{1}{0.095+0.1046+0.0548}\times(0.0955^2+0.1046^2+0.0548^2)=0.0905$$

其他产业相对应的创新极综合识别指数的计算均类似于上式。2010 年天津市区域创新极综合识别指数的计算结果如表 5.6 所示。

表 5.6　2010 年天津市区域创新极综合识别指数表

指标 规模以上工业企业（按行业分）	产业知识基础因子 s_1	产业创新产出因子 s_2	产业共生效应因子 s_3	综合识别指数 S	综合识别指数 S 排名
煤炭开采和洗选业	0.0041	0.1335	0.0230	0.1143	4
石油和天然气开采业	0.0955	0.1046	0.0548	0.0905	6
黑色金属矿采选业	0.0067	0.0406	0.0495	0.0428	24
非金属矿采选业	0.0554	0.0242	0.0379	0.0433	22
农副食品加工业	0.0495	0.0592	0.0693	0.0604	15
食品制造业	0.0366	0.0677	0.0272	0.0506	20
酒、饮料和精制茶制造业	0.0553	0.0296	0.0339	0.0428	23
烟草制造业	0.0021	0.0070	0.0194	0.0151	33
纺织业	0.0339	0.0483	0.0344	0.0400	26
纺织服装、服饰业	0.0202	0.0716	0.0173	0.0535	18
皮革、毛皮、羽毛及其制品和制鞋业	0.0016	0.0068	0.0159	0.0124	36
木材加工和木、竹、藤、棕、草制品业	0.0021	0.0096	0.0191	0.0150	34
家具制造业	0.0337	0.0397	0.0426	0.0390	27
造纸和纸制品业	0.0016	0.0375	0.0159	0.0302	30
印刷和记录媒介复制业	0.0017	0.0160	0.0298	0.0242	31
文教、工美、体育和娱乐用品制造业	0.0235	0.0542	0.0314	0.0410	25
石油加工、炼焦和核燃料加工业	0.0316	0.0462	0.0356	0.0388	28
化学原料和化学制品制造业	0.0595	0.1038	0.0413	0.0783	9
医药制造业	0.0897	0.0725	0.0540	0.0750	13
化学纤维制造业	0.0013	0.0119	0.0175	0.0146	35
橡胶和塑料制品业	0.0227	0.0871	0.0535	0.0672	14
非金属矿物制品业	0.0415	0.0624	0.0317	0.0488	21
黑色金属冶炼和压延加工业	0.1260	0.1177	0.1038	0.1166	3
有色金属冶炼和压延加工业	0.0573	0.0669	0.0249	0.0562	16
金属制品业	0.0485	0.1032	0.0358	0.0762	11
通用设备制造业	0.0449	0.1080	0.0813	0.0867	7
专用设备制造业	0.0885	0.1325	0.0500	0.1029	5
交通运输设备制造业	0.0490	0.2215	0.0766	0.1651	1
电气机械和器材制造业	0.1003	0.0420	0.0564	0.0755	12

续表

指标 / 规模以上工业企业（按行业分）	产业知识基础因子 s_1	产业创新产出因子 s_2	产业共生效应因子 s_3	综合识别指数 S	综合识别指数 S 排名
计算机、通信和其他电子设备制造业	0.0764	0.1412	0.1844	0.1487	2
仪器仪表制造业	0.0559	0.0602	0.0337	0.0526	19
其他制造业	0.0188	0.0474	0.0716	0.0561	17
废弃资源综合利用业	0.0159	0.0697	0.1063	0.0855	8
电力、热力生产和供应业	0.0525	0.1039	0.0415	0.0772	10
燃气生产和供应业	0.0021	0.0476	0.0206	0.0383	29
水的生产和供应业	0.0085	0.0225	0.0186	0.0186	32

5.2.2 结论分析

首先，从区域创新极识别的纵向层面进行评价。

（1）创新极识别规模性判据层面。

创新极识别的规模性判据主要从知识和技术总量、主体规模以及网络发育度三个方面进行分析与比较，各个产业的规模性排名如表5.7所示。

表5.7 2010年天津市区域创新极识别规模性判据排名表

指标 / 规模以上工业企业（按行业分）	知识和技术总量指数δ_1	主体规模指数δ_2	网络发育度指数δ_3	规模性判别指数α_1	规模性判别指数α_2	规模性判别指数α_3	规模性判别指数 α
计算机、通信和其他电子设备制造业	0.1800	0.6878	1.0000	0.0540	0.2751	0.3000	0.6291
黑色金属冶炼和压延加工业	0.5190	0.8125	0.2067	0.1557	0.3250	0.0620	0.5427
交通运输设备制造业	0.0923	0.7344	0.0941	0.0277	0.2937	0.0282	0.3497
电气机械和器材制造业	0.5328	0.3347	0.0442	0.1598	0.1339	0.0133	0.3070
石油和天然气开采业	0.2141	0.5262	0.0561	0.0642	0.2105	0.0168	0.2915
通用设备制造业	0.1392	0.4509	0.0951	0.0418	0.1803	0.0285	0.2506
专用设备制造业	0.2723	0.3640	0.0248	0.0817	0.1456	0.0075	0.2348
医药制造业	0.3270	0.2426	0.0569	0.0981	0.0970	0.0171	0.2122
化学原料和化学制品制造业	0.1632	0.3848	0.0165	0.0489	0.1539	0.0050	0.2078

续表

指标 规模以上工业企业（按行业分）	知识和技术总量指数δ_1	主体规模指数δ_2	网络发育度指数δ_3	规模性判别指数α_1	规模性判别指数α_2	规模性判别指数α_3	规模性判别指数 α
金属制品业	0. 0635	0. 3639	0. 0075	0. 0191	0. 1455	0. 0023	0. 1669
橡胶和塑料制品业	0. 0390	0. 3071	0. 0307	0. 0117	0. 1229	0. 0092	0. 1438
电力、热力生产和供应业	0. 0386	0. 3095	0. 0172	0. 0116	0. 1238	0. 0052	0. 1406
纺织服装、服饰业	0. 0088	0. 3149	0. 0033	0. 0026	0. 1260	0. 0010	0. 1296
非金属矿物制品业	0. 0330	0. 1546	0. 0081	0. 0099	0. 0618	0. 0024	0. 0742
农副食品加工业	0. 0426	0. 1081	0. 0383	0. 0128	0. 0432	0. 0115	0. 0675
石油加工、炼焦和核燃料加工业	0. 0178	0. 1400	0. 0115	0. 0054	0. 0560	0. 0035	0. 0648
食品制造业	0. 0309	0. 1326	0. 0041	0. 0093	0. 0530	0. 0012	0. 0635
仪器仪表制造业	0. 0827	0. 0729	0. 0101	0. 0248	0. 0292	0. 0030	0. 0570
煤炭开采和洗选业	0. 0004	0. 1145	0. 0312	0. 0001	0. 0458	0. 0094	0. 0553
纺织业	0. 0317	0. 0960	0. 0086	0. 0095	0. 0384	0. 0026	0. 0505
酒、饮料和精制茶制造业	0. 0415	0. 0654	0. 0099	0. 0125	0. 0261	0. 0030	0. 0416
其他制造业	0. 0039	0. 0715	0. 0334	0. 0012	0. 0286	0. 0100	0. 0398
有色金属冶炼和压延加工业	0. 0278	0. 0673	0. 0030	0. 0083	0. 0269	0. 0009	0. 0362
造纸和纸制品业	0. 0000	0. 0883	0. 0000	0. 0000	0. 0353	0. 0000	0. 0353
家具制造业	0. 0164	0. 0647	0. 0112	0. 0049	0. 0259	0. 0033	0. 0341
非金属矿采选业	0. 0414	0. 0391	0. 0161	0. 0124	0. 0156	0. 0048	0. 0329
文教、工美、体育和娱乐用品制造业	0. 0230	0. 0530	0. 0122	0. 0069	0. 0212	0. 0037	0. 0317
废弃资源综合利用业	0. 0023	0. 0182	0. 0640	0. 0007	0. 0073	0. 0192	0. 0272
水的生产和供应业	0. 0023	0. 0506	0. 0000	0. 0007	0. 0202	0. 0000	0. 0209
印刷和记录媒介复制业	0. 0004	0. 0420	0. 0046	0. 0001	0. 0168	0. 0014	0. 0183
燃气生产和供应业	0. 0000	0. 0379	0. 0000	0. 0000	0. 0151	0. 0000	0. 0151
黑色金属矿采选业	0. 0011	0. 0230	0. 0156	0. 0003	0. 0092	0. 0047	0. 0142
皮革、毛皮、羽毛及其制品和制鞋业	0. 0000	0. 0285	0. 0000	0. 0000	0. 0114	0. 0000	0. 0114
木材加工和木、竹、藤、棕、草制品业	0. 0000	0. 0130	0. 0000	0. 0000	0. 0052	0. 0000	0. 0052
化学纤维制造业	0. 0000	0. 0013	0. 0000	0. 0000	0. 0005	0. 0000	0. 0005
烟草制造业	0. 0000	0. 0000	0. 0000	0. 0000	0. 0000	0. 0000	0. 0000

创新极识别规模性判据方面，计算机、通信和其他电子设备制造业的规模性判别指数为0.6291，排名第一；而烟草制造业的规模性判别指数为0，排名最后一位；其他排名前十位的产业包括黑色金属冶炼和压延加工业、交通运输设备制造业、电气机械和器材制造业、石油和天然气开采业、通用设备制造业、专用设备制造业、医药制造业、化学原料和化学制品制造业以及金属制品业。其中，在知识和技术总量层面，计算机、通信和其他电子设备制造业论文发表数量为65篇而烟草制造业论文发表数量为0，计算机、通信和其他电子设备制造业专利拥有量为369件而烟草制造业专利拥有量为0；在主体规模层面，计算机、通信和其他电子设备制造业拥有固定资产总额9077431万元，其金额为烟草制造业固定资产总额（20885.5万元）的434.6倍，计算机、通信和其他电子设备制造业拥有从业人员数量166714人，其数量为烟草制造业从业人员数量（883人）的188.8倍；在网络发育度层面，计算机、通信和其他电子设备制造业R&D经费外部支出总额为129475.1万元而烟草制造业R&D经费外部支出总额为0。天津市2010～2012年计算机、通信和其他电子设备制造业在规模性判别层面各项数据的变化趋势如图5.1所示。

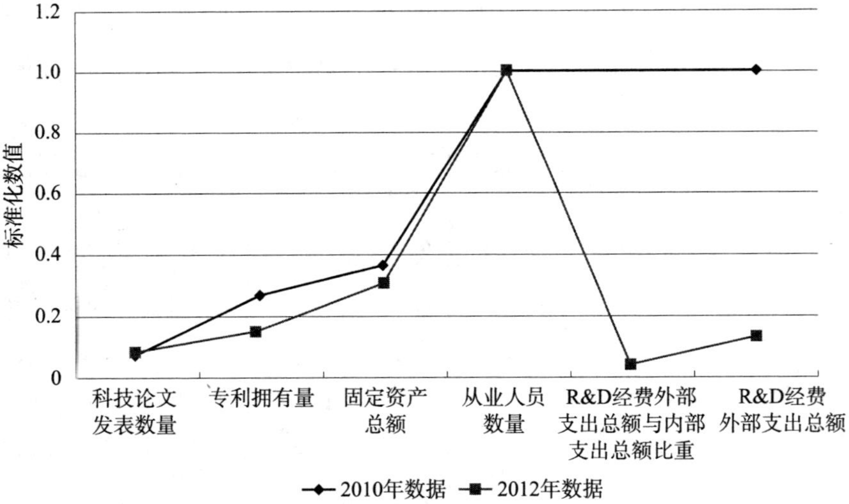

图5.1 计算机、通信和其他电子设备制造业规模性判别各项数据变化趋势图

2010年，天津市充分发挥电子信息领域的相关优势，在原有知识和技术积累的基础上大力开发一系列拥有自主知识产权、具有显著创新优势的技术产品，全面提升电子信息领域的技术优势和综合竞争能力，积极开展相关技术研发成果的转化，通过构建相关关键技术平台带动电子信息技术在其他产业的应用，逐步实现计算机、通信和其他电子设备制造业产业的规模化发展，进一步促使本市具有一定规模的电子信息技术产业集群的形成，带动了天津市计算机、通信和其他电子设备制造业产业结构的优化升级以及可持续发展。

（2）创新极识别创新持续性判据层面。

创新极识别的创新持续性判据主要从知识创新持续性、产品创新持续性以及协同创新持续性三个方面进行分析和比较，各个产业的创新持续性排名如表 5.8 所示。

表 5.8 2010 年天津市区域创新极识别创新持续性判据排名表

指标 规模以上工业企业（按行业分）	知识创新持续性指数μ_1	产品创新持续性指数μ_2	协同创新持续性指数μ_3	创新持续性判别指数β_1	创新持续性判别指数β_2	创新持续性判别指数β_3	创新持续性判别指数 β
废弃资源综合利用业	1.0000	0.5000	0.5833	0.3000	0.2000	0.1750	0.6750
黑色金属矿采选业	0.6000	0.5011	0.5833	0.1800	0.2004	0.1750	0.5554
煤炭开采和洗选业	0.6000	0.5008	0.5833	0.1800	0.2003	0.1750	0.5553
有色金属冶炼和压延加工业	0.5767	0.4868	0.5833	0.1730	0.1947	0.1750	0.5427
文教、工美、体育和娱乐用品制造业	0.7143	0.5016	0.1372	0.2143	0.2006	0.0412	0.4561
计算机、通信和其他电子设备制造业	0.3351	0.4936	0.4871	0.1005	0.1974	0.1461	0.4441
家具制造业	0.5714	0.2525	0.5559	0.1714	0.1010	0.1668	0.4392
其他制造业	0.5833	0.1565	0.5833	0.1750	0.0626	0.1750	0.4126
金属制品业	0.6333	0.0901	0.5266	0.1900	0.0360	0.1580	0.3840
交通运输设备制造业	0.1833	0.5702	0.2850	0.0550	0.2281	0.0855	0.3686
农副食品加工业	0.3700	0.1603	0.5867	0.1110	0.0641	0.1760	0.3512
电力、热力生产和供应业	0.6962	0.0715	0.2407	0.2088	0.0286	0.0722	0.3096
黑色金属冶炼和压延加工业	0.1879	0.3656	0.3472	0.0564	0.1463	0.1042	0.3068
燃气生产和供应业	0.1714	0.5002	0.0833	0.0514	0.2001	0.0250	0.2765
非金属矿物制品业	0.5226	0.0782	0.2849	0.1568	0.0313	0.0855	0.2735
酒、饮料和精制茶制造业	0.5216	0.0584	0.2673	0.1565	0.0233	0.0802	0.2600

续表

指标 规模以上工业企业（按行业分）	知识创新持续性指数μ_1	产品创新持续性指数μ_2	协同创新持续性指数μ_3	创新持续性判别指数β_1	创新持续性判别指数β_2	创新持续性判别指数β_3	创新持续性判别指数β
食品制造业	0.1863	0.0961	0.5185	0.0559	0.0384	0.1556	0.2499
专用设备制造业	0.2874	0.1553	0.3129	0.0862	0.0621	0.0939	0.2422
通用设备制造业	0.2102	0.1628	0.3474	0.0631	0.0651	0.1042	0.2324
电气机械和器材制造业	0.2258	0.2341	0.2291	0.0677	0.0936	0.0687	0.2301
印刷和记录媒介复制业	0.1036	0.0290	0.5833	0.0311	0.0116	0.1750	0.2177
纺织业	0.2362	0.0847	0.3535	0.0709	0.0339	0.1060	0.2108
化学原料和化学制品制造业	0.2013	0.1631	0.2649	0.0604	0.0652	0.0795	0.2051
仪器仪表制造业	0.2030	0.1669	0.2495	0.0609	0.0668	0.0748	0.2025
化学纤维制造业	0.0714	0.3231	0.1457	0.0214	0.1293	0.0437	0.1944
石油和天然气开采业	0.1627	0.2443	0.1521	0.0488	0.0977	0.0456	0.1922
橡胶和塑料制品业	0.1509	0.1090	0.3051	0.0453	0.0436	0.0915	0.1804
纺织服装、服饰业	0.2707	0.1589	0.0873	0.0812	0.0636	0.0262	0.1710
石油加工、炼焦和核燃料加工业	0.2158	0.0733	0.2433	0.0647	0.0293	0.0730	0.1670
非金属矿采选业	0.2706	0.0575	0.1951	0.0812	0.0230	0.0585	0.1627
医药制造业	0.2040	0.1116	0.1431	0.0612	0.0446	0.0429	0.1488
烟草制造业	0.1714	0.0536	0.2290	0.0514	0.0214	0.0687	0.1416
木材加工和木、竹、藤、棕、草制品业	0.1714	0.0000	0.2290	0.0514	0.0000	0.0687	0.1201
造纸和纸制品业	0.1000	0.0665	0.0833	0.0300	0.0266	0.0250	0.0816
皮革、毛皮、羽毛及其制品和制鞋业	0.1000	0.0144	0.0833	0.0300	0.0058	0.0250	0.0608
水的生产和供应业	0.0423	0.0536	0.0417	0.0127	0.0214	0.0125	0.0466

创新极创新持续性判据方面，废弃资源综合利用业的创新持续性判别指数为0.6750，排名第一；而水的生产和供应业的创新持续性判别指数为0.0466，排名最后一位；其他排名前十位的产业包括黑色金属矿采选业、煤炭开采和洗选业、有色金属冶炼和压延加工业、文教、工美、体育和娱乐用品制造业、计算机、通信和其他电子设备制造业、家具制造业、其他制造业、金属制品业以

及交通运输设备制造业。其中，在知识创新持续性层面，废弃资源综合利用业论文发表数量增长率为 4 而水的生产和供应业论文发表数量增长率为 -0.6667，废弃资源综合利用业的专利拥有量增长率为 6 而水的生产和供应业的专利拥有量增长率为 -0.875；在产品创新持续性层面，废弃资源综合利用业获得新产品销售收入 136.6 万元而水的生产和供应业新产品销售收入为 0，废弃资源综合利用业的新产品销售收入增长率为 8.3244 而水的生产和供应业新产品销售收入增长率却为 0；在协同创新持续性层面，废弃资源综合利用业的合作论文增长率为 0 而水的生产和供应业的合作论文增长率为 -0.5，废弃资源综合利用业的 R&D 外部支出额增长率为 2.4319 而水的生产和供应业的 R&D 外部支出额增长率为 -1。天津市 2010～2012 年废弃资源综合利用业在创新持续性判别层面各项数据的变化趋势如图 5.2 所示。

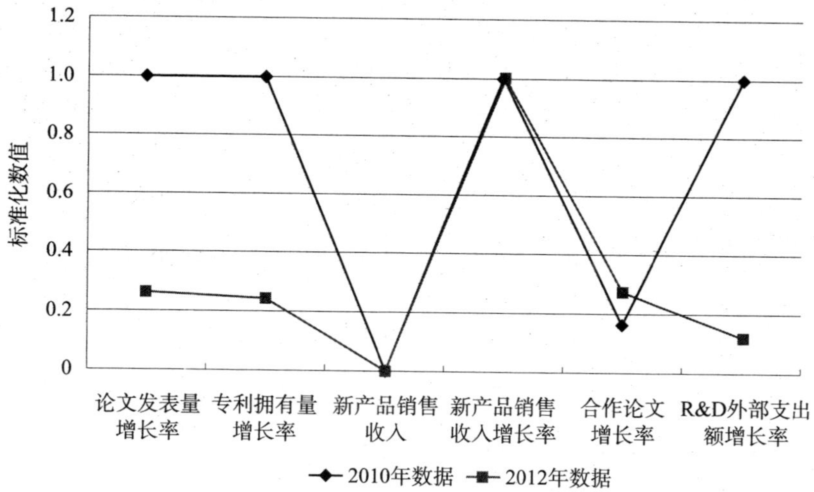

图 5.2　废弃资源综合利用业创新持续性判别各项数据变化趋势图

2010 年，天津市加大了资源节约和资源循环利用的投入力度，加快了资源节约和资源循环利用中的核心技术和共性技术的研发速率，大力扶持高污染、高耗能产业开发清洁生产技术，不断引入、消化、吸收和创新国内外与之相关的各项创新资源，创造了一系列研究成果，促使循环经济型产业体系的进一步构建，促进了废弃资源综合利用产业的协同发展。

（3）创新极识别带动性判据层面。

创新极识别的带动性判据主要从知识溢出、专利技术溢出以及组织间溢出三个方面进行分析和比较，各个产业的带动性排名如表 5.9 所示。

表 5.9　2010 年天津市区域创新极识别带动性判据排名表

指标 规模以上工业企业 （按行业分）	知识溢出指数 θ_1	专利技术溢出指数 θ_2	组织间溢出指数 θ_3	带动性判别指数 γ_1	带动性判别指数 γ_2	带动性判别指数 γ_3	带动性判别指数 γ
废弃资源综合利用业	0.0733	0.5667	0.9848	0.0220	0.2267	0.2955	0.5441
专用设备制造业	0.3194	0.5490	0.5069	0.0958	0.2196	0.1521	0.4675
电力、热力生产和供应业	0.1983	0.6239	0.5278	0.0595	0.2496	0.1583	0.4674
石油和天然气开采业	0.7019	0.1619	0.5110	0.2106	0.0647	0.1533	0.4286
黑色金属冶炼和压延加工业	0.6636	0.1167	0.5082	0.1991	0.0467	0.1525	0.3982
交通运输设备制造业	0.2305	0.4381	0.5062	0.0692	0.1752	0.1519	0.3962
水的生产和供应业	0.1764	0.0632	0.9639	0.0529	0.0253	0.2892	0.3674
金属制品业	0.1109	0.4519	0.5081	0.0333	0.1808	0.1524	0.3665
食品制造业	0.2645	0.3093	0.4968	0.0794	0.1237	0.1490	0.3521
医药制造业	0.3727	0.2102	0.5075	0.1118	0.0841	0.1523	0.3481
仪器仪表制造业	0.3238	0.2413	0.5072	0.0971	0.0965	0.1522	0.3458
有色金属冶炼和压延加工业	0.4199	0.1462	0.5058	0.1260	0.0585	0.1518	0.3362
化学原料和化学制品制造业	0.2275	0.2743	0.5091	0.0683	0.1097	0.1527	0.3307
非金属矿采选业	0.4580	0.0873	0.5070	0.1374	0.0349	0.1521	0.3245
燃气生产和供应业	0.0000	0.0911	0.9321	0.0000	0.0365	0.2796	0.3161
农副食品加工业	0.2635	0.1763	0.5091	0.0791	0.0705	0.1527	0.3023
非金属矿物制品业	0.1528	0.2645	0.5022	0.0458	0.1058	0.1506	0.3023
计算机、通信和其他电子设备制造业	0.2696	0.1675	0.5068	0.0809	0.0670	0.1520	0.2999
通用设备制造业	0.1227	0.2689	0.5064	0.0368	0.1076	0.1519	0.2963
石油加工、炼焦和核燃料加工业	0.2680	0.1413	0.5218	0.0804	0.0565	0.1566	0.2935
其他制造业	0.1318	0.1412	0.6412	0.0395	0.0565	0.1924	0.2884
橡胶和塑料制品业	0.0742	0.2852	0.5063	0.0223	0.1141	0.1519	0.2882
纺织业	0.1770	0.1866	0.5094	0.0531	0.0747	0.1528	0.2806

续表

指标 规模以上工业企业（按行业分）	知识溢出指数θ_1	专利技术溢出指数θ_2	组织间溢出指数θ_3	带动性判别指数γ_1	带动性判别指数γ_2	带动性判别指数γ_3	带动性判别指数 γ
酒、饮料和精制茶制造业	0.2770	0.0970	0.5072	0.0831	0.0388	0.1522	0.2741
电气机械和器材制造业	0.3161	0.0255	0.5064	0.0948	0.0102	0.1519	0.2570
纺织服装、服饰业	0.1318	0.1276	0.5179	0.0395	0.0510	0.1554	0.2459
煤炭开采和洗选业	0.0000	0.5658	0.0268	0.0000	0.2263	0.0080	0.2344
家具制造业	0.1544	0.0665	0.5074	0.0463	0.0266	0.1522	0.2251
造纸和纸制品业	0.0000	0.1269	0.5160	0.0000	0.0507	0.1548	0.2056
文教、工美、体育和娱乐用品制造业	0.0000	0.0983	0.5037	0.0000	0.0393	0.1511	0.1904
黑色金属矿采选业	0.0000	0.0911	0.5124	0.0000	0.0365	0.1537	0.1902
烟草制造业	0.0000	0.0911	0.5108	0.0000	0.0365	0.1533	0.1897
化学纤维制造业	0.0000	0.0911	0.4956	0.0000	0.0365	0.1487	0.1851
木材加工和木、竹、藤、棕、草制品业	0.0000	0.0911	0.4887	0.0000	0.0365	0.1466	0.1831
印刷和记录媒介复制业	0.0000	0.0493	0.5122	0.0000	0.0197	0.1537	0.1734
皮革、毛皮、羽毛及其制品和制鞋业	0.0000	0.0128	0.5123	0.0000	0.0051	0.1537	0.1588

创新极带动性判据方面，废弃资源综合利用业的带动性判别指数为0.5441，排名第一；而皮革、毛皮、羽毛及其制品和制鞋业的带动性判别指数为0.1588，排名最后一位；其他排名前十位的产业包括专用设备制造业、电力、热力生产和供应业、石油和天然气开采业、黑色金属冶炼和压延加工业、交通运输设备制造业、水生产和供应业、金属制品业、食品制造业以及医药制造业。

其中，考虑到年鉴统计数据的完整性，本书对带动性指数排名第二位的产业与最后一位的产业进行了比较，在知识溢出层面，专用设备制造业的论文引用量为148篇，而皮革、毛皮、羽毛及其制品和制鞋业的论文引用量为0，专用设备制造业的论文引用率为3.6272，而皮革、毛皮、羽毛及其制品和制鞋业的论文引用率为0；在专利技术溢出层面，专用设备制造业的专利申请增长量为510件，而皮革、毛皮、羽毛及其制品和制鞋业的专利申请增长量为-60，专用设备制造业的专利申请增长率为0.8147，而皮革、毛皮、羽毛及其制品和制鞋业的专利申请增长率为-1；在组织间溢出层面，专用设备制造业的人均年产值增加量为-4.8976万元，而皮革、毛皮、羽毛及其制品和制鞋业的人均年产值增加量为3.2475万元，专用设备制造业的每万元R&D投入产值增加量为-9.7231万元，而皮革、毛皮、羽毛及其制品和制鞋业的每万元R&D投入产值增加量为399.2624万元。由此可见，废旧资源综合利用业在知识溢出层面和组织溢出层面的情况更是优于皮革、毛皮、羽毛及其制品和制鞋业数十倍，天津市2010~2012年间废弃资源综合利用业在带动性判别层面各项数据的变化趋势如图5.3所示。

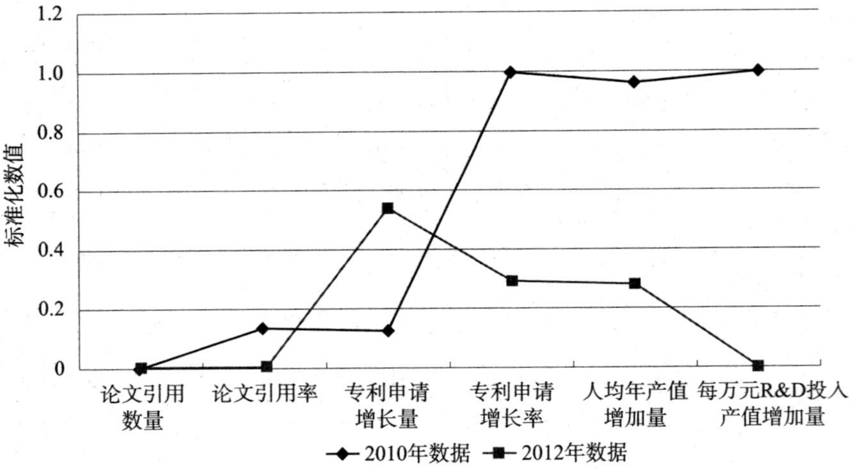

图5.3　废弃资源综合利用业带动性判别各项数据变化趋势图

2010年，天津市对资源节约和资源循环利用专项的重点扶持带动了工程中心的发展，增强了废弃资源综合利用产业相关知识和技术的辐射功能，通过开展一系列国内外的知识、技术交流与合作，引入和吸收了众多先进创新资源，吸纳和培育了大量优质技术人员，进而带动了其自身以及其他相关产业的良性发展。

其次，从创新极识别的横向层面进行评价：

产业知识基础因子方面，黑色金属冶炼和压延加工业的产业知识基础因子值为0.1260，排名最高；皮革、毛皮、羽毛及其制品和制鞋业以及造纸和纸制品业的产业知识基础因子为0.0016，排名最后一位；其他排名前十位的产业包括电气机械和器材制造业、石油和天然气开采业、医药制造业、专用设备制造业、计算机、通信和其他电子设备制造业、化学原料和化学制品制造业、有色金属冶炼和压延加工业、仪器仪表制造业以及非金属矿采选业。

产业创新产出因子方面，交通运输设备制造业的产业创新产出因子值为0.2215，排名第一；皮革、毛皮、羽毛及其制品和制鞋业的产业创新产出因子为0.0068，排名最后一位；其他排名前十位的产业包括计算机、通信和其他电子设备制造业、煤炭开采和洗选业、专用设备制造业、黑色金属冶炼和压延加工业、通用设备制造业、石油和天然气开采业、电力、热力生产和供应业、化学原料和化学制品制造业以及金属制品业。

产业共生效应因子方面，计算机、通信和其他电子设备制造业的产业共生效应因子值为0.1844，排名第一；皮革、毛皮、羽毛及其制品和制鞋业以及造纸和纸制品业的产业共生效应因子为0.0159，排名最后一位；其他排名前十位的产业包括废弃资源综合利用业、黑色金属冶炼和压延加工业、通用设备制造业、交通运输设备制造业、其他制造业、农副食品加工业、电气机械和器材制造业、石油和天然气开采业以及医药制造业。

2010年，天津市加大了科技攻关投入力度，加快了战略新兴产业的培育力度，加快构建滨海新区研发转化基地并支持其引入国内外先进资源与优质人才，促使了创新集群和产业化集群的产生，通过构建产学研合作平台加快了创新产品和技术的研发速率，带动了区域经济的大幅度增长。在电子信息、新能源、新材料、生物医药、环保节能等领域获得了众多技术创新突破，提高了这些产业的自主创新能力，促进了这些产业的持续性发展。其中，在电子信息领域，加大知识技术的累积量并不断推动知识技术创新，创造出位居国际首位的"天河一号"和位居国际第三位的"星河"千万亿次超级计算机；在生物技术和医药领域，通过各项知识技术支撑实施应用基础与前沿技术研究，将一批国家级重点科技项目投放于该产业的发展建设之中，大量研发一系列具有显著技术优势的创新药物，六种新药取得新药证书，十五种新药取得临床研究批件，研发出国内首个具有自主知识产权的新式流式细胞仪样机等；在新能源领域，以瑞能电气科技公司为代表，取得了风电控制系统研发的重大突破，风电主控系统占据全国80%的市场；在节能环保领域，加大开发和推广废弃资源处理和综合利用、节约能耗等关键性技术；在金属冶炼和金属制品领域，投入大量的知识、技术以及人力资源研发新一代可循环钢铁制造流程技术、高档金属材料制造技术、高质量特种钢技术、有色金属加工等关键性技术，保持并增强了无缝钢管、优质板材和高档金属制品的竞争优势，并从技术层面为金属冶炼产业基地的构建提供了支撑；在重化工和精细化工领域，利用高新技术改造原有制造技术，通过开展产学研交流与合作不断开发先进技术和高性能产品。因此，综合上述分析结果，本书将2010年天津市区域创新极综合识别指数排名前15位的规模以上工业企业作为创新极，这些产业分别为：（30）交通运输设备制造业、（32）计算机、通信和其他电子设备制造业、（24）黑色金属冶炼和压延加工业、（1）煤炭开采和洗选业、（28）专用设备制造业、（2）石油和天然气开采业、（28）通用设备制造业、（35）废弃资源综合利用业、（19）化学原料和化学制品制造业、（36）电力、热力生产和供应业、（26）金属制品业、（31）电气机械和器材制造业、（20）医药制造业、（22）橡胶和塑料制品业、（6）农副食品加工业。

5.3　2012年天津市区域创新极识别

5.3.1　数据处理

2012年烟草制造业仅有固定资产总额和从业人员两项数据，所需的指标数据很不完善，因此本部分剔除了烟草制造业。此外，2013年的《天津科技统计年鉴》中采矿业增添了开采辅助活动一项，制造业增添了汽车制造业一项，鉴于《天津科技统计年鉴》中没有记录2011年这两个产业的相关数据而又要避免将其剔除所导致的识别结果误差，本书采用下述方法填补这两个产业2011年的相关数据：首先选择与这两个产业相近的产业，然后依照所选择的相近产业2011～2012年各项指标数据增长率计算这两个产业2011年的指标数据。以汽车制造业为例，首先，选择与该产业相近的产业（专用设备制造业）；其次，依照专用设备制造业2011～2012年各项指标数据的增长率；例如2011年汽车制造业的论文发表数量为$\dfrac{17}{1+\dfrac{426-208}{208}}\approx 8$（篇），其中17为2012年汽车制造业的论文发表数量，208和426分别为2011年和2012年专用设备制造业的论文发表数量，其他各项指标数据均依照此方法进行计算。

（1）依照（4－1）式、（4－5）式、（4－9）式对测度创新极规模性、创新持续性和带动性的各项指标数据进行标准化。各项指标数据的标准化结果参见附录B（附表2）。

（2）依照（4－2）式、（4－3）式、（4－4）式计算区域创新极识别的规模性测度指标指数。其中，依据专家打分法分别赋予测度创新极规模性的知识和技术总量指数、主体规模指数和网络发育度指数权重为0.3、0.4和0.3（专家打分相关问卷参见附录A）。2012年天津市区域创新极识别的各项规模性判别指数计算结果如表5.10所示。

表5.10 2012年天津市区域创新极识别的规模性判别指数计算结果

指标 规模以上工业企业（按行业分）	知识和技术总指数δ_1	主体规模指数δ_2	网络发育度指数δ_3	规模性判别指数α_1	规模性判别指数α_2	规模性判别指数α_3	规模性判别指数α
煤炭开采和洗选业	0.0006	0.2153	0.2094	0.0002	0.1053	0.0628	0.1683
石油和天然气开采业	0.1621	0.2201	0.2184	0.0486	0.1058	0.0655	0.2200
黑色金属矿采选业	0.0000	0.0260	0.0562	0.0000	0.0276	0.0169	0.0444
非金属矿采选业	0.0160	0.0354	0.0586	0.0048	0.0279	0.0176	0.0503
开采辅助活动	0.0246	0.0710	0.1460	0.0074	0.0664	0.0438	0.1176
农副食品加工业	0.0151	0.1645	0.1121	0.0045	0.0703	0.0336	0.1085
食品制造业	0.0413	0.2214	0.0249	0.0124	0.0292	0.0075	0.0491
酒、饮料和精制茶制造业	0.1159	0.0552	0.0774	0.0348	0.0341	0.0232	0.0921
纺织业	0.0456	0.0611	0.0480	0.0137	0.0221	0.0144	0.0502
纺织服装、服饰业	0.0052	0.2819	0.0119	0.0015	0.0236	0.0036	0.0287
皮革、毛皮、羽毛及其制品和制鞋业	0.0005	0.0318	0.0000	0.0002	0.0052	0.0000	0.0053
木材加工和木、竹、藤、棕、草制品业	0.0026	0.0073	0.0000	0.0008	0.0004	0.0000	0.0012
家具制造业	0.0050	0.0525	0.4479	0.0015	0.0034	0.1344	0.1393
造纸和纸制品业	0.0076	0.0888	0.0136	0.0023	0.1798	0.0041	0.1862
印刷和记录媒介复制业	0.0153	0.0305	0.0000	0.0046	0.0066	0.0000	0.0112
文教、工美、体育和娱乐用品制造业	0.0589	0.0686	0.0454	0.0177	0.0032	0.0136	0.0345
石油加工、炼焦和核燃料加工业	0.0564	0.1136	0.0469	0.0169	0.0446	0.0141	0.0756
化学原料和化学制品制造业	0.1818	0.3284	0.0713	0.0545	0.0810	0.0214	0.1570
医药制造业	0.5988	0.1985	0.4143	0.1796	0.0445	0.1243	0.3484
化学纤维制造业	0.0030	0.0003	0.0000	0.0009	0.0547	0.0000	0.0556

续表

指标 规模以上工业企业（按行业分）	知识和技术总指数δ_1	主体规模指数δ_2	网络发育度指数δ_3	规模性判别指数α_1	规模性判别指数α_2	规模性判别指数α_3	规模性判别指数 α
橡胶和塑料制品业	0.0721	0.2032	0.0774	0.0216	0.0202	0.0232	0.0651
非金属矿物制品业	0.0666	0.1597	0.0419	0.0200	0.0400	0.0126	0.0725
黑色金属冶炼和压延加工业	0.5308	0.8637	1.4012	0.1592	0.2115	0.4204	0.7911
有色金属冶炼和压延加工业	0.0375	0.0724	0.0201	0.0113	0.0620	0.0060	0.0793
金属制品业	0.0823	0.3590	0.0517	0.0247	0.0508	0.0155	0.0910
通用设备制造业	0.1625	0.3207	0.0880	0.0487	0.0506	0.0264	0.1257
专用设备制造业	0.5264	0.4494	0.1033	0.1579	0.0832	0.0310	0.2721
汽车制造业	0.1063	0.4485	0.8250	0.0319	0.0655	0.2475	0.3449
铁路、船舶、航空航天和其他运输设备制造业	0.0777	0.3009	0.1068	0.0233	0.1737	0.0320	0.2291
电气机械和器材制造业	0.2673	0.3136	0.1285	0.0802	0.0808	0.0386	0.1995
计算机、通信和其他电子设备制造业	0.1264	0.6581	0.0944	0.0379	0.0848	0.0283	0.1510
仪器仪表制造业	0.0882	0.0389	0.0396	0.0265	0.0138	0.0119	0.0522
其他制造业	0.0003	0.0290	0.1916	0.0001	0.0135	0.0575	0.0711
废弃资源综合利用业	0.0029	0.0366	0.2412	0.0009	0.0800	0.0724	0.1533
电力、热力生产和供应业	0.0677	0.2645	0.5961	0.0203	0.1684	0.1788	0.3676
燃气生产和供应业	0.0005	0.0423	0.0000	0.0002	0.2115	0.0000	0.2117
水的生产和供应业	0.0231	0.0445	0.0765	0.0069	0.0136	0.0230	0.0435

资料来源：2012 年与 2013 年《天津科技统计年鉴》。

（3）依照（4-6）式、（4-7）式、（4-8）式计算区域创新极识别的创新持续性测度指标指数。其中，依据专家打分法分别赋予测度创新极创新持续性的知识创新持续性指数、产品创新持续性指数和协同创新持续性指数权重为 0.3、0.4 和 0.3（专家打分相关问卷参见附录 A）。2012 年天津市区域创新极识别的各项创新持续性判别指数计算结果如表 5.11 所示。

表 5.11　2012 年天津市区域创新极识别的创新持续性判别指数计算结果

指标 规模以上工业企业（按行业分）	知识创新持续性指数μ_1	产品创新持续性指数μ_2	协同创新持续性指数μ_3	创新持续性判别指数β_1	创新持续性判别指数β_2	创新持续性判别指数β_3	创新持续性判别指数 β
煤炭开采和洗选业	0.1364	0.0065	0.7153	0.0409	0.0026	0.2146	0.2581
石油和天然气开采业	0.1482	0.0000	0.1957	0.0445	0.0000	0.0587	0.1032
黑色金属矿采选业	0.1586	0.0052	0.1565	0.0476	0.0021	0.0469	0.0966
非金属矿采选业	0.0654	0.0067	0.0512	0.0196	0.0027	0.0154	0.0377
开采辅助活动	0.1505	0.0034	0.1996	0.0452	0.0013	0.0599	0.1064
农副食品加工业	0.0690	0.0595	0.0681	0.0207	0.0238	0.0204	0.0649
食品制造业	0.4153	0.0337	0.2794	0.1246	0.0135	0.0838	0.2219
酒、饮料和精制茶制造业	0.1977	0.0085	0.1788	0.0593	0.0034	0.0536	0.1163
纺织业	0.2072	0.0119	0.5217	0.0622	0.0048	0.1565	0.2234
纺织服装、服饰业	0.1781	0.0139	0.5032	0.0534	0.0056	0.1510	0.2100
皮革、毛皮、羽毛及其制品和制鞋业	0.6364	0.0199	0.1533	0.1909	0.0080	0.0460	0.2449
木材加工和木、竹、藤、棕、草制品业	0.1808	0.0100	0.1533	0.0542	0.0040	0.0460	0.1042
家具制造业	0.6364	0.0032	0.5000	0.1909	0.0013	0.1500	0.3422
造纸和纸制品业	0.2189	0.1224	0.6400	0.0657	0.0489	0.1920	0.3066
印刷和记录媒介复制业	0.7727	0.0032	0.4333	0.2318	0.0013	0.1300	0.3631
文教、工美、体育和娱乐用品制造业	0.6963	0.0640	1.0000	0.2089	0.0256	0.3000	0.5345
石油加工、炼焦和核燃料加工业	0.2106	0.0160	0.2069	0.0632	0.0064	0.0621	0.1317
化学原料和化学制品制造业	0.1544	0.1294	0.1363	0.0463	0.0517	0.0409	0.1389
医药制造业	0.2245	0.0768	0.2115	0.0674	0.0307	0.0635	0.1615
化学纤维制造业	0.1753	0.0036	0.1400	0.0526	0.0015	0.0460	0.1000
橡胶和塑料制品业	0.1840	0.0366	0.2881	0.0552	0.0146	0.0864	0.1563
非金属矿物制品业	0.5488	0.0311	0.5152	0.1646	0.0125	0.1546	0.3317
黑色金属冶炼和压延加工业	0.1729	0.3606	0.1980	0.0519	0.1442	0.0594	0.2555

续表

指标 规模以上工业企业（按行业分）	知识创新持续性指数μ_1	产品创新持续性指数μ_2	协同创新持续性指数μ_3	创新持续性判别指数β_1	创新持续性判别指数β_2	创新持续性判别指数β_3	创新持续性判别指数β
有色金属冶炼和压延加工业	0.4081	0.0978	0.2944	0.1224	0.0391	0.0883	0.2499
金属制品业	0.4095	0.1274	0.4972	0.1229	0.0510	0.1492	0.3230
通用设备制造业	0.1326	0.1220	0.2915	0.0398	0.0488	0.0874	0.1760
专用设备制造业	0.3333	0.1203	0.3671	0.1000	0.0481	0.1101	0.2582
汽车制造业	0.3437	0.4119	0.3437	0.1031	0.1648	0.1031	0.3710
铁路、船舶、航空航天和其他运输设备制造业	0.1184	0.0266	0.1286	0.0355	0.0106	0.0386	0.0847
电气机械和器材制造业	0.1975	0.1287	0.3843	0.0592	0.0515	0.1153	0.2260
计算机、通信和其他电子设备制造业	0.2163	0.5041	0.4645	0.0649	0.2016	0.1394	0.4059
仪器仪表制造业	0.1384	0.0096	0.1546	0.0415	0.0038	0.0464	0.0917
其他制造业	0.0057	0.0047	0.0196	0.0017	0.0019	0.0059	0.0095
废弃资源综合利用业	0.2586	0.5023	0.2045	0.0776	0.2009	0.0614	0.3398
电力、热力生产和供应业	0.2646	0.0075	0.7211	0.0794	0.0030	0.2163	0.2987
燃气生产和供应业	0.6364	0.0029	0.1400	0.1909	0.0012	0.0420	0.2341
水的生产和供应业	0.1508	0.0057	0.1898	0.0452	0.0023	0.0569	0.1044

资料来源：2012 年与 2013 年《天津科技统计年鉴》。

（4）依照（4－10）式、（4－11）式、（4－12）式计算区域创新极识别的带动性测度指标指数。其中，依据专家打分法分别赋予测度创新极带动性的知识溢出指数、专利技术溢出指数和组织间溢出指数权重为 0.3、0.4 和 0.3（专家打分相关问卷参见附录 A）。2012 年天津市区域创新极识别的各项带动性判别指数计算结果如表 5.12 所示。

表 5.12　2012 年天津市区域创新极识别的带动性判别指数计算结果

指标 规模以上工业企业（按行业分）	知识溢出指数 θ_1	专利技术溢出指数 θ_2	组织间溢出指数 θ_3	带动性判别指数 γ_1	带动性判别指数 γ_2	带动性判别指数 γ_3	带动性判别指数 γ
煤炭开采和洗选业	0.0636	0.3192	0.5524	0.0191	0.1277	0.1657	0.3125
石油和天然气开采业	0.7859	0.2903	0.9067	0.2358	0.1161	0.2720	0.6239
黑色金属矿采选业	0.0000	0.3800	0.5518	0.0000	0.1520	0.1656	0.3176
非金属矿采选业	0.3361	0.3852	0.5496	0.1008	0.1541	0.1649	0.4198
开采辅助活动	0.2777	0.3129	0.5432	0.0833	0.1252	0.1630	0.3714
农副食品加工业	0.4862	0.4587	0.6193	0.1459	0.1835	0.1858	0.5151
食品制造业	0.1265	0.4434	0.5401	0.0380	0.1774	0.1620	0.3774
酒、饮料和精制茶制造业	0.2490	0.4020	0.5417	0.0747	0.1608	0.1625	0.3980
纺织业	0.2007	0.3156	0.5525	0.0602	0.1262	0.1658	0.3522
纺织服装、服饰业	0.1481	0.3717	0.5204	0.0444	0.1487	0.1561	0.3492
皮革、毛皮、羽毛及其制品和制鞋业	0.0000	0.4409	0.5899	0.0000	0.1763	0.1770	0.3533
木材加工和木、竹、藤、棕、草制品业	0.0000	0.5524	0.6202	0.0000	0.2210	0.1861	0.4070
家具制造业	0.1261	0.3898	0.5332	0.0378	0.1559	0.1600	0.3537
造纸和纸制品业	0.1285	0.4563	0.5586	0.0385	0.1825	0.1676	0.3886
印刷和记录媒介复制业	0.1934	0.7974	0.5703	0.0580	0.3189	0.1711	0.5480
文教、工美、体育和娱乐用品制造业	0.1100	0.5897	0.5914	0.0330	0.2359	0.1774	0.4463
石油加工、炼焦和核燃料加工业	0.3757	0.3830	0.5047	0.1127	0.1532	0.1514	0.4173
化学原料和化学制品制造业	0.1551	0.4577	0.5599	0.0465	0.1831	0.1680	0.3976
医药制造业	0.4689	0.4363	0.5531	0.1407	0.1745	0.1659	0.4811
化学纤维制造业	0.0636	0.4356	0.6514	0.0191	0.1742	0.1954	0.3888
橡胶和塑料制品业	0.1218	0.4290	0.5515	0.0365	0.1716	0.1655	0.3736
非金属矿物制品业	0.0815	0.4908	0.5460	0.0245	0.1963	0.1638	0.3846

续表

指标 规模以上工业企业（按行业分）	知识溢出指数θ_1	专利技术溢出指数θ_2	组织间溢出指数θ_3	带动性判别指数γ_1	带动性判别指数γ_2	带动性判别指数γ_3	带动性判别指数γ
黑色金属冶炼和压延加工业	0.5781	0.5386	0.5146	0.1734	0.2154	0.1544	0.5432
有色金属冶炼和压延加工业	0.0570	0.4733	0.4618	0.0171	0.1893	0.1385	0.3449
金属制品业	0.1445	0.2615	0.5564	0.0434	0.1046	0.1669	0.3149
通用设备制造业	0.2104	0.4499	0.5607	0.0631	0.1800	0.1682	0.4113
专用设备制造业	0.6889	0.6578	0.6193	0.2067	0.2631	0.1858	0.6556
汽车制造业	0.2946	0.5063	0.6455	0.0884	0.2025	0.1937	0.4845
铁路、船舶、航空航天和其他运输设备制造业	0.3121	0.2401	0.6009	0.0936	0.0960	0.1803	0.3699
电气机械和器材制造业	0.5323	0.0743	0.4103	0.1597	0.0297	0.1231	0.3125
计算机、通信和其他电子设备制造业	0.2975	0.4713	0.6685	0.0892	0.1885	0.2006	0.4783
仪器仪表制造业	0.2865	0.3331	0.5397	0.0859	0.1332	0.1619	0.3811
其他制造业	0.0000	0.4232	0.4612	0.0000	0.1693	0.1384	0.3076
废弃资源综合利用业	0.0000	0.4227	0.1413	0.0000	0.1691	0.0424	0.2115
电力、热力生产和供应业	0.2750	0.4834	0.4550	0.0825	0.1933	0.1365	0.4123
燃气生产和供应业	0.0000	0.2655	0.2904	0.0000	0.1062	0.0871	0.1933
水的生产和供应业	0.2341	0.5148	0.4602	0.0702	0.2059	0.1381	0.4142

资料来源：2012 年与 2013 年《天津科技统计年鉴》。

（5）依照（4－13）式计算产业知识基础因子 s_1、产业创新产出因子 s_2 以及产业共生效应因子 s_3。其中，依据专家打分法分别赋予规模性判别指数 α、创新持续性判别指数 β 以及带动性判别指数 γ 的常权权重 w_1、w_2、w_3 为 0.3、0.3 和 0.4（专家打分相关问卷参见附录 A）。

（6）依照（4－14）式计算区域创新极综合识别指数 S。2012 年天津市区域创新极综合识别指数的计算结果如表 5.13 所示。

表 5.13 2012 年天津市区域创新极综合识别指数表

指标 规模以上工业企业（按行业分）	产业知识基础因子 s_1	产业创新产出因子 s_2	产业共生效应因子 s_3	综合识别指数 S	综合识别指数 S 排名
煤炭开采和洗选业	0.0044	0.0322	0.1334	0.1108	8
石油和天然气开采业	0.0897	0.0215	0.1127	0.0948	10
黑色金属矿采选业	0.0017	0.0233	0.0570	0.0463	26
非金属矿采选业	0.0245	0.0259	0.0422	0.0330	32
开采辅助活动	0.0326	0.0220	0.0816	0.0602	18
农副食品加工业	0.0285	0.0741	0.0580	0.0602	19
食品制造业	0.0388	0.0482	0.0498	0.0461	27
酒、饮料和精制茶制造业	0.0554	0.0300	0.0649	0.0544	24
纺织业	0.0386	0.0277	0.0749	0.0557	23
纺织服装、服饰业	0.0153	0.0318	0.0431	0.0344	31
皮革、毛皮、羽毛及其制品和制鞋业	0.0049	0.0255	0.0316	0.0270	34
木材加工和木、竹、藤、棕、草制品业	0.0052	0.0102	0.0323	0.0246	36
家具制造业	0.0211	0.0128	0.1489	0.1247	4
造纸和纸制品业	0.0179	0.1215	0.0494	0.0928	11
印刷和记录媒介复制业	0.0389	0.0205	0.0402	0.0356	30
文教、工美、体育和娱乐用品制造业	0.0488	0.0324	0.0904	0.0677	15
石油加工、炼焦和核燃料加工业	0.0530	0.0394	0.0559	0.0505	25
化学原料和化学制品制造业	0.0487	0.0982	0.0595	0.0754	13
医药制造业	0.1212	0.0692	0.1138	0.1066	9
化学纤维制造业	0.0094	0.0246	0.0330	0.0266	35
橡胶和塑料制品业	0.0353	0.0441	0.0747	0.0569	22
非金属矿物制品业	0.0418	0.0532	0.0708	0.0578	21
黑色金属冶炼和压延加工业	0.1171	0.1899	0.1567	0.1603	1
有色金属冶炼和压延加工业	0.0280	0.0846	0.0439	0.0631	17
金属制品业	0.0503	0.0679	0.0760	0.0665	16
通用设备制造业	0.0509	0.0835	0.0786	0.0739	14
专用设备制造业	0.1532	0.1122	0.0919	0.1246	5

续表

指标 规模以上工业企业（按行业分）	产业知识基础因子 s_1	产业创新产出因子 s_2	产业共生效应因子 s_3	综合识别指数 S	综合识别指数 S 排名
汽车制造业	0.0679	0.1352	0.1724	0.1401	2
铁路、船舶、航空航天和其他运输设备制造业	0.0462	0.0569	0.0681	0.0585	20
电气机械和器材制造业	0.0965	0.0473	0.0848	0.0820	12
计算机、通信和其他电子设备制造业	0.0627	0.1511	0.0982	0.1166	6
仪器仪表制造业	0.0485	0.0235	0.0503	0.0444	29
其他制造业	0.0003	0.0203	0.0390	0.0325	33
废弃资源综合利用业	0.0064	0.1420	0.0556	0.1142	7
电力、热力生产和供应业	0.0531	0.0443	0.1699	0.1259	3
燃气生产和供应业	0.0049	0.0261	0.0229	0.0228	37
水的生产和供应业	0.0298	0.0237	0.0616	0.0456	28

5.3.2 结论分析

首先，从区域创新极识别的纵向层面进行评价：

（1）创新极规模性判据层面。

创新极识别的规模性判据主要从知识和技术总量、主体规模以及网络发育度三个方面进行分析与比较，各个产业的规模性排名如表5.14所示。

表5.14 2012年天津市区域创新极识别规模性判据排名表

指标 规模以上工业企业（按行业分）	知识和技术总指数 δ_1	主体规模指数 δ_2	网络发育度指数 δ_3	规模性判别指数 α_1	规模性判别指数 α_2	规模性判别指数 α_3	规模性判别指数 α
黑色金属冶炼和压延加工业	0.5308	0.8637	1.4012	0.1592	0.2115	0.4204	0.7911
电力、热力生产和供应业	0.0677	0.2645	0.5961	0.0203	0.1684	0.1788	0.3676
医药制造业	0.5988	0.1985	0.4143	0.1796	0.0445	0.1243	0.3484
汽车制造业	0.1063	0.4485	0.8250	0.0319	0.0655	0.2475	0.3449

续表

指标 规模以上工业企业（按行业分）	知识和技术总指数δ_1	主体规模指数δ_2	网络发育度指数δ_3	规模性判别指数α_1	规模性判别指数α_2	规模性判别指数α_3	规模性判别指数 α
专用设备制造业	0.5264	0.4494	0.1033	0.1579	0.0832	0.0310	0.2721
铁路、船舶、航空航天和其他运输设备制造业	0.0777	0.3009	0.1068	0.0233	0.1737	0.0320	0.2291
石油和天然气开采业	0.1621	0.2201	0.2184	0.0486	0.1058	0.0655	0.2200
燃气生产和供应业	0.0005	0.0423	0.0000	0.0002	0.2115	0.0000	0.2117
电气机械和器材制造业	0.2673	0.3136	0.1285	0.0802	0.0808	0.0386	0.1995
造纸和纸制品业	0.0076	0.0888	0.0136	0.0023	0.1798	0.0041	0.1862
煤炭开采和洗选业	0.0006	0.2153	0.2094	0.0002	0.1053	0.0628	0.1683
化学原料和化学制品制造业	0.1818	0.3284	0.0713	0.0545	0.0810	0.0214	0.1570
废弃资源综合利用业	0.0029	0.0366	0.2412	0.0009	0.0800	0.0724	0.1533
计算机、通信和其他电子设备制造业	0.1264	0.6581	0.0944	0.0379	0.0848	0.0283	0.1510
家具制造业	0.0050	0.0525	0.4479	0.0015	0.0034	0.1344	0.1393
通用设备制造业	0.1625	0.3207	0.0880	0.0487	0.0506	0.0264	0.1257
开采辅助活动	0.0246	0.0710	0.1460	0.0074	0.0664	0.0438	0.1176
农副食品加工业	0.0151	0.1645	0.1121	0.0045	0.0703	0.0336	0.1085
酒、饮料和精制茶制造业	0.1159	0.0552	0.0774	0.0348	0.0341	0.0232	0.0921
金属制品业	0.0823	0.3590	0.0517	0.0247	0.0508	0.0155	0.0910
有色金属冶炼和压延加工业	0.0375	0.0724	0.0201	0.0113	0.0620	0.0060	0.0793
石油加工、炼焦和核燃料加工业	0.0564	0.1136	0.0469	0.0169	0.0446	0.0141	0.0756
非金属矿物制品业	0.0666	0.1597	0.0419	0.0200	0.0400	0.0126	0.0725
其他制造业	0.0003	0.0290	0.1916	0.0001	0.0135	0.0575	0.0711
橡胶和塑料制品业	0.0721	0.2032	0.0774	0.0216	0.0202	0.0232	0.0651
化学纤维制造业	0.0030	0.0003	0.0000	0.0009	0.0547	0.0000	0.0556
仪器仪表制造业	0.0882	0.0389	0.0396	0.0265	0.0138	0.0119	0.0522
非金属矿采选业	0.0160	0.0354	0.0586	0.0048	0.0279	0.0176	0.0503
纺织业	0.0456	0.0611	0.0480	0.0137	0.0221	0.0144	0.0502
食品制造业	0.0413	0.2214	0.0249	0.0124	0.0292	0.0075	0.0491

续表

指标 规模以上工业企业（按行业分）	知识和技术总指数δ_1	主体规模指数δ_2	网络发育度指数δ_3	规模性判别指数α_1	规模性判别指数α_2	规模性判别指数α_3	规模性判别指数 α
黑色金属矿采选业	0.0000	0.0260	0.0562	0.0000	0.0276	0.0169	0.0444
水的生产和供应业	0.0231	0.0445	0.0765	0.0069	0.0136	0.0230	0.0435
文教、工美、体育和娱乐用品制造业	0.0589	0.0686	0.0454	0.0177	0.0032	0.0136	0.0345
纺织服装、服饰业	0.0052	0.2819	0.0119	0.0015	0.0236	0.0036	0.0287
印刷和记录媒介复制业	0.0153	0.0305	0.0000	0.0046	0.0066	0.0000	0.0112
皮革、毛皮、羽毛及其制品和制鞋业	0.0005	0.0318	0.0000	0.0002	0.0052	0.0000	0.0053
木材加工和木、竹、藤、棕、草制品业	0.0026	0.0073	0.0000	0.0008	0.0004	0.0000	0.0012

创新极识别规模性判据方面，黑色金属冶炼和压延加工业的规模性判别指数为0.7911，排名第一；木材加工和木、竹、藤、棕、草制品业的规模性判别指数为0.0012，排名最后一位；其他排名前十位的产业包括电力、热力生产和供应业、医药制造业、汽车制造业、专用设备制造业、铁路、船舶、航空航天和其他运输设备制造业、石油和天然气开采业、燃气生产和供应业、电气机械和器材制造业以及造纸和纸制品业。其中，在知识和技术总量层面，黑色金属冶炼和压延加工业的论文发表数量为850篇，而木材加工和木、竹、藤、棕、草制品业的论文发表数量为0，黑色金属冶炼和压延加工业拥有专利118件，为木材加工和木、竹、藤、棕、草制品业（10件）的11.8倍；在主体规模层面，黑色金属冶炼和压延加工业拥有固定总额34396059.9万元为木材加工和木、竹、藤、棕、草制品业（116169.9万元）的296.1倍，黑色金属冶炼和压延加工业拥有从业人员143157人为木材加工和木、竹、藤、棕、草制品业（3349人）的42.7倍；在网络发育度层面，黑色金属冶炼和压延加工业的R&D经费外部支出总额为58136万元，而木材加工和木、竹、藤、棕、草制品业的R&D经费外部支出总额却为0。天津市2010～2012年间黑色金属冶炼和压延加工业在规模性判别层面各项数据的变化趋势如图5.4所示。

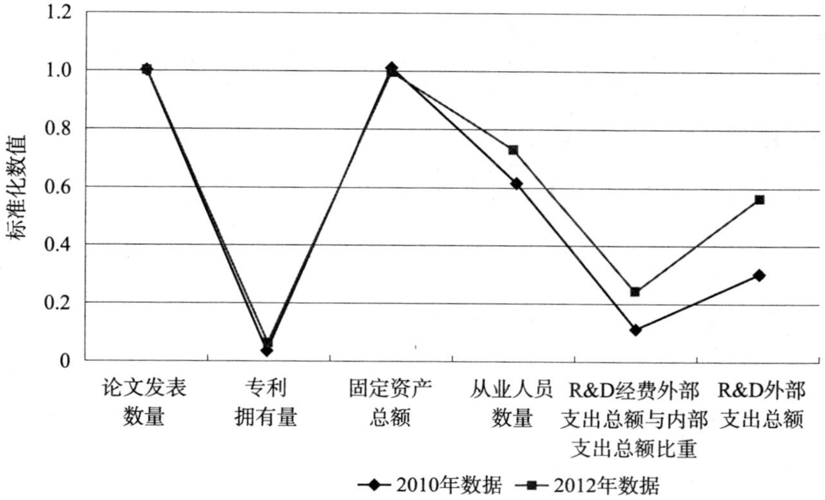

图 5.4　电力、热力生产和供应业规模性判别各项数据变化趋势

（2）创新极创新持续性判据层面。

创新极识别的创新持续性判据主要从知识创新持续性、产品创新持续性以及协同创新持续性三个方面进行分析与比较，各个产业的创新持续性排名如表 5.15 所示。

表 5.15　2012 年天津市区域创新极识别创新持续性判据排名表

指标 / 规模以上工业企业（按行业分）	知识创新持续性指数 μ_1	产品创新持续性指数 μ_2	协同创新持续性指数 μ_3	创新持续性判别指数 β_1	创新持续性判别指数 β_2	创新持续性判别指数 β_3	创新持续性判别指数 β
文教、工美、体育和娱乐用品制造业	0.6963	0.0640	1.0000	0.2089	0.0256	0.3000	0.5345
计算机、通信和其他电子设备制造业	0.2163	0.5041	0.4645	0.0649	0.2016	0.1394	0.4059
汽车制造业	0.3437	0.4119	0.3437	0.1031	0.1648	0.1031	0.3710
印刷和记录媒介复制业	0.7727	0.0032	0.4333	0.2318	0.0013	0.1300	0.3631
家具制造业	0.6364	0.0032	0.5000	0.1909	0.0013	0.1500	0.3422
废弃资源综合利用业	0.2586	0.5023	0.2045	0.0776	0.2009	0.0614	0.3398
非金属矿物制品业	0.5488	0.0311	0.5152	0.1646	0.0125	0.1546	0.3317
金属制品业	0.4095	0.1274	0.4972	0.1229	0.0510	0.1492	0.3230
造纸和纸制品业	0.2189	0.1224	0.6400	0.0657	0.0489	0.1920	0.3066

续表

指标 规模以上工业企业（按行业分）	知识创新持续性指数μ_1	产品创新持续性指数μ_2	协同创新持续性指数μ_3	创新持续性判别指数β_1	创新持续性判别指数β_2	创新持续性判别指数β_3	创新持续性判别指数β
电力、热力生产和供应业	0.2646	0.0075	0.7211	0.0794	0.0030	0.2163	0.2987
专用设备制造业	0.3333	0.1203	0.3671	0.1000	0.0481	0.1101	0.2582
煤炭开采和洗选业	0.1364	0.0065	0.7153	0.0409	0.0026	0.2146	0.2581
黑色金属冶炼和压延加工业	0.1729	0.3606	0.1980	0.0519	0.1442	0.0594	0.2555
有色金属冶炼和压延加工业	0.4081	0.0978	0.2944	0.1224	0.0391	0.0883	0.2499
皮革、毛皮、羽毛及其制品和制鞋业	0.6364	0.0199	0.1533	0.1909	0.0080	0.0460	0.2449
燃气生产和供应业	0.6364	0.0029	0.1400	0.1909	0.0012	0.0420	0.2341
电气机械和器材制造业	0.1975	0.1287	0.3843	0.0592	0.0515	0.1153	0.2260
纺织业	0.2072	0.0119	0.5217	0.0622	0.0048	0.1565	0.2234
食品制造业	0.4153	0.0337	0.2794	0.1246	0.0135	0.0838	0.2219
纺织服装、服饰业	0.1781	0.0139	0.5032	0.0534	0.0056	0.1510	0.2100
通用设备制造业	0.1326	0.1220	0.2915	0.0398	0.0488	0.0874	0.1760
医药制造业	0.2245	0.0768	0.2115	0.0674	0.0307	0.0635	0.1615
橡胶和塑料制品业	0.1840	0.0366	0.2881	0.0552	0.0146	0.0864	0.1563
化学原料和化学制品制造业	0.1544	0.1294	0.1363	0.0463	0.0517	0.0409	0.1389
石油加工、炼焦和核燃料加工业	0.2106	0.0160	0.2069	0.0632	0.0064	0.0621	0.1317
酒、饮料和精制茶制造业	0.1977	0.0085	0.1788	0.0593	0.0034	0.0536	0.1163
开采辅助活动	0.1505	0.0034	0.1996	0.0452	0.0013	0.0599	0.1064
水的生产和供应业	0.1508	0.0057	0.1898	0.0452	0.0023	0.0569	0.1044
木材加工和木、竹、藤、棕、草制品业	0.1808	0.0100	0.1533	0.0542	0.0040	0.0460	0.1042
石油和天然气开采业	0.1482	0.0000	0.1957	0.0445	0.0000	0.0587	0.1032

续表

指标 规模以上工业企业（按行业分）	知识创新持续性指数μ_1	产品创新持续性指数μ_2	协同创新持续性指数μ_3	创新持续性判别指数β_1	创新持续性判别指数β_2	创新持续性判别指数β_3	创新持续性判别指数β
化学纤维制造业	0.1753	0.0036	0.1400	0.0526	0.0015	0.0460	0.1000
黑色金属矿采选业	0.1586	0.0052	0.1565	0.0476	0.0021	0.0469	0.0966
仪器仪表制造业	0.1384	0.0096	0.1546	0.0415	0.0038	0.0464	0.0917
铁路、船舶、航空航天和其他运输设备制造业	0.1184	0.0266	0.1286	0.0355	0.0106	0.0386	0.0847
农副食品加工业	0.0690	0.0595	0.0681	0.0207	0.0238	0.0204	0.0649
非金属矿采选业	0.0654	0.0067	0.0512	0.0196	0.0027	0.0154	0.0377
其他制造业	0.0057	0.0047	0.0196	0.0017	0.0019	0.0059	0.0095

创新极创新持续性判据方面，文教、工美、体育和娱乐用品制造业的创新持续性判别指数为0.5345，排名第一；其他制造业的创新持续性判别指数为0.0095，排名最后一位；其他排名前十位的产业包括计算机、通信和其他电子设备制造业、汽车制造业、印刷和记录媒介复制业、家具制造业、废弃资源综合利用业、非金属矿物制品业、金属制品业、造纸和纸制品业以及电力、热力生产和供应业。其中，在知识创新持续性层面，文教、工美、体育和娱乐用品制造业的论文发表数量增长率为2.6667而其他制造业的论文发表数量增长率为－1，文教、工美、体育和娱乐用品制造业的专利拥有量增长率为7.83而其他制造业的专利拥有量增长率为－0.9；在产品创新持续性层面，文教、工美、体育和娱乐用品制造业获得新产品销售收入722873.6万元，其金额为其他制造业（14788.4万元）的48.88倍，文教、工美、体育和娱乐用品制造业的新产品销售收入增长率为8.32，其数值为其他制造业（0.39）的21.33倍；在协同创新持续性层面，文教、工美、体育和娱乐用品制造业的合作论文增长率为2.57，而其他制造业的合作论文增长率为－1，文教、工美、体育和娱乐用品制造业的R&D经费外部支出总额增长率为36.6，其数值为其他制造业（0.47）的77.87倍。天津市2010～2012年文教、工美、体育和娱乐用品制造业在创新持续性判别层面各项数据的变化趋势如图5.5所示。

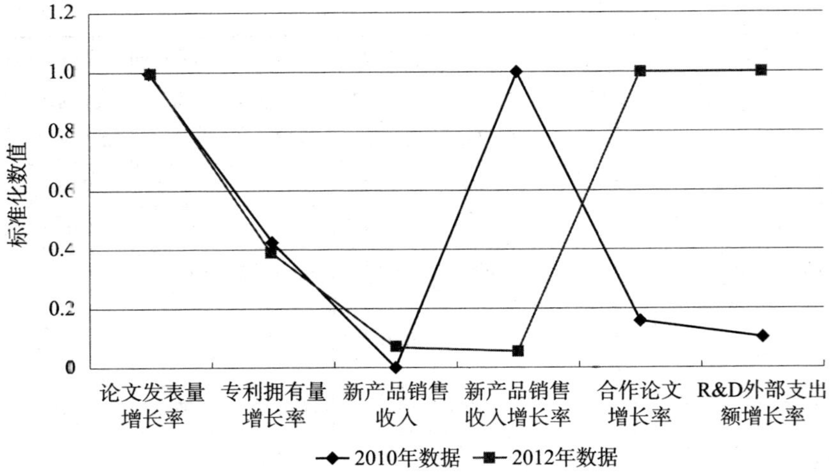

图 5.5　文教、工美、体育和娱乐用品制造业创新持续性判别各项数据变化趋势图

近年来，天津市一直致力于中小型科技企业的发展，2012 年其在原有投入强度的基础上进一步加大力度推动中小型科技企业迈入自身发展的新一个阶段，以长荣印刷设备、赛象科技为代表的企业通过不断引入、消化、吸收国内外先进的知识技术创新资源和优质的科研人才以增强自身的整体创新能力，通过构建产学研交流与合作的平台以加大先进知识和研究成果的共享与转化，促进其创造出大量具有显著竞争优势的产品，使得自身的创新水平在原有基础上得以不断发展。

（3）创新极带动性判据层面。

创新极识别的创新持续性判据主要从知识溢出、专利技术溢出以及组织间溢出三个方面进行分析与比较，各个产业的带动性排名如表 5.16 所示。

表 5.16　2012 年天津市区域创新极识别带动性判据排名表

指标 规模以上工业企业（按行业分）	知识溢出指数 θ_1	专利技术溢出指数 θ_2	组织间溢出指数 θ_3	带动性判别指数 γ_1	带动性判别指数 γ_2	带动性判别指数 γ_3	带动性判别指数 γ
专用设备制造业	0.6889	0.6578	0.6193	0.2067	0.2631	0.1858	0.6556
石油和天然气开采业	0.7859	0.2903	0.9067	0.2358	0.1161	0.2720	0.6239
印刷和记录媒介复制业	0.1934	0.7974	0.5703	0.0580	0.3189	0.1711	0.5480
黑色金属冶炼和压延加工业	0.5781	0.5386	0.5146	0.1734	0.2154	0.1544	0.5432

续表

指标 规模以上工业企业（按行业分）	知识溢出指数θ_1	专利技术溢出指数θ_2	组织间溢出指数θ_3	带动性判别指数γ_1	带动性判别指数γ_2	带动性判别指数γ_3	带动性判别指数γ
农副食品加工业	0.4862	0.4587	0.6193	0.1459	0.1835	0.1858	0.5151
汽车制造业	0.2946	0.5063	0.6455	0.0884	0.2025	0.1937	0.4845
医药制造业	0.4689	0.4363	0.5531	0.1407	0.1745	0.1659	0.4811
计算机、通信和其他电子设备制造业	0.2975	0.4713	0.6685	0.0892	0.1885	0.2006	0.4783
文教、工美、体育和娱乐用品制造业	0.1100	0.5897	0.5914	0.0330	0.2359	0.1774	0.4463
非金属矿采选业	0.3361	0.3852	0.5496	0.1008	0.1541	0.1649	0.4198
石油加工、炼焦和核燃料加工业	0.3757	0.3830	0.5047	0.1127	0.1532	0.1514	0.4173
水的生产和供应业	0.2341	0.5148	0.4602	0.0702	0.2059	0.1381	0.4142
电力、热力生产和供应业	0.2750	0.4834	0.4550	0.0825	0.1933	0.1365	0.4123
通用设备制造业	0.2104	0.4499	0.5607	0.0631	0.1800	0.1682	0.4113
木材加工和木、竹、藤、棕、草制品业	0.0000	0.5524	0.6202	0.0000	0.2210	0.1861	0.4070
酒、饮料和精制茶制造业	0.2490	0.4020	0.5417	0.0747	0.1608	0.1625	0.3980
化学原料和化学制品制造业	0.1551	0.4577	0.5599	0.0465	0.1831	0.1680	0.3976
化学纤维制造业	0.0636	0.4356	0.6514	0.0191	0.1742	0.1954	0.3888
造纸和纸制品业	0.1285	0.4563	0.5586	0.0385	0.1825	0.1676	0.3886
非金属矿物制品业	0.0815	0.4908	0.5460	0.0245	0.1963	0.1638	0.3846
仪器仪表制造业	0.2865	0.3331	0.5397	0.0859	0.1332	0.1619	0.3811
食品制造业	0.1265	0.4434	0.5401	0.0380	0.1774	0.1620	0.3774
橡胶和塑料制品业	0.1218	0.4290	0.5515	0.0365	0.1716	0.1655	0.3736
开采辅助活动	0.2777	0.3129	0.5432	0.0833	0.1252	0.1630	0.3714
铁路、船舶、航空航天和其他运输设备制造业	0.3121	0.2401	0.6009	0.0936	0.0960	0.1803	0.3699
家具制造业	0.1261	0.3898	0.5332	0.0378	0.1559	0.1600	0.3537

续表

指标 规模以上工业企业（按行业分）	知识溢出指数θ_1	专利技术溢出指数θ_2	组织间溢出指数θ_3	带动性判别指数γ_1	带动性判别指数γ_2	带动性判别指数γ_3	带动性判别指数 γ
皮革、毛皮、羽毛及其制品和制鞋业	0.0000	0.4409	0.5899	0.0000	0.1763	0.1770	0.3533
纺织业	0.2007	0.3156	0.5525	0.0602	0.1262	0.1658	0.3522
纺织服装、服饰业	0.1481	0.3717	0.5204	0.0444	0.1487	0.1561	0.3492
有色金属冶炼和压延加工业	0.0570	0.4733	0.4618	0.0171	0.1893	0.1385	0.3449
黑色金属矿采选业	0.0000	0.3800	0.5518	0.0000	0.1520	0.1656	0.3176
金属制品业	0.1445	0.2615	0.5564	0.0434	0.1046	0.1669	0.3149
煤炭开采和洗选业	0.0636	0.3192	0.5524	0.0191	0.1277	0.1657	0.3125
电气机械和器材制造业	0.5323	0.0743	0.4103	0.1597	0.0297	0.1231	0.3125
其他制造业	0.0000	0.4232	0.4612	0.0000	0.1693	0.1384	0.3076
废弃资源综合利用业	0.0000	0.4227	0.1413	0.0000	0.1691	0.0424	0.2115
燃气生产和供应业	0.0000	0.2655	0.2904	0.0000	0.1062	0.0871	0.1933

创新极带动性判据方面，专用设备制造业的带动性判别指数为0.6556，排名第一；燃气生产和供应业的带动性判别指数为0.1933，排名最后一位；其他排名前十位的产业包括石油和天然气开采业、印刷和记录媒介复制业、黑色金属冶炼和压延加工业、农副食品加工业、汽车制造业、医药制造业、计算机、通信和其他电子设备制造业、文教、工美、体育和娱乐用品制造业以及非金属矿采选业。其中，在知识溢出层面，专用设备制造业的论文引用量为373篇而燃气生产和供应业的论文引用量却为0，专用设备制造业的论文引用率为4而燃气生产和供应业的论文引用率却为0；在专利技术溢出层面，专用设备制造业的专利申请增长量为468件而燃气生产和供应业的专利申请增长量为-10，专用设备制造业的专利申请增长率为0.399而燃气生产和供应业的专利申请增长率为-0.91；在组织间溢出层面，专用设备制造业的人均年产值增加量为93.12万元，其数值为燃气生产和供应业（13.64万元）的6.83倍，专用设备制造业的每万元R&D投入产值增加量为-3.31万元而燃气生产和供应业的每万元R&D投入产值增加量为-1256.43万元。天津市2011～2012年专用设备制造业在带动性判别层面各项数据的变化趋势如图5.6所示。

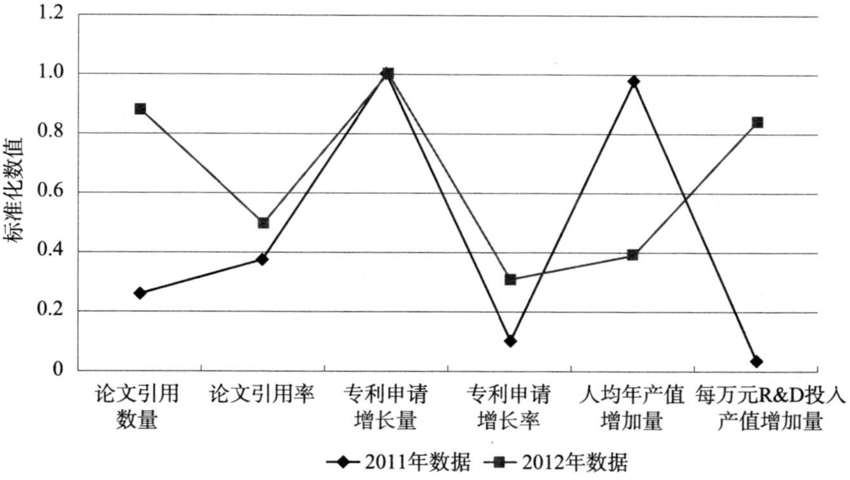

图 5.6　专用设备制造业带动性判别各项数据变化趋势图

专用设备制造业作为天津市的优势产业，近些年其在保持自身发展优势的基础上不断积累与其相关的国内外先进的知识、技术等资源以扩充其原有的发展规模，更加致力于改善和提升该产业自主创新水平，不断同外界开展产学研交流与合作，在此基础上开发出大批高性能的技术与产品，带动了自身经济效益的进一步提高，也带动了与之相关的其他主体的知识技术创新以及综合创新水平的提升。

其次，从创新极识别的横向层面进行评价：

产业知识基础因子方面，专用设备制造业的产业知识基础因子值为0.1532，排名最高；其他排名前十位的产业包括医药制造业，黑色金属冶炼和压延加工业，电气机械和器材制造业，石油和天然气开采业，汽车制造业，计算机，通信和其他电子设备制造业，酒、饮料和精制茶制造业，电力、热力生产和供应业以及石油加工，炼焦和核燃料加工业。

产业创新产出因子方面，黑色金属冶炼和压延加工业的产业创新产出因子值为0.1899，排名第一；其他排名前十位的产业包括计算机、通信和其他电子设备制造业、废弃资源综合利用业、汽车制造业、造纸和纸制品业、专用设备制造业、化学原料和化学制品制造业、有色金属冶炼和压延加工业、通用设备制造业以及农副食品加工业。

产业共生效应因子方面，汽车制造业的产业共生效应因子值为0.1724，排名第一；其他排名前十位的产业包括电力、热力生产和供应业、黑色金属冶炼和压延加工业、家具制造业、煤炭开采和洗选业、医药制造业、石油和天然气开采业、计算机、通信和其他电子设备制造业、专用设备制造业以及文教、工美、体育和娱乐用品制造业。

2012 年，天津市不断开展自主创新活动，进一步加快了技术研发成果转化的速率，新能源汽车、抗癌、数字高端装备、新药研制等一系列重大科技专项，取得了有机超分子化学、智能微网安全性等先进技术领域的重大突破。其中，在装备制造业领域，致力于装备制造业产业自主创新能力的提升，通过开展产学研交流与合作创造出大量高性能核心技术产品，加快了装备制造业产业实现高精度、高智能、数字化发展的步伐，大力带动了该产业的经济效益以及相关产业综合竞争能力的提高；在航空航天领域，侧重于发展航空模拟仿真系统、飞机零部件深层次维修、新一代国家空中交通管理系统等，研发了一系列先进性的相关创新产品，不断完善航空产业链建设，加快了相关产业的集聚，进一步扩大了航空航天产业的发展规模；在电子信息领域，通过不断引入拥有较强创新能力和优质创新资源的企业来提升电子信息相关产业的自主创新能力，大力开展一系列技术集成示范开发与应用项目，产业内的资源得以合理配置，产业的经济效益得以提升，极大地带动了该产业以及与其相关产业的快速发展；在石油化工领域，在原有发展优势的基础上侧重于发展绿色石油加工过程、石油和天然气开采以及石油炼焦等方面，取得了新一代催化技术、石油加工下属相关产品等先进技术的重大突破，进一步壮大了石油化工相关产业的规模并提升了其技术创新能力；在生物医药领域，加大研发团队的投入力度，医疗器材研发技术能力不断提升，新型立体孵化模式的构建使得产业内的创新氛围得以进一步优化，大量中科院的研发成果成功转向天津，进一步加速了该产业的发展；在新能源和新材料领域，致力于研发地热能、风能、智能电网等方面的新能源技术，以及开发高质金属材料、光电功能材料等，在现有发展优势的基础上不断改进传统产业，加强产业链的衔接与互动，加快了产业的集聚，进一步壮大了产业的发展规模；在节能和新能源汽车领域，在产业内开展先进技术示范与推广，改善、创新、再创造一系列低能耗的技术、设备和产品，通过构建产学研交流与合作平台加快节能研发成果的产出速率与转化效率，进一步带动了区域的可持续发展。因此，综合上述分析结果，本书将 2012 年天津市区域创新极综合识别指数排名前 15 位的规模以上工业企业作为创新极，这些产业分别为：（24）黑色金属冶炼和压延加工业、（29）汽车制造业、（31）电力、热力生产和供应业、（28）专用设备制造业、（14）家具制造业、（32）计算机、通信和其他电子设备制造业、(35) 废弃资源综合利用业、(1) 煤炭开采和洗选业、(20) 医药制造业、(2) 石油和天然气开采业、(15) 造纸和纸制品业、(31) 电气机械和器材制造业、(19) 化学原料和化学制品制造业、(28) 通用设备制造业、(17) 文教、工美、体育和娱乐用品制造业。

5.4　2010 年与 2012 年天津市区域创新极识别结果对比分析

5.4.1　纵向识别结果对比分析

本节从创新极的纵向识别结果出发，将 2010 年与 2012 年创新极识别的规模性判据、创新持续性判据以及带动性判据排名前十位的产业进行了归总，如表 5.17 所示。

由表可知，2010 ~2012 年创新极识别规模性判别指数排名前列的产业包括：黑色金属冶炼和压延加工业、交通运输设备制造业、石油和天然气开采业以及专用设备制造业；2010 ~2012 年创新极识别创新持续性判别指数排名前列的产业包括：废弃资源利用业、文教、工美、体育和娱乐用品制造业、计算机、通信和其他电子设备制造业、家具制造业以及金属制品业；2010 ~2012 年创新极识别带动性判别指数排名前列的产业包括：专用设备制造业、石油和天然气开采业、黑色金属冶炼和压延加工业以及医药制造业。

5.4.2　横向识别结果对比分析

本节从创新极的横向识别结果出发，将 2010 年与 2012 年创新极识别的产业知识基础因子、产业创新产出因子以及产业共生效应因子排名前十位的产业进行了归总，如表 5.18 所示。

由表可知，2010 ~2012 年产业知识基础因子排名前列的产业包括：黑色金属冶炼和压延加工业、电气机械和器材制造业、石油和天然气开采业、专用设备制造业以及计算机、通信和其他电子设备制造业；2010 ~2012 年产业创新产出因子排名前列的产业包括：计算机、通信和其他电子设备制造业、专用设备制造业、黑色金属冶炼和压延加工业、通用设备制造业以及化学原料和化学制品制造业；2010 ~2012 年产业共生效应因子排名前列的产业包括：计算机、通信和其他电子设备制造业、黑色金属冶炼和压延加工业、石油和天然气开采业以及医药制造业。

表 5.17　纵向识别结果对比分析表

创新极识别规模性判据 TOP 10		创新极识别创新持续性判据 TOP 10		创新极识别带动性判据 TOP 10	
2010 年	2012 年	2010 年	2012 年	2010 年	2012 年
计算机、通信和其他电子设备制造业	黑色金属冶炼和压延加工业	废弃资源综合利用业	文教、工美、体育和娱乐用品制造业	废弃资源综合利用业	专用设备制造业
黑色金属冶炼和压延加工业	电力、热力生产和供应业	黑色金属矿采选业	计算机、通信和其他电子设备制造业	专用设备制造业	石油和天然气开采业
交通运输设备制造业	医药制造业	煤炭开采和洗选业	汽车制造业	电力、热力生产和供应业	印刷和记录媒介复制业
电气机械和器材制造业	汽车制造业	有色金属冶炼和压延加工业	印刷和记录媒介复制业	石油和天然气开采业	黑色金属冶炼和压延加工业
石油和天然气开采业	专用设备制造业	文教、工美、体育和娱乐用品制造业	家具制造业	黑色金属冶炼和压延加工业	农副食品加工业
通用设备制造业	铁路、船舶、航空航天和其他运输设备制造业	计算机、通信和其他电子设备制造业	废弃资源综合利用业	交通运输设备制造业	汽车制造业
专用设备制造业	石油和天然气开采业	家具制造业	非金属矿物制品业	水的生产和供应业	医药制造业
医药制造业	燃气生产和供应业	其他制造业	金属制品业	金属制品业	计算机、通信和其他电子设备制造业
化学原料和化学制品制造业	电气机械和器材制造业	金属制品业	造纸和纸制品业	食品制造业	文教、工美、体育和娱乐用品制造业
金属制品业	造纸和纸制品业	交通运输设备制造业	电力、热力生产和供应业	医药制造业	非金属矿采选业

表 5.18　横向识别结果对比分析表

产业知识基础因子 TOP 10		产业创新产出因子 TOP 10		产业共生效应因子 TOP 10	
2010 年	2012 年	2010 年	2012 年	2010 年	2012 年
黑色金属冶炼和压延加工业	专用设备制造业	交通运输设备制造业	黑色金属冶炼和压延加工业	计算机、通信和其他电子设备制造业	汽车制造业
电气机械和器材制造业	医药制造业	计算机、通信和其他电子设备制造业	计算机、通信和其他电子设备制造业	废弃资源综合利用业	电力、热力生产和供应业
石油和天然气开采业	黑色金属冶炼和压延加工业	煤炭开采和洗选业	废弃资源综合利用业	黑色金属冶炼和压延加工业	黑色金属冶炼和压延加工业
医药制造业	电气机械和器材制造业	专用设备制造业	汽车制造业	通用设备制造业	家具制造业
专用设备制造业	石油和天然气开采业	黑色金属冶炼和压延加工业	造纸和纸制品业	交通运输设备制造业	煤炭开采和洗选业
计算机、通信和其他电子设备制造业	汽车制造业	通用设备制造业	专用设备制造业	其他制造业	医药制造业
化学原料和化学制品制造业	计算机、通信和其他电子设备制造业	石油和天然气开采业	化学原料和化学制品制造业	农副食品加工业	石油和天然气开采业
有色金属冶炼和压延加工业	酒、饮料和精制茶制造业	电力、热力生产和供应业	有色金属冶炼和压延加工业	电气机械和器材制造业	计算机、通信和其他电子设备制造业
仪器仪表制造业	电力、热力生产和供应业	化学原料和化学制品制造业	通用设备制造业	石油和天然气开采业	专用设备制造业
非金属矿采选业	石油加工、炼焦和核燃料加工业	金属制品业	农副食品加工业	医药制造业	文教、工美、体育和娱乐用品制造业

5.4.3 综合识别结果对比分析

依照2010年天津市区域创新极综合识别指数对各个产业的分布进行了刻画，如图5.7所示。

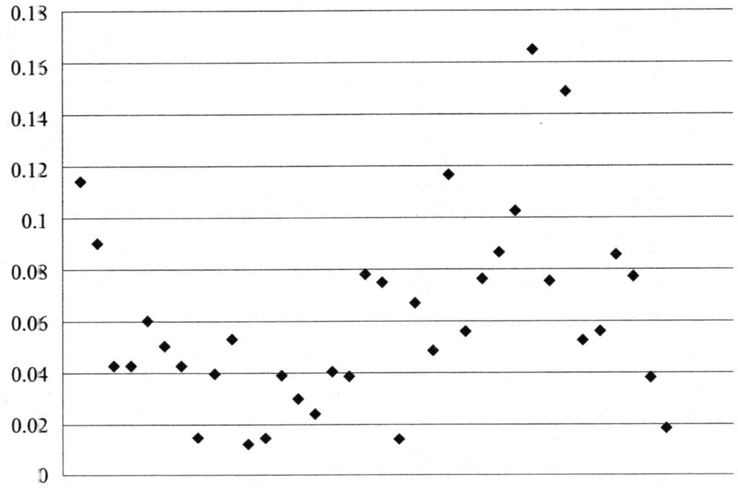

图5.7 2010年天津市区域创新极识别分布图

由图5.7所示，0~0.02区间内产业分布比较少，此部分产业可以看作为发展缓慢而被淘汰的产业；0.02~0.08区间内分布着众多产业，此部分产业可以看作为发展一般的产业，这些产业对区域经济的发展具有支撑作用；0.08~0.18区间内产业分布亦比较少，这些产业为区域内发展较好、具有带动作用的产业，对区域整体发展具有引领作用。由此可以看出，0.08~0.18区间内的产业可以看作区域内的创新极，这与前文所识别出的创新极基本吻合。

依照2012年天津市区域创新极综合识别指数对各个产业的分布进行了刻画，如图5.8所示。

如图5.8所示，0.02~0.04区间内产业分布比较少，此部分产业可以看作为发展缓慢而被淘汰的产业；0.04~0.08区间内分布着众多产业，此部分产业可以看作为发展一般的产业，这些产业对区域经济的发展具有支撑作用；0.08~0.18区间内产业分布相对比较少，这些产业为区域内发展较好、具有带动作用的产业，对区域整体发展具有引领作用。由此可以看出，0.08~0.18区间内的产业可以看作区域内的创新极，这与前文所识别出的创新极基本吻合。

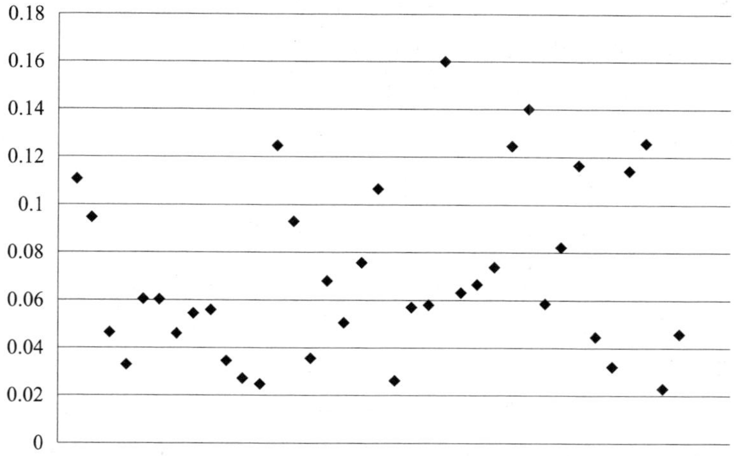

图 5.8　2012 年天津市区域创新极识别分布图

基于此，本节对依照创新极识别方法模型所筛选出的 2010 年和 2012 年间天津市区域创新极进行了归总，如表 5.19 所示。

表 5.19　综合识别结果对比分析表

天津市区域创新极			
2010 年 TOP 15		2012 年 TOP 15	
交通运输设备制造业	0.1651	黑色金属冶炼和压延加工业	0.1603
计算机、通信和其他电子设备制造业	0.1487	汽车制造业	0.1401
黑色金属冶炼和压延加工业	0.1166	电力、热力生产和供应业	0.1259
煤炭开采和洗选业	0.1143	家具制造业	0.1247
专用设备制造业	0.1029	专用设备制造业	0.1246
石油和天然气开采业	0.0905	计算机、通信和其他电子设备制造业	0.1166
通用设备制造业	0.0867	废弃资源综合利用业	0.1142
废弃资源综合利用业	0.0855	煤炭开采和洗选业	0.1108
化学原料和化学制品制造业	0.0783	医药制造业	0.1066
电力、热力生产和供应业	0.0772	石油和天然气开采业	0.0948
金属制品业	0.0762	造纸和纸制品业	0.0928
电气机械和器材制造业	0.0755	电气机械和器材制造业	0.0820
医药制造业	0.0750	化学原料和化学制品制造业	0.0754
橡胶和塑料制品业	0.0672	通用设备制造业	0.0739
农副食品加工业	0.0604	文教、工美、体育和娱乐用品制造业	0.0677

由表5.19可知，2010年与2012年所识别出的作为创新极的产业大多为同一个产业，有些产业的排名发生了细微变化，而有些产业的排名却发生了显著变化。2010年和2012年所识别出的同一产业为天津市重点发展的产业，以黑色金属冶炼和压延加工业和计算机、通信和其他电子设备制造业为代表的创新极在保持其发展优势的基础上不断进行持续性创新，加强同其他产业和组织的交流与合作，并通过溢出效应带动其他产业的知识创新、技术创新和产品创新，进而创造了更多的效益，带动了区域经济的腾飞。

其中，排名发生显著变化的产业包括：铁路、船舶、航空航天和其他运输设备制造业，其排名由2010年的第1位下降至2012年的第20位；家具制造业，其排名由2010年的第27位上升至2012年的第4位；造纸和纸制品业，其排名由2010年的第30位上升至2012年的第11位；文教、工美、体育和娱乐用品制造业，其排名由2010年的第25位上升至2012年的第15位。对于铁路、船舶、航空航天和其他运输设备制造业而言，2011年新修订的《国民经济行业分类与代码》将汽车制造业从交通运输设备制造业中分离出来，原有的交通运输设备制造业变为现在的铁路、船舶、航空航天和其他运输设备制造业。因此，与2010年相比较，2011~2012年该产业仅有人均年产值增加量和每万元R&D投入产值增加量两项指标有所上升，其余各项指标均呈负向增长，这就使得该产业的排名出现了一定幅度的下降，这也说明汽车制造业在整个交通运输设备制造业中占据很大的份额。而且，2012年，大众集团投资九亿欧元在滨海新区建立汽车变速器生产基地，这进一步优化了天津市汽车制造业集群，在很大程度上推动了高新化、高性能以及高品牌汽车制造产业结构的构建，极大地推动了汽车制造业产业的发展与壮大。对于家具制造业而言，与2010年相比较，2011~2012年该产业的外部支出总额增长率由-61.65%上升为36.6%，专利申请增长率由-50%上升为6.45%，专利拥有量增长率由0上升为21.5，由此可见该产业在知识和技术存量、网络发育度、知识创新、协同创新、技术溢出等投入了大量的资源，带动了该产业的迅猛发展，大大提高了自身的综合发展实力。对于造纸和纸制品业而言，与2010年相比较，2011~2012年该产业的R&D经费内部、外部支出额、专利申请量、专利拥有量以及新产品销售收入等均得到大幅提升，这说明该产业近两年来重点致力于扩大产业规模、增强产业创新持续性以及加大其在专利技术溢出方面的带动性作用，提升了自身的综合发展水平。对于文教、工美、体育和娱乐用品制造业而言，与2010年相比较，2011~2012年该产业的科技论文发表数量、专利拥有量、专利申请量、新产品销售收入以及 R&D 经费内部、外部支出额等均得以大幅度提升，这说明该产业近两年来侧重于扩大产业规模、不断增强知识创新和产品创新、在与其他组织构建协同合作关系的同时逐步加大其对其他产业的带动作用，因此提升了自身的创新能力和发展水平。这些产业的排名发生明显变化的原因在于：2010 年以来天津市兴起了发展中小型科技企业的热潮，在全市的扶持和推动下这些企业的发展规模得以逐步扩大，以长荣印刷设备、经纬电材、赛象科技、松正电动汽车等为代表的企业不断发展壮大并涌现出一系列具有竞争优势的创新产品，这些企业的综合创新能力和经济效益得以大幅度提升，极大地壮大了天津市战略新兴产业群体的发展规模。

第六章　区域创新极培育能力方法研究

6.1　区域创新极培育能力研究评述

6.1.1　培育能力的界定研究

“培育”一词早就存在于学术界，常被用来表达抚养、扶持、保护、支撑、训练造就、赋予生命力同时给予创造的含义。培育及培育能力在研究运用中更多的用于生物领域、农业科技领域和经济管理领域，经济管理领域中主要从企业、区域层面研究创新能力、核心竞争力等的培育。通过查阅的文献来看，针对区域创新极培育能力的研究，我国学术界鲜有问津，而国外在这方面的研究较早且相对较多，但也不太成熟。

美国、欧洲和日本均制定了创新战略，优先发展新能源、生物技术、环境以及信息技术等领域。为了应对如此日益激烈的国际竞争，2010 年我国国务院提出加快培育和发展节能环保、新能源等七大战略性新兴产业，不久各省市地区政府也相继确定了本地区的发展目标和主要任务。众所周知，企业的技术水平和创新能力是战略性新兴产业发展的基础，所以如何培育企业技术创新能力是各区域发展战略性新兴产业的制动力（毕世杰，2000）。苟邦云（1997）等最早开展了企业创新培育机制的研究，强调了培育企业自主创新机制的重要性，并提出政府各部门以及科委的大力支持与协助会对企业创新的培育产生重大的影响。此后，魏江（1999）研究了通过不同项目之间组合培育企业技术核心能力的途径和模式，并认为企业技术核心能力的培育和成长，主要包括三种途径：自主积累、外部获取和两者的混合。同年的朱映瑜（1999）探讨了跨国经营中的企业创新培育，提出跨国经营中的创新培育从国家宏观角度来看应着重于政府创新、文化创新、教育创新、产业创新等，从企业微观角度来看则主要表现为产品创新、生产工艺创新、市场创新、供给创新、组织创新等。毛义华，陈劲（2000）发表的文章中提出了基于合作创新的企业技术创新能力纵向和横向的两种培育方式，其中纵向主要是通过自主开发与引进吸收来培育积累技术能力；横向主要是通过组织的合作、兼并和学习来实现，并作了案例分析。文献研究过程中，发现可以有效培育创新能力的还有模块化和集群式创新战略的融合。陈建军（2013）就是根据这种培育方式提出了企业持续创新能力要从具体的规则设计及知识共享机制两方面培育的途径。外国学者则认为大学和研究机构等聚集的地区能够更好地整合研发与企业资源，对企业技术创新能力的培育才更有效，更具有实施的意义（Johansson & Hanslf，2006）。企业将外部知识运用到内部价值创造的重要途径就是校企合作，所以部分学者认为产学研协作在影响企业技术创新能力培育方面是不可或缺的因素（Adams，2002）。

孙玉涛（2013）等人对企业技术创新能力培育过程中，经济的发展、科技政策和地理位置等因素所产生的影响进行了分析。他的研究表明：区域的经济水平高、科技政策支持力强有利于区域企业技术创新能力的培育；而 FDI 高低程度能显著影响企业技术创新能力的培育；科技政策的作用则并不显著。由此，可以认为发达地区可快速吸收创新资源，创新的培育能力相对较强（Feldman & Audretsch，1999）。Feldman 和 Audretsch（1999）、Henderson（1974）、Karlsson 和 Johansson（2004）等学者研究表明，发达区域使创新主体更易与学校、科研和中介机构进行技术知识交流与沟通。

经济全球化加快的严峻形势导致国内外产业竞争日益加剧，竞争力成为热门话题。为此，越来越多的学者开始研究竞争力培育。具有影响力的是樊增强（2003）在中国加入 WTO 背景下，认为产业国际竞争力培育可以从五方面实施：产业组织优化；培育和发展产业集群；加快知识资源培育和积累；调整政府角色，加快基本设施建设；实施开放的政策，发挥比较优势，努力形成竞争优势。波特在《国家竞争优势》中提出：一国在竞争中是否具有优势决定了国家的繁荣和衰败，而有恰当的创新机制和高水平的创新能力又是具有国家竞争优势的核心。面临着发达国家跨国公司压倒性的竞争优势，发展中国家企业发展跨国经营只有避开锋芒，培育各方面创新能力，推动创新主导产业的集聚（朱斌，2013）。

还有少量文献是从要素培育角度来分析如何提升创新能力的。朱斌（2013）认为探索高级要素培育的内在规律，培育中国本土的高级生产要素，是下一阶段提升中国开放收益的必经之路。在现实中，高级要素的培育与创新过程是紧密联系在一起的。尽管政府与社会机构在高级要素的培育中发挥着基础与纽带的作用，但企业却是创新的主体。深入到企业创新过程这一“黑箱”，对企业的创新过程进行量化分析，有助于探索如何实施正确的要素培育战略（戴·艾米顿，1998）。

6.1.2 能力测度研究

能力测度的主要工作是根据收集处理的数据通过构建评价指标体系，对活动的运行进行监测和评估，为制定发展政策和提升策略提供参考。从有关研究来看，能力测度研究的切入点都是理解研究对象的构成要素、特点等，在理解的基础上选取指标建立评价指标体系，再进行综合评价得出结论。目前，对能力方面测度的研究热潮正日益上涨，但是还没有一致公认的测评体系和方法。

1. 国外研究

国外学者们对创新能力测度的研究很深入。他们从不同的角度来分析企业创新能力的构成要素，Barton（2008）认为企业创新能力主要由高素质人才、技术和管理能力以及企业价值观构成。戴·艾米顿（1998）认为创新能力是创新主体创造运用新想法的能力，使新想法最终变成产品进入市场，并可以使创新主体获利的能力。

英国苏塞克斯大学的科学政策研究组（SPRU）是最早开展创新指标研究的单位之一。它的目标是要确定英国自 1945 年以来所有重要的创新，并追踪产生和应用这些创新的部门。具体的操作流程就是找出这些部门的创新点和提出创新点的人，将调查表发给这些提出创新点的人，从他们那里取得创新评价的相关信息（戴·艾米顿，1998）。联邦德国的弗朗霍夫学会系统分析与创新研究所（IFO）从“头脑风暴”式会议中获得灵感，成为首个研究企业创新指标的机构。IFO 致力于技术、经济、社会间关系研究，它主要从产出角度评价中小企业的创新能力（Freemana & Soeteb，2009）。美国国家科学基金会从 1981 年开始资助发展创新指标的研究，该研究主要从发展创新理论的需要以及企业愿意并能够提供数据这两方面设计指标（科学技术部，2008）。

Claudio Ferrari，Pier Paolo Puliafito，Alessio Tei（2013）提出技术创新力可以从产品、工艺的创新力方面评价，其中产品创新力是产品开发时间、效率以及最终产出质量的综合表现；工艺创新能力体现在基础工艺设备研发和主产能力上。Bolton W（1997）按照技术创新过程中的不同影响程度对影响创新能力的因素分类，得出以下几类：科研能力、产品和工艺创新能力。

经济合作与发展组织（OECD）在国际创新测度研究领域中一直占据着不

可或缺的地位。它指出了创新能力测度的意义，构建了创新调查的理论模型，明确了调查的范围、方法和行为准则，并初次与欧盟委员会合作开展了国际联合调查，推动了创新能力测度研究的发展。1996 年，OECD 提出技术创新能力评价体系主要由知识投入、知识存量、知识流量、知识产出、知识网络、知识与学习构成（邓华、曾国屏，2011）。

作为全球著名产业园区之一的硅谷，它的创新理念和方式值得参照和学习。1998 年，硅谷公布出很多评价硅谷经济、环境、创新经济等方面发展态势的指标。此后，该公司每年推出最新的“Index of Siliconvalley”—《硅谷指数》（OECD，2007），其中衡量创新经济的指标有三方面：创新、就业机会和收入状况。

在欧盟 2001 年的创新指数报告中从人力资源、知识生产、知识传播与应用以及创新金融、创新产出和创新市场方面选择 17 个指标进行分析，同时还创设了综合创新指数 SII（Summary Innovation Index）。SII 是衡量创新绩效的对比指标，它等于超过欧盟平均值 20% 的指标数减去低于欧盟平均值 20% 的指标数（OECD，2004）。此后，欧盟不断修正和完善指标，每年公布最新的创新指数报告。

2. 国内研究

国内研究相对于国外的研究来说起步稍晚，研究范围涉及国家、产业、企业、区域层面的各方面创新能力分析、支撑力分析。但是相比国外，我国研究的程度尚浅，更没有具有高度可行性的框架。

产业方面：李金兰和郑淑蓉（2010）根据指标体系设计原则，综合已有研究成果，从产业共性角度考虑指标人员、经费筹集与支出、设备以及产出层次来设计高新技术产业技术创新能力评价指标体系。并用主成分分析法（PCA），借助 SPSS 软件对泉州高新技术产业中各行业大类的技术创新能力进行分析。

企业方面：郑春东、和金生、陈通（1999）认为技术创新能力由创新资源投入、创新管理、创新倾向、研究开发、生产制造和市场营销六个要素决定，并通过综合指数法进行评价。最后，本书还对目前中国企业的技术创新状况进行了分析和论述。李向波和李叔涛（2007）构建了由创新资源投入能力、研发能力、企业管理能力、市场营销能力、生产能力、产出能力作为准则层的企业技术创新能力评价指标体系，通过层次分析和模糊综合评价法对企业技术创新能力进行分析。

区域方面：李杨、杨锦秀和傅新红（2009）等构建出农业技术创新能力的评价指标体系，其中一级指标是投入能力、产出能力、经济环境和持续能力。采用因子—聚类分析法对我国31个省农业技术创新能力评价与分类，结合区域基本情况分析结果并给出提升区域农业技术创新水平的建议。张序萍、刘中文、张峰（2010）等评价技术创新能力状况首先从技术创新投入能力、产出能力、扩散能力、支撑能力四个方面出发构造了一个初始的覆盖面较广的共包括40个评价指标的评价体系。由于采用的熵值法要求指标间具有较高的独立性，他们用专家甄别法和SPSS软件的相关性分析筛选掉部分指标，保留的23个指标形成最终的评价指标体系，给出了区域技术创新能力评价的德尔菲—熵值法评价模型。

另外，还有支撑力方面的测度研究。具有代表性的是崔旺来、周达军和汪立（2011）等构建了海洋科技支撑力的评价指标体系，所设置的具体评价指标为：科技投入产出指数和科技效率指数。同时利用2008年的统计数据采用了投入产出的评价方法对浙江省的海洋科技支撑力进行了综合评价及比较分析。崔维军和郑伟（2012）对国家的创新力这个新视角进行了研究，他们基于欧盟创新指数的年度报告，对中国创新能力在全球范围内的排名进行了分析，探讨了中国与美国、日本及欧盟存在差距的原因，比较分析了中国与俄罗斯、印度及巴西在创新方面的差异。

6.2 区域创新极培育能力构成要素分析

在展开研究前，要明确区域创新极培育能力的影响要素。明确影响要素就要结合国内外对区域创新极培育能力的概念界定、构成要素、评价指标、实证分析等的研究，由浅至深的探讨培育能力的影响要素构成。所选要素要充分反映并对区域创新极培育能力产生相关影响，要始终围绕我们的研究点。基于此，本书认为区域创新能力主要由区域创新极培育环境、区域知识支撑水平、区域经济发展水平、产业创新活力4大要素构成。详细分析如下：

6.2.1 区域创新极培育环境

哈佛大学Michal E · Porter教授（1998）认为，创新能力受投资开放度、创业机会水平以及科技政策的影响。创新环境能够从根本上保障区域创新极的高质量培育与成长。影响区域创新极培育能力的要素有很多，作为最主要影响要素之一的区域创新环境，是各影响要素的基础和根本。良好的创新环境有利于提高区域创新的持续性，较差的创新环境会导致区域的创新效率降低，使得区域不能顺利的实施有效创新，创新极的培育也就不能顺利地开展。

我国著名的研究者柳卸林（2003）认为，影响区域创新的一个重要因素就是区域创新环境。其包含的指标涉及：区域创业水平、投资水平、市场需求、科技政策等。众所周知，各个地区在科技政策条件、投资水平、金融水平、创业水平以及资源条件上存在着不同。正是由于这个原因，我国南部的经济和创新能力发展相当迅速，尤其是南方沿海地区，其重要的原因就是吸引外商投资的重要渠道以及国家给予他们的优越科技政策，促使这些地区先后成为技术转移和创新力的活跃地区。

参照黄鲁成（2000）等人的研究，区域创新环境是区域创新能力达到高水平的保障力，是区域创新投入和产出的推动力，并构成紧密的创新能力维护体系，在区域创新极的培育中起到了不可或缺的促进和基础作用。它主要可以分为创新软环境（例如区域制度、政策、社会文化等）和创新硬环境（例如地区的投资环境、就业水平、创业环境）两个方面。而区域投资创业环境、科技政策环境是影响创新极培育能力的最主要的两类创新环境方面因素。区域中创新要素的流动需要本地区的投资和创业环境作为基础，需要地区政策环境作为保障。

6.2.2　区域知识支撑水平

David Doloreux，Charles Edquist，Leif Hommen（2003）指出，知识集成、知识共享、知识转移形成支撑体系，这是区域创新能力的重要支柱性基础条件。Michal E · Porter 教授（1998）认为人员素质水平是区域创新能力高低的支撑性因素，人员素质越高，创新人才出现的几率就大，企业成功创新的条件越充分，创新极培育的过程就越顺利。根据中国区域创新能力报告（2003；2007）可知，科技人力资源水平的高低对区域创新能力以及创新极培育影响较大，人力资源水平高，企业所建立的研发机构的人员素质水平就高，得出的创新成果就越优秀，越容易实现高创新产业的归集，进而形成创新极。人资水平是区域创新的内源因素，取决于人们受教育程度、技术水平等等。由此可知，区域科技人力资源水平是影响区域知识支撑水平的基础性因素。本书认为，区域科技人力资源水平可用万人研发人员数（人/万人）、财政性教育经费支出占地区生产总值比重（%）两个指标来衡量。

创新的基础是人力资源，而创新的重要源泉不是技术的创造，而是以理论形式出现的知识创造。因此，在创新极培育过程中，还需要一些中间机构与企业形成合作和密切联系。这些中间机构就是区域的科研开发机构、中介机构、学校。由于创新中所需要的知识主要是科技知识，知识支撑力的核心就是知识的共享和传播。科研机构、中间机构、学校为企业等创新主体提供必要的创新理论、技术支持以及创新咨询等一系列的协助，企业又为他们提供资金支持，这四者之间密切联系而形成的关系网就是协同创新。协同创新就是本区域充分利用本区域内或其他区域已有的知识成果或技术成果，借助其他企业单位、科研机构、中介机构等进行分享协作式的研发合作与知识共享，使自身的创新能力、创新极培育能力得到提高的过程。当前，最主要的协同创新方式就是产学研合作，日本、韩国的经济能够进入发达国家行列的重要原因就是其强大的知识流动能力和协同创新水平。所以，科研机构开发能力、中介服务水平、协同创新水平高低是影响区域知识支撑水平的关键性要素。本书认为，区域独立科研机构研发水平可用发表科技论文中国外发表论文所占比重、科研机构 RD 人员中博士学位人员所占比重两个指标衡量；中介服务水平由技术市场成交额衡量；协同创新水平选取高校和科研机构 R&D 经费内部支出中来自企业的资金比重、高校和科研机构 R&D 经费外部支出中对企业支出所占比重来衡量。

基于此，我们可知一个区域的创新极能否可持续发展就取决于区域的知识支撑水平。知识支撑力体现了该区域所具备的创新实力，同时还展现了该区域的创新潜能。较强的区域创新潜力可以更加高效的支撑区域创新能力的持续发展，更有利于创新极的有效培育和形成。所以，我们认为区域知识支撑水平是影响区域创新极培育能力的支撑性因素。

6.2.3 产业创新活力

产业创新活力也是影响一个区域创新极培育能力的关键因素。对于区域来说，区域内的环境、政策、经济条件对创新极培育能力都存在着一定的影响力，而作为区域内的另一创新主体—产业来说，将会直接影响该地区创新极培育能力的高低。产业由多个企业构成，是市场的核心角色，是利润的主要来源。产业选择优秀的创新观点，实施创新并转化成创新结果，以此获取盈利。因此，产业是培育创新极的核心要素。

创新极的培育过程所需的时间长、资金量大，受各个方面的制约性较大，要求产业以及企业的综合创新实力水平较高。作为产业创新实力水平之一的是产业创新投入，它是用于创新的资源投入力度，主要涉及经费投入、人员投入、技术引进改造投入方面。投入是创新的基础，但所投入资源的质量则是实施有效创新的保障。高素质的产业人员推动和促进了新知识的不断出现、共享和运用，是其他影响因素发挥作用的必要条件。当前，教育体制不断改革，人员素质得到普遍提高。正是在这样的大环境下，促使了新颖的概念、方案和产品的不断涌现，产业的创新力才得以提升，创新极的培育才能成功。影响产业创新活力的还有产业内企业的组织结构水平，即企业研发机构的建立水平。研发机构是企业创新的发动机。它是影响创新的形成并成功转化成创新成果的关键。企业创新的产出效率直接影响企业的盈利，影响产业绩效举足轻重的因素。产出效率低，产业的活力也就低。要想使产业活力提高，就需要产业的高技术水平作为助推力。产业创新技术的优劣与创新能力的强弱有密切的联系，是产业创新活力的制约因素。任何地区的企业、工厂所有者都会有一个一致的观点，就是如果企业或者工厂在产业创新技术方面呈现弱势，那么产品的研发和创新都会变得落后。

所以，我们认为产业创新活力是影响培育能力的关键因素。产业创新活力涉及产业创新投入、产业创新人员素质水平、企业组织结构水平、企业创新产出效率、产业创新技术水平五个方面。

6.2.4　区域经济发展水平

区域经济发展水平是影响区域创新极培育能力的外部因素。在既定的条件下，区域的经济越发达，创新极培育成功性越大。区域的经济发展水平是培育创新极的地基。很多研究认为，区域经济发展水平与区域技术存在互动关系（刘定平，2004）。研究者通过实证研究验证了区域经济水平以及与区域创新能力的重要关系，指出区域创新能力与区域经济发展水平呈正相关，并对研究的样本进行排名，发现经济水平高，创新能力强（戴德锋，殷旭东，李宗植，2007）。经济发展水平越高，地区内的创新溢出和传播能力会越高。在全国的城市创新能力排名中，排名靠前的大都是经济发达的城市，例如深圳、上海、天津、江苏等。总结他们的特征后发现，这些城市的人均 GDP、产业国际竞争力以及 FDI 水平都处于高水平。

牛泽东（2011）等学者认为 FDI 的扩散及溢出效应，推动了受益方的技术集中化，外资对提升区域经济发展、升级产业结构以及激励创新起着重要作用。因此，欠发达地区区域发展水平与该地区的区域创新能力的培育密切相关。除了作为区域经济发展水平关键方面的 FDI 水平，人均 GDP 也是影响区域创新极的另一不可或缺的基本因素。FDI 和产业国际竞争力是创新能力和创新水平的原动力，可以给创新提供更多的机会和资源技术支持，是创新实施的制动点，会对创新极的培育以及持续性发展起到刺激性的作用。人均 GDP 是区域发展的基础性力量的反映，区域整体创新力的体现，是区域创新极培育能力的保障性因素。因此作为区域经济发展水平重要构成因素的 FDI 水平、产业国际竞争力以及人均 GDP 理应得到足够的重视。

所以，我们认为区域经济发展水平是影响创新极培育能力的要素。区域经济发展水平包括 FDI 水平、基础经济水平（人均 GDP）、产业国际竞争力三个方面。

6.3 区域创新极培育能力理论模型与测量分析

6.3.1 理论模型

基于文献的研究，我们认为产业创新活力、区域知识支撑水平、区域创新极培育环境、区域经济发展水平体现了一个区域在培育创新极方面的能力强度，这四个要素决定了区域创新极培育能力这个综合指标。产业创新活力、区域知识支撑水平、区域创新极培育环境、区域经济发展水平是构成区域创新极培育能力的一阶因素，他们分别有各自的测量指标衡量，区域创新极培育能力是二阶因素。评价区域对创新极的培育能力强弱程度要从影响区域创新极培育的内外部因素考虑，探讨影响关系。初步理论模型如图 6.1 所示：

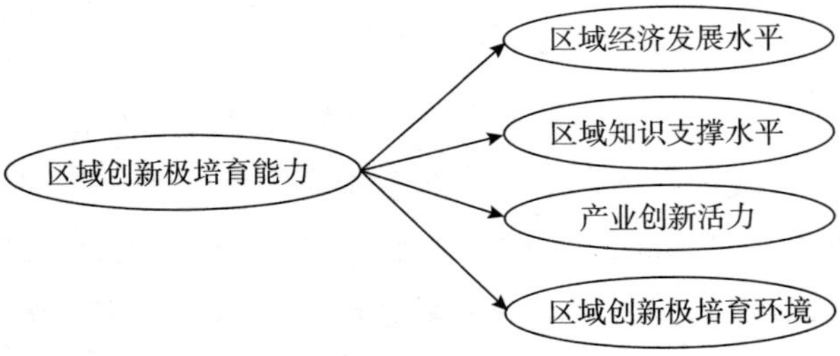

图 6.1 初步理论模型

6.3.2 模型假设提出

一个区域对创新极的培育能力同此区域创新极培育环境以及创新基础存在相当重要的关系。创新极的培育环境是创新极能够稳定成长和持续发展的保障。Porter（2000）等在建立了评价创新能力指标体系后，提出支撑创新集群的投资环境条件、区位优势、政策环境决定了区域的培育能力。创新行为离不开银行和风险投资机构的支持，一定的资产负债能力对一个成功的创新极来说是必须要有的，而积极的融资环境、多样的融资渠道为地区对创新极的孕育以及成长提供了优越的基础条件。投资环境的优劣影响产业的溢出效果，还影响到了整个创新极的培育。如果没有良好的投资环境以及产业发展环境作为保障，所培育的创新极就会是个软架子工程。当前我国大概有十五个城市申请建立金融中心，竞相积极建立金融中心的原动力是为了提升区域的核心竞争力，增强区域发展的活力以及区域可持续的培育能力，增强培育绩效（王传辉，2000）。而区域所提供的更加优惠科技政策、雄厚的产业链基础等，可使创新极在成长壮大过程中的不确定性和风险性大幅度降低。科技政策在培育过程中虽不是主导因素，但它是不可或缺的辅助工具，当区域无法使产业链中创新各方面资源得到有效的配置，科技政策就会起到非常重要的杠杆作用。韩胜娟（2010）认为资金总是流入到条件优越的地区，投资环境是决定培育绩效及安全性等的外部条件的集合，投资环境的优劣成为区域顺利进行创新极培育，吸引外资促进自身经济发展的决定性因素。

区域创新极培育环境会持续的影响区域对创新极的培育，甚至会在创新极的建立之初就决定了成功与否。在快速变动和激烈竞争的大背景下，区域创新环境的优劣与创新极的生存与发展息息相关。脱离了良好的创新环境而发展起来的创新极，即使可以获得短期的培育绩效，却不会拥有对创新极生存与发展至关重要的长期绩效。因此，本节提出如下假设：

H1：区域创新极培育环境对区域创新极培育能力有正影响

区域的知识创新能力是知识的创造、传播和溢出的能力。Jaffe（1996）提出，知识创新和流动要受到人力资源水平的影响，而且并不是跨区域的跳跃式流动，而更多的是在区位上距离较近的区域内发生。在区域内部往往更容易进行知识的交流、咨询与服务，这大大的促进区域内多企业交叉和各产业融合，激发新知识产生和新方法的应用，目标是凭借与其他机构的协作与交流来提升创新极的培育（何郁冰，2012）。协同创新正日益成为创新主体持续发展与长期生存的积极推动力。创新主体与科研机构、中介机构、大学等合作获取的知识对培育创新极非常重要（Koch，Stahlecher，2006）。Freel（2006）认为各方在相互促进的基础上，将各自优势发挥到最大，协调配合，实现高度的联盟复杂性和协同创新效应。Geert 和 Boris（2011）研究了联盟组合复杂性的决定因素以及其对创新绩效的影响。创新主体与大学、科研机构、中介机构等形成的协同关系中，大学与科研机构主要提供、补充相关各种资源。科研机构可为创新极的培育有偿或无偿提供科研成果，合作开发研究项目等，从而参与创新活动，中介机构可为创新主体提供咨询。Hackle（2008）等也认为区域的中介机构以及科研中心为高创新水平的产业提供所需的资源，促进了创新极的形成。在各方主体共同作用的创新极培育中，区域科技人力资源作为纽带，其水平高低，影响培育的效率，创新极的成长（Gu S，Lundvall B A，2006）。人力资源是技术变化的劳动体现，创新极在很大程度上都依赖于专业知识和技能，对产业集群来说，人力资源水平就是区域知识创新能力的本质，而人力资源也是区域对培育创新极付出的资本主要形式。李习保（2007）认为，人力素质水平越高，相应的消化吸收先进技术以及再创新的能力越强，培育效率水平也会得到相应提升。OECD（2004）也验证了科技人力资源的重要性，并将其作为科技和产业创新政策中的重要部分。

综上所述，区域知识创新能力有助于加强创新极的共通性，大学、科研机构、中介服务机构与创新极组成强大的沟通网络，促进知识的获取、积累和运用；而科技人力资源做为区域知识创新能力的重要组成部分，是支撑创新极有序高效运转的血液，也是区域对创新极培育力大小的重要体现。本节根据以上理论基础，得出以下假设：

H2：区域知识支撑水平对区域创新极培育能力有正影响

产业创新能力是产业活力的重要体现，是显示其自身是否能发挥技术创新效用、是否具有带动性作用的重要因素，也是从培育对象角度体现出区域对创新极培育能力强弱的关键核心点。当前，学者们对产业创新能力的研究已经非常广泛，这一研究领域一直受到研究者们的关注。吴友军（2003）指出技术创新能力可以拉动或推动产业的创新能力并带来经济的增长。Grossman（1991）等发现当产业势均力敌时，产业间竞争最激烈，双方同时都加强了自身的研发努力，而胜利者通常是在研究开发上投资较多、产业内部人员素质水平较高的一方。白永亮等（2013）在建立以技术创新而非人力资本积累为基础的 R&D 内生增长模型基础上认为 R&D 活动会发明新产品或改进技术，一国要获取和保持长期的竞争优势，必须考虑国内 R&D 的投资。Cohen 和 Levinthal（1989）研究认为国内 R&D 投入具有学习功能和帮助公司提升技术消化吸收能力的作用。马春艳等（2010）认为，产业技术水平是导致产业创新力下降的一个主要因素，产业发展落后与不平衡制约着研发的基础与能力。

当产业有了足够的创新投入、员工达到较高的素质水平，还需要良好的组织环境。它可促进创新顺利进行，是各部门、员工间协调的润滑剂，是人员自身表现的影响因素，其涉及企业的文化、激励制度等。组织环境是产业鼓励员工创造性、探索性和风险承担的内部一致价值观和信念，这些价值观和信念可以促进产业营造一种有利于创新的文化氛围（刘顺忠，2009）。在知识经济时代，创新文化已成为产业间的核心竞争力，对自身具有强大的支撑作用，与激励制度等方面共同激发企业、员工及研发人员的创新活力。组织环境通过影响雇员的行为和心理进而影响整个组织的运作，而且作用尤为明显。许多企业没有良好的组织环境，就难以实现知识的共享，会出现对创新的不积极心理，这些正是创新极能否成功运行和发展的最本质障碍。企业应形成一种以人为本、鼓励创新的文化氛围、激励创新的机制等，从而将视角转化成社会人的角色。萧志泳等（2008）在其研究中指出文化及社会规范涉及是否鼓励创新和创造，是否鼓励创业，是否宽容对待创业的失败等。澳门在这方面的得分高于全国平均水平。这说明在澳门的产业结构发展中，随着全球经济的发展，文化的熏陶以及内地经济发展的冲击，年轻人想要自身更具备挑战性，就往往更倾向于创新或创业。所以，企业要进行高效创新、要想使其所处的产业群更具有影响力和带头作用，就必须要有良好的组织环境，这是企业乃至产业的生存之本，也是创新极的建立之本。组织从强调自我的形式，转变成重视他人想法与内部合作的模式，这将更有利于成员们分享知识，提高创新的效率，区域对创新极的培育能力才更能得到体现。本书假设如下：

H3：产业创新活力对区域创新极培育能力有正影响

区域的经济发展水平越高，区域培育创新极的能力就越强，这也是为什么大部分的支柱性、带动性产业分布在我国东南沿海地区的数量普遍比中西部地区区域的数量多的重要原因之一。区域经济发展水平一方面体现在基础经济的发展水平，另一方面还体现在了一个区域 FDI 的水平和产业国际竞争力上。区域的基础经济发展水平是优化区域培育创新极的推动力。基础经济水平越高，区域就能获得更优质的各方面资源和条件来支撑对创新极的培育。FDI 的战略目标是要通过开放区域市场，吸引外商直接投资，引导外资技术转移，通过消化吸收国外先进技术，最终促进本区域创新水平的提高（余秀江，2010）。FDI 通过竞争、示范和模仿机制促进了区域对产业的研发投入。在这种安排下，对区域经济、技术等各方面的影响不断加深，区域自身对创新极的培育就变得更得心应手。陈劲（2007）分析了 FDI 对区域创新能力的作用，结果表明 FDI 在一定程度上对促进区域创新进步和提高区域创新力具有正影响。

可以说，区域的经济发展水平体现的是区域实际及潜在的资源总和，是一个区域的资本。它影响着区域自身的一切活动和行为，提高区域对创新极的培育能力，推动产业的创新发展，并主导着创新极的建立与成长。针对区域经济水平、区域培育能力间的影响作用，本节给出如下假设：

H4：区域经济发展水平对区域创新极培育能力有正影响

6.3.3 测量指标选取

评价区域对创新极的培育能力的所需数据，本书是通过调查问卷方式来收集的。根据产业创新活力、区域知识支撑水平、区域创新极培育环境、区域经济发展水平四个潜变量设计测量变量，指标选取如下：

产业创新活力是创新极能够形成的重要因素，是区域创新极培育能力的基础构成要素。产业创新活力是反映产业以及产业内的企业在创新方面的基础力量强弱，它是其他构成要素的重要内在基础。本书主要从产业创新投入力度、产业人员素质水平、企业组织结构、创新产出效率以及产业创新技术水平五个方面来衡量。测量指标如表 6.1 所示：

表 6.1　区域创新极培育能力产业创新活力测量指标

潜变量	测量变量	测量问题
产业创新活力（PI）	产业创新投入力度 A1	研发和技术改造经费投入充足，研发人员多
	产业人员素质水平 A2	产业内的员工高学历人才多
	企业组织结构 A3	研发机构的设立情况
	创新产出效率 A4	申请专利多
	产业创新技术水平 A5	拥有发明专利多

创新极的形成需要中介机构、科研机构、学校之间的密切协作，区域科技人力资源丰富充足，科研及中介机构能力水平高来促进企业的创新能力的提高，并推动高创新能力的产业形成，促使创新力量得到集聚，形成创新极。所以本节主要从区域科技人力资源水平、科研机构开发能力、中介机构服务水平、协同创新水平四个方面测量。测量指标如表 6.2 所示：

表 6.2　区域创新极培育能力区域知识支撑水平测量指标

潜变量	测量变量	测量问题
区域知识支撑水平（RK）	区域科技人力资源水平 B1	区域财政性教育经费投入量大
	科研机构开发能力 B2	发表论文多，成果丰富
	中介机构服务水平 B3	很好地解决企业各方面问题，满意度高
	协同创新水平 B4	协同创新合作密切

区域创新极培育环境是指创新极在适合的条件下顺利形成并持续发展的环境，保证创新极的孵化和健康成长。本节主要从科技政策、市场环境和产业发展环境三方面来反映培育环境是否能够促进创新极形成与发展。测量指标如表 6.3 所示：

表 6.3　区域创新极培育能力区域创新极培育环境测量指标

潜变量	测量变量	测量问题
区域创新极培育环境（RP）	科技政策 C1	财政科技支出占比重大，优惠政策多
	市场环境 C2	人均消费水平高
	产业发展环境 C3	推动产业发展的火炬计划落实情况

区域的经济发展与创新能力之间的关系是联动的。一个地区的区域创新极培育能力越强，这个地区的经济会发展得更好；同样，一个地区区域经济水平发展越高，这个地区的区域创新能力以及创新极培育能力也会更强。本节主要从区域的基础经济水平、FDI 水平、产业国际竞争力综合考虑。具体测量指标如表 6.4 所示：

表 6.4　区域创新极培育能力区域经济发展水平测量指标

潜变量	测量变量	测量问题
区域经济发展水平（RE）	基础经济水平 D1	此地区人均 GDP 高
	FDI 水平 D2	获得外商投资数额多
	产业国际竞争力 D3	出口额占比重大小

6.3.4　问卷数据收集和分析

本节数据来源是结合众多研究者所用问卷自拟的“区域创新极培育能力评价”调查问卷，最初向一些企业人员试发放 50 份问卷，发现收回率特别低，根据反馈的信息得知主要原因是没有对研究内容进行解释，问题描述太抽象，导致很多人对区域创新极培育不了解，概念不清楚。在重新修改、完善问卷后，采用发送邮件的方式向特定人群共计发放问卷200份。问卷发放对象包括开展相关研究的教师、在职及退休教授、研究所研究人员、公务员、企业负责人及研发负责人、高新区企业研发人员等，实际收回问卷180份。其中有一部分问卷结果与实际偏差太大，所以有效问卷是164份，有效回收率为82%（164/200）。本节涉及的指标采取Liker 5点评分法，分别设置以下5个选项："非常重要""重要""不确定""不重要""一点也不重要"，依次按5分至1分的计分方式统计得分，分值越高说明调查对象对问题的认同度越高。

1. 描述性统计分析

对于调查问卷收回的样本数据，本节通过描述性统计分别对调查人员所属企业的基本情况以及个人的信息进行了分析。调查问卷详见附录C，收集数据具体结果分析如下：

（1）填报者个人基本信息。

从表6.5中结果可以得出，调查人员中硕士及以上学历的人占比重最大，达到55.4%，高中及以下学历的较少，可见调查对象的文化素质水平较高。从工作年限方面看出，5年以上工作经验的人比例为49.4%，有丰富工作阅历的人较多，工作2年以下的人员占比14%。在这些被调查者中，大部分是中层管理人员和普通员工，比例分别为37.8%和29.9%。在对企业的人员调查中，他们的工作性质主要是以研究开发为主，所占比重为31.8%。其次是行政管理和加工制造，比例分别为25%和17%。总体来看，本次调查对象的知识水平、工作经验、职务以及工作性质均可确保所得数据的有效性。基本情况如表6.5所示：

表6.5　被调查者基本情况

个人基本情况		小计	比例
文化水平	高中及以下	6	3.7%
	专科	12	7.3%
	本科	60	36.6%
	硕士及以上	86	52.4%
工作年限	2年以下	23	14%
	2~5年	60	36.6%
	5年以上	81	49.4%

续表

个人基本情况		小计	比例
职务级别	普通员工	49	29.9%
	基层管理人员	28	17.1%
	中层管理人员	62	37.8%
	高层管理人员	25	15.2%
工作性质（单位是企业的）	市场营销	9	10.2%
	研究开发	28	31.8%
	加工制造	15	17%
	售后服务	14	15.9%
	行政管理	22	25%

（2）所属单位信息。

此次问卷调查的人员主要来源于企业，占比例53.7%。其次是占比22.6%的来自高校的人员。独立科研机构的人员占比17.1%，政府人员相对较少，比例为6.7%。单位是企业的，企业的所属的行业主要是制造业和环保技术，比例分别为22.7%和21.6%，其余的是生物与医药业、计算机及软件业、信息咨询业。这些行业的创新能力以及创新需求都较大，所得到的数据有利于本书的研究。从单位所处的区域来说，在沿海地区的较多，比例为55.5%，东北部地区最少，占比15.9%。综上所述，无论是从调查对象的个人基本信息还是从所属单位的情况分析，均可得出问卷所得到的样本数据符合本书研究要求，达到研究目标，保障了本书研究结果的可靠性。如表6.6所示：

表6.6 样本单位情况

单位基本情况		小计	比例
单位性质	企业	88	53.7%
	高校	37	22.6%
	独立科研机构	28	17.1%
	政府	11	6.7%
单位所属区域	沿海地区	91	55.5%
	中部地区	47	28.7%
	东北地区	26	15.9%

续表

单位基本情况		小计	比例
企业所属行业（单位是企业的）	制造业	20	22.7%
	计算机及软件业	12	13.6%
	信息咨询业	10	11.4%
	新能源、高效节能	9	10.2%
	环保技术	19	21.6%
	生物与医药	18	20.5%

2. 问卷数据分析

在进行结构方程模型计算前，需要运用 SPSS statistics 17.0 软件对调查问卷的信度和效度进行检验，并根据检验结果对需要删除和修正指标进行处理。

（1）信度分析。

数据的信度又称为数据的可靠性，是衡量一组测量因素数据质量的非常重要的指标。通常，Cronbach's α 值越接近 1，说明可靠性越高；当 Cronbach's α 值大于或等于 0.7 时，可靠性较好，信度较佳；一般要求 Cronbach's α 要达到 0.6 以上结果才可信。本节运用 SPSS17.0 软件对问卷的各潜变量以及整体信度进行处理和分析。

本节首先对总体的各指标的 Cronbach's α 系数值进行了运算。Cronbach's α 系数值为 0.842 >0.7，说明总体可靠性较好。运算结果如表 6.7 所示：

表 6.7　总体指标可靠性分析结果

可靠性统计量		
Cronbach's α	基于标准化项的 Cronbach's α	项数
0.842	0.840	13

然后，分别对产业创新活力、区域知识支撑水平、区域创新极培育环境、区域经济发展水平 4 个潜变量分别进行信度分析。

产业创新活力（PI）

构成产业创新活力的 5 个指标的 α 值为 0.719 且大于 0.7，一致性较好，信度较高。结果如表 6.8 所示：

表 6.8　产业创新活力指标可靠性分析结果

可靠性统计量		
Cronbach's α	基于标准化项的 Cronbach's α	项数
0.719	0.719	5

区域知识支撑水平（RK）

构成区域知识支撑水平的4个指标的α值为0.661小于0.7但是大于0.6，信度一般。结果如表6.9所示：

表 6.9　区域知识支撑水平指标可靠性分析结果

可靠性统计量		
Cronbach's α	基于标准化项的 Cronbach's α	项数
0.661	0.661	4

区域创新极培育环境（RP）

构成区域创新极培育环境的3个指标的α值为0.65小于0.7但是大于0.6，信度一般。结果如表6.10所示：

表 6.10　区域创新极培育环境指标可靠性分析结果

可靠性统计量		
Cronbach's α	基于标准化项的 Cronbach's α	项数
0.650	0.655	3

区域经济发展水平（RE）

构成区域经济发展水平的2个指标的α值为0.742大于0.7，信度可靠。结果如表6.11所示：

表 6.11　区域经济发展水平指标可靠性分析结果

可靠性统计量		
Cronbach's α	基于标准化项的 Cronbach's α	项数
0.742	0.742	2

（2）效度分析。

效度是指测算方法能够准确测出研究事物的程度。本书主要通过因子分析和主成分分析来检验问卷的构念效度。主要采用 KMO and Bartlett 检验指标的合理性和模型是否适当。从总体来说，结果显示 KMO 值为 0.808 >0.8，其中球状检验的显著水平也达标（sig =0.000 <0.05）。特征根值大于 1 的因子共有 4 个，并且这 4 个因子的累计方差解释比例为 65.828%。以下是对潜变量分别分析的结果。

产业创新活力（PI）

产业创新活力在效度检验中 KMO 值等于 0.741 >0.7，Bartlett 球状检验的显著水平符合标准（sig =0.000 <0.05），卡方统计值 200.925。以上结果表明变量间存在相关性，可以接受。结果如表 6.12 所示：

表 6.12　产业创新活力 KMO 和 Bartlett 的检验

产业创新活力 KMO 和 Bartlett 的检验		
取样足够度的 Kaiser – Meyer – Olkin 度量		0.741
Bartlett 的球形度检验	近似卡方	200.925
	df	6
	sig	0.000

区域知识支撑水平（RK）

区域知识支撑水平的 KMO 值为 0.679 >0.6，Bartlett 的卡方统计值为 92.082，显著水平符合标准（sig =0.000 <0.05），说明数据具有高度相关性。结果如表 6.13 所示：

表 6.13　区域知识支撑水平 KMO 和 Bartlett 的检验

区域知识支撑水平 KMO 和 Bartlett 的检验		
取样足够度的 Kaiser – Meyer – Olkin 度量		0.679
Bartlett 的球形度检验	近似卡方	92.082
	df	3
	sig	0.000

区域创新极培育环境（RP）

对区域创新极培育环境的所有指标进行分析，其中 KMO 为 0.668 >0.6，卡方统计值为 81.351，显著水平符合标准（sig =0.000 <0.05），可接受。结果如表 6.14 所示：

表 6.14　区域创新极培育环境 KMO 和 Bartlett 的检验

区域创新极培育环境 KMO 和 Bartlett 的检验		
取样足够度的 Kaiser - Meyer - Olkin 度量		0.668
Bartlett 的球形度检验	近似卡方	81.351
	df	3
	sig	0.000

区域经济发展水平（RE）

对区域经济发展水平进行分析，其中 KMO 为 0.681 >0.6，近似卡方值为 103.392，显著水平符合标准（sig = 0.000 < 0.05），说明数据具有高度相关性。结果如表 6.15 所示，从总体和单个潜变量效度分析结果来看，量表一般，效度在可接受的范围，通过了效度检验。

表 6.15　区域经济发展水平 KMO 和 Bartlett 的检验

区域经济发展水平 KMO 和 Bartlett 的检验		
取样足够度的 Kaiser - Meyer - Olkin 度量		0.681
Bartlett 的球形度检验	近似卡方	103.392
	df	3
	sig	0.000

6.4　结构方程模型实证分析

6.4.1　结构方程模型

1. 结构方程模型的基本概念

结构方程模型（SEM）是计量经济学等领域的统计分析方法的综合。在统计应用领域里它有很高的声望，主要研究潜变量之间关系的数学方法。结构方程模型目的是为了探索事物间的因果关系，并将这种关系通过路径图等形式直观地描述出来。最近几年，结构方程模型得到迅猛的发展，其应用模式逐渐成熟并完善。正是因为此模型在研究因果模型以及测量误差运行方式比较具有优越性，因此日益成为众多科研人员不可或缺的分析数据工具（唐颖，张慧琴，2013）。能够进行结构方程模型分析的软件有很多，当前使用最多的是 LISREL、AMOS、EQS 软件。

2. 结构方程模型基本原理

结构方程模型可分成两个子模型：测量模型和结构模型。测量模型用于研究潜变量与外显变量间关系，结构模型用于研究潜变量间关系。

（1）测量模型。

测量模型也称验证性因子分析模型，用于描述潜变量和外显变量之间的关系。测量模型包括两个方程式，一个表示外生潜变量 ξ 和外生观测变量 X 之间的关系，另一个表示内生潜在变量 η 和内生观测变量 Y 之间的关系，具体模型形式如式（6-1）和式（6-2）所示。

$$x = \Lambda X\xi + \delta \tag{6-1}$$

$$y = \Lambda Y\eta + \varepsilon \tag{6-2}$$

其中，x 表示外生的观测变量向量，y 表示内生的观测变量向量，ξ 表示外生的潜变量向量，η 表示内生的潜变量向量；ΛX 表示 x 在 ξ 上的因子载荷矩阵，ΛY 是 y 在 η 上的因子载荷矩阵；δ 与 ε 是误差向量，表示潜变量解释不了的部分。

（2）结构模型。

结构模型是因果关系模型，通常用于描述潜变量之间的关系。建此模型首先构建内外生潜变量间的因果关系模型，具体如式（6-3）所示：

$$\eta = \beta\eta + \Gamma\xi + \zeta \tag{6-3}$$

其中，β 表示 η 的系数矩阵，Γ 表示 ξ 对 η 的系数矩阵；ζ 表示残差向量，表示此方程中不能被解释的部分。

目前，有很多统计方法被应用在各个问题上，例如，主成分分析法、层次分析法、因子分析法、DEA 模型法等，本书对各个方法进行了对比分析，得出：主成分分析法的原理就是将指标反映的信息进行综合，有的研究问题需要很多指标，但是指标越多并不代表越好，反而会使研究的问题变得更加复杂或者重复分析影响结果。所以，就需要对指标进行筛选，综合出几个能够完整地反映所有信息的主成分，这样代表性会高（罗守贵，甄峰，2006）。本章在综合评价时就采用了这种方法。因子分析法的目的就是寻找公因子来降维，其研究角度是从相关矩阵内部结构考虑的，是将冗繁的变量整合成几个少数的综合变量的一种方法。层次分析法采用专家打分法，运用定性与定量相结合来分析问题，由此这种方法主观性大。DEA 是数据包络分析法，通过模型计算权重，这种方法避免主观的判断，与客观原则相符。但是因为模型中没有限制各权重的取值范围，权重取值存在任意性，有时会导致脱离事实的权重分配出现。结构方程模型方法可以分析潜变量之间联系，并在此基础上，可以估计整个模型与实际数据的拟合度以评价和修正最初设立的模型。

本节研究区域在创新极培育能力方面的强弱程度，对培育能力产生影响的潜变量因素有四个，我们需要验证所建假设成立与否，并对最初所建立的影响关系模型进行评价和修正，其他的统计方法在处理这种问题上都存在着一定的缺点。所以本书在此基础上，选择结构方程模型对区域创新极培育能力评价，并分析其拟合程度。

3. 结构方程模型路径图

结构方程模型的最大特色就是其直观的路径图，它清楚地阐明了模型中潜变量、观测变量以及误差之间的关系，这有利于模型运行分析以及计算。如图6.2所示，本书对路径图进行简要介绍，椭圆（A、B）代表潜变量，也就是无法直接测量的变量；长方形代表观测变量或者指标（A1、A2、A3、B1、B2），是可以直接测量的；圆形（e1～e5）代表的是误差变量。箭头表示的是两者之间的影响关系，单向箭头是单项影响关系，双向箭头是相互影响关系。但是，其中指向指标单向箭头表示该指标的测量误差，指潜变量仍未被解释的部分。熟悉掌握路径图，可以使我们更容易理解和构建结构方程模型，也为后文的模型建构和结果运行以及分析打下基础。

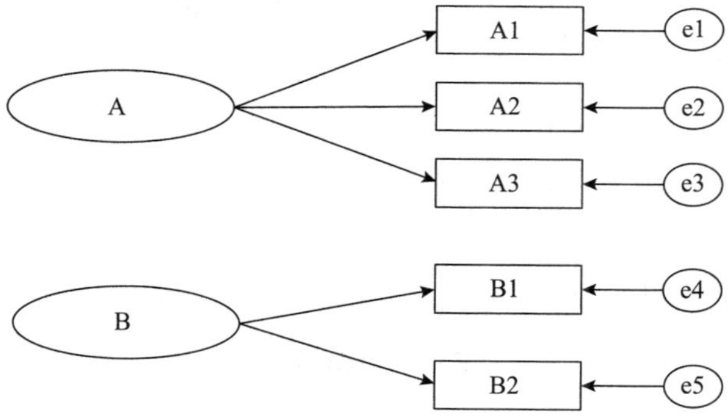

图6.2　结构方程模型路径图

6.4.2　一阶验证性因子分析

验证性因子分析为了验证和解释测量变量间的相关性或者共变联系。它可以被用来检测一组观测变量和一组可解释观察变量的因素间的联系。

1. 产业创新活力测量模型

（1）原始模型。

根据结构方程模型理论可知，卡方值越小表示模型总体的构建路径与实际资料越匹配与适合，显著性水平 P 值如果小于 0. 05，说明模型可接受，如果大于 0. 05 应该拒绝此模型。本书利用 AMOS 17. 0 对所得数据进行估值计算，运行数据后得出如下初始模型，如图 6. 3 所示：

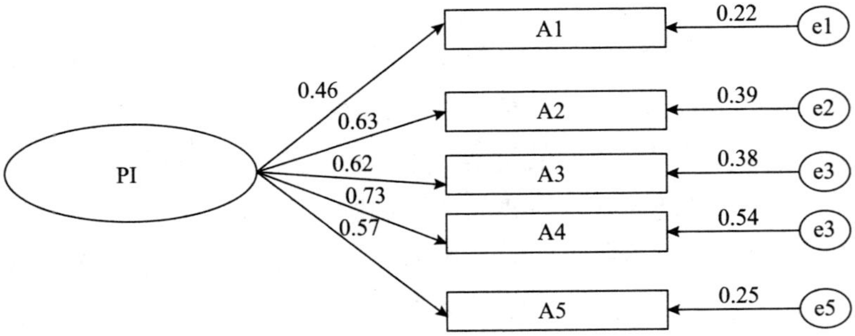

图 6. 3　产业创新活力初始测量模型

从显示的结果图中我们可以看出，模型卡方值为 60. 312，自由度为 5，而显著性水平为 0. 000 $<$0. 05，假设模型图与观察数据无法契合，适配度不符合标准。该假设模型需要加以修正，修正可以明显降低卡方值，增大 P 值。输出结果如图 6. 4 所示：

Result (Default model)

Minimum was achieved
Chi-square = 60.312
Degrees of freedom = 5
Probability level = .000

图 6. 4　输出结果

（2）假设模型修正。

模型要通过修正指标来提高契合度和适配度，从修正指标可以判断参数是否存在界定错误。如果一个参数的修正指标过大，说明将其设为固定参数会影响模型的契合度，应该把固定的参数设为自由参数，即对其进行释放。修正依据软件中修正指标（Modification indices）数据判别。

根据修正指标，增列 e1 与 e5、e1 与 e2、e2 与 e4 的共变关系后，输出结果如图 6. 5 所示，卡方值降低到 2. 066，P 值 0. 356 $>$0. 05，拟合度统计量均符合标准，说明模型拟合良好，可以接受。修正输出的结果、模型适配标准以及修正后的产业创新能力测量模型分别如图 6. 5、表 6. 16 和图 6. 6 所示：

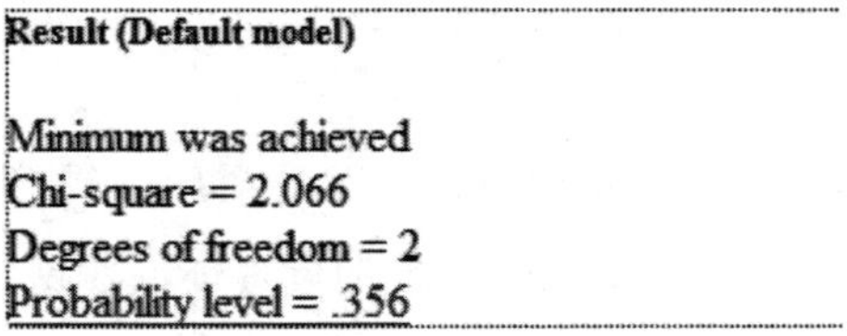
Result (Default model)

Minimum was achieved
Chi-square = 2.066
Degrees of freedom = 2
Probability level = .356

图 6. 5　修正后的输出结果

表 6. 16　模型适配度检验

模型拟合统计量	RMSEA	GFI	AGFI	NFI	CFI
适配标准	<0. 08	>0. 9	>0. 9	>0. 9	>0. 9
验证结果	0. 014	0. 995	0. 962	0. 990	1. 000

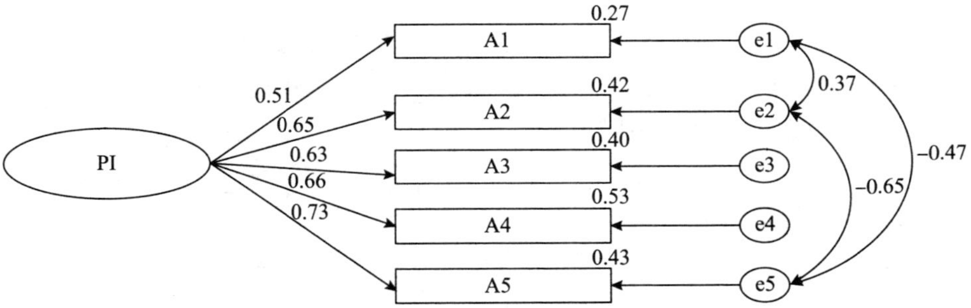

图 6. 6　修正后的产业创新活力测量模型

2. 区域知识支撑水平测量模型

（1）原始模型。

本书利用 AMOS 17. 0 对所得数据进行估值计算，运行数据后得出如图 6. 7 所示初始模型：

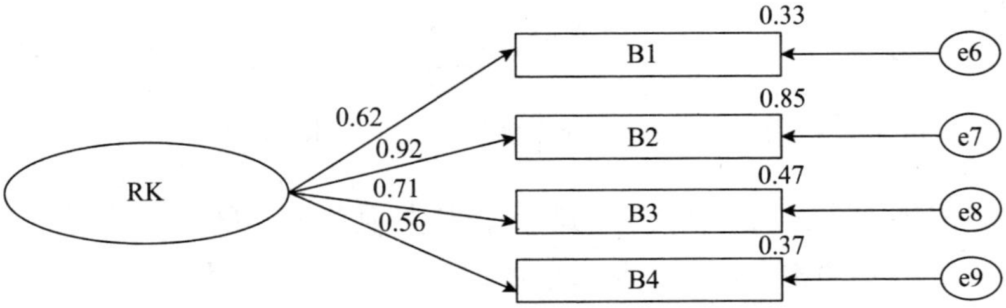

图 6. 7　区域知识支撑水平初始测量模型

操作步骤同上，模型卡方值为 12. 745，而显著性水平为 0. 001 <0. 05，出现这一问题的原因是有一个因子载荷系数偏低，共性的存在。该假设模型需要加以修正。

（2）假设模型修正。

根据修正指标，增列 e8 与 e9 的共变关系后，得到模型卡方值降低到 0. 271，P 值 0. 603 >0. 05，拟合度统计量均符合标准，模型可以接受。模型适配度检验和修正后的模型分别如表 6. 17、图 6. 8 所示：

表 6. 17　模型适配度检验

模型拟合统计量	RMSEA	GFI	AGFI	NFI	CFI
适配标准	<0. 08	>0. 9	>0. 9	>0. 9	>0. 9
验证结果	0. 003	0. 997	0. 985	0. 996	1. 000

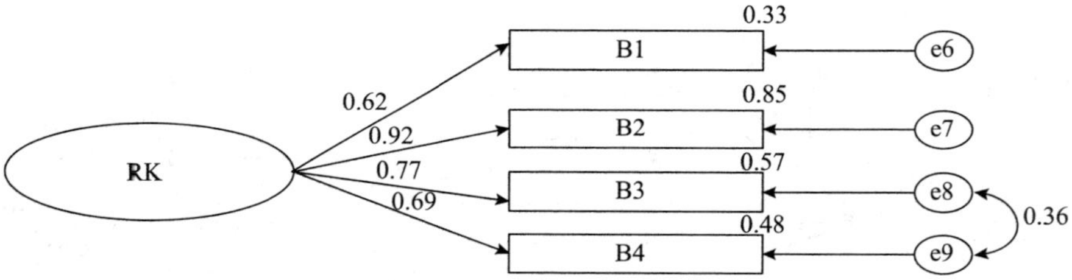

图 6. 8　修正后的区域知识支撑水平测量模型

3. 区域创新极培育环境测量模型

本节利用 AMOS 17. 0 对所得数据进行估值计算，运行数据后得出如图 6. 9 所示初始模型：

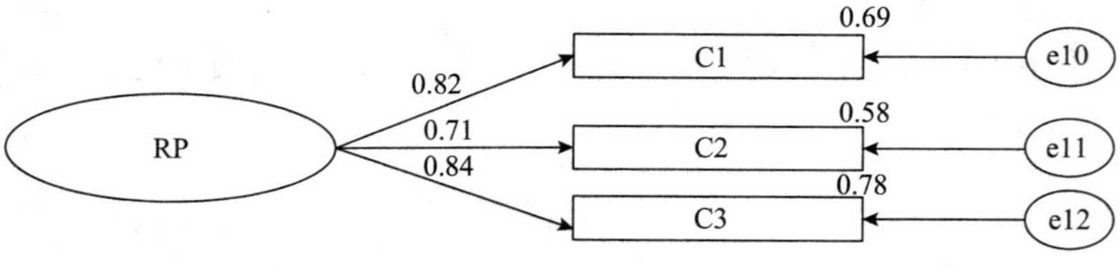

图 6. 9　区域创新极培育环境初始测量模型

运行 AMOS 数据分析后，得到模型卡方值为 0. 587，而显著性水平为 0. 922 >0. 05，各项拟合度统计量水平如表 6. 18 所示，该模型还可以接受，所设置的观测变量与测量变量之间的路径是成立的。

表 6.18　模型适配度检验

模型拟合统计量	RMSEA	GFI	AGFI	NFI	CFI
适配标准	<0.08	>0.9	>0.9	>0.9	>0.9
验证结果	0.005	0.979	0.941	0.982	1.000

4. 区域经济发展水平测量模型

（1）原始模型。

本节利用 AMOS17.0 对所得数据进行估值计算，运行数据后得出如图 6.10 所示初始模型：

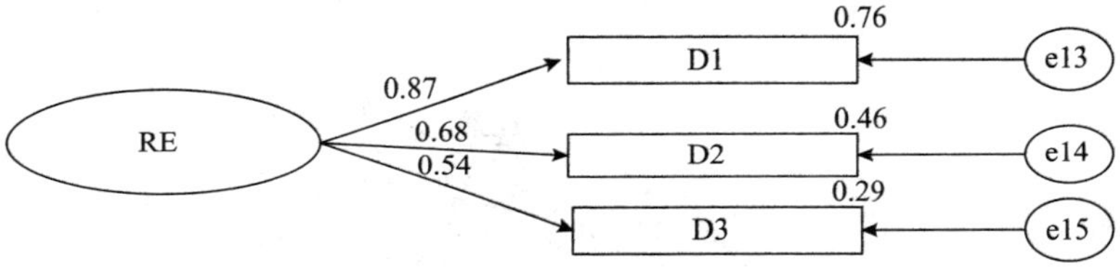

图 6.10　区域经济发展水平初始测量模型

从显示的结果图中得出，模型卡方值为 10.662，而显著性水平为 0.029 < 0.05，出现这一问题的原因是有一个因子载荷系数偏低，共性的存在。该假设模型需要加以修正。

（2）假设模型修正。

根据修正指标，增列 e14 与 e15 的共变关系后，输出结果如表 6.19 所示，卡方值降低到 0.2634，显著水平 0.782 >0.05，拟合度统计量均符合标准，模型可以接受。修正后的模型如图 6.11：

表 6.19　模型适配度检验

模型拟合统计量	RMSEA	GFI	AGFI	NFI	CFI
适配标准	<0.08	>0.9	>0.9	>0.9	>0.9
验证结果	0.012	0.982	0.989	0.990	1.000

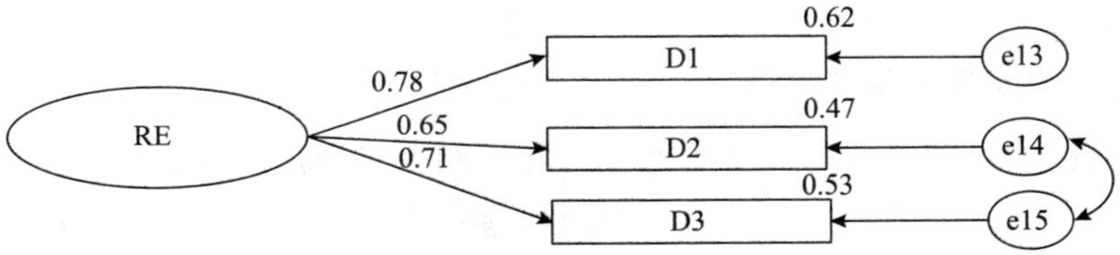

图 6.11　修正后的区域经济发展水平测量模型

6.4.3 二阶验证性因子分析

根据一阶验证性分析的结果可知，一阶分析模型与测量数据可适配，并且在分析过程中发现因素构念间在一定程度上存在关联度。所以，我们认为存在更高一阶的要素可以解释所有一阶要素的构念。

1. 假设模型

在二阶验证分析假设模型图中，一阶因素产业创新活力、区域知识支撑水平、区域创新环境、区域经济发展水平变为内因潜变量，每一个观察变量都体现了一个初阶的因素构念区域创新极培育能力。初始结构模型如图 6.12 所示：

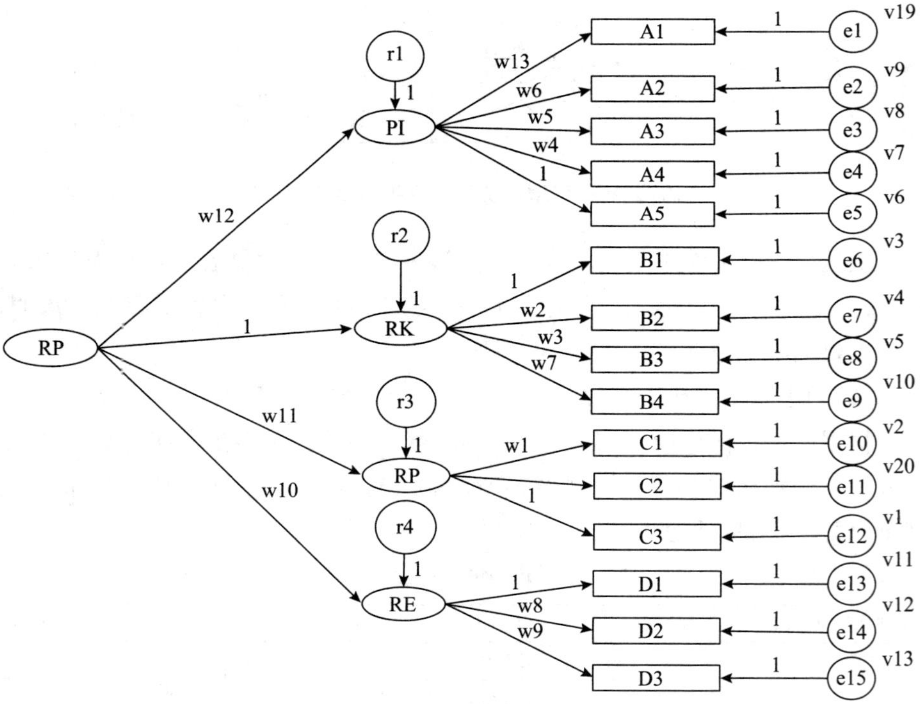

图 6.12　二阶验证初始结构模型

2. 模型结果分析与修正

将数据带入假设模型中运行数据并输出结果，根据结果进行模型拟合时，删除了存在于一阶要素的测量模型中的观测变量 C2 与 PI 的路径，这是由于这条路径的系数在二阶模型中不符合标准，又与其他指标间存在着共性的关系，所以将这条路径删除。依据 MI 值对模型进行多次修正后，得到最终结构模型。信度检验结果如图 6.13 所示，整体模型适配度检验与最终模型分别如表 6.20、图 6.14 所示：

Regression Weights：（Group number 1 – Default model）

			Estimate	S. E.	C. R.	P	Label
RK	< - - -	RP	1.000				
RE	< - - -	RP	2.110	0.391	5.392	* * *	W10
RI	< - - -	RP	1.214	0.236	5.139	* * *	W11
PI	< - - -	RP	1.269	0.274	4.629	* * *	W12
C3	< - - -	RI	1.000				
C1	< - - -	RI	1.246	0.185	6.731	* * *	W1
B1	< - - -	RK	1.000				
B2	< - - -	RK	1.042	0.179	5.812	* * *	W2
B3	< - - -	RK	0.861	0.169	5.081	* * *	W3
A5	< - - -	PI	1.000				
A4	< - - -	PI	1.105	0.180	6.138	* * *	W4
A3	< - - -	PI	1.067	0.168	6.342	* * *	W5
A2	< - - -	PI	0.783	0.164	4.765	* * *	W6
B4	< - - -	RK	1.136	0.213	5.322	* * *	W7
D1	< - - -	RE	1.000				
D2	< - - -	RE	0.785	0.093	8.439	* * *	W8
D3	< - - -	RE	0.718	0.104	6.890	* * *	W9
A1	< - - -	PI	0.432	0.111	3.894	* * *	W13

图 6.13　信度检验

表 6.20　模型整体适配度验证

模型拟合统计量	RMSEA	GFI	AGFI	NFI	CFI
适配标准	<0.08	>0.9	>0.9	>0.9	>0.9
验证结果	0.046	0.896	0.887	0.898	0.937

由以上结果可以看出，各项参数估计值都达到了显著性水平。因子载荷系数也都达到了标准（>0.6），除了 PI 到 A5 之间的路径显示值略低。这说明模型的构建效果还是可以的，根据理论建立的四个假设也是成立的。某一条的路径系数低，不太影响模型的成立和拟合度。此假设模型的拟合度虽没有达到标准的模型适配值，但与适配标准已经非常接近。适配度没有达到标准的一个重要原因是拟合统计量受样本数的影响较大，样本数略少的话，就不太容易达到标准。

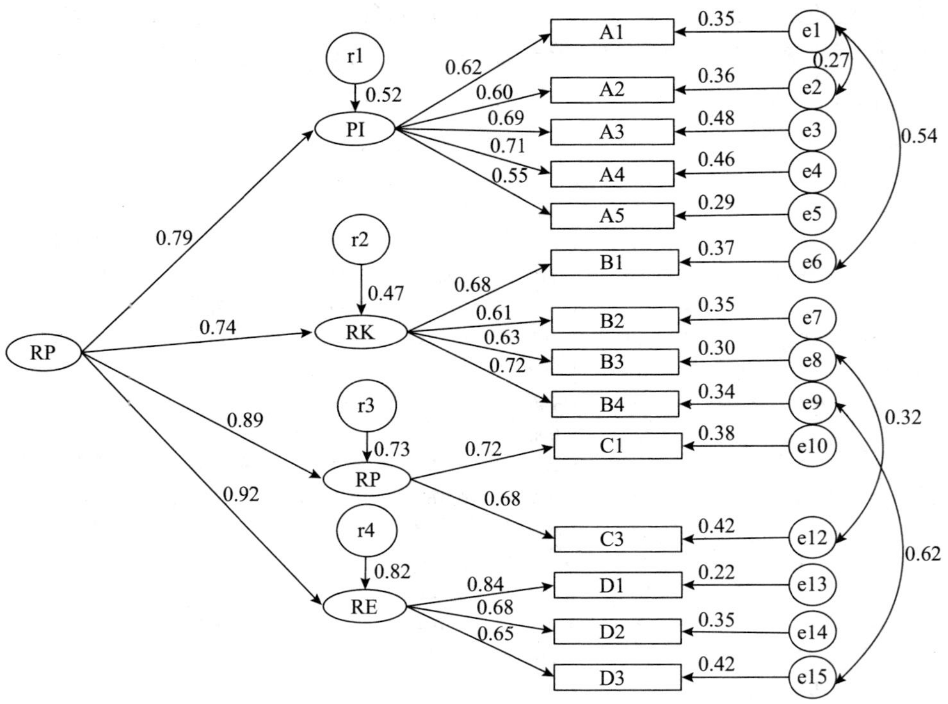

图 6.14　结构模型

四个假设影响关系中，区域经济发展水平对区域创新极培育能力影响最大，载荷系数为 0.92，是衡量区域创新极培育能力最重要的构成要素，是创新极形成的不可或缺的基础。经济基础决定上层建筑，这句话真实地体现了区域的经济水平对创新极培育的影响。区域经济发展水平的三个观测指标中，基础经济发展水平的载荷系数最大，为 0.84，其次是 FDI 水平。

区域创新极培育环境与区域创新极培育能力间的路径系数为 0.89，对培育创新极的影响力仅次于区域经济发展水平。培育环境有两个测量变量，一个是载荷系数为 0.72 的科技政策，另一个是载荷系数为 0.68 的产业发展环境。科技政策对高创新能力的产业聚集有刺激作用，如果一个地区在科技方面政策优惠条件比较优越，那么这个地区相应的创新能力、创新水平就高，创新极更易形成。产业发展环境的提高会促进产业的发展，提升创新力，鼓励产业创新。

对区域创新极培育能力的影响力处于第三位的是产业创新活力，其载荷系数为 0.79。创新极就是由创新能力较强的产业通过集聚形成的极，所以产业是创新极的核心，产业在创新的各方面表现力如何对创新极的形成和发展有关键性的关系。在产业创新活力的5个测量指标中，路径系数最高的是产业创新产出效率。这是因为产业创新的产出是产业创新活力最重要的体现。区域中的产业在创新方面的优势越大，区域对创新极培育的能力就越强。

区域知识支撑水平在模型中显示的是相对于其他要素影响最低的，事实上它的作用是不可或缺的，因为验证的这四个要素都是最能体现区域培育创新极能力的最主要及最重要的。区域知识支撑水平有区域科技人力资源水平、科研机构开发能力、中介服务水平和协同创新水平。整个区域的科技人员素质、科技院所、咨询等服务的中介机构以及合作水平对创新极的培育有支撑的作用。

表 6.21 假设验证结果

假 设	验证结果
H1：一阶要素产业创新活力对区域创新极培育力有正向影响	成立
H2：一阶要素区域知识支撑水平对区域创新极培育能力有正向影响	成立
H3：一阶要素区域创新极培育环境对区域创新极培育能力有正向影响	成立
H4：一阶要素区域经济发展水平对区域创新极培育能力有正向影响	成立

6.5 区域创新极培育能力综合评价方法

基于前文对决定区域创新极培育能力的四个构成要素的分析，本节从产业创新活力、区域知识支撑水平、区域创新极培育环境、区域经济发展水平四个方面选取测量指标来评价我国11省份在培育创新极方面的能力强弱，并对不同区域的创新极培育能力排名。分析区域间培育能力存在差异的原因，提出政策建议。本章结合运用聚类分析法和层次分析法对区域创新极培育能力进行综合评价和分析。

6.5.1 区域创新极培育能力综合评价指标体系建立

1. 综合评价指标体系建立原则

（1）科学性原则。

指标体系的建立应当是以科学为基础，能够真实地反映区域在创新极培育方面的能力强弱。符合这个原则的指标体系才会更有说服力，更具可靠性。

（2）可行性原则。

建立体系过程中，应该保证评价是能够顺利进行的，所用数据最好用统计官网上公布的数据。做到数据来源一致，统计口径一致。

（3）层次性原则。

本章区域创新极培育能力评价指标体系由产业创新活力、区域知识支撑水平、区域创新极培育环境、区域经济发展水平四个一级指标构成。各个一级指标都由各自的若干二级指标组成。评价指标体系的指标自上而下分解、自下而上综合，层次分明。

（4）全面性原则。

研究区域创新极培育能力涉及很多方面，要想完整的反映区域培育创新极的能力，在构建评价指标体系时就须全面的考虑，使指标体系能够尽量的全面概括培育能力评价的方方面面。

2. 综合评价指标体系建立

根据上述原则，本节基于前文所建立的区域创新极培育能力概念模型，参考权威性的文献，选取了相应的指标，建立了区域创新极培育能力综合评价指标体系。如表 6.22 所示，指标分为三级，一级指标是影响区域创新极培育能力的四个要素，第三级指标是衡量二级指标的具体测量指标。选取的指标数据代表性强，具有可获得性。

表 6.22 综合评级指标体系

一级指标	二级指标	三级指标
产业创新活力	产业创新投入	x1 企业研发经费总额占主营业务收入比重
		x2 企业研发人员数
		x3 技术获取和改造经费支出占主营业务收入比重
	产业创新人员素质水平	x4 研发人员中硕士及以上学历人员比重
	企业组织结构水平	x5 有研发机构企业数占地区总企业数比重
	企业创新产出效率	x6 百名研发人员专利申请数
		x7 新产品销售收入占主营业务收入比重
	产业创新技术水平	x8 百名研发人员拥有发明专利数
区域知识支撑水平	区域科技人力资源水平	x9 万人研发人员数（人/万人）
		x10 地区财政性教育经费支出占地区生产总值比重
	协同创新水平	x11 高校和科研机构 R&D 经费内部支出中来自企业资金所占比重
		x12 高校和科研机构 R&D 经费外部支出中对企业支出所占比重

续表

一级指标	二级指标	三级指标
区域知识支撑水平	区域独立科研机构开发能力	x13 发表科技论文中国外发表论文所占比重
		x14 科研机构 R&D 人员中博士学位人员所占比重
	中介服务水平	x15 技术市场成交额
区域创新极培育环境	产业发展环境	x16 本地区落实的国家“火炬计划”资金总额
	科技政策	x17 地区财政科技支出占地方财政一般预算支出比重
区域经济发展水平	基础经济水平	x18 人均 GDP
	FDI 水平	x19 获得外商投资额
	产业国际竞争力	x20 出口额/全国

指标体系中所选用的指标均来源于《中国科技统计年鉴》以及国家统计局网站数据，其中部分指标具体说明如下：

技术获取和改造经费支出占主营业务收入比重：企业技术获取和技术改造经费支出包括技术引进经费支出、消化吸收经费支出、技术改造经费支出和购买国内技术经费支出。企业技术获取和技术改造经费支出占主营业务收入比重是衡量企业创新能力和创新投入水平的重要指标。

百名研发人员专利申请数（件/人）：是反映创新产出规模和水平的指标。

新产品销售收入占主营业务收入比重（%）：新产品销售收入占主营业务收入比重可以反映企业采用新技术原理、新设计构思研制、生产的全新产品，或在结构、材质、工艺等某一方面比原有产品有明显改进，从而显著提高了产品性能或扩大了使用功能的产品对主营业务收入的影响作用。是衡量企业创新产出的重要指标之一。

万人研发人员数（人/万人）：研究与发展（R&D）人员是指调查单位内部从事基础研究、应用研究和试验发展三类活动的人员。包括直接参加上述三类项目活动的人员以及这三类项目的管理人员和直接服务人员。为研发活动提供直接服务的人员包括直接为研发活动提供资料文献、材料供应、设备维护等服务的人员。万人研究与发展（R&D）人员数是反映科技人力资源和研发活动人力投入的重要指标。

地区财政性教育经费支出与地区生产总值（GDP）比例：财政性教育经费又称公共教育经费，包括财政预算内教育经费，各级政府用于教育的税、费，企业办学经费，校办产业、勤工俭学和社会服务收入用于教育的经费。财政性教育经费是一国及一地区教育发展的重要保证，可以反映区域对教育的重视程度，同时体现区域的科技人力资源水平。

高校和科研机构研发经费内部支出中来自企业的资金占比重：高校和科研机构研发经费内部支出中来自企业的资金是指企业给予高校和科研院所的研发资金总量，用于衡量企业与高校、科研机构的合作情况。企业给予高校和科研机构的研发资金总量占高校和科研院所研发资金总额的比重，反映了产、学、研的合作水平。

技术市场成交额：科技中介服务机构是指面向社会从事科技咨询、技术评估、技术转移、成果转化以及有关科技代理等专业化服务的机构。通常用技术市场成交额指标来反映中介机构的服务水平。

地方财政科技支出占地方财政一般预算支出比重（%）：是衡量地方政府科技投入力度的重要指标。

6.5.2 主成分—聚类分析综合评价方法

前文我们建立了科学的综合评价指标体系，可以准确完整的衡量区域创新极培育能力。之所以构建指标体系，是为了以评价指标体系为基础，运用适合研究目的的综合评价方法对实证研究的对象进行评价。在明确了评价的目的和指标体系后，最核心的是要选择恰当的综合评价方法。所谓综合评价方法，就是利用某些分析方法对众多的指标同时进行评价的过程。在评价过程中，通常需要依据指标的重要性程度进行加权处理。同时，评价所得出的结果一般是以分数或者指数形式列出的从高到低不同等级的排序。这个排序说明了评价对象的综合能力或水平。综合评价方法的种类繁多，本节采用的是主成分分析法和聚类分析法相结合的评价方法来分析我国 11 省份的区域创新极培育能力。聚类分析是按照样本数据之间的相似性将样本分为多个类别，类内的数据相似度较大，类外的数据相似度小。层次分析法是通过将目标层析化，对分析目标赋权重，以算出层次得分和排序。在本书采用的两种评价方法中，聚类分析方法是一种较为粗略的评价方法，而主成分分析方法属于较为精确的评价，两者结合可以达到较好的评价结果。利用这两种分析方法进行综合评价的基本步骤是先基于样本数据，遵循主成分分析方法的原理，借助 SPSS 软件将指标体系中的指标转换成几个主成分，再根据一定的方法计算出综合得分并排序。然后再对几个主成分的样本数据聚类分析得出几个大类。两者结合起来进行综合评价，适合本书的研究目标。以下具体介绍两种分析方法的运用原理和结合评价思路。

（1）主成分分析方法介绍。

主成分分析法的原理就是把大量的指标通过线性变换的方法选出几个能代表所有指标的综合变量。这种分析方法适用于变量较多的情况，即当变量较多时，变量之间存在着共性关系，得出的结果并不准确，这个时候就需要利用降维的思想将这些变量变换成少数几个综合变量来反映研究的问题。这在统计数学上表示为将原来的随机向量的协方差阵变换成对角矩阵，在几何上表现为将原来坐标系变换成新的正交坐标系，使之指向样本点散布最开的 P 个正交方向，然后对多维变量系统进行降维处理。方差较大的几个新变量就能综合的反应原先的多个变量所包含的主要信息。其基本步骤如下：

第一步：将指标的原始数据进行标准化。通常运用 Z - score 的方法标准化数据。得到标准化数据 z。

第二步：计算标准化数据的协方差矩阵。在上一步已经将数据标准化，所以列变量的协方差矩阵就是相关系数矩阵。

第三步：特征根和特征向量的计算并确定主成分。设 i 个样本，p 个指标，$i=1, 2, \cdots, n$，相关矩阵 R 的特征方程为 $|\lambda_{ip}-R|=0$，计算可得出 p 个特征根 λ_j（$j=1, 2, \cdots, p$），将特征根按照从大到小的顺序进行排列 $\lambda_1 \geqslant \lambda_2 \geqslant \cdots \geqslant \lambda_p$，这是主成分方差，其值的大小代表了各个主成分表示被评价对象时的作用程度。由特征多项式得出相对的特征向量 $\gamma_i=(\gamma_{i1}, \gamma_{i2}, \cdots, \gamma_{ip})$，以特征向量的分量值作为权数，对标准化后的指标加权得到主成分表达式：$F_i=\gamma_{i1}z_1+\gamma_{i2}z_2+\cdots+\gamma_{ip}z_p$。

第四步：计算主成分的方差贡献率和累计方程贡献率，得出主成分个数。相关矩阵的特征根就等于对应的主成分的方差，其大小表示的是第 i 个主成分所包含所有数据信息的比重，同时反映了各个主成分的贡献大小。第 k 个主成分的累计方差贡献率越大，说明前 k 个主成分能够综合表达全部信息的能力越强。一般要求根据累计方差贡献率≥85%来确定主成分个数。

第五步：计算所得出的几个主成分的得分。将标准化的数据（z_1，z_2，$\cdots$，z_p）代入主成分表达式，得到每一个主成分的得分。如果希望得到排名的具体得分有意义，就要继续做下一步计算。

第六步：进行综合排序。每一个主成分代表了被评价对象在某方面的表现，综合排序就是对分析对象的全部进行综合分析。将主成分各自的方差贡献率（特征根）作为权数，得出分析对象的综合得分，并按照综合得分排名。

通过主成分的分析后，得出的大致排名没有办法直接观测到各个样本之间的相似程度以及地区间所存在的联系，所以就要基于主成分分析结果结合聚类分析方法将样本进行分类。

（2）系统聚类分析方法介绍。

聚类就是指依据数据相似的内在性质将数据集换分为几个类别，并且类内的数据相似程度高，类外的相似度小，这个过程就是聚类。对数据集聚类分析法是将变量按照其性质上的远近程度进行分类的多元统计分析方法。根据样本的多个观测准值，找出一些相似程度较大的指标之间相似程度的统计量，并以此作为依据，将一些相似程度较大的归为一类。关系密切的聚成小类，关系远的就聚成一大类，直到把所有样本最终聚成一类。聚类分析的运算步骤是首先需要标准化数据，这是为了使数据具有可比性，消除不同单位对结果的影响，才进行数据标准化。然后，计算间距，我们运用平方欧式距离（Euclidean Distance）来进行间距的测量。最后进行聚类，将距离较近的归为一类，距离大的就属于另一类。如果直接借助统计软件 SPSS19.0 对样本进行系统聚类分析，选择标准差（Z－score）方法将数值标准化到 Z 分布。在聚类方法上选择离差平方和法（Ward），这种方法的统计思想是同类间的离差平方和小，不同类间的离差平方和大。由于本节是运用主成分分析法和聚类分析结合使用进行综合评价的，聚类分析是建立在主成分分析的基础之上的。所以，就不过多介绍聚类分析方法。

在本研究中，聚类分析是根据主成分分析结果得出的几个主成分的数据来直接进行聚类。这种综合评价方法被研究者称之为主成分聚类分析法。先做主成分分析，再根据几个主成分对样本进行聚类分析，结合综合得分排序得到关于样本的科学且合理的分类排名。

6.6 区域创新极培育能力综合实证

6.6.1 主成分分析

由于前节所建立的评价指标体系的数据均来源于《中国科技统计年鉴》和《国家统计年鉴》。由于创新类的数据汇总上报时间不确定，不同的数据统计时间不同，所以为了实现数据的时间统一性和完整性，本节选择了 2012 年的数据来对我国 11 省份的创新极培育能力进行评价。通过主成分分析方法借助 SPSS 19.0 对构建的指标体系中的 20 个指标数据值进行分析计算。利用主成分分析方法可以将这 20 个指标转换成几个综合的新指标。具体步骤及结果如下所示：

（1）数据标准化。

由于指标的数据值单位不同，所以需要通过 SPSS 对数据标准化，根据标准化后的数据进行主成分分析，结果显示前五个主成分的特征值都大于 1，并且累计方差贡献率为 89.948% >85%，符合提取标准。所以确定主成分个数为 5 个。这 5 个主成分可以代表原来 20 个指标所要表达的信息。主成分总方差分解如表 6.23 所示：

表 6.23　主成分方差分解

解释的总方差						
成分	初始特征值			提表取平方和载入		
	合计	方差的/%	累积/%	合计	方差的/%	累积/%
1	8.142	40.712	40.712	8.142	40.712	40.712
2	4.754	23.770	64.482	4.754	23.770	64.482
3	3.612	13.061	77.543	3.612	13.061	77.543
4	1.810	7.048	84.592	1.810	7.048	84.592
5	1.071	5.357	89.948	1.071	5.357	89.948

（2）旋转因子载荷矩阵。

之所以在 SPSS 运行主成分分析的过程中选择输出这一步，主要目的就是便于对所提取的 5 个主成分给出经济解释，列出各个主成分中所包含的指标信息，也是为了能够更好地分析结果。旋转因子载荷矩阵输出如表 6.24 所示：

表 6.24　因子旋转载荷矩阵

旋转后因子载荷矩阵					
	成分				
	1	2	3	4	5
Zscore（x9）	0.937	0.088	-0.023	0.276	0.146
Zscore（x17）	0.874	0.353	0.077	0.026	0.235
Zscore（x18）	0.866	0.383	-0.077	0.053	-0.088
Zscore（x5）	0.789	0.026	0.280	0.331	-0.277
Zscore（x3）	0.778	0.179	0.271	-0.428	-0.122
Zscore（x1）	0.766	0.553	0.091	0.416	0.120
Zscore（x4）	0.341	-0.924	-0.485	-0.045	0.469
Zscore（x11）	-0.146	-0.874	-0.042	0.016	-0.108

续表

旋转后因子载荷矩阵					
	成分				
	1	2	3	4	5
Zscore（x12）	0.228	0.797	0.068	-0.304	0.105
Zscore（x8）	0.020	0.742	0.359	0.397	0.258
Zscore（x10）	-0.091	0.737	-0.382	-0.202	0.198
Zscore（x15）	-0.045	0.404	0.905	0.008	-0.081
Zscore（x19）	0.193	0.302	0.782	-0.081	0.166
Zscore（x2）	-0.149	0.228	0.758	0.413	0.186
Zscore（x20）	0.072	0.273	0.405	0.829	-0.316
Zscore（x6）	0.202	0.007	0.131	0.798	-0.258
Zscore（x7）	0.198	0.097	0.102	-0.778	0.209
Zscore（x16）	0.110	-0.101	-0.069	0.387	0.836
Zscore（x14）	0.238	-0.298	-0.083	0.237	0.873
Zscore（x13）	0.307	0.361	-0.098	-0.186	0.737

从表中数据可以看出，第一个主成分F1由于其方差贡献率接近41%，涵盖的信息最多，解释率也是最高的，所以表示了6个指标所要表达的信息，即数值大于0.7的指标：企业研发经费总额占主营业务收入比重（x1）、技术获取和改造经费支出占主营业务收入比重（x3）、有研发机构企业数占地区企业总数比重（x5）、万人研发人员数（x9）、地区财政科技支出占地方财政一般预算支出比重（x17）、人均GDP（x18）。F1解释了区域创新极培育能力决定因素的主要信息，这些指标主要是反映产业的创新投入及企业研发机构是否设立、区域中科技人员素质、中介机构服务水平、政府财政支持。F2表示了5个指标要表达的信息：产业研发人员中硕士及以上学历人员比重（x4）、产业百名研发人员拥有发明专利数（x8）、财政性教育经费支出占地区生产总值比重（x10）、高校和科研机构R&D经费内部支出中来自企业的资金占比重（x11）、高校和科研机构R&D经费外部支出中对企业支出所占比重（x12），主要反映了产业中的研发人员素质和创新技术水平、区域对人才教育支出、协同创新水平以及出口额占全国比重。F3表示了3个指标：企业研发人员数（x2）、技术市场成交额（x15）、获得外商投资额（x19），主要反映了研发人员规模、研发机构规模以及资金援助规模。F4侧重3个指标：百名研发人员

专利申请数（x6）、产业新产品销售收入占主营业务收入比重（x7）、区域出口额占全国比重（x20），解释了产业产出效率和区域消费、贸易出口方面的信息，体现了产业创新的活力以及创新极所处区域的经济水平。F5 反映了中介机构服务能力和独立科研机构的开发能力：本地区落实的国家“火炬计划”资金总额（x16）、发表科技论文中国外发表论文所占比重（x13）、科研机构 R&D 人员中博士学位人员所占比重（x14）。

计算各个主成分的得分和综合得分。

计算主成分得分主要是利用成分得分系数矩阵，将矩阵中各成分在每个指标上的得分作为权重乘以标准化后的原始数据相加得到。SPSS 输出的结果如表 6.25 所示。综合得分是把各自的方差贡献率或者特征值作为权重计算出来的加权平均数。矩阵如表 6.25 所示：

表 6.25　成分得分系数矩阵

成份得分系数矩阵					
	成分				
	1	2	3	4	5
Zscore（x1）	0.061	0.132	-0.101	0.205	0.004
Zscore（x2）	-0.109	-0.010	0.228	0.200	0.283
Zscore（x3）	0.180	0.004	0.095	-0.379	-0.192
Zscore（x4）	0.093	-0.102	-0.068	0.028	0.235
Zscore（x5）	0.107	-0.161	0.271	-0.100	-0.094
Zscore（x6）	0.143	-0.039	0.009	0.088	-0.212
Zscore（x7）	-0.010	0.129	0.054	0.076	-0.182
Zscore（x8）	0.032	-0.030	-0.056	0.442	-0.114
Zscore（x9）	-0.087	0.144	0.023	0.227	0.208
Zscore（x10）	0.134	-0.024	-0.046	0.118	0.026
Zscore（x11）	0.006	-0.141	0.000	-0.051	0.140
Zscore（x12）	0.022	-0.318	0.141	0.026	0.056
Zscore（x13）	0.023	0.251	-0.066	-0.217	-0.068
Zscore（x14）	-0.022	0.027	0.067	-0.060	0.482
Zscore（x15）	0.148	-0.045	0.056	-0.114	0.055
Zscore（x16）	0.092	-0.179	0.056	0.148	0.300
Zscore（x17）	-0.016	-0.152	0.364	-0.105	0.111
Zscore（x18）	0.120	0.046	-0.006	-0.041	0.058
Zscore（x19）	0.152	0.128	-0.140	-0.038	-0.218
Zscore（x20）	-0.008	0.007	0.273	-0.147	0.177

由于本节在前面已经详细介绍了得分的具体计算方法，而且样本的指标、数据以及主成分较多，这里省略了各个地区的各个主成分得分以及综合得分的计算过程。依据综合得分对我国11个区域进行了排名，表中的类别是接下来聚类分析所得出的结果。得分以及排名结果如表6.26所示：

表6.26　区域创新极培育能力主成分得分和综合得分

11省份	F1	F2	F3	F4	F5	综合得分	排名	四类
北京	1.127	2.249	-0.112	1.489	1.039	1.199	1	1
上海	1.045	0.844	0.896	1.758	-1.023	0.634	2	2
江苏	1.021	-1.351	0.762	1.375	0.642	0.424	3	3
天津	0.577	0.145	0.244	0.267	-2.056	0.393	4	3
浙江	0.524	-0.631	1.214	0.283	-0.718	0.322	5	3
广东	0.554	-1.161	-1.09	0.278	1.259	-0.241	6	3
辽宁	-0.887	0.203	-0.879	-0.045	0.063	-0.347	7	4
福建	-0.436	-0.234	-0.349	-0.021	-0.973	-0.369	8	4
山东	-0.549	-0.621	0.152	-1.003	-0.371	-0.38	9	4
河北	-1.476	0.157	0.126	-0.391	-0.263	-0.389	10	4
海南	0.236	-0.156	0.142	-0.483	-0.031	-0.475	11	4

根据计算结果，可以看出排名第一位的是北京，而且其综合得分远远高于其他地区，超过排名第二的上海0.57分，排名最后的海南与北京相差1.674分。北京地区的F1和F2这两个主成分的得分较高，F2得分高出其他地区较多。这说明北京由于其首都的优势，在经济的发展、政策优惠、人员素质及创新投入方面都优越于其他地区。上海虽然排名第二位，但其综合实力很强，尤其F4的得分明显高于北京，上海在产业产出、贸易出口、人均消费方面水平较高，这与其经济发展、交通发展以及产业综合实力强大有密切关系。但是F5分数较低，说明在科研机构方面的能力较差。江苏仅次于上海，江苏自2011年以来自主创新能力得到提升，产业发展迅速，加快产业调整和区域转型升级等，促使其位居前三。但其在教育方面的投入、研发人员的素质上呈现弱势。天津、浙江、广东依次排名均次于江苏，这几个城市具有发展潜力，近几年发展较快，贸易出口比重位列全国前几名，并且越来越重视创新，鼓励实施带动性创新。同时，这几个城市也存在弱势，天津独立科研机构开发能力较弱，浙江在研发人员素质水平、教育水平较差，产业活力低。广东地区的科研

机构能力较强，这是由于广东重视科研，注重理论研究，这也是广东开始着手提升创新力实施的重要措施。位于后四位的是辽宁、福建、山东、河北和海南，这几个地区存在的优势不太突出，教育水平均较弱，产业创新力、产出力均不足，在创新方面缺乏带动力，虽然这几个地区一直在努力追赶较强的地区，但在区域创新极的培育方面的综合能力还是略差，提升空间较大。

6.6.2 系统聚类及分析

根据主成分分析所得出的5个主成分的得分借助SPSS 19.0进行系统聚类分析。基于11个地区的综合得分排名和分析以及研究内容和目的，确定类别数为4类。结合树状图6.15和群集成员表6.27可以直观地看出分出了4类以及类别内的成员，并将分类结果标在上节表中。同时，本节基于主成分综合得分和聚类所得出的结果，结合原始数据以及4个最能说明第三、四类与第一、二类存在差距的指标原始数据对比图6.16~图6.19，综合分析四类地区的创新极培育能力强弱。

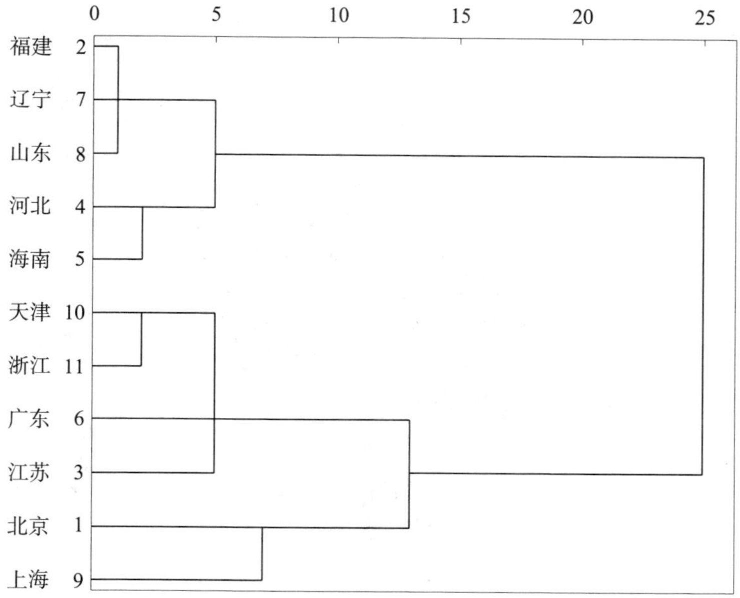

图6.15 聚类分析输出树状图

表 6.27　聚类群集成员表

群集成员			
案例	4 群集	3 群集	2 群集
1：北京	1	1	1
2：福建	2	2	2
3：江苏	3	3	1
4：河北	2	2	2
5：海南	2	2	2
6：广东	3	3	1
7：辽宁	2	2	2
8：山东	2	2	2
9：上海	4	1	1
10：天津	3	3	1
11：浙江	3	3	1

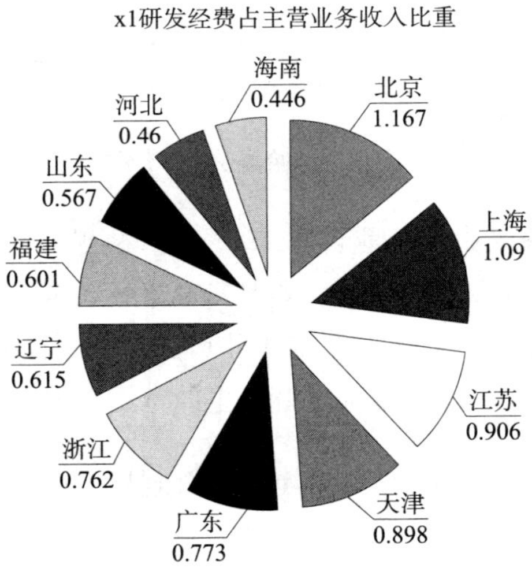

图 6.16　11 地区指标 x1 数据值对比

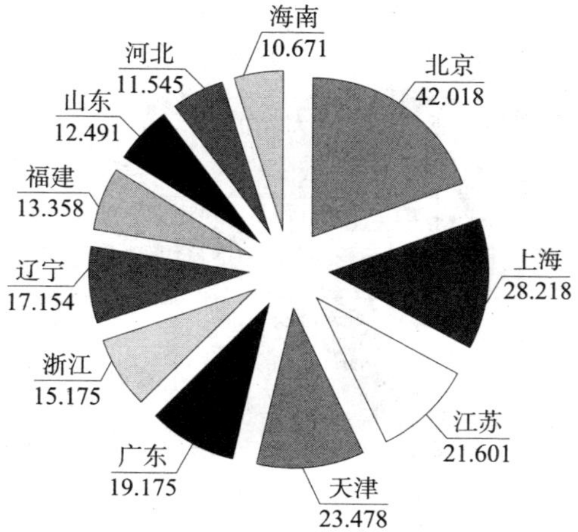

图 6.17　11 地区指标 x4 数据值对比

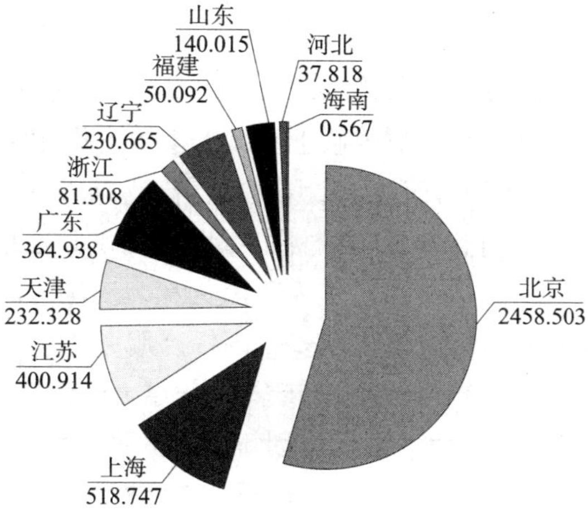

图 6.18　11 地区指标 x15 数据值对比

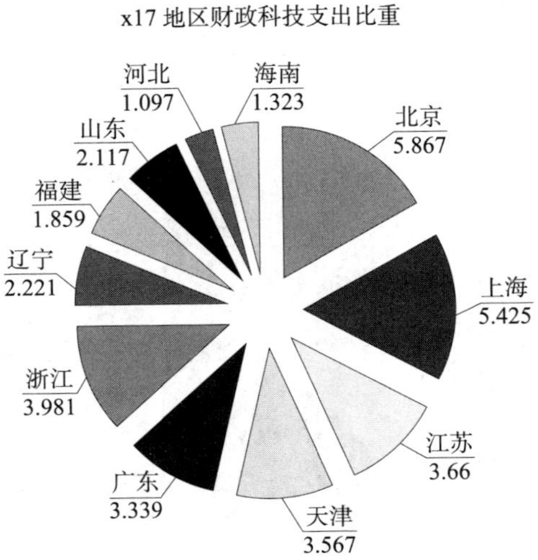

图 6.19　11 地区指标 x17 数据值对比

从分类结果可以得出，北京和上海各自成一类，出现这种结果的原因是北京和上海的培育能力方面的综合实力均明显优于其他地区。处于同一类的地区，说明这几个地区在某些方面存在相似的特征或者发展趋势，能力相近。具体分类结果分析如下：

第一类：北京。根据原始数据显示，北京地区的研发经费占主营业务收入比重约为 1.17%，企业研发人员中硕士及以上学历占比达 42%。财政科技支出占一般财政支出为 5.9%，而技术市场成交额高达 2458 万多，高于其他地区 6 倍甚至 20 倍。这些具有代表性的指标值都明显高于其他地区，这是因为北京率先引领建设创新型城市，并且作为我国首都，一流的高等院校在这里聚集，具有强大研发能力的科研机构众多，高标准服务水平的中介机构随处可见。它还是综合性产业城市，地区受到政策的优惠力度较大，第三产业规模居中国大陆第一。北京的支柱性产业是以创新作为驱动力的，并带动了产业结构升级，促进了高创新能力产业的集聚，这正是创新极形成的基础。优越的条件和强大的支撑力量使北京在创新极培育方面的综合能力远超于其他地区。

第二类：上海。上海虽然与北京存在差距，但其综合实力较强。结合原始数据可知，上海的百名研发人员专利申请数为 19.513，技术获取改造支出占比 0.714%，均高于包括北京在内的其他地区，同时它拥有中国最大的外贸港口、工业基地，在计划经济时期就已经成为中国最重要的轻工业生产基地，近几年专利的申请量以及授权量位居城市前列。由于其早期的租界背景和发达的交通，吸引、培育壮大了很多创新超前、产能高的企业，并形成了高创新力的产业。上海工业创新的基础好，创新能力在我国领先。上海凭借大企业的创新能力，扎实的资源优势，促使其创新合作、技术引进转移一直处于领先。同时，上海也是我国第一金融中心，广纳国内国外精英，优秀人才密集。但由数据显示国外发表论文占比 21.5%，科研机构博士学位占比约 13%，反映此地区的独立科研机构开发能力相比北京较差，这也说明上海的经济发展虽然较快，创新实力较强其主要的创新成果并不完全来源于独立科研机构，而是大部分来源于其产业内部及区域大环境下的创新努力。如果上海的独立科研机构开发能力有所提高，那么其创新极培育的综合能力将会更强。

第三类：江苏、天津、广东、浙江。这一类均是沿海区域，是沿海经济发展的关键区域，均属于较高贸易出口额的城市。江苏所获外商投资高于其他地区且高达 5159 万元。江苏与上海相邻，积极利用科技资源，使江苏的企业创新能力、投资环境得到了很大改善，整体创新力也在不断提高，产业化升级正在逐步进行。由图 6.17 可知其在人员素质方面弱势明显，研发人员中硕士及以上占比 21.6%，较前两类地区低很多，致使其整体能力与前两个地区存在差距。天津是我国较重要的港口城市，是较高水平创新力的新兴城市，曾被誉为中国经济第三增长极。天津的滨海新区为国家综合配套改革试验区，其水平高于后面几个地区，但低于前三个地区。由图 6.18 可知其中介机构开发能力有待加强和提高。浙江发展速度快，研发人员以及机构的数量较多，由于其发展潜力较好，外商投资规模也较大。广东对外开放早，受国外领先的创新技术和创新知识的影响较大，是以制造和第三产业为主的经济强省，注重创新园区的建设，较早涉足创新极的培育。但这两个地区在教育方面投入都较少，整体科技人员素质偏差，中介结构开发能力也较差。

第四类：辽宁、福建、山东、河北、海南。这些地区大部分属于内地省份，经济水平、创新极培育环境、产业创新、区域知识支撑水平略低，综合创新力有待加强。从图 6.17 中看出辽宁的教育以及科技人员素质在国家政策及自身努力下达到了不错的水平，但是在创新的投入、财政科技支出等方面还存在欠缺。福建与山东也是沿海的地区，在创新的各个方面也呈现了不足，在图表对比中可清晰看出。排在最后两名的是河北和海南，这两个地区创新动力不足，支撑力较弱，需要创新能力较高的地区带动其发展。虽然这几各地区综合得分较低，排名落后，尤其在图 6.18 中可知其中介机构服务水平与其他地区差距很大。但这几个地区的发展潜力和前景是巨大的。因为我国逐渐重视内地及创新能力不足的地区的发展，提出一系列优惠政策。鼓励这些地区的产业发展和聚集，督促创新力较强的沿海城市带动内地的发展。这些地区在综合发展下，未来创新极的孕育能力也会提升。

6.6.3 政策建议

在对我国11个地区进行了一系列分析后，根据原始数据、排名以及聚类的结果，在前几节我们得出了排名靠前的城市能力强和排名靠后的能力弱的原因。发现了决定区域创新极培育能力的构成要素是如何影响区域培育能力的。基于此，我们提出几条建议，希望对一类与二类地区实力的增强、三类与四类地区创新极培育综合能力追赶前两类地区有所帮助。

（1）加大创新相关投入，提高创新产出效率，提升财政支持力。

目前所分析的数据以及原始数据显示，创新极培育能力较差的地区在创新投入、地区财政科技支出方面都存在缺陷。而北京、上海综合能力强的一个重要原因就是这两个地区的创新投入力度大，研发活动多、财政在科技方面支出比重高、产出效率高。因此，这方面对创新极培育的推动力是不容忽视的。经济和创新投入是基础，这是创新极能否形成的核心要素。当前新技术不断涌现，以高新技术产业带头形成的产业集群规模增大，产业结构逐渐升级，提高创新投入对于培育创新极来说变得尤为重要。创新投入为创新极的培育和发展提供了稳定扎实的基础，是培育能力强弱的最根本体现。产业创新产出效率体现了地区的创新实力，提高创新的产出也是不可或缺的。依靠产业间集群效应，高创新力的产业间溢出作用，区域内的创新极更易形成与发展。所以应充分利用区域的创新资源，加强创新投入，提高产业创新活力，推动产业集聚提升创新极培育力。

政府通过推出激励产业创新集聚的财政支出，促进产业创新极化的形成与发展。财政科技支出作为地方政府对创新极培育支持力的必要组成部分，对提高企业自主创新积极性、加大研发投入力度、促进科技成果转化都具有重要作用。当地政府应时常关注产业的发展困境，提供必要的资金保障和支持。对于有明显区域带动性的产业，要起到协调和监管作用。区域应利用财政支持的刺激作用，增强自身的创新极培育能力，推动创新极形成。

（2）重视科技教育，提高协同创新各主体能力。

浙江、广东地区排名适中，这两个区域之所以没有跻身前列的一个重要因素是教育水平、协同创新水平与能力强的地区之间存在差距。上海在创新极培育的各个方面优势都较强，但其科研机构的开发能力弱势明显，其协同创新能力也会受到相应的影响。这方面的提高会使上海的区域创新极培育能力位居首位。而排名落后的福建、海南等地也是受到了这方面的影响。可见这几方面是影响创新极培育力的重要支撑力量。区域要想提高创新极的培育能力，就要大力改善科技人员素质，广泛吸纳高尖端人才。建立开放型的产学研协作网络，相互间形成密切协作关系，完善区域支撑力，推动创新极形成。科研机构是创新成果产出的重要主体，其能力会影响协同创新水平和创新极培育水平，所以独立科研机构的开发能力应得到足够的重视。此外，在创新极培育过程中还需要加快建立中介经营体系，调动中介机构服务的积极性，促进创新成果进入交易市场，为创新极的出现提供机会。

（3）大力发展经济，吸引外商投资，提升创新极培育保障力。

北京与上海的经济水平遥遥领先于其他地区，其外商投资规模也较大。创新极培育能力较弱的几个城市，经济水平和外商投资水平差是决定其排名的重要因素。经济发展好的地区能够通过促进信息、知识和人才等的快速流动，为区域提供必要的创新知识、信息的优势以及更多的创新机会。FDI 还为区域带来的大量资金、技术和人才等，通过技术和知识的外溢效应，促进了我国产业的快速集聚。起了重要的示范和推动作用的外商核心技术的寡占优势，激励内资产业借鉴和学习经验，并加强研发，促进产业创新进步，提高技术溢出水平和创新的持续性，是创新极培育的驱动力。所以，应发展经济，吸引外商的投资额来促进区域整体经济及创新水平的发展。

第七章　区域创新极共生研究

7.1　理论基础

7.1.1　共生理论

共生并不是一种新现象，对“共生”概念的明确提出首先出现于生物学界。据文献记载，“共生”（Symbiosis）的概念最早由德国 Strasbourg 大学真菌学家 Anto de Bary 在 1879 年提出。之后，生物共生的研究一直没有停止，如今已经形成了生物学范畴的共生学说。自 20 世纪五六十年代起，生态学、生态系统的概念和方法渗透到众多学科中，产生了工业生态学、人类生态学、城市生态学、行业生态学、商业生态学、企业生态学、创新生态学等学科。生态学在各学科中的发展为共生思想的引入奠定了基础，最著名的是工业共生关系研究的发展，同时共生思想在哲学上的升华也加速了其在各学科中的应用。1998 年，我国学者袁纯清博士在生物学中共生学说的基础上，正式提出了共生理论在经济领域的分析框架。之后，该理论框架被国内的学者广泛应用。

1. 共生的定义与本质

1998 年，袁纯清在其《共生理论 - 兼论小型经济》一书中，运用数理分析方法，首次提出以共生单元、共生模式和共生环境作为共生三要素来描述共生的本质，认为共生是“共生单元在一定的共生环境中按照某种共生模式形成的关系，其中，共生单元是基础，共生模式是关键，共生环境是重要外部条件”。之后，该定义被广泛接受。一般认为，共生关系一旦形成，共生单元或共生系统就形成了共生体。

2. 共生的基本要素

共生的基本要素包括共生单元、共生模式、共生环境、共生系统、共生界面。

（1）共生单元，是指构成共生系统或共生体的基本能量生产和交换单位，它是形成共生系统或共生体的物质基础。从性质和功能上分，共生单元可分为同质和异质两类：同质共生单元的性质和功能相近，具有替代性特征，相互间存在竞合关系；异质共生单元的性质和功能差别明显，具有互补性特征，多呈现和合关系。从层次上分，一般认为共生单元是多样的，有企业层次、产业层次、区域层次和国家层次。

（2）共生模式，也称共生关系，是共生单元相互作用的方式或相互结合的形式，是对共生系统各共生单元间联系方式及强度、物质信息交流和能量交换的直接反映。袁纯清从不同的视角对共生模式进行了不同的分类：依据共生行为方式分为寄生、偏利共生、非对称互惠共生和对称互惠共生；依据共生组织程度分为点共生、间歇共生、连续共生和一体化共生（见表 7.1）。任何完整的共生关系都是行为方式和组织程度的具体结合。共生单元相互作用的动态方式称为共生机制，它是共生关系的动态表达，即认为共生关系不是固定的，而是随着共生单元及共生环境的变化而变化的。

表 7.1　共生模式特征

分类依据	共生模式	特征
共生行为方式	寄生	1. 作为共生单元的寄生者与寄主之间存在双边单向交流机制 2. 寄生关系虽不一定对寄主有害但多有利于寄生者进化而不利于寄主进化
	偏利共生	1. 双边双向的交流机制 2. 共生关系通常对其中一方有利而对另一方无害，但当获利方的进化创新对非获利方没有补偿时即认为对非获利方不利
	非对称互惠共生	1. 既存在双边双向交流，也存在多边多向交流 2. 存在广谱进化作用，但机制的非对称性导致了进化的非同步
	对称互惠共生	1. 既存在双边双向交流，也存在多边多向交流 2. 存在广谱进化作用，且进化同步
共生组织程度	点共生	1. 某一特定时刻共生单元具有一次相互作用 2. 共生单元只有某一方面发生作用 3. 具有不稳定性和随机性
	间歇共生	1. 按某种时间间隔 T 共生单元之间具有多次相互作用 2. 共生单元只在某一方面或少数方面发生作用 3. 共生关系有某种不稳定性和随机性

续表

分类依据	共生模式	特征
共生组织程度	连续共生	1. 在一段时间内共生单元间具有连续的相互作用 2. 共生单元在多方面相互作用 3. 共生关系比较稳定且具有必然性
	一体化共生	1. 共生单元在一封闭时间段内形成了具有独立性质和功能的共生体 2. 共生单元间存在全方位的相互作用 3. 共生关系稳定且有内在必然性

（3）共生环境，是指除共生单元之外的所有因素的总和，是共生模式存在发展的外部条件，包括市场环境、政策环境和社会环境等。共生环境是共生系统的外部条件，是共生关系形成和发展的基础，其对共生单元或共生系统的影响通过物质、信息和能量的交流来实现。根据共生环境对共生单元作用效果的不同，可分为正向环境、中性环境和反向环境。三种类型结合构成以下九种状况，见表 7.2：

表 7.2　共生环境类型

	正向	中性	反向
正向	双向激励	环境激励	共生反抗环境激励
中性	共生激励	激励中性	共生反抗
反向	环境反抗共生激励	环境反抗	双向反抗

不同于共生单元和共生模式，共生环境是共生系统的外生变量，但共生环境对于共生系统能量的形成和提升同样具有重要作用，良好的共生环境有助于共生单元间物质、能量和信息的交换，而如果不适应共生环境，共生系统的功能和效率将受到制约。

（4）共生系统，指由共生单元按某种共生模式构成的共生关系的集合。共生系统的状态由共生组织模式和共生行为模式的组合决定。一般用 $\vec{S}$（$\vec{P}$，$\vec{M}$）表示共生系统状态向量，其中 $\vec{P}$ 为行为模式向量，$\vec{M}$ 为组织模式向量。由此可得到共生系统的 16 种基本状态（见表 7.3）。对这 16 种基本状态及其变化的分析，构成了共生系统分析的基本内容，同时可以看出共生系统的进化方向是一体化共生和对称互惠共生。

（5）共生界面。

共生介质是共生单元相互作用的媒介，所有共生介质功能综合集中的反应就是共生界面。共生界面，是共生单元之间接触方式和机制的总和，它是共生单元之间物质、信息和能量传导的媒介、通道和载体，是共生关系形成和发展的基础，对共生能力的形成和提升有着直接的制约作用。

表 7.3　共生系统的状态

	点共生 M1	间歇共生 M2	连续共生 M3	一体化共生 M4
寄生 P1	S11（P1，M1）	S12（P1，M2）	S13（P1，M3）	S14（P1，M4）
偏利共生 P2	S21（P2，M1）	S22（P2，M2）	S23（P2，M3）	S24（P2，M4）
非对称互惠共生 P3	S31（P3，M1）	S32（P3，M2）	S33（P3，M3）	S34（P3，M4）
对称互惠共生 P4	S41（P4，M1）	S42（P4，M2）	S43（P4，M3）	S44（P4，M4）

3. 相关参数与指标

在自然界，两种生物只要发生共生关系其程度往往是比较强的，而在经济领域，共生体结合程度的强弱不易在直观上判断。此时，就需要依据相关指标来反映。

（1）反映共生单元特征的参数。

反映共生单元特征的参数主要有象参量和质参量两个指标，表征共生单元外部特征的称为象参量，表征共生单元内在性质的称为质参量。

对任何共生关系中的共生单元而言，都存在一组质参量，它们共同决定共生单元的内部性质，在这一组质参量中，往往有一个质参量起主导作用，称之为主质参量，主质参量在共生关系的形成中具有关键作用。质参量之间可以相互表达的特性被称为是质参量兼容。

共生单元的主体特征主要通过质参量和象参量之间的相互作用而产生。象参量的变化可能对质参量产生影响，但一般不会引起共生单元的变化；而质参量的变化会引起共生单元的变化。

（2）反映共生模式的指标。

反映共生模式的指标，主要有共生度、共生系数、共生密度和共生维度指标。

共生度，是指两个共生单元或共生系统之间质参量变化的关联度，它反映两个质参量能量相互影响的程度。设存在共生单元 A 和共生单元 B，它们分别

有质参量 Z_A、Z_B，则定义 A 和 B 的共生度：$\delta_{AB}=\dfrac{\frac{dZ_A}{Z_A}}{\frac{dZ_B}{Z_B}}$（$dZ_B\neq0$），表示 A 的质参量 Z_A 的变化率所引起的 B 的质参量 Z_B 的变化率，若 Z_A 和 Z_B 是 A 和 B 的主质参量，则：$\delta_{AB}=\dfrac{\frac{dZ_{MA}}{Z_{MA}}}{\frac{dZ_{MB}}{Z_{MB}}}$（$dZ_{MB}\neq0$），主质参量共生度表示 A 和 B 的特征共生度。从关系上讲，当 $\delta_{AB}=\delta_{BA}>0$ 时，表示 A 和 B 处于正向对称共生状态；当 $\delta_{AB}\neq\delta_{BA}>0$，表示 A 和 B 处于正向非对称共生状态；当 $\delta_{AB}=\delta_{BA}=0$ 时，表示 A 和 B 相互没有影响；当只有 $\delta_{AB}=0$ 或 $\delta_{BA}=0$ 时，表示 A 和 B 中只有一方受另一方的影响。

共生系数，指反应共生单元或共生系统之间主质参量相互影响程度。共生单元 A 和共生单元 B 主质参量的共生系数为：$\theta_A^M=\dfrac{|\delta_{AB}^M|}{|\delta_{AB}^M|+|\delta_{BA}^M|}$，$\theta_B^M=\dfrac{|\delta_{BA}^M|}{|\delta_{AB}^M|+|\delta_{BA}^M|}$，且 $\theta_A^M+\theta_B^M=1$。当 $\theta_A^M=0$ 时，表示 A 对 B 没有影响；当 $\theta_A^M=1$ 时，表示 A 对 B 有影响，而 B 对 A 没有影响；当 $0<\theta_A^M<0.5$ 时，表示 A 对 B 的影响大于 B 对 A 的影响；当 $\theta_A^M=0.5$ 时，表示 A 和 B 对对方的影响相同；当 $0.5<\theta_A^M<1$ 时，表示 A 对 B 的影响小于 B 对 A 的影响。θ_B^M 代表的含义与之相反。

共生密度与共生维度，共生密度表示同类共生单元的数量；共生维度表示异类共生单元的数量。假设用 N 表示同类共生单元的数量，V 表示共生空间，则 A 和 B 的共生密度分别为 $\rho_A=\dfrac{N_A}{V}$，$\rho_B=\dfrac{N_B}{V}$；共生维度为：$\varepsilon=\rho_A+\rho_B=\dfrac{N_A+N_B}{V}$。

7.1.2 创新系统理论

在 20 世纪初，Joseph Schumpeter 首先提出了“创新（innovation）”概念。20 世纪 60 年代，创新研究开始作为一个独立的研究领域出现。1985 年，Lundvall 率先使用“创新系统（system of innovation）”的概念。随着创新的系统属性被关注，创新研究开始逐渐走向“系统范式”，并涌现出大量的概念，大致可以分为两类，一是从创新系统的空间和地理特性上探讨，如国家创新系统、区域创新系统、集群创新系统等概念；二是从创新的技术特性上分析，如产业创新系统、部门创新系统和技术创新系统。20 世纪 90 年代末，美国制造业的重振以及硅谷的持续创新发展，引发了学者们从生态学的角度思考创新系统的发展。2003 年，美国总统科技顾问委员会（PCAST）展开了对国家的创新领导力及创新生态面临的挑战的研究，并正式提出了“创新生态系统（Innovation Ecosystem）”的概念。创新生态系统研究将从以往的更加关注要素构成和资源配置问题的静态结构性分析，演变到强调各创新行为主体之间的作用机制的动态演化分析。创新系统自身的发展，越来越强调创新要素之间的协调整合形成创新生态，这样的创新生态导致了创新系统突出具有“动态性”“栖息性”和“生长性”等新特征。

1. 创新系统的主要要素

在科学研究中，“系统”一词被广泛使用，一般认为，系统是要素及要素间的关系形成的整体，具有各成分单独多不具备的特征。对创新系统来说，组织和制度常被视为其主要要素。组织是有意识建立的具有明确目的的正式结构。它们是行为参与者或主体。创新系统中有一些重要的组织，如企业、大学、风险投资机构以及对创新政策或竞争政策负有责任的公共机构。制度是用以调节个体、团组和组织之间的关系和互动的一整套共同的习惯、规范、常规、习惯做法、规章或法律。

2. 创新系统理论的演进

对于创新系统的研究，一般认为是沿着熊彼特创新理论—企业创新系统—国家创新系统—区域创新系统—产业创新系统—集群创新系统—创新生态系统的路线发展。

熊彼特的创新理论认为创新的主体是“企业家”，强调了“企业家”精神在创新中的重要作用。之后以卡罗和曼斯菲尔德为代表的新熊彼特学派研究者们，在对技术创新过程、技术轨迹和技术范式、技术创新扩散问题和技术进步在经济发展中的作用等问题进行研究时，也侧重研究了企业组织行为、企业家的行为及对技术创新的影响。因此，由熊彼特创新理论为开端，自然地过渡到了企业创新系统研究阶段。在企业创新系统的研究中，进行了一系列研究包括：演进理论、企业战略、技术轨迹和路径依赖等。

国家创新系统研究学派的代表人物有 Christopher Freeman，R. Nelson 和 Edquist 等人。1987 年，弗里曼在其发表的《技术政策与经济绩效：日本的经验》一文中，首次提出了“国家创新系统（National Innovation System）”的概念来描述日本经济的成功追赶。他将国家创新系统描述为“由公共部门和私营部门共同建构的网络，一切新技术的发起、引进、改良和传播都通过这个网络中各个组成部分的活动和互动得到实现”。1993 年，纳尔逊比较分析了美国和日本等国家和地区的自主技术创新国家制度体系，指出现代国家创新系统在制度上相当复杂，他们包括各种制度因素以及技术行为因素，也包括致力于公共技术知识到大学和研究机构，以及政府的基金和规划之类的机构等。1994 年，OECD（经合组织）启动了“国家创新体系研究项目（ NIS project)”，相继发表了《以知识为基础的经济》（1996）和《国家创新体系》（1997）两个报告，标志着对知识经济时代和国家创新系统概念的共识，认为国家创新系统是一组独特的机构，它们分别地或联合地推进新技术的发展和扩散，提供政府形成和执行关于创新政策的框架，是创造、存储和转移知识、技能和新技术的相互联系的机构系统。

受启发于国家创新系统，Cooke 最早提出了区域创新系统（Regional Innovation System）的概念。区域创新系统研究学派的代表人物还有 Asheim，Isaksen，Wig，Lundvall 等人。区域创新系统可以被视为区域生产结构中支撑创新的制度基础设施。区域是中观层面经济调控的重要基础，创新通过区域创新者的网络、当地产业集群和科研机构的交叉效应而产生，而对区域创新系统的本质、测度和建设研究一直都是研究的重点。

产业创新系统是对已有创新系统研究中相关概念的补充。如国家创新系统和区域创新系统分别是基于国家和区域边界进行的研究，而产业创新系统则可能是区域、国家或（和）全球三个维度共存的。Malerba 和 Breschi（1997）在演化理论的基础上，提出了产业创新系统是一组特定产品构成的系统。目前，对产业创新系统的构成要素的理解，是基于 Malerba 提出的“知识、技术领域和产业边界，行为者、相互关系和网络，以及制度”。发展好的产业创新系统会是区域经济、国家经济和全球经济的驱动因素，带动整个经济的增长。从产业系统的视角研究技术创新活动，为政策制定者提供了理解创新系统间差异、产业所具有特性以及识别政策影响行为者的有力工具。

集群创新系统是区域系统研究与产业集群研究相交叉研究的结果。以 Porter、Asheim、Todtling 和 Kaufmann 等学者（2002）的研究成果中可以梳理出集群创新系统研究的形成脉络。阿歇姆在探讨区域创新系统的构成时提出区域创新系统是由支撑机构围绕的区域集群。Poter（1990）在分析产业集群优势时，提出产业集群能够提高一个国家或地区的优势。我国学者魏江（2004）在考察了创新系统演进历史的基础上，提出集群创新系统为“在狭窄的地理区域内，产业集群及其相关制度安排而组成创新网络”。集群创新系统研究可以为产业集群创新政策设计提供依据。

创新生态的概念提出源于硅谷的持续创新发展。在《The Silicon Valley Edge：a habitat for inno vation and entrepreneuship》（硅谷前锋：创新和创业的栖息地，2000）一书中，指出要从生态学的角度思考硅谷作为高科技创新精神的“栖息地”的发展，才能解释硅谷的难以复制性。与生态学视阈中的生态系统观相类似，创新生态系统是指在一定区域范围内，创新群落内部主体以及与外界创新环境相互作用和相互影响形成的有机整体。创新生态系统更强调交互学习、协同发展和知识流动，讲究系统的动态循环。是从动态演化的角度将创新活动中的关系看成一个有生命的生态系统，这个系统包含的主体之间彼此依存、彼此协同、互利互惠，是一种共生关系。

7.2 区域创新极共生效应研究评述

7.2.1 产业共生关系研究

从共生理论可知，共生单元是多层次和多样化的，其中，以独立产业或其业务模块为共生单元的共生现象，我们称之为产业共生（industrial symbiosis）（胡晓鹏，2008）。20 世纪五六十年代以来，生态学、生态系统的概念和方法渗透到众多学科中，产生了工业生态学、行业生态学、商业生态学、企业生态学等学科。各学科与生态学相关理论的结合为共生思想的引入奠定了基础，“产业共生”的概念最早由国外学者在工业生态学的研究中提出，对在工业生态系统中的企业间因副产品交换和废弃物再利用而形成的共生关系我们称之为“工业共生”。随着对“共生”本质的理解不断加深，越来越多的学者开始尝试扩展产业共生的内涵，沿着产业经济理论的发展轨迹可以看出，国内外学者关于经济组织间的相互依存关系的研究，关于产业相互融合和关联的现象的研究，产业集聚和集群现象的研究，其中都有对产业共生关系的不断探索，如因业务联结、供求关系、技术性质等原因形成的共生关系研究。

1. 共生思想在工业生态系统中的应用

工业系统在传统的经济发展中一直具有重要作用，但随着工业的不断发展，人类在一味追求“生产发展—工业发展—经济发展”的简单直线模式下，自然生态环境遭受到了严重的破坏，自然资源被过度的开采与浪费，人们逐渐开始意识到工业系统与自然生态系统之间的冲突与矛盾。如何从系统的角度协调两者的关系，是经济社会发展的需要与自然生态系统的发展达到动态平衡，是人们一直在思考的问题。在 20 世纪 50、60 年代，工业生态学（industrial ecology，IE）开始萌芽。1989 年 9 月，美国通用汽车公司的研究部副总裁 Robert Frosch 和负责发动机研究的 Nicolas Gallopoulos（1989）在《Science American》（科学美国人）杂志上发表了题为“Strategies for Manufacturing”（制造业的战略）的文章中，首次提出了“工业生态系统（industrial ecosystem）”的概念，指出：“在传统工业活动中，各个制造工艺摄入原材料并生产出要销售的产品和要处理的废物的简单工业模式，应该转变为一种更加一体化的模式，那就是工业生态系。”这被认为是工业生态学的诞生标志。

同一年，在丹麦的卡伦堡（Kalundborg）生态工业园中，卡伦堡内最大的燃煤火力发电厂 Asnaes 发电厂和最大的 Statoil 炼油厂，为了应对水资源紧张和能源价格上涨问题，最先开展了互相利用废水和废气的共生交换。Frosch 和 Gallopoulos 提出的工业生态系统概念恰好为卡伦堡内的工业共生现象提供了理论解释。“能量和物质消耗被优化，一个过程的输出成为另一个过程的原材料”，形成了“工业共生（industrial symbiosis）”最早的概念。对工业共生的概念界定。丹麦卡伦堡公司出版的《工业共生》一书中的定义是“工业共生是指不同企业间的合作，通过这种合作，共同提高企业的生存能力和获利能力，同时，通过这种共生实现对资源的节约和环境保护。在这里该词被用来着重说明相互利用副产品而发生的各种合作关系。”Chertow（2005）认为工业共生是传统的独立产业以协同参与的方法提高竞争优势，包括材料、能源、水和副产品的物理上的交换，其关键是在地理距离上提供合作和协同的可能性。可见，早期对工业共生的定义多强调企业之间资源的利用、环境的保护、废旧品的再次利用上。Ehrenfeld（2003）提出工业共生不仅应该停留在副产品交换上，还应该包括技术创新、知识共享及学习机制等问题。Reid Lifset（2009）拓宽了工业共生的研究领域，提出其不仅是关于共处企业之间的废物交换，而且是一种包括基础设施共享、服务信息共享的全面合作。

2. 共生思想在产业集群生态化中的应用

产业集群作是推动地方区域经济增长和提高竞争力的重要产业组织形式，其产生的规模经济效应、网络效应和技术创新效应一直是关注的重点。但是，随着传统集群模式生产带来的集群污染、资源浪费及生态破坏等负外部效应日益显现，对产业集群生态效应的研究逐渐增多。从世界产业集群的发展轨迹来看，产业集群的演变趋势是资源型（传统）→产业型→网络型→生态型模式变化过程。产业生态学、产业共生理论、循环经济理论的引入，为产业集群削弱和消除集群负外部效应，实现产业集群生态化转型升级提供了理论基础。

我国不少学者从共生的角度来研究产业集群生态化运作模式，尤其是在对生态工业园区建设方面。其中得到广泛应用的是，王兆华和武春友等人（2002）通过对丹麦卡伦堡和中国贵唐集团生态工业园内的工业共生模式比较研究，在互利共生的范畴内根据共生参与企业的所有权关系，提出了自主实体共生和复合实体共生两种共生模式；以及之后，王兆华和尹建华（2003）结合国际范围内生态工业园发展趋势，按照企业之间的地位提出依托型共生、共生型共生、嵌套型共生和虚拟型共生四种共生网络运作模式。在对产业集群生态化或共生治理的研究中，学者多借鉴以上共生模式分类或共生网络运作模式，对生态产业集群、生态型产业集群和共生性产业集群的生态化路径进行研究。

王海光和李雯等人（2009）将共生行为的四种类型和共生组织程度的四种状态通过矩阵式组合，构建出 16 种集群内企业共生治理模式，并为中心卫星式和联赛式企业集群选择出合适的治理路径；吴荻和武春友（2011）认为产业集群生态化模式通常是企业清洁生产类型与产业生态化链条类型的组合，从而提出了平等型和依托型两类生态型产业集群，并构建了从微观到宏观两个层次实现产业集群生态化路径；黄河等人（2011）提出了共栖—互利型、寄生型、偏利型、自主实体共生和复合实体共生的集群共生模式路径选择；基于特定产业集群提出适合其共生发展模式的文献不多，李慧和杨瑾（2010）将共生行为的四种类型和共生组织程度的四种状态组合成 16 种共生关系，对陕西装备制造业集群系统由偏利点共生向对称互惠一体化共生的共生性产业集群总体发展模式进行了探讨；杨青和张丽丽（2010）对武汉市创业风险投资集群共生模式进行了实证研究，提出了网络式、卫星式以及网络—卫星复合式三种共生模式；危旭芳（2008）从国内外实践成果总结出主副产业衍生、多种产业共生、动脉与静脉产业循环和外部效应内部化四种生态产业集群模式，是依据资源交换方式的对共生模式的一种分类。

3. 共生思想在技术创新上的应用

通过梳理发现，主要有两种研究视角，一是研究技术共生的可持续发展问题，二是研究创新主体间的共生机制问题。

前者主要以可持续发展或循环经济为理论背景，将共生思想引入到技术创新过程中，注重技术创新活动对生态的影响，并产生了“技术共生创新”和“循环经济共生链”等概念。雷延辰（2007）在“自然－科技－经济－社会－人类”的大系统中研究技术共生创新问题，界定技术共生创新的定义为“能够实现和支撑人与自然可持续发展的技术创新”，并从决策、研发、生产物化和市场实现四个方面分析了技术纵向共生创新，从技术创新分别与经济环境、社会环境和生态环境三个方面分析了技术横向共生创新，最后对技术共生创新的特性、意义和价值进行了探讨。许志晋（2006）提出“适用技术共生创新”的概念，是指能够与一定环境切合的具体条件，具有合理的动态结构，能够使经济、社会和生态三个系统取得最佳综合效益的技术创新活动或过程。进而他还提出了“适用技术共生创新能力”的概念，指企业通过开发或者引入适用技术来获取最佳综合效益并实现经济、社会、生态共生关系的能力。傅毓维和朱发根（2007）提出了循环经济共生链的概念，从成本和价值视角对循环经济共生链企业技术创新的形成机理进行了研究，并探究了强化循环经济共生链企业技术创新动因的途径。

后者主要包括产业在技术创新过程中的共生模式、共生路径和共生稳定性研究。李煜华（2014）等人对战略性新兴产业技术创新联盟主体共生关系和知识转移方式进行了分析，运用种群 Logistic 方程构建了联盟内主体间知识转移模型，并从共生单元、共生模式、共生界面和共生环境等方面提出了优化联盟内知识转移途径的策略。冯鲁闽（2012）运用共生理论对产业技术创新联盟共生关系进行了研究，构建了产业技术创新联盟 Logistic 模型，并对联盟在寄生、偏利共生、非对称互惠共生和对称互惠共生模式下的稳定性进行了探讨，并提出了相应的对策。

7.2.2 产业共生效应研究

通过文献梳理，研究发现目前对产业共生效应的定性理解还未形成统一，定量研究也较少。

国外学者在研究工业共生系统时，对“共生效应”的理解为产业共生网络可以实现的综合效益（经济效益、社会效益、商业效益和环境效益的综合），主要内容是，环境效益：资源需求减少，对不可再生资源的依赖性降低，污染排放以及废物处理需求减少；经济效益：资源投入、生产及废物管理成本降低，由较高价值的副产品和废物流产生的额外经济收入；商业效益：与外界团体的关系得到改善，树立绿色形象，开发出新产品及其市场；社会效益：提供新的就业机会，改善现有工作质量，创造一个更加清洁、更加安全的自然环境和工作环境（Murat Mirata，2004）。在此理解基础上，对“共生效应”的定量研究主要侧重于对生态工业园区产生的环境效益进行度量，有Ariana Bain，Megha Shenoy，Weslynne Ashton，Marian R. Chertow，Murat Mirata，Antonella Meneghetti，Gioacchino Nardin，E. M. Harper，T. E. Graedel 等人。

国内学者对“共生效应”的理解较分散。任巧巧（2005）论述了中小企业集群内的共生效应包括技术创新与扩散、企业集聚和品牌成长。孙健和尤雯（2008）定性地阐述了产业集聚和人才集聚的共生效应和乘数效应，以软件产业为例，从实证上证明了产业集聚与人才集聚之间高度相关的关系。宋马林（2008）提出生态产业园竞争力主要来源于厂商之间的共生效应，并将其分为副产品交换效应、集群效应、绿色效应和正外部性效应。王宇露和石冶（2008）在基于共生理论构建企业成长模型时，提出共生效应包括消除或削减资源瓶颈、分散或降低创新风险和降低交易成本。胡国（2013）在分析金融合作产生的产业共生效应时，将其描述为声誉机制培育、减少信息不对称、降低交易成本。吕俊杰（2007）对产业集群内的共生效应做出了定性分析，认为包括群内的技术创新与传播、区域品牌效应和产业集群推动下的产业成长。郎春雷和刘志迎（2003）认为产业共生效应主要体现在其创新优势上，共生会产生创新、共生带来交易成本的节约、共生的学习效应、共生产生专业化效应和共生提升对外综合竞争力。刘洪君（2011）提出开发区内高技术企业通过资源共享、产学研联合互动和产业与环境的协同创新机制的作用，形成集聚发展，能够获得更大的共生效应，主要包括产业规模扩大和自主品牌增加。李焕荣和马存先（2006）在论述共生理论的内涵及其基本观点的基础上，建立了战略网络关系进化的共生效应模型，并运用该模型分析了其进化动因。

7.2.3　区域创新系统中共生关系研究

1. 国外学者的相关研究

Pouder 等人（2003）在研究产业集群时引入了共生思想，认为集群在最初是因成本优势和技术溢出效应而形成，随着企业之间彼此影响，企业在认知模式和战略盲区中逐渐出现同质现象，使得整个集群收敛演化，进行了重新定位。Nelson（2002）对技术、产业结构与支撑制度之间共生演化关系进行了研究，指出一个国家要有效地利用技术，就必须有一套与之相适应的支撑制度。Murmann 等人（2001）研究了国家制度与产业，国家制度与企业和技术之间的共生演化关系。

2. 国内学者的相关研究

张昭（2011）对创业风险投资集群共生动力系统进行了研究，提出创业风险投资集群共生是指创业风险投资产业与高技术产业、中介服务业、政府组织等在某一区域内聚集，彼此之间联系，相互促进同时又相互制约，表现为一个有机的生态系统。程大涛（2003）运用共生理论分析集群企业之间的竞争与合作关系，讨论集群企业形成共生的条件、共生组织的演进方式，并运用模型对企业集群的共生度和共生表现形式进行简要分析，提出了基于共生关系的集群企业运作机制与衍生模式。何继善和戴卫明（2005）从生态学视角建立了产业集群的生态学模型，对产业集群的生态平衡进行了分析，指出集群中的企业需要保持信息交流、一定的差异性和形成分工协作网络，是对共生关系研究的一种体现。王子龙（2006）对高技术产业集群与经济增长间的关系建立了种群 logistic 模型进行分析，指出了集群内企业的共生演化路径，指出技术创新和技术进步是集群发展与区域经济之间正相关关系的决定因素。丁魁礼和钟书华（2013）讨论和研究了创新集群中知识、组织和制度的共生演化，基于技术史的视域，采用复制法制，通过美国硅谷和德国合成燃料两个典型创新集群的发展历程，识别和描绘了集群中知识、组织和制度共生演化的路径。郭淑芬（2011）认为创新系统作为人类社会技术与经济合作的重要模式，具有典型的共生性特点，它本身是一个共生体，是一个基于系统基本物质、能量与信息单元，单元间的联系网路模式，以及共生环境三要素的共生体。构建了基于共生三要素的创新系统理论，提出了“供需空洞型创新系统”“企业需求拉动型创新系统”“研发机构推动型创新系统”与“供需集成型创新系统”四种创新系统类型，并基于这四种类型，分析了创新系统演化的两条路径。张小峰和孙启贵（2013）认为区域创新系统是存在复杂关系的有机共生体，提出在共生理论视野下，区域创新系统是在一定区域范围内，通过在生产体系中引入新要素，或实现要素的新组合而形成的促进资源有效配置的共生网络体系。基于共生理论探讨了区域创新系统的共生要素、共生机制与合作创新模式。

第八章　区域创新极创新态势研究

生态位态势理论认为在自然界中，任何生物个体都具有“态”和“势”两个属性，“态”是指生物个体的状态，是生物个体过去在与外界环境相互作用中生长发育和学习积累的结果。“势”是指生物体个体对外界环境的现实支配力或影响力，如能量和物质变换的速率、生物增长率、占据新生境的能力等（阮平南，张敬文，2008）。本书要研究的创新极创新态势，即创新极的技术创新能力发展态势，是对创新极技术创新能力发展状态和变化趋势的刻画。创新极具备的技术创新能力不仅能够促进自身的发展，同时对其他产业及整个区域的经济发展都会产生影响。本书认为创新极间共生效应产生来源就在于创新极在创新态势上的差异。因此，对创新极创新态势的测度是对共生效应测度研究的基础。

集对分析法（Set Pair Analysis，SPA）是从 2 个集合的同一、相异、相反等维度分析集对中 2 个集合确定的关系和不确定关系以及这 2 种关系的相互作用，用联系数刻画这两种关系的程度，再通过联系数的运算去研究和分析含有不确定性的问题（赵克勤，2010）。创新极创新态势是一个不确定系统，本书将引入集对分析法构建创新极创新态势评价方法。

8.1　集对分析法

集对分析法是由我国学者赵克勤于 1989 年在包头召开的全国系统理论与区域规划学术研讨会上提出的，至今已在自然科学和社会科学等领域得到广泛应用。

8.1.1　联系数

SPA 的原理是先对不确定系统（同异反系统）中的两个有关联的集合构造集对，再对集对做同一性（同关系）、差异性（不确定关系）、对立性（反关系）分析，然后建立集对的同异反联系数。

设有联系的集合 A 和集合 B，A 有 n 项表征其特性，即 $A=(a_1, a_2, \cdots, a_n)$，$B$ 也有 n 项表征其特性，即 $B=(b_1, b_2, \cdots, b_n)$。集合 A 和集合 B 构成集对 $H(A, B)$。若要探讨集对 $H(A, B)$ 的关系并判断其关系的优劣程度，可计算 $H(A, B)$ 的联系数：

$$\mu_{A\sim B}=\frac{s}{n}+\frac{f}{n}i+\frac{p}{n}j \tag{8-1}$$

式中 s 为同一性的个数；f 为差异性的个数；p 为对立性的个数。记 $a=s/n$，$b=f/n$，$c=p/n$，分别称 a，b，c 为某特征下的同一度、差异度和对立度，即式（8-1）可写成

$$\mu_{A\sim B}=a+bi+cj \tag{8-2}$$

式中 $a+b+c=1$，j 为对立系数，一般取 $j=-1$，以表示 c 是与 a 相反的量，不计 j 的值时，仅作为反分量的标记使用；i 为差异不确定系数，是 b 的系数，也是 j 的函数，当 j 取 -1 时，i 在 $[-1, 1]$ 区间不确定取值，以表示 b 处在 a 和 c 的某个中间位置，一般依照“均分原则”取值，不计 i 的值时，仅作为异分量的标记使用。a，bi，cj 分别称为联系数 $\mu_{A\sim B}$ 的同部、异部和反部。

公式（8-1）和（8-2）表示的是最基础的 3 元联系数，将异部 bi 进一步扩展为 $bi=b_1i_1+b_2i_2+\cdots+b_ki_k$，可以得到多元联系数见公式（8-3），其中 b_1，b_2，$\cdots$，b_k 称为差异度分量，表示差异度的不同级别，i_1，i_2，$\cdots$，i_k 称为差异不确定分量系数。

$$\mu_{A\sim B}=a+b_1i_1+b_2i_2+\cdots b_ki_k+cj \tag{8-3}$$

从上式可以看出，联系数的表达式简单，但是反映出了集合 A 和 B 关系的整体结构，同时 a，b，c 又反映出了集合 A 和 B 关系的内部细致结构。联系数以其突破了以相关系数、隶属度和灰色关联度单一指标表征关系的传统框架优势，清晰地表示了关系结构，定量揭示了复杂关系中的三种或多种秉性，动态地给出了综合关系值。

8.1.2 同异反态势排序

联系数全面地刻画了所论的集合 A 和集合 B 在指定问题背景下的联系状态和某种趋势，根据其中 a，b，c 的大小关系，可以进一步系统状态排序，称为同异反态势排序。见表 8.1：

表 8.1　同异反态势排序表

序号	a、b、c 大小关系	态势及势级	含义
1	$a=1$	全同势	两个集合完全同一
2	$a>c$，$a>b$，$b>c$	准同势	两个集合的联系以趋同一为主
3	$a>c$，$a>b$，$b=c$	强同势	两个集合同一的趋势强
4	$a>c$，$a>b$，$b<c$	亚强同势	两个集合同一的趋势亚强
5	$a>c$，$a=b$，$b>c$	弱同势	两个集合同一的趋势弱
6	$a>c$，$a<b$，$b>c$	微同势	两个集合同一的趋势微弱
7	$a=c$，$a>b$，$b<c$	强均势	两个集合同一与对立的趋势相等且强
8	$a=c$，$a=b$，$b=c$	准均势	临界均势
9	$a=c$，$a<b$，$b>c$	弱均势	两个集合同一与对立的趋势相等但弱
10	$b=1$	全均势	两个集合完全相异
11	$a<c$，$a>b$，$b<c$	微反势	两个集合有微小的对立趋势
12	$a<c$，$a=b$，$b<c$	弱反势	两个集合有对立趋势但较弱
13	$a<c$，$a<b$，$b>c$	亚强反势	两个集合有较强的对立趋势
14	$a<c$，$a<b$，$b=c$	强反势	两个集合的对立趋势强
15	$a<c$，$a<b$，$b<c$	准反势	两个集合的联系以对立趋势为主
16	$c=1$	全反势	两个集合完全对立

资料来源：中国人工智能学会全国学术年会 2003

8.1.3　偏联系数

偏联系数是根据联系数中联系分量层次特性建立的一种联系函数，反映了联系数所刻画事物的发展态势。多元联系数 $\mu_{A\sim B}$ 的偏联系数为：

$$\partial_-^+\mu_{A\sim B}=\partial a+\partial_-^+b_1i_1+\partial_-^+b_2i_2+\cdots+\partial_-^+b_ki_k+\partial_-cj \qquad (8-4)$$

其中，$\partial^+\mu_{A\sim B}=\partial a+\partial b_1i_1+\partial b_2i_2+\cdots+\partial b_ki_k$ 为偏正联系数，$\partial_-\mu_{A\sim B}=\partial_-b_1i_1+\partial_-b_2i_2+\cdots+\partial_-b_ki_k+\partial_-cj$ 为偏负联系数。式中：

$$\partial a=\frac{a}{a+b_1},\ \partial b_1=\frac{b_1}{b_1+b_2},\ \partial b_2=\frac{b_2}{b_2+b_3},\ \cdots,\ \partial b_k=\frac{b_k}{b_k+c};$$

$$\partial_-b_1=\frac{b_1}{a+b_1},\ \partial_-b_2=\frac{b_2}{b_1+b_2},\ \cdots,\ \partial_-b_k=\frac{b_k}{b_{k-1}+b_k},\ \partial_-c=\frac{c}{b_k+c}; \qquad (8-5)$$

将公示（8－5）代入公式（8－4），整理可得：

$$\partial_-^+\mu_{A\sim B}=\partial a+\left(\frac{b_1}{b_1+b_2}+\frac{b_1}{a+b_1}\right)i_1$$

$$+\left(\frac{b_2}{b_2+b_3}+\frac{b_2}{b_1+b_2}\right)i_2+\cdots+\left(\frac{b_k}{b_k+c}+\frac{b_k}{b_{k-1}+b_k}\right)i_k+\frac{c}{b_k+c}j \quad (8-6)$$

当偏联系数 $\partial_-^+\mu_{A\sim B}>0$ 时，原联系数所刻画事物的发展趋势是正向的；当偏联系数 $\partial_-^+\mu_{A\sim B}<0$ 时，原联系数所刻画事物的发展趋势是负向的，$\partial_-^+\mu_{A\sim B}=0$ 时，原联系数所刻画事物的发展趋势处于临界状态。

8.2 创新极创新态势测度方法建立

基于以上集对分析原理，本节将创新极的指标值 x_m（$m=1, 2, \cdots, M$；M 为评价指标数）看成一个集合 A_m，把相应指标的评价标准看成另一个集合 S_k（$k=1, 2, \cdots, K$；K 为评价等级数），则 A_m 与 S_k 可构成一个集对 $H(A_m, S_k)$。根据 SPA 原理，可用 K 元联系数 μ_m 描述集对 $H(A_m, S_k)$ 的关系，即

$$\mu_m=\mu_{A_m\sim S_k}=a_m+b_{m,1}i_1+b_{m,2}i_2+\cdots+b_{m,K-2}i_{K-2}+c_mj \quad (8-7)$$

式中，a_m 为指标值 x_m 与该指标第 k 级标准的同一度（等级相同）；$b_{m,1}$ 为指标值 x_m 与该指标第 k 级标准相差 1 级的差异度，$b_{m,2}$ 为指标值 x_m 与该指标第 k 级标准相差 2 级的差异度，$b_{m,K-2}$ 为指标值 x_m 与该指标第 k 级标准相差 $K-2$ 级的差异度，统称 b_m 为指标值 x_m 与该指标第 k 级标准的差异度分量；c_m 为指标值 x_m 与该指标第 k 级标准的对立度（相差 $K-1$ 级）。集对 $H(A_m, S_k)$ 可用表 8.2 表示。

表 8.2 集对 $H(A_m, S_k)$

评价指标	分级标准 S_k（$k=1, 2, \cdots, K$）				权重 w_m
	s_k	S_{k-1}	…	S_1	（$m=1, 2, \cdots, M$）
x_1					w_1
x_2					w_2
⋮					⋮
x_M					w_M

8.2.1 评价指标体系及其评价等级标准的确定

创新极创新态势指数是区域创新系统的测评核心，对创新极创新态势进行测评需要解决两个关键问题，一是测评方法的构建，上文已经解决；二是确定合理反映创新极技术创能力发展态势的评价指标体系及其评价等级标准，其中选取的指标既要能够反映创新极的特性，又要兼顾数据可获取性。为了解决第

2 个问题，课题组邀请了科技部战略研究院、清华大学、南开大学、河北省科技厅、河北钢铁集团公司技术中心、天津市科学学研究院以及河北工业大学共 7 个单位里从事相关领域研究的七位专家学者，于 2014 年 9 月 15 日在河北工业大学经济管理学院进行了会议研讨。经过研讨对此问题达成了一致性意见。

1. 评价指标体系的确定

包括对评级指标的选择和各指标权重的确定。提出从产业技术水平、产业创新潜力和产业规模 3 个方面对创新极技术创新能力进行评价。

（1）产业技术水平是创新极技术创新的根本目的，是一个产业科技和经济发展水平的集中体现，用万名从业人员拥有发明专利数表示：万名从业人员拥有发明专利数 = 发明专利申请数/从业人员平均数。以件/万人为单位。

（2）产业创新潜力，用 R&D 人员人均 R&D 经费投入表示，R&D 人员人均 R&D 经费投入 = R&D 经费内部支出/R&D 人员折合全时当量。以万元/人年为单位。

（3）产业规模，用新产品销售收入表示，以亿元为单位。

通过七位专家打分，确定 3 个指标的权重依次为 0. 35、0. 35、0. 3。

2. 评价等级标准的确定

本书以万名从业人员拥有发明专利数、R&D 人员人均 R&D 经费投入和新产品销售收入的数据分别作为产业技术水平、产业创新潜力和产业规模 3 个指标的代理变量。其中，前两个指标为间接指标，需要计算得到。因此，本研究共需要有效发明专利数、年末从业人员、R&D 活动经费、R&D 人员折合全时当量和新产品销售收入 5 个变量的数据。查阅全国各省市 2013 年统计年鉴和科技年鉴，有北京、天津、上海和重庆 4 个直辖市，以及山东、河南、湖南、云南和陕西 5 个省份，共 9 个地区对其采矿业，制造业，电力、热力和水的生产和供应业（按照国民经济行业分类中的大类分类）共 41 个行业的规模以上工业企业相关数据进行了统计。这 41 个产业见表 8. 3：

表 8. 3　41 个国民经济行业大类分类行业

编号	大　类
M1	煤炭开采和洗选业
M2	石油和天然气开采业
M3	黑色金属矿采选业
M4	有色金属矿采选业
M5	非金属矿采选业

续表

编号	大类
M6	开采辅助活动
M7	其他采矿业
M8	农副食品加工业
M9	食品制造业
M10	酒、饮料和精制茶制造业
M11	烟草制品业
M12	纺织业
M13	纺织服装、鞋、帽制品业
M14	皮革、毛皮、羽毛（绒）及其制品业
M15	木材加工及木、竹、藤、棕、草制品业
M16	家具制造业
M17	造纸及纸制品业
M18	印刷和记录媒介复制业
M19	文教、工美、体育和娱乐用品制造业
M20	石油加工、炼焦及核燃料加工业
M21	化学原料及化学制品制造业
M22	医药制造业
M23	化学纤维制造业
M24	橡胶和塑料制品业
M25	非金属矿物制品业
M26	黑色金属冶炼及压延加工业
M27	有色金属冶炼及压延加工业
M28	金属制品业
M29	通用设备制造业
M30	专用设备制造业
M31	汽车制造业
M32	铁路、船舶、航空航天和其他运输设备制造业
M33	电气机械及器材制造业
M34	计算机、通信及其他电子设备制造业
M35	仪器仪表制造业
M36	其他制造业
M37	废弃资源综合利用业
M38	金属制品、机械和设备修理业
M39	电力、热力的生产和供应业
M40	燃气生产和供应业
M41	水的生产和供应业

9 个地区的原始数据表见附录 D。

（1）从 9 个地区的产业技术水平指标来看，数值范围从 0 至 975，其中 200 件以上的是 4 个。云南化学纤维制造业全部从业人员年平均人数只有 0.04 万人，即只有 400 人，而有效发明专利数为 39 件，计算得出其万名从业人员拥有有效发明专利数为 975 件，数值明显高于其他地区、其他产业的数值，说明云南化学纤维制造业在 2012 年发明专利的情况很好。天津市医药制造业的数值为 446 件，排名第二，其从业人数为 4.3 万人，有效发明专利数为 1916 件，不仅高于同地区其他产业，也高于其他地区医药制造业数。排名第三的为北京计算机、通信和其他电子设备制造业 373 件，其从业人数为 14.04 万人，有效发明专利数为 5233 件，其在同地区或其他地区的同行业中都属最高。上海黑色金属冶炼及压延加工业以 273 件排名第四。

除此之外，我们可以看出，其余的数据主要从 0 至 200 不等，见图 8.1。根据区间统计，指标值为 0 的产业有 86 个，在区间［1，10］的为 101 个，在区间（10，30］的为 82 个，在区间（30，60］的为 48 个，在区间（60，100］的为 28 个，在区间（100，200］的为 20 个。

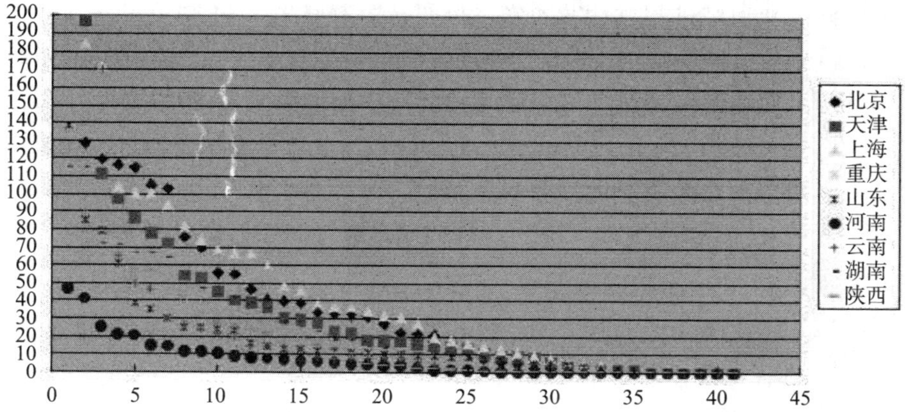

图 8.1　9 个地区产业技术水平指标值分布

针对实际数值，通过七位专家意见确定了产业技术水平指标等级标准如表 8.4 所示：

表 8.4　产业技术水平指标等级标准值（件/万人）

S_6	S_5	S_4	S_3	S_2	S_1
很低	低	较低	较高	高	很高
1	10	30	60	100	200

（2）从9个地区的产业创新潜力指标来看，数值范围从0至252，其中100以上的为16个。最高的是重庆纺织服装、鞋、帽制品业的R&D人员人均R&D经费投入252万元，分析原因在于其2012年R&D人员折合全时当量为1人年；其余的15个产业北京1个（石油和天然气开采业），天津2个（石油和天然气开采业，石油加工、炼焦及核燃料加工业），上海1个（黑色金属冶炼及压延加工业），重庆4个（煤炭开采和洗选业，烟草制品业，皮革、毛皮、羽毛（绒）及其制品业，黑色金属冶炼及压延加工业），山东2个（非金属矿采选业，燃气生产和供应业），云南2个（烟草制品业，橡胶和塑料制品业），湖南2个（石油加工、炼焦及核燃料加工业，废弃资源综合利用业），陕西1个（黑色金属冶炼及压延加工业），河南0个。

除此之外，可以看出，其余的数据主要从0至100不等，见图8.2。根据区间统计，指标值为0（包含为统计的）的有58个，在区间［1，15］的为56个，在区间（15，30］的为115个，在区间（30，45］的为73个，在区间（45，60］的为31个，在区间（60，100］的为20个。

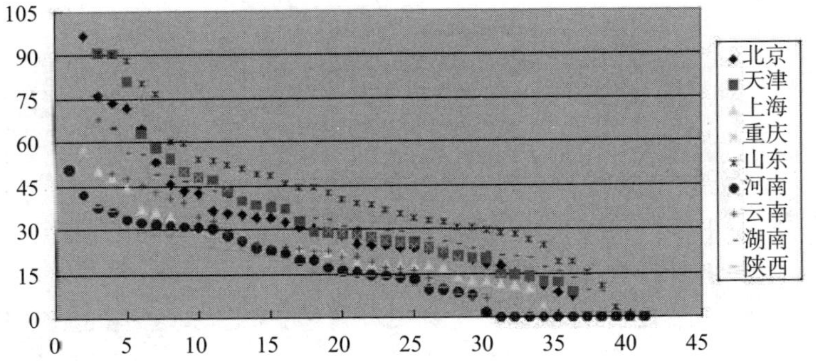

图8.2　9个地区产业创新潜力指标值分布

针对实际数值，通过七位专家意见确定了产业创新潜力指标等级评价标准如表8.5所示：

表8.5　产业技术水平指标等级标准值（件）

S_6	S_5	S_4	S_3	S_2	S_1
很低	低	较低	较高	高	很高
1	15	30	45	600	100

（3）从9个地区的产业规模指标来看，数值范围从0至32455亿元，其中1000亿元以上的有16个。上海市1000亿元以上的就占有了11个，其中有10个均高于其他地区的行业。上海汽车制造业新产品销售收入为32445亿元，是第二位的通用设备制造业7216亿元的4.5倍。另外5个分别为北京1个（计算机、通信及其他电子设备制造业），山东4个（纺织业、医药制造业、计算机、通信及其他电子设备制造业、仪器仪表制造业）。

除此之外，可以看出，其余的数据主要从0至1000不等，见图8.3。根据区间统计，指标值为0（包含为统计的）的有82个，在区间［1，10］的为90个，在区间（10，100］的为102个，在区间（100，200］的为28个，在区间（200，400］的为27个，在区间（400，1000］的为24个。

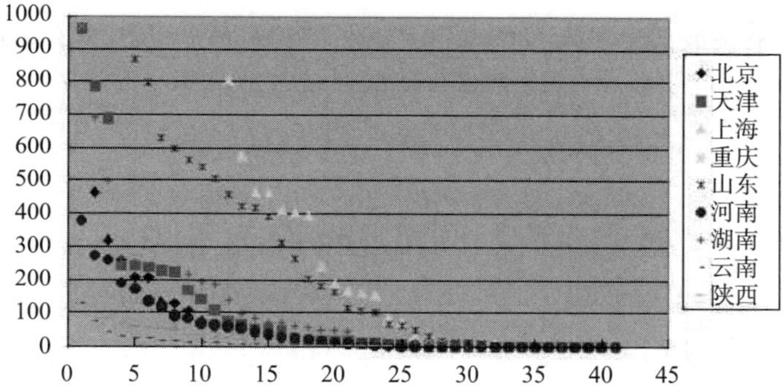

图8.3 9个地区产业规模指标值分布

针对实际数值，通过七位专家意见确定了产业规模指标评价等级标准如表8.6所示：

表8.6 产业技术水平指标等级标准值（件）

S_6	S_5	S_4	S_3	S_2	S_1
很低	低	较低	较高	高	很高
1	10	100	200	400	1000

（4）综合表8.4至表8.6，可以得到创新极技术创新能力评价指标体系对应的等级评价标准，见表8.7：

表 8.7　创新极技术创新能力评价指标及其评价等级标准

评价指标 等级标准	S_6	S_5	S_4	S_3	S_2	S_1	权重 w_m ($m=1, 2, 3$)
产业技术水平 X_1（件/万人）	1	10	30	60	100	200	0.35
产业创新潜力 X_2（万元/人年）	1	15	30	45	60	100	0.35
产业规模 X_3（亿元）	1	10	100	200	400	1000	0.3

8.2.2　六元联系数及其偏联系数的计算

由上节评价等级标准的确定 $k=6$，六元联系数 $\mu=a+b_1i_1+b_2i_2+b_3i_3+b_4i_4+cj$，是同异反三元联系数的一种推广。

由于本节选取的是越大越优指标且评价等级标准的边界具有模糊性，因此借助模糊分析法，提出了对六元联系数的计算思路如下：

$$\mu_m=\begin{cases}1+0i_1+0i_2+0i_3+0i_4+0j, & x_m\geqslant s_1\\ \dfrac{x_m-s_2}{s_1-s_2}+\dfrac{s_1-x_m}{s_1-s_2}i_1+0i_2+0i_3+0i_4+0j, & s_2\leqslant x_m<s_1\\ 0+\dfrac{x_m-s_3}{s_2-s_3}i_1+\dfrac{s_2-x_m}{s_2-s_3}i_2+0i_3+0i_4+0j, & s_3\leqslant x_m<s_2\\ 0+0i_1+\dfrac{x_m-s_4}{s_3-s_4}i_2+\dfrac{s_3-x_m}{s_3-s_4}i_3+0i_4+0j, & s_4\leqslant x_m<s_3\\ 0+0i_1+0i_2+\dfrac{x_m-s_5}{s_4-s_5}i_3+\dfrac{s_4-x_m}{s_4-s_5}i_4+0j, & s_5\leqslant x_m<s_4\\ 0+0i_1+0i_2+0i_3+\dfrac{x_m-s_6}{s_5-s_6}i_4+\dfrac{s_5-x_m}{s_5-s_6}j, & s_6\leqslant x_m<s_5\\ 0+0i_1+0i_2+0i_3+0i_4+1j, & x_m<s_6\end{cases}\tag{8-8}$$

式中，$s_1\geqslant s_2\geqslant\cdots\geqslant s_{K-1}\geqslant s_k$。

运用公式（8-8），可依次计算出创新极的 μ_1，μ_2 和 μ_3，得到了三个指标的同一度 a，差异度分量 $b_1\sim b_4$，对立度 c，根据公式（8-9）可计算出此创新极的联系数 $\mu_{总}$。

$$\mu_{总} = \begin{bmatrix} 0.35 \\ 0.35 \\ 0.3 \end{bmatrix}^T \cdot \begin{bmatrix} a_1 & b_{1,1} & b_{1,2} & b_{1,3} & b_{1,4} & c_1 \\ a_2 & b_{2,1} & b_{2,2} & b_{2,3} & b_{2,4} & c_2 \\ a_3 & b_{3,1} & b_{3,2} & b_{3,3} & b_{3,4} & c_3 \end{bmatrix} \cdot \begin{bmatrix} 1 \\ i_1 \\ i_2 \\ i_3 \\ i_4 \\ j \end{bmatrix} \quad (8-9)$$

六元联系数的偏联系数为：

$$\partial^+_-\mu = \partial a + \partial b_1 i_1 + \partial b_2 i_2 + \partial b_3 i_3 + \partial b_4 i_4 + \partial_- b_1 i_1 + \partial_- b_2 i_2 + \partial_- b_3 i_3 + \partial_- b_4 i_4 + \partial_- cj$$

其中，$\partial^+\mu = \partial a + \partial b_1 i_1 + \partial b_2 i_2 + \partial b_3 i_3 + \partial b_4 i_4$ 为偏正联系数，$\partial_-\mu = \partial_- b_1 i_1 + \partial_- b_2 i_2 + \partial_- b_3 i_3 + \partial_- b_4 i_4 + \partial_- cj$ 为偏负联系数。式中：

$\partial a = \frac{a}{a+b_1}$，$\partial b_1 = \frac{b_1}{b_1+b_2}$，$\partial b_2 = \frac{b_2}{b_2+b_3}$，$\partial b_3 = \frac{b_3}{b_3+b_4}$，$\partial b_4 = \frac{b_4}{b_4+c}$，

$\partial_- b_1 = \frac{b_1}{a+b_1}$，$\partial_- b_2 = \frac{b_2}{b_1+b_2}$，$\partial_- b_3 = \frac{b_3}{b_2+b_3}$，$\partial_- b_4 = \frac{b_4}{b_3+b_4}$，$\partial_- c = \frac{c}{b_4+c}$。

整理可得：

$$\begin{aligned} \partial^+_-\mu &= \frac{a}{a+b_1} + \left(\frac{b_1}{b_1+b_2} + \frac{b_1}{a+b_1}\right) i_1 + \left(\frac{b_2}{b_2+b_3} + \frac{b_2}{b_1+b_2}\right) i_2 \\ &+ \left(\frac{b_3}{b_3+b_4} + \frac{b_3}{b_2+b_3}\right) i_3 + \left(\frac{b_4}{b_4+c} + \frac{b_4}{b_3+b_4}\right) i_4 + \frac{c}{b_4+c} j \end{aligned} \quad (8-10)$$

根据公式（8－9）计算出创新极的联系数，可以得到其同一度 a、差异度分量 $b_1 \sim b_4$，代入公式（8－10）可得到创新极的偏联系数。

根据“均分原则”，将区间［－1，1］进行5等分，内部4个分界点0.6，0.2，－0.2，－0.6分别对应 i_1，i_2，i_3，i_4 的取值。又 $j=-1$，将 i 和 j 的值分别代入公式（8－9）和公式（8－10），则可分别得到六元联系数值和偏联系数值。

将创新极联系数的区间范围［－1，1］进行划分并标定等级，见表8.8，将上述计算出的联系数值结果与表8.8相对应，可得出创新极联系数的高低等级。

表8.8 联系数值的评定等级表

联系数值的范围	等级
[－1，－0.67)	很低
[－0.67，－0.33)	低

续表

联系数值的范围	等级
[-0.33, 0)	较低
[0, 0.33)	较高
[0.33, 0.67)	高
[0.67, 1]	很高

综上所述，本节通过对创新极技术创新能力的评价，运用集对分析法中的联系数、同异反态势和偏联系数三个指标来对创新极的创新态势进行分析，前两个指标主要是对创新极技术创新能力的发展状态进行刻画，后一个指标主要是对创新极技术创新能力的变化趋势进行描述。

8.3 区域创新极态势实证研究

8.3.1 各省市创新极确定

本节依据数据事实，引用熵值法对每个地区 41 个产业的权重进行计算，进而以此为依据进行排序，选取各个地区的前 15 个为创新极。选择结果见表 8.9。

表 8.9 各地区创新极选择结果

地区	创新极
北京	计算机、通信和其他电子设备制造业；电气机械和器材制造业；煤炭开采和洗选业；专用设备制造业；汽车制造业；仪器仪表制造业；铁路、船舶、航空航天和其他运输设备制造业；其他制造业；通用设备制造业；有色金属冶炼和压延加工业；非金属矿物制品业；医药制造业；化学原料和化学制品制造业；烟草制品业；农副食品加工业
天津	医药制造业；计算机、通信及其他电子设备制造业；黑色金属冶炼及压延加工业；汽车制造业；电气机械及器材制造业；仪器仪表制造业；专用设备制造业；化学原料及化学制品制造业；有色金属冶炼及压延加工业；金属制品业；通用设备制造业；石油加工、炼焦及核燃料加工业；文教、工美、体育和娱乐用品制造业；食品制造业；农副食品加工业
上海	汽车制造业；黑色金属冶炼及压延加工业；通用设备制造业；化学原料及化学制品制造业；电气机械及器材制造业；铁路、船舶、航空航天和其他运输设备制造业；计算机、通信及其他电子设备制造业；烟草制品业；石油和天然气开采业；专用设备制造业；医药制造业；石油加工、炼焦及核燃料加工业；有色金属冶炼及压延加工业；非金属矿物制品业；橡胶和塑料制品业

续表

地区	创新极
重庆	汽车制造业；铁路、船舶、航空航天和其他运输设备制造业；医药制造业；电气机械及器材制造业；黑色金属冶炼及压延加工业；文教、工美、体育和娱乐用品制造业；通用设备制造业；其他制造业；有色金属冶炼及压延加工业；化学原料及化学制品制造业；仪器仪表制造业；专用设备制造业；通信设备、计算机及其他电子设备制造业；石油加工、炼焦及核燃料加工业；金属制品业
山东	仪器仪表制造业；医药制造业；计算机、通信和其他电子设备制造业；电气机械及器材制造业；烟草制品业；纺织业；有色金属冶炼及压延加工业；金属制品业；铁路、船舶、航空航天和其他运输设备制造业；化学纤维制造业；化学原料及化学制品制造业；专用设备制造业；汽车制造业；通用设备制造业；有色金属矿采选业
河南	专用设备制造业；有色金属冶炼及压延加工业；通用设备制造业；仪器仪表制造业；黑色金属冶炼及压延加工业；酒、饮料和精制茶制造业；化学原料及化学制品制造业；烟草制品业；非金属矿物制品业；医药制造业；农副食品加工业；橡胶和塑料制品业；纺织业；印刷和记录媒介复制业；食品制造业
湖南	专用设备制造业；烟草制品业；石油加工、炼焦及核燃料加工业；铁路、船舶、航空航天和其他运输设备制造业；仪器仪表制造业；有色金属冶炼及压延加工业；电气机械及器材制造业；化学纤维制造业；非金属矿物制品业；医药制造业；农副食品加工业；通用设备制造业；化学原料及化学制品制造业；计算机、通信及其他电子设备制造业；汽车制造业
云南	有色金属冶炼及压延加工业；烟草制品业；黑色金属冶炼及压延加工业；医药制造业；化学原料及化学制品制造业；橡胶和塑料制品业；仪器仪表制造业；汽车制造业；印刷和记录媒介复制业；食品制造业；铁路、船舶、航空航天和其他运输设备制造业；酒、饮料和精制茶制造业；其他制造业；计算机、通信及其他电子设备制造业；非金属矿采选业
陕西	电气机械及器材制造业；汽车制造业；黑色金属冶炼及压延加工业；铁路、船舶、航空航天和其他运输设备制造业；仪器仪表制造业；专用设备制造业；通信设备、计算机及其他电子设备制造业；通用设备制造业；金属制品业；有色金属冶炼及压延加工业；医药制造业；酒、饮料和精制茶制造业；农副食品加工业；印刷和记录媒介复制业；石油和天然气开采业

通过对这9个地区各个创新极出现的频次统计，可知有色金属冶炼及压延加工业，医药制造业均出现了9次；计算机、通信及其他电子设备制造业，专用设备制造业，汽车制造业，仪器仪表制造业，通用设备制造业，化学原料及化学制品制造业均出现了8次；铁路、船舶、航空航天和其他运输设备制造

业，电气机械和器材制造业均出现了7次；烟草制品业，黑色金属冶炼及压延加工业均出现了6次；农副食品加工业出现了5次；非金属矿物制品业，石油加工、炼焦及核燃料加工业，金属制品业均出现了4次；其他制造业，橡胶和塑料制品业，酒、饮料和精制茶制造业，印刷和记录媒介复制业，食品制造业均出现了3次；石油和天然气开采业，纺织业，化学纤维制造业，文教、工美、体育和娱乐用品制造业均出现了2次；煤炭开采和洗选业，有色金属矿采选业，非金属矿采选业均出现了1次。

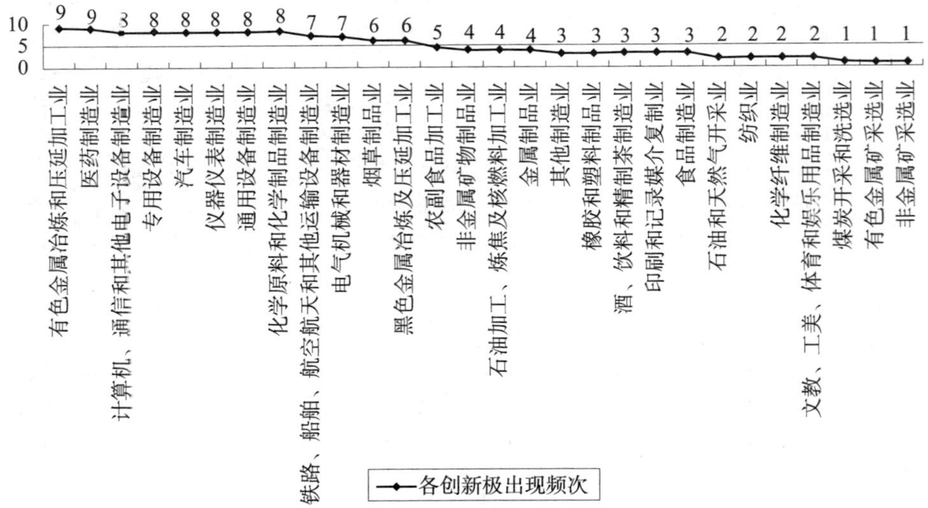

图8.4　各类创新极频次数

9个地区的所有创新极共包含了28类行业，其中采矿业有4个，分别为石油和天然气开采业、煤炭开采和洗选业、有色金属矿采选业和非金属矿采选业；属轻纺工业的7个，属机械、电子制造业的8个，属资源加工工业的9个；没有电力、热力、燃气及水的生产和供应业。

8.3.2　各省市创新极创新态势分析

1. 北京市

北京市15个创新极各指标原始数据如表8.10所示。

表 8.10　北京市 15 个创新极各指标原始值

创新极 评价指标	产业技术水平 （件/万人）	产业创新潜力 （万元/人年）	产业规模 （亿元）
计算机、通信和其他电子设备制造业	373	53	1034
电气机械和器材制造业	115	32	318
煤炭开采和洗选业	6	7	464
专用设备制造业	103	36	206
汽车制造业	32	42	259
仪器仪表制造业	116	23	106
铁路、船舶、航空航天和其他运输设备制造业	76	65	73
其他制造业	55	97	9
通用设备制造业	27	34	205
有色金属冶炼和压延加工业	120	24	37
非金属矿物制品业	39	29	129
医药制造业	41	25	127
化学原料和化学制品制造业	70	25	61
烟草制品业	21	72	4
农副食品加工业	40	30	26

资料来源：《2013 年北京统计年鉴》《2013 年北京科技统计年鉴》

北京市计算机、通信和其他电子设备制造业各指标分别为 373 件、53 万元和 1034 亿元，根据等级标准表 8.7 和公式（8-8），可分别得到三个指标的同一度、差异度分量和对立度，见表 8.11：

表 8.11　计算机、通信和其他电子设备制造业创新极各指标联系数

	a	b_1	b_2	b_3	b_4	c
u_1	1.00	0.00	0.00	0.00	0.00	0.00
u_2	0.00	0.54	0.46	0.00	0.00	0.00
u_3	1.00	0.00	0.00	0.00	0.00	0.00

代入公式（8-9）可计算出计算机、通信和其他电子设备制造业的六元联系数为：

$$u=\begin{bmatrix}0.35\\0.35\\0.3\end{bmatrix}^{T}\cdot\begin{bmatrix}1&0&0&0&0&0\\0&0.54&0.46&0&0&0\\1&0&0&0&0&0\end{bmatrix}\cdot\begin{bmatrix}1\\i_1\\i_2\\i_3\\i_4\\j\end{bmatrix}$$

$$=0.65+0.19i_1+0.16i_2+0i_3+0i_4+0j$$

即得到计算机、通信和其他电子设备制造业创新极的联系数，以及 $a=0.65$，$b_1=0.19$，$b_2=0.16$，$b_3=0$，$b_4=0$，$c=0$。将这些值代入公式（8－10）计算出计算机、通信和其他电子设备制造业的六元偏联系数为：

$$\partial_{-}^{+}\mu=\frac{a}{a+b_1}+\left(\frac{b_1}{b_1+b_2}+\frac{b_1}{a+b_1}\right)i_1+\left(\frac{b_2}{b_2+b_3}+\frac{b_2}{b_1+b_2}\right)i_2$$

$$+\left(\frac{b_3}{b_3+b_4}+\frac{b_3}{b_2+b_3}\right)i_3+\left(\frac{b_4}{b_4+c}+\frac{b_4}{b_3+b_4}\right)i_4+\frac{c}{b_4+c}j$$

$$=0.77+0.77i_1+1.46i_2+0i_3+0i_4+0j$$

再分别将 $i_1=0.6$，$i_2=0.2$，$i_3=-0.2$，$i_4=-0.6$，$j=-1$，代入所求的联系数和偏联系数中，可得计算机、通信和其他电子设备制造业的联系数值为 0.80，偏联系数值为 1.53。

如此依次可以得到其他 14 个创新极的联系数值和偏联系数值，对北京市各创新极的联系数与偏联系数汇总得到表 8.12 和表 8.13：

表 8.12　北京市各创新极联系数值

	a	b_1	b_2	b_3	b_4	c	联系数值
计算机、通信和其他电子设备制造业	0.65	0.19	0.16	0.00	0.00	0.00	0.80
电气机械和器材制造业	0.05	0.48	0.18	0.30	0.00	0.00	0.31
煤炭开采和洗选业	0.03	0.27	0.00	0.00	0.34	0.36	−0.37
专用设备制造业	0.01	0.35	0.44	0.20	0.00	0.00	0.27
汽车制造业	0.00	0.09	0.53	0.38	0.00	0.00	0.08
仪器仪表制造业	0.06	0.29	0.02	0.47	0.16	0.00	0.05
铁路、船舶、航空航天和其他运输设备制造业	0.04	0.45	0.21	0.21	0.09	0.00	0.25
其他制造业	0.32	0.03	0.29	0.06	0.26	0.04	0.19
通用设备制造业	0.00	0.01	0.38	0.56	0.05	0.00	−0.06
有色金属冶炼和压延加工业	0.07	0.28	0.00	0.29	0.36	0.00	−0.04

续表

	a	b_1	b_2	b_3	b_4	c	联系数值
非金属矿物制品业	0.00	0.00	0.19	0.79	0.02	0.00	-0.13
医药制造业	0.00	0.00	0.21	0.67	0.13	0.00	-0.17
化学原料和化学制品制造业	0.00	0.08	0.27	0.39	0.26	0.00	-0.13
烟草制品业	0.10	0.25	0.00	0.20	0.24	0.21	-0.14
农副食品加工业	0.00	0.00	0.11	0.64	0.25	0.00	-0.25

表 8.13　北京市各创新极偏联系数值

	$\frac{a}{a+b_1}$	$\frac{b_1}{b_1+b_2}+\frac{b_1}{a+b_1}$	$\frac{b_2}{b_2+b_3}+\frac{b_2}{b_1+b_2}$	$\frac{b_3}{b_3+b_4}+\frac{b_3}{b_2+b_3}$	$\frac{b_4}{b_4+c}+\frac{b_4}{b_3+b_4}$	$\frac{c}{b_4+c}$	偏联系数值
计算机、通信和其他电子设备制造业	0.77	0.77	1.46	0.00	0.00	0.00	1.53
电气机械和器材制造业	0.10	1.63	0.65	1.62	0.00	0.00	0.88
煤炭开采和洗选业	0.11	1.89	0.00	0.00	1.49	0.51	-0.16
专用设备制造业	0.03	1.41	1.25	1.31	0.00	0.00	0.86
汽车制造业	0.00	1.14	1.44	1.42	0.00	0.00	0.69
仪器仪表制造业	0.16	1.78	0.09	1.71	1.25	0.00	0.16
铁路、船舶、航空航天和其他运输设备制造业	0.08	1.59	0.83	1.19	1.30	0.00	0.18
其他制造业	0.92	0.18	1.74	0.35	1.67	0.15	0.15
通用设备制造业	0.00	1.02	1.39	1.51	1.08	0.00	-0.06
有色金属冶炼和压延加工业	0.20	1.80	0.00	1.45	1.55	0.00	0.06
非金属矿物制品业	0.00	0.00	1.19	1.78	1.03	0.00	-0.73
医药制造业	0.00	0.00	1.24	1.61	1.16	0.00	-0.77
化学原料和化学制品制造业	0.00	1.24	1.16	1.20	1.39	0.00	-0.10
烟草制品业	0.29	1.71	0.00	1.45	1.08	0.47	-0.09
农副食品加工业	0.00	0.00	1.15	1.57	1.28	0.00	-0.85

对表 8. 13 分析可得，北京市 15 个创新极中发展趋势是正向的共 8 个；发展趋势是负向的共 7 个。在 8 个正向发展的创新极中，除有色金属冶炼及压延加工业是资源加工业之外，其余皆为机械、电子制造业；在 7 个负向发展的创新极中，除通用设备制造业之外，其余的皆为轻纺工业和资源加工业。

将上述结果同表 8. 1 同异反态势排序表和表 8. 8 创新极联系数值的等级表对比，可以得出北京市 15 个创新极的联系数值等级、同异反态势和发展趋势，如表 8. 14 所示：

表 8. 14　北京市各创新极创新态势

创新极创新态势	联系数等级	同异反态势	发展趋势
计算机、通信和其他电子设备制造业	很高	准同势	正向
电气机械和器材制造业	较高	微同势	正向
煤炭开采和洗选业	较低	亚强反势	负向
专用设备制造业	较高	微同势	正向
汽车制造业	较高	全均势	正向
仪器仪表制造业	较高	微同势	正向
铁路、船舶、航空航天和其他运输设备制造业	较高	微同势	正向
其他制造业	较高	微同势	正向
通用设备制造业	较低	全均势	正向
有色金属冶炼和压延加工业	较低	微同势	正向
非金属矿物制品业	较低	全均势	负向
医药制造业	较低	全均势	负向
化学原料和化学制品制造业	较低	全均势	负向
烟草制品业	较低	亚强反势	负向
农副食品加工业	较低	全均势	负向

通过表 8. 14 可以看出，在北京 15 个创新极中共存在 4 种创新态势情况：

第一种是（很高，准同势，正向），表示创新极技术创新能力相对很强，同时有进一步正向发展的趋势，属于这种情况的是计算机、通信和其他电子设备制造业。从原始数据可以看出，此创新极的产业技术水平和产业规模均大于等级标准中的最高级。增加 R&D 人员数量和 R&D 内部经费投入，可以使次创新极的创新态势进一步增强。

第二种是（较高，微同势，正向）和（较高，全均势，正向），表示创新极技术创新能力较一般强，有进一步正向发展的趋势，依据属于此类情况的创新极联系数值的大小排序，有电气机械和器材制造业 > 专用设备制造业 > 铁路、船舶、航空航天和其他运输设备制造业 > 其他制造业 > 汽车制造业 > 仪器仪表制造业；属于此类创新态势的均为机械制造业。通过原始数据分析，属于此类态势的创新极中，产业技术水平高于 100 件的仅有电气、专用和仪器仪表，其中汽车制造业最低仅为 32 件；产业创新潜力高于 60 万元的仅有铁路和其他；产业规模均低于 400 亿元。

第三种是（较低，全均势，正向）和（较低，微同势，正向），表示创新极技术创新能力较一般弱，但有进一步正向发展的趋势，依据属于此类情况的创新极联系数值的大小排序，有有色金属冶炼及压延加工业 > 通用设备制造业。通过原始数据可以看出，这两个创新极中均有一项指标发展较好，有色金属冶炼及压延加工业是产业技术水平较高，通用设备制造业是产业规模较好；但是其余两个指标发展较弱，应该注意加强。

第四种是（较低，全均势，负向）和（较低，亚强反势，负向），表示创新极技术创新能力较一般弱，同时有进一步负向发展的趋势，依据属于此类情况的创新极联系数值的大小和态势程度排序，有非金属矿物制品业 = 化学原料和化学制品制造业 > 医药制造业 > 农副食品加工业 > 烟草制品业 > 煤炭开采和洗选业。在负向发展趋势的这 6 个创新极中，无机械制造业。从原始数据上看，这 6 个创新极的各指标均不强，如烟草制品业创新态势不强的主要原因是其新产品销售收入仅为 4 亿元，对于烟草制造业的发展，需要不断开发新技术，生产出低危害程度的新产品。

整体上可以看出，北京市创新极中以机械、电子制造业为核心产业，其中计算机、通信和其他电子设备制造业发展最优。计算机、通信和其他电子设备制造业一直是北京市的支柱产业，随着近年来如华为、联想、富士康等企业的制造中心在北京的进驻，整个产业的发展得到了促进。对处于这种创新态势下的计算机、通信和其他电子设备制造业，当地应该积极采取促进其投入产出比、增加产业关联度等措施，充分发挥其创新带动能力，保持其在经济中的地位。除机械、电子制造业之外的创新极均相对来说创新态势不强，其中煤炭开采和洗选业发展最差，从原始数据来看，主要是由于万名从业人员拥有发明专利数仅为 6 件，R&D 人员人均 R&D 投入仅为 7 万元，创新能力的不足主要是由于研发投入的不足。

同样，依照此步骤，可依次得到其他 8 个地区的创新态势分析结果。

2. 天津市

天津市的15个创新极均为制造业，其中，有机械、电子制造业6个，资源加工业6个，轻纺工业3个。天津市各创新极联系数值和偏联系数值计算结果见表8.15和表8.16，各创新极联系数等级，同异反态势排序和发展趋势见表8.17。

表8.15 天津市各创新极联系数值

	a	b_1	b_2	b_3	b_4	c	联系数值
黑色金属冶炼及压延加工业	0.33	0.32	0.00	0.00	0.27	0.08	0.28
汽车制造业	0.19	0.11	0.00	0.51	0.19	0.00	0.04
专用设备制造业	0.00	0.36	0.46	0.18	0.00	0.00	0.27
计算机、通信及其他电子设备制造业	0.28	0.02	0.17	0.28	0.25	0.00	0.12
医药制造业	0.35	0.00	0.19	0.46	0.00	0.00	0.30
电气机械及器材制造业	0.04	0.37	0.24	0.33	0.02	0.00	0.23
化学原料及化学制品制造业	0.00	0.17	0.78	0.05	0.00	0.00	0.25
通用设备制造业	0.00	0.04	0.54	0.33	0.09	0.00	0.01
文教、工美、体育和娱乐用品制造业	0.00	0.23	0.12	0.52	0.13	0.00	-0.02
金属制品业	0.00	0.36	0.29	0.21	0.14	0.00	0.15
有色金属冶炼及压延加工业	0.03	0.48	0.40	0.10	0.00	0.00	0.37
仪器仪表制造业	0.34	0.01	0.00	0.23	0.42	0.00	0.05
石油加工、炼焦及核燃料加工业	0.35	0.00	0.00	0.18	0.47	0.00	0.03
食品制造业	0.27	0.08	0.00	0.26	0.39	0.00	0.03
农副食品加工业	0.00	0.22	0.16	0.28	0.19	0.16	-0.17

表8.16 天津市各创新极偏联系数值

	$\frac{a}{a+b_1}$	$\frac{b_1}{b_1+b_2}+\frac{b_1}{a+b_1}$	$\frac{b_2}{b_2+b_3}+\frac{b_2}{b_1+b_2}$	$\frac{b_3}{b_3+b_4}+\frac{b_3}{b_2+b_3}$	$\frac{b_4}{b_4+c}+\frac{b_4}{b_3+b_4}$	$\frac{c}{b_4+c}$	偏联系数值
黑色金属冶炼及压延加工业	0.51	1.49	0.00	0.00	1.78	0.22	0.11

续表

	$\frac{a}{a+b_1}$	$\frac{b_1}{b_1+b_2}+\frac{b_1}{a+b_1}$	$\frac{b_2}{b_2+b_3}+\frac{b_2}{b_1+b_2}$	$\frac{b_3}{b_3+b_4}+\frac{b_3}{b_2+b_3}$	$\frac{b_4}{b_4+c}+\frac{b_4}{b_3+b_4}$	$\frac{c}{b_4+c}$	偏联系数值
汽车制造业	0.64	1.36	0.00	1.73	1.27	0.00	0.35
专用设备制造业	0.00	1.44	1.29	1.28	0.00	0.00	0.87
计算机、通信及其他电子设备制造业	0.94	0.16	1.29	1.15	1.47	0.00	0.18
医药制造业	1.00	0.00	1.29	1.71	0.00	0.00	0.92
电气机械及器材制造业	0.10	1.52	0.80	1.53	1.05	0.00	0.23
化学原料及化学制品制造业	0.00	1.18	1.77	1.05	0.00	0.00	0.85
通用设备制造业	0.00	1.07	1.55	1.17	1.21	0.00	-0.01
文教、工美、体育和娱乐用品制造业	0.00	1.65	0.53	1.61	1.20	0.00	0.06
金属制品业	0.00	1.55	1.03	1.02	1.40	0.00	0.09
有色金属冶炼及压延加工业	0.05	1.50	1.25	1.20	0.00	0.00	0.96
仪器仪表制造业	0.97	1.03	0.00	1.36	1.64	0.00	0.33
石油加工、炼焦及核燃料加工业	1.00	0.00	0.00	1.27	1.73	0.00	-0.29
食品制造业	0.77	1.23	0.00	1.40	1.60	0.00	0.27
农副食品加工业	0.00	1.58	0.78	1.23	0.94	0.47	-0.17

表 8.17　天津市各创新极创新态势

创新极创新态势	联系数等级	同异反态势	发展趋势
黑色金属冶炼及压延加工业	较高	微同势	正向
汽车制造业	较高	微同势	正向
专用设备制造业	较高	全均势	正向
计算机、通信及其他电子设备制造业	较高	微同势	正向

续表

创新极创新态势	联系数等级	同异反态势	发展趋势
医药制造业	较高	微同势	正向
电气机械及器材制造业	较高	微同势	正向
化学原料及化学制品制造业	较高	全均势	正向
通用设备制造业	较高	全均势	负向
文教、工美、体育和娱乐用品制造业	较低	全均势	正向
金属制品业	较高	全均势	正向
有色金属冶炼及压延加工业	高	微同势	正向
仪器仪表制造业	较高	微同势	正向
石油加工、炼焦及核燃料加工业	较高	微同势	负向
食品制造业	较高	微同势	正向
农副食品加工业	较低	亚强反势	负向

可以看出，天津15个创新极中共存在5种态势情况：

第一种是（高，微同势，正向），表示创新极技术创新能力相对较强，同时有进一步正向发展的趋势，属于这类情况的是有色金属冶炼及压延加工业；从原始数据上看，此创新极产业技术水平和产业创新潜力指标发展较好，分别为78件和64万元，但是产业规模较低，新产品销售收入只有167亿元。

第二种是（较高，微同势，正向）和（较高，全均势，正向），表示创新极技术创新能力较一般强，有进一步正向发展的趋势，属于这类情况的共有10个，占所有创新极的2/3，依据属于此类情况的创新极联系数值的大小排序，有医药制造业＞黑色金属冶炼及压延加工业＞专用设备制造业＞化学原料及化学制品制造业＞电气机械及器材制造业＞金属制品业＞计算机、通信及其他电子设备制造业＞仪器仪表制造业＞汽车制造业＞食品制造业。天津市医药制造业的2012年的发明专利申请数高达1916件，产业技术水平为446件，属所有创新极中的最高值，但是产业创新潜力和产业规模均较低；天津市拥有如中新药业、力生制药、天药股份、红日药业等大型制药企业，加强企业的研发投入力度，完成专利转化，增加销售收入是提高创新态势的途径。在这类创新极中，普遍具有一项指标发展好，另外两项指标发展差的特征，如黑色金属冶炼及压延加工业和汽车制造业，都是产业规模指标值大，但是产业技术水平和产业创新潜力指标值小。

第三种是（较高，微同势，负向）和（较高，全均势，负向），表示创新极技术创新能力较一般强，但是有进一步负向发展的趋势，依据属于此类情况的创新极联系数的大小排序，有石油加工、炼焦及核燃料加工业 > 通用设备制造业。天津市的石油加工、炼焦及核燃料加工业从业人数为 17088 人，但是 R&D 人员只有 377 人，研发投入上是 45321 万元，所以产业创新潜力较大；但是其他两个指标值均不高，尤其是产业规模只有 26 亿元。

第四种是（较低，全均势，正向），表示创新极技术创新能力较一般弱，但是有进一步正向发展的趋势，属于这类情况的是文教、工美、体育和娱乐用品制造业；此创新极的产业创新潜力很低只有 26 万元，虽然产业技术水平有 86 件，但是产业规模只有 72 亿元，说明此创新极需要加强其研发投入，提高新产品开发效率，实现更多新产品的销售。

第五种是（较低，亚强反势，负向），表示创新极技术创新能力较一般弱，同时有进一步负向发展的趋势，属于这类情况的是农副食品加工业。从原始数据上看，此创新极创新态势差的主要原因在于产业技术水平太低只有 6 件，回顾北京的创新极情况，北京市农副食品加工业的技术水平是 40 件，可见，天津市农副食品加工业的技术水平还有很大的提升空间。

整体来看，在天津市 15 个创新极中，创新态势最优的是有色金属冶炼及压延加工业，创新态势最差的是农副食品加工业。

3. 上海市

上海市有 1 个石油和天然气开采业创新极和 14 个制造业创新极，其中，有机械、电子制造业 6 个，资源加工业 7 个，轻纺工业 1 个。上海市各创新极联系数值和偏联系数值计算结果见表 8. 18 和表 8. 19，各创新极联系数等级，同异反态势排序和发展趋势见表 8. 20。

表 8. 18　上海市各创新极联系数值

	a	b_1	b_2	b_3	b_4	c	联系数值
汽车制造业	0. 30	0. 12	0. 41	0. 17	0. 00	0. 00	0. 42
黑色金属冶炼及压延加工业	1. 00	0. 00	0. 00	0. 00	0. 00	0. 00	1. 00
通用设备制造业	0. 30	0. 05	0. 30	0. 35	0. 00	0. 00	0. 32
化学原料及化学制品制造业	0. 55	0. 10	0. 00	0. 35	0. 00	0. 00	0. 54
电气机械及器材制造业	0. 30	0. 05	0. 30	0. 22	0. 13	0. 00	0. 27
铁路、船舶、航空航天和其他运输设备制造业	0. 30	0. 36	0. 34	0. 00	0. 00	0. 00	0. 58
计算机、通信及其他电子设备制造业	0. 30	0. 19	0. 16	0. 30	0. 05	0. 00	0. 35

续表

	a	b_1	b_2	b_3	b_4	c	联系数值
烟草制品业	0.30	0.35	0.11	0.24	0.00	0.00	0.48
石油和天然气开采业	0.29	0.06	0.00	0.41	0.24	0.00	0.10
专用设备制造业	0.31	0.34	0.00	0.06	0.29	0.00	0.33
医药制造业	0.30	0.29	0.09	0.32	0.00	0.00	0.43
石油加工、炼焦及核燃料加工业	0.03	0.62	0.00	0.19	0.16	0.00	0.27
有色金属冶炼及压延加工业	0.09	0.28	0.36	0.27	0.00	0.00	0.27
非金属矿物制品业	0.03	0.38	0.23	0.21	0.14	0.00	0.18
橡胶和塑料制品业	0.30	0.00	0.07	0.49	0.14	0.00	0.13

表 8.19　上海市创新极偏联系数值

	$\frac{a}{a+b_1}$	$\frac{b_1}{b_1+b_2}+\frac{b_1}{a+b_1}$	$\frac{b_2}{b_2+b_3}+\frac{b_2}{b_1+b_2}$	$\frac{b_3}{b_3+b_4}+\frac{b_3}{b_2+b_3}$	$\frac{b_4}{b_4+c}+\frac{b_4}{b_3+b_4}$	$\frac{c}{b_4+c}$	偏联系数值
汽车制造业	0.72	0.50	1.49	1.29	0.00	0.00	1.06
黑色金属冶炼及压延加工业	1.00	0.00	0.00	0.00	0.00	0.00	1.00
通用设备制造业	0.85	0.31	1.30	1.54	0.00	0.00	0.98
化学原料及化学制品制造业	0.85	1.15	0.00	2.00	0.00	0.00	1.14
电气机械及器材制造业	0.85	0.31	1.42	1.06	1.37	0.00	0.28
铁路、船舶、航空航天和其他运输设备制造业	0.45	1.06	1.49	0.00	0.00	0.00	1.39
计算机、通信及其他电子设备制造业	0.61	0.93	0.81	1.49	1.16	0.00	0.34
烟草制品业	0.46	1.30	0.54	1.69	0.00	0.00	1.01
石油和天然气开采业	0.84	1.16	0.00	1.62	1.38	0.00	0.39
专用设备制造业	0.48	1.52	0.00	1.17	1.83	0.00	0.06
医药制造业	0.51	1.25	0.47	1.77	0.00	0.00	1.00

续表

	$\frac{a}{a+b_1}$	$\frac{b_1}{b_1+b_2}+\frac{b_1}{a+b_1}$	$\frac{b_2}{b_2+b_3}+\frac{b_2}{b_1+b_2}$	$\frac{b_3}{b_3+b_4}+\frac{b_3}{b_2+b_3}$	$\frac{b_4}{b_4+c}+\frac{b_4}{b_3+b_4}$	$\frac{c}{b_4+c}$	偏联系数值
石油加工、炼焦及核燃料加工业	0.05	1.95	0.00	1.54	1.46	0.00	0.04
有色金属冶炼及压延加工业	0.24	1.20	1.13	1.43	0.00	0.00	0.90
非金属矿物制品业	0.08	1.54	0.91	1.07	1.40	0.00	0.13
橡胶和塑料制品业	1.00	0.00	1.13	1.65	1.22	0.00	0.16

表 8.20　上海市各创新极创新态势

创新极创新态势	联系数等级	同异反态势	发展趋势
汽车制造业	高	微同势	正向
黑色金属冶炼及压延加工业	很高	全同势	正向
通用设备制造业	较高	微同势	正向
化学原料及化学制品制造业	高	准同势	正向
电气机械及器材制造业	较高	微同势	正向
铁路、船舶、航空航天和其他运输设备制造业	高	微同势	正向
计算机、通信及其他电子设备制造业	高	微同势	正向
烟草制品业	高	微同势	正向
石油和天然气开采业	较高	微同势	正向
专用设备制造业	高	微同势	正向
医药制造业	高	微同势	正向
石油加工、炼焦及核燃料加工业	较高	微同势	正向
有色金属冶炼及压延加工业	较高	微同势	正向
非金属矿物制品业	较高	微同势	正向
橡胶和塑料制品业	较高	微同势	正向

通过表 8.20 可以看出，在上海 15 个创新极中共存在 3 种创新态势情况：第一种是（很高，全同势，正向）和（高，准同势，正向），表示创新极

技术创新能力相对很强，同时有进一步正向发展的趋势，依据属于此类情况的创新极联系数值的大小排序，有黑色金属冶炼及压延加工业 > 化学原料及化学制品制造业。黑色金属冶炼及压延加工业创新极的三个指标值均大于等级标准的最大值，虽然其产业规模较其他创新极不是最大，但是产业技术水平和产业创新潜力都很高，对其创新态势起到了很好的促进作用。化学原料及化学制品制造业创新极的产业创新潜力不高，只有 30 万元，从原始数据上看其具有 R&D 投入不高以及 R&D 人员过多的特征，所以对于此创新极应注意产业创新潜力上的问题。

第二种是（高，微同势，正向），表示创新极技术创新能力相对较强，同时有进一步正向发展的趋势，属于这类情况的共有 6 个，依据属于此类情况的创新极联系数值的大小排序，有铁路、船舶、航空航天和其他运输设备制造业 > 烟草制品业 > 医药制造业 > 汽车制造业 > 计算机、通信及其他电子设备制造业 > 专用设备制造业。此类情况的创新极都具有产业规模很大的特征，其中汽车制造业创新极的新产品销售收入有 32455 亿元，上海市有全国第一大汽车生产基地，产业规模非常大，但是从此分析来看，其创新态势还有待提高原因就在于其技术水平和创新潜力还不是很高，从原始数据上看，发明专利申请数和研发投入均较高，只是人员基数很大，所以均值较小，如何优化人员配备提高创新效率是汽车制造业创新极提高创新态势的途径。

第三种是（较高，微同势，正向），表示创新极技术创新能力较一般强，有进一步正向发展的趋势，属于此类情况的有 7 个，依据属于此类情况的创新极联系数值的大小排序，有通用设备制造业 > 电气机械及器材制造业 = 石油加工、炼焦及核燃料加工业 = 有色金属冶炼及压延加工业 > 非金属矿物制品业 > 橡胶和塑料制品业 > 石油和天然气开采业。通用设备制造业和电气机械及器材制造业的产业规模均很大，但是因为产业创新潜力很低所以整体态势不强；石油加工、炼焦及核燃料加工业创新极产业技术水平很高有 184 件，但产业创新潜力很低；石油和天然气开采业创新极技术水平较高有 184 件，但是从原始数据上看，此数据值较大的原因是从业人员很少，其创新态势不强的主要原因是产业规模很小，只有 71 亿元。

整体来看上海市 15 个创新极均有正向发展趋势，而且技术创新能力都较好。其中，创新态势展最优的是黑色金属冶炼及压延加工业，相对最差的是石油和天然气开采业。

4. 重庆市

重庆市的15个创新极均为制造业，其中，有机械、电子制造业8个，资源加工工业6个，轻纺工业1个。重庆市各创新极联系数值和偏联系数值计算结果见表8.21和表8.22，各创新极联系数等级，同异反态势排序和发展趋势见表8.23。

表8.21　重庆市各创新极联系数值

	a	b_1	b_2	b_3	b_4	c	联系数值
汽车制造业	0.29	0.01	0.49	0.21	0.00	0.00	0.35
铁路、船舶、航空航天和其他运输设备制造业	0.00	0.12	0.61	0.27	0.00	0.00	0.14
医药制造业	0.00	0.29	0.06	0.43	0.22	0.00	-0.03
电气机械及器材制造业	0.00	0.12	0.53	0.22	0.13	0.00	0.05
黑色金属冶炼及压延加工业	0.35	0.00	0.01	0.45	0.19	0.00	0.15
文教、工美、体育和娱乐用品制造业	0.00	0.26	0.09	0.00	0.24	0.41	-0.38
通用设备制造业	0.00	0.00	0.19	0.70	0.11	0.00	-0.17
其他制造业	0.00	0.05	0.30	0.40	0.25	0.00	-0.14
有色金属冶炼及压延加工业	0.00	0.11	0.40	0.39	0.11	0.00	0.00
化学原料及化学制品制造业	0.00	0.00	0.44	0.30	0.26	0.00	-0.13
仪器仪表制造业	0.00	0.01	0.34	0.08	0.55	0.01	-0.29
专用设备制造业	0.00	0.00	0.29	0.31	0.40	0.00	-0.24
计算机、通信及其他电子设备制造业	0.00	0.00	0.00	0.58	0.34	0.08	-0.40
石油加工、炼焦及核燃料加工业	0.01	0.34	0.00	0.23	0.29	0.13	-0.13
金属制品业	0.00	0.00	0.00	0.59	0.41	0.00	-0.36

表 8.22 重庆市各创新极偏联系数值

	$\frac{a}{a+b_1}$	$\frac{b_1}{b_1+b_2}+\frac{b_1}{a+b_1}$	$\frac{b_2}{b_2+b_3}+\frac{b_2}{b_1+b_2}$	$\frac{b_3}{b_3+b_4}+\frac{b_3}{b_2+b_3}$	$\frac{b_4}{b_4+c}+\frac{b_4}{b_3+b_4}$	$\frac{c}{b_4+c}$	偏联系数值
汽车制造业	0.95	0.08	1.68	1.29	0.00	0.00	1.07
铁路、船舶、航空航天和其他运输设备制造业	0.00	1.17	1.53	1.31	0.00	0.00	0.74
医药制造业	0.00	1.84	0.27	1.55	1.34	0.00	0.05
电气机械及器材制造业	0.00	1.18	1.53	0.91	1.38	0.00	0.00
黑色金属冶炼及压延加工业	1.00	0.00	1.03	1.68	1.29	0.00	0.09
文教、工美、体育和娱乐用品制造业	0.00	1.73	1.27	0.00	1.36	0.64	-0.16
通用设备制造业	0.00	0.00	1.21	1.65	1.14	0.00	-0.77
其他制造业	0.00	1.15	1.28	1.19	1.39	0.00	-0.12
有色金属冶炼及压延加工业	0.00	1.22	1.29	1.28	1.22	0.00	0.00
化学原料及化学制品制造业	0.00	0.00	1.59	0.95	1.46	0.00	-0.75
仪器仪表制造业	0.00	1.03	1.77	0.33	1.84	0.03	-0.22
专用设备制造业	0.00	0.00	1.48	0.96	1.56	0.00	-0.83
计算机、通信及其他电子设备制造业	0.00	0.00	1.00	1.63	1.19	0.18	-1.02
石油加工、炼焦及核燃料加工业	0.04	1.96	0.00	1.44	1.26	0.30	-0.13
金属制品业	0.00	0.00	0.00	1.59	1.41	0.00	-1.16

表 8.23　重庆市各创新极创新态势

创新极创新态势	联系数等级	同异反态势	发展趋势
汽车制造业	高	微同势	正向
铁路、船舶、航空航天和其他运输设备制造业	较高	全均势	正向
医药制造业	较低	全均势	正向
电气机械及器材制造业	较高	全均势	临界
黑色金属冶炼及压延加工业	较高	微同势	正向
文教、工美、体育和娱乐用品制造业	低	亚强反势	负向
通用设备制造业	较低	全均势	负向
其他制造业	较低	全均势	负向
有色金属冶炼及压延加工业	较高	全均势	临界
化学原料及化学制品制造业	较低	全均势	负向
仪器仪表制造业	较低	亚强反势	负向
专用设备制造业	较低	全均势	负向
计算机、通信及其他电子设备制造业	低	亚强反势	负向
石油加工、炼焦及核燃料加工业	较低	亚强反势	负向
金属制品业	低	全均势	负向

通过表 8.23 可以看出，在重庆 15 个创新极中共存在 5 种创新态势情况：

第一种是（高，微同势，正向），表示创新极技术创新能力相对较强，同时有进一步正向发展的趋势，属于这类情况的是汽车制造业。重庆市有全国第二大汽车生产基地，其产业规模达到 970 亿元，但是同上海市汽车制造业一样，其产业技术水平和产业创新潜力均不高的原因在于人员基数大所以均值较小。

第二种是（较高，微同势，正向），（较高，全均势，正向）和（较高，全均势，临界），表示创新极技术创新能力较一般强，有进一步正向发展或可能正向发展的趋势，属于此类情况的有 4 个，依据属于此类情况的创新极联系数值的大小排序，有黑色金属冶炼及压延加工业 > 铁路、船舶、航空航天和其他运输设备制造业 > 电气机械及器材制造业 > 有色金属冶炼及压延加工业；黑色金属冶炼及压延加工业创新极的产业创新潜力很大有 131 万元，但是技术水平只有 19 件，说明研发能力较弱，成果转化能力较低。

第三种是（较低，全均势，正向），表示创新极技术创新能力较一般弱，但是有进一步正向发展的趋势，属于此类情况的是医药制造业，此创新极的技术水平较高有 94 件，但是产业规模很低只有 62 亿元。

第四种是（较低，全均势，负向）和（较低，亚强反势，负向），表示创新极技术创新能力较一般弱，同时有进一步负向发展的趋势，属于此类情况的有 6 个，依据属于此类情况的创新极联系数值的大小排序，有化学原料及化学制品制造业 = 石油加工、炼焦及核燃料加工业 > 其他制造业 > 通用设备制造业 > 专用设备制造业 > 仪器仪表制造业；此类创新极具有产业创新潜力小和产业规模小的特征。

第五种是（低，全均势，负向）和（低，亚强反势，负向），表示创新极技术创新能力相对较弱，同时有进一步负向发展的趋势，属于此类情况的有 3 个，依据属于此类情况的创新极联系数值的大小排序，有金属制品业 > 计算机、通信及其他电子设备制造业 > 文教、工美、体育和娱乐用品制造业。文教、工美、体育和娱乐用品制造业创新极的技术水平其实很高有 89 件，但是创新潜力只有 8 万元，新产品销售收入仅为 3 亿元，所以整体创新态势较差。

可见，重庆市的 15 个创新极整体情况不佳，其中，创新态势最优的是汽车制造业，最差的是文教、工美、体育和娱乐用品制造业。

对其他五个省份的数据处理结果，会将各创新极联系数值、偏联系数值、联系数等级、同异反态势排序和发展趋势统一于一个表中显示。

5. 山东省

山东省的 15 个创新极有 1 个有色金属矿采选业和 14 个制造业，其中，有机械、电子制造业 7 个，资源加工业 5 个，轻纺工业 2 个。山东省各创新极联系数值、偏联系数值、联系数等级、同异反态势和发展趋势见表 8.24。

表 8.24 山东省各创新极创新态势

创新极创新态势	联系数值	偏联系数值	联系数等级	同异反态势	发展趋势
仪器仪表制造业	0.44	0.32	高	微同势	正向
医药制造业	0.45	1.07	高	微同势	正向
计算机、通信和其他电子设备制造业	0.28	0.97	较高	微同势	正向
电气机械及器材制造业	0.41	1.21	高	微同势	正向
烟草制品业	0.00	0.07	较高	全均势	正向
纺织业	-0.10	-0.39	较低	微同势	负向

续表

创新极创新态势	联系数值	偏联系数值	联系数等级	同异反态势	发展趋势
有色金属冶炼及压延加工业	0.42	0.31	高	微同势	正向
金属制品业	0.10	0.17	较高	微同势	正向
铁路、船舶、航空航天和其他运输设备制造业	0.09	0.18	较高	微同势	正向
化学纤维制造业	0.18	0.18	较高	微同势	正向
化学原料及化学制品制造业	0.18	0.81	较高	微同势	正向
专用设备制造业	0.08	0.17	较高	微同势	正向
汽车制造业	0.16	0.10	较高	微同势	正向
通用设备制造业	-0.01	0.63	较低	全均势	正向
有色金属矿采选业	0.20	0.17	较高	微同势	正向

通过表8.24可以看出，山东省15个创新极中共存在4种创新态势情况：

第一种是（高，微同势，正向），表示创新极技术创新能力相对较强，同时有进一步正向发展的趋势，依据属于此类情况的创新极联系数值的大小排序，有医药制造业>仪器仪表制造业>有色金属冶炼及压延加工业>电气机械及器材制造业。山东拥有的生物制药企业数量居全国第一，具有以鲁中（济南、淄博、潍坊）、鲁南（济宁、枣庄、临沂、菏泽）、半岛（青岛、烟台、威海）三大新医药产业聚集区为重点的新药创新体系，从数据上看，其三个指标中最需要提高的是产业创新潜力；有色金属冶炼及压延加工业三个指标中最需要提高的是技术水平，电气机械及器材制造业三个指标中最需要提高的是产业规模。

第二种是（较高，微同势，正向）和（较高，全均势，正向），表示创新极技术创新能力较一般强，有进一步正向发展的趋势，属于此类情况的有9个，依据属于此类情况的创新极联系数值的大小排序，有计算机、通信和其他电子设备制造业>有色金属矿采选业>化学纤维制造业=化学原料及化学制品制造业>汽车制造业>金属制品业>铁路、船舶、航空航天和其他运输设备制造业>专用设备制造业>烟草制品业；此类情况中的创新极除烟草制品业之外，产业技术水平均很低，其中有色金属矿采选业仅为8件。

第三种是（较低，全均势，正向），表示创新极技术创新能力较一般弱，但是有进一步正向发展的趋势，属于此类情况的是通用设备制造业；此创新极的三项指标值均处于中下游，无强势带动性指标支撑，所以从研发投入上加强是提高整体创新态势的根本途径。

第四种是（较低，微同势，负向），表示创新极技术创新能力较一般弱，同时有进一步负向发展的趋势，属于此类情况的是纺织业。此创新极的产业规模为1435亿元，居所有创新极之首，但是因为技术水平过低只有2件，创新潜力也不强只有29万元，所以影响了整体的发展。从原始数据上看，纺织业创新极的发明专利申请数为231件，研发投入为294533万元，均不算低，但是由于从业人数和R&D人员数量很多导致均值很小。纺织业是需要大量劳动力的产业，这是其产业规模的保障，所以对于这一传统制造业来说，提高其创新态势的根本途径在于增大研发投入。

综上所述，山东省的15个创新极整体态势较好，其中最优的是医药制造业，相对最差的是纺织业。

6. 河南省

河南省的15个创新极均为制造业，其中，有机械、电子制造业3个，资源加工业6个，轻纺工业6个。河南省各创新极联系数值、偏联系数值、联系数等级、同异反态势和发展趋势见表8.25。

表8.25　河南省各创新极创新态势

创新极创新态势	联系数值	偏联系数值	联系数等级	同异反态势	发展趋势
专用设备制造业	-0.02	0.11	较低	全均势	正向
有色金属冶炼及压延加工业	0.00	0.00	较高	全均势	正向
通用设备制造业	-0.23	-0.82	较低	全均势	负向
仪器仪表制造业	-0.38	-0.93	低	亚强反势	负向
黑色金属冶炼及压延加工业	-0.23	-0.23	较低	亚强反势	负向
酒、饮料和精制茶制造业	-0.26	-0.87	较低	亚强反势	负向
化学原料及化学制品制造业	-0.39	-0.96	低	全均势	负向
烟草制品业	-0.33	-0.92	较低	全均势	负向
非金属矿物制品业	-0.44	-1.05	低	亚强反势	负向
医药制造业	-0.48	-1.28	低	全均势	负向
农副食品加工业	-0.44	-1.10	低	亚强反势	负向
橡胶和塑料制品业	-0.49	-1.30	低	亚强反势	负向
纺织业	-0.47	-1.07	低	亚强反势	负向
印刷和记录媒介复制业	-0.50	-1.09	低	亚强反势	负向
食品制造业	-0.59	-1.39	低	亚强反势	负向

通过表 8. 25 可以看出，在河南省 15 个创新极中共存在 4 种情况：

第一种是（较高，全均势，正向），表示创新极技术创新能力较一般强，有进一步正向发展的趋势，属于此类情况的有有色金属冶炼及压延加工业。

第二种是（较低，全均势，正向），表示创新极技术创新能力较一般弱，但是有进一步正向发展的趋势，属于此类情况的是专用设备制造业。

第三种是（较低，全均势，负向）和（较低，亚强反势，负向），表示创新极技术创新能力较一般弱，同时有进一步负向发展的趋势，依据属于此类情况的创新极联系数值的大小排序，有黑色金属冶炼及压延加工业 = 通用设备制造业 > 酒、饮料和精制茶制造业 > 烟草制品业。

第四种是（低，全均势，负向）和（低，亚强反势，负向），表示创新极技术创新能力相对较弱，且有进一步负向发展的趋势，属于此类情况的有 9 个，占了 3/5，依据联系数值大小，有仪器仪表制造业 > 化学原料及化学制品制造业 > 非金属矿物制品业 = 农副食品加工业 > 纺织业 > 医药制造业 > 橡胶和塑料制品业 > 印刷和记录媒介复制业 > 食品制造业。

综上可见河南省创新极整体发展情况不佳，其中创新态势相对最优的是有色金属冶炼及压延加工业，相对最差的是食品制造业。

7. 湖南省

湖南省的 15 个创新极均为制造业，其中，有机械、电子制造业 7 个，资源加工工业 6 个，轻纺工业 2 个。湖南省各创新极联系数值、偏联系数值、联系数等级、同异反态势和发展趋势见表 8. 26。

表 8. 26　湖南省各创新极创新态势

创新极创新态势	联系数值	偏联系数值	联系数等级	同异反态势	发展趋势
专用设备制造业	0. 30	-0. 01	较高	微同势	负向
烟草制品业	0. 36	1. 02	高	微同势	正向
石油加工、炼焦及核燃料加工业	0. 56	1. 09	高	微同势	正向
铁路、船舶、航空航天和其他运输设备制造业	0. 23	-0. 29	较高	微同势	负向
仪器仪表制造业	-0. 03	0. 06	较低	微同势	正向
有色金属冶炼及压延加工业	0. 27	0. 87	较高	微同势	正向
电气机械及器材制造业	0. 13	0. 73	较高	全均势	正向

续表

创新级创新态势	联系数值	偏联系数值	联系数等级	同异反态势	发展趋势
化学纤维制造业	0.06	0.33	较高	亚强反势	正向
非金属矿物制品业	-0.09	-0.32	较低	全均势	负向
医药制造业	-0.12	-0.39	较低	全均势	负向
农副食品加工业	0.04	0.54	较高	全均势	正向
通用设备制造业	-0.06	-0.06	较低	全均势	负向
化学原料及化学制品制造业	-0.05	-0.13	较低	全均势	负向
计算机、通信及其他电子设备制造业	-0.04	-1.07	较低	全均势	负向
汽车制造业	-0.15	-1.12	较低	全均势	负向

通过表8.26可以看出，在湖南省15个创新极中共存在5种情况：

第一种是（高，微同势，正向），表示创新极技术创新能力相对较强，同时有进一步正向发展的趋势，依据属于此类情况的创新极联系数值的大小排序，有石油加工、炼焦及核燃料加工业>烟草制品业。

第二种是（较高，微同势，正向）和（较高，全均势，正向），表示创新极技术创新能力较一般强，但有进一步正向发展的趋势，依据属于此类情况的创新极联系数值的大小排序，有有色金属冶炼及压延加工业>电气机械及器材制造业>农副食品加工业；表中出现了处于（较高，亚强反势，正向）创新态势的化学纤维制造业，可见其技术创新能力相对一般，且比较（较高，微同势，正向）和（较高，全均势，正向）还要更低，但是也具有正向发展的趋势，此处将这三种态势归为一类分析，则有排序为有色金属冶炼及压延加工业>电气机械及器材制造业>农副食品加工业>化学纤维制造业。

第三种是（较高，微同势，负向），表示创新极技术创新能力较一般强，同时有进一步负向发展的趋势，属于此类情况的是专用设备制造业>铁路、船舶、航空航天和其他运输设备制造业。

第四种是（较低，微同势，正向），表示创新极技术创新能力较一般弱，但有进一步正向发展的趋势，属于此类情况是仪器仪表制造业。

第五种是（较低，全均势，负向），表示创新极技术创新能力较一般弱，且有进一步负向发展的趋势，属于此类情况的有6个，依据联系数值大小，有计算机、通信及其他电子设备制造业>化学原料及化学制品制造业>通用设备制造业>非金属矿物制品业>医药制造业>汽车制造业。

综上可见湖南省创新极中创新态势相对最优的是石油加工、炼焦及核燃料加工业，最差的是汽车制造业。

8. 云南省

云南省的15个创新极中有1个非金属矿采选业和14个制造业，其中，有机械、电子制造业5个，资源加工工业5个，轻纺工业4个。云南省各创新极联系数值、偏联系数值、联系数等级、同异反态势和发展趋势见表8.27。

表8.27　云南省各创新极创新态势

创新极创新态势	联系数值	偏联系数值	联系数等级	同异反态势	发展趋势
有色金属冶炼及压延加工业	-0.13	-0.13	较低	全均势	负向
烟草制品业	0.02	-0.31	较高	微同势	负向
黑色金属冶炼及压延加工业	-0.32	-0.94	较低	亚强反势	负向
医药制造业	0.05	0.32	较高	微同势	正向
化学原料及化学制品制造业	-0.37	-1.17	低	全均势	负向
橡胶和塑料制品业	-0.12	-0.32	较低	微同势	负向
仪器仪表制造业	-0.11	0.04	较低	微同势	正向
汽车制造业	-0.24	-0.19	较低	全均势	负向
印刷和记录媒介复制业	-0.29	-0.87	较低	全均势	负向
食品制造业	-0.22	-0.81	较低	全均势	负向
铁路、船舶、航空航天和其他运输设备制造业	-0.23	-0.20	较低	亚强反势	负向
酒、饮料和精制茶制造业	-0.38	-0.26	低	亚强反势	负向
其他制造业	-0.29	-0.14	较低	亚强反势	负向
计算机、通信及其他电子设备制造业	-0.29	-0.94	较低	亚强反势	负向
非金属矿采选业	-0.40	-0.92	低	亚强反势	负向

通过表8.27可以看出，在云南省15个创新极中共存在5种情况：

第一种是（较高，微同势，正向），表示创新极技术创新能力较一般强，但有进一步正向发展的趋势，属于此类情况的创新极是医药制造业。

第二种是（较高，微同势，负向），表示创新极技术创新能力较一般强，同时有进一步负向发展的趋势，属于此类情况的是烟草制品业。

第三种是（较低，微同势，正向），表示创新极技术创新能力较一般弱，但是有进一步正向发展的趋势，属于此类情况的是仪器仪表制造业。

第四种是（较低，微同势，负向）、（较低，全均势，负向）和（较低，亚强反势，负向），表示创新极技术创新能力较一般弱，同时有进一步负向发展的趋势，属于此类情况的有 9 个，占总数的 3/5，排序有橡胶和塑料制品业 > 有色金属冶炼及压延加工业 > 食品制造业 > 汽车制造业 > 印刷和记录媒介复制业 > 铁路、船舶、航空航天和其他运输设备制造业 > 其他制造业 = 计算机、通信及其他电子设备制造业 > 黑色金属冶炼及压延加工业。

第五种是（低，全均势，负向）和（低，亚强反势，负向），表示创新极技术创新能力相对较弱，且有进一步负向发展的趋势，属于此类情况的有 3 个，依据联系数值大小，有化学原料及化学制品制造业 > 酒、饮料和精制茶制造业 > 非金属矿采选业。

综上可见云南省创新极中创新态势相对最优的医药制造业，相对最差的是非金属矿采选业。

9. 陕西省

陕西省的 15 个创新极中有 1 个石油和天然气开采业和 14 个制造业，其中，有机械、电子制造业 7 个，资源加工业 4 个，轻纺工业 3 个。陕西省各创新极联系数值、偏联系数值、联系数等级、同异反态势和发展趋势见表 8. 28。

表 8. 28　陕西省各创新极创新态势

创新极创新态势	联系数值	偏联系数值	联系数等级	同异反态势	发展趋势
电气机械及器材制造业	0. 14	0. 47	较高	微同势	正向
汽车制造业	−0. 24	−0. 21	较低	全均势	负向
黑色金属冶炼及压延加工业	−0. 11	−0. 48	较低	准同势	负向
铁路、船舶、航空航天和其他运输设备制造业	−0. 07	−0. 67	较低	全均势	负向
仪器仪表制造业	−0. 11	−0. 02	较低	微同势	负向
专用设备制造业	−0. 24	−0. 17	较低	亚强反势	负向
计算机、通信设备及其他电子设备制造业	−0. 22	−0. 20	较低	全均势	负向
通用设备制造业	−0. 38	−0. 98	低	亚强反势	负向
金属制品业	−0. 27	−0. 84	较低	全均势	负向
有色金属冶炼及压延加工业	−0. 38	−1. 18	低	全均势	负向
医药制造业	−0. 38	−0. 92	低	亚强反势	负向
酒、饮料和精制茶制造业	−0. 36	−0. 93	低	全均势	负向
农副食品加工业	−0. 44	−0. 25	低	准反势	负向
印刷和记录媒介复制业	−0. 44	−1. 07	低	亚强反势	负向
石油和天然气开采业	−0. 43	−1. 08	低	亚强反势	负向

通过表 8. 28 可以看出，在陕西省 15 个创新极中共存在 3 种情况：

第一种是（较高，微同势，正向），表示创新极技术创新能力较一般强，有进一步正向发展的趋势，属于此类情况的创新极是电气机械及器材制造业。

属于（较低，准同势，负向）的是黑色金属冶炼及压延加工业，属于（较低，微同势，负向）和（较低，全均势，负向）的是仪器仪表制造业，汽车制造业，铁路、船舶、航空航天和其他运输设备制造业，计算机、通信设备及其他电子设备制造业和金属制品业，属于（较低，亚强反势，负向）的是专用设备制造业。以上三种情况中的创新极技术创新能力较一般弱，同时有进一步负向发展的趋势，但是在程度上依据同异反态势略有不同。

因此，第二种是（较低，准同势，负向）、（较低，微同势，负向）、（较低，全均势，负向）和（较低，亚强反势，负向），依据联系数值排序，有黑色金属冶炼及压延加工业 > 铁路、船舶、航空航天和其他运输设备制造业 > 仪器仪表制造业 > 计算机、通信设备及其他电子设备制造业 > 汽车制造业 > 金属制品业 > 专用设备制造业。

第三种是（低，全均势，负向）、（低，亚强反势，负向）和（低，准反势，负向），表示创新极技术创新能力相对较弱，且有进一步负向发展的趋势，属于此类情况的有 7 个，依据联系数值大小和同异反态势程度，有酒、饮料和精制茶制造业 > 有色金属冶炼及压延加工业 > 通用设备制造业 = 医药制造业 > 石油和天然气开采业 > 印刷和记录媒介复制业 > 农副食品加工业。

综上可见陕西省创新极中创新态势相对最优的是电气机械及器材制造业，最差的是农副食品加工业。

8. 3. 3　各省市创新极创新态势比较分析

第 8. 3. 2 节中对 9 个省市的创新极创新态势进行了测度与分析，综合信息可得，创新极所处发展态势共有 7 种，如表 8. 29 所示：

表 8. 29　创新极创新态势分类表

创新态势	内　涵
（很高，准同势，正向），（高，准同势，正向）	技术创新能力相对很强，同时有进一步正向发展的趋势
（高，微同势，正向），（高，全均势，正向）	技术创新能力相对较强，同时有进一步正向发展的趋势

续表

创新态势	内　涵
（较高，微同势，正向），（较高，全均势，正向）	技术创新能力较一般强，但是有正向发展的趋势
（较高，微同势，负向），（较高，全均势，负向）	技术创新能力较一般强，但是有负向发展的趋势
（较低，微同势，正向），（较低，全均势，正向）	技术创新能力较一般弱，但是有正向发展的趋势
（较低，准同势，负向），（较低，微同势，负向），（较低，全均势，负向），（较低，亚强反势，负向）	技术创新能力较一般弱，但是有负向发展的趋势
（低，全均势，负向），（低，亚强反势，负向），（低，准反势，负向）	技术创新能力相对较弱，同时有进一步负向发展的趋势

可以看出，从高到低创新态势依次减弱。再对每个省市内的创新极对应的创新态势的数量情况进行汇总，如表 8.30 所示：

表 8.30　创新极创新态势分类表

创新态势	北京	天津	上海	重庆	山东	河南	湖南	云南	陕西
（很高，准同势，正向），（高，准同势，正向）	1		2						
（高，微同势，正向），（高，全均势，正向）		1	6	1	4	1	2		
（较高，微同势，正向），（较高，全均势，正向），（较高，亚强反势，正向）	6	10	7	4	9	1	4	1	1
（较高，微同势，负向），（较高，全均势，负向）		2					2	1	
（较低，微同势，正向），（较低，全均势，正向）	2	1		1	1	1	1	1	
（较低，准同势，负向），（较低，微同势，负向），（较低，全均势，负向），（较低，亚强反势，负向）	6	1		6	1	3	6	9	7
（低，全均势，负向），（低，亚强反势，负向），（低，准反势，负向）				3		9		3	7

在4个直辖市中，可以看出发展最好的是上海市，接下来依次为天津、北京和重庆。在5个省份中，发展最好的是山东，接着依次为湖南、云南、河南和陕西。从9个省市整体上看，排名为上海 > 山东 > 天津 > 北京 > 湖南 > 重庆 > 云南 > 河南 > 陕西。

根据8.3.2节中的分析，汇总可得：

（1）上海市的15个创新极中，创新态势最好的是黑色金属冶炼及压延加工业，创新态势相对最弱的是石油和天然气开采业；

（2）山东省的15个创新极中，创新态势最好的是医药制造业，创新态势相对最弱的是纺织业；

（3）天津市的15个创新极中，创新态势最好的是有色金属冶炼及压延加工业，创新态势相对最弱的是农副食品加工业；

（4）北京市的15个创新极中，创新态势最好的是计算机、通信和其他电子设备制造业，创新态势相对最弱的是煤炭开采和洗选业；

（5）湖南省的15个创新极中，创新态势最好的是石油加工、炼焦及核燃料加工业，创新态势相对最弱的是汽车制造业；

（6）重庆市的15个创新极中，创新态势最好的是汽车制造业，创新态势相对最弱的是文教、工美、体育和娱乐用品制造业；

（7）云南省的15个创新极中，创新态势最好的是医药制造业，创新态势相对最弱的是非金属矿采选业；

（8）河南省的15个创新极中，创新态势最好的是有色金属冶炼及压延加工业，创新态势相对最弱的是食品制造业；

（9）陕西省的15个创新极中，创新态势最好的是电气机械及器材制造业，创新态势相对最弱的是农副食品加工业。

9个省市所有的创新极共包含了28类行业。从整体上来看资源加工业和机械电子类制造业出现的频次较大，其次是轻纺制造业，最后是采矿业。对每一类行业在不同地区的创新态势进行比较，可以进一步帮助分析出发展中的不足以及提升和借鉴之处。

如在9个地区均作为创新极出现的有色金属冶炼及压延加工业，创新态势最好的是在天津和山东，均为（高，微同势，正向），创新态势最差的是在陕西为（低，全均势，负向），同时是天津市和河南省的最优创新极。医药制造业创新态势最好的是在上海和山东，均为（高，微同势，正向），创新态势最差的是在陕西为（低，亚强反势，负向），是山东和云南的最优创新极；计算机、通信及其他电子设备制造业创新态势最好的是在北京为（很高，准同势，正向），创新态势最差的是在重庆为（低，亚强反势，负向）；专用设备制造业创新态势最好的是在上海为（高，微同势，正向），创新态势最差的是在陕西为（较低，亚强反势，负向）；汽车制造业创新态势最好的是在上海和重庆，均为（高，微同势，正向），在湖南、云南和陕西较差为（较低，全均势，负向）可见，汽车制造业两极分化情况明显。

综上可以看出：在创新态势最好的创新极中，有资源加工业 4 种，机械、电子制造业 3 种，其中黑色金属冶炼及压延加工业出现了 2 次，分别为上海市和河南省；医药制造业出现了 2 次，分别为山东省和云南省。在创新态势相对较弱的创新极中，有开采业 3 种，制造业中的轻纺工业 4 种，还有就是湖南省的汽车制造业。汽车制造业作为创新极共出现在 8 个省市中，作为重庆市创新态势最好的创新极，其联系数值仍低于上海市的汽车制造业数值，以这 8 个省市中汽车制造业联系数值排序，湖南省汽车制造业排在第 5 位。

第九章　区域多创新极共生效应研究

通过产业共生理论可知，产业之间会因为产业链的连续性质和产业链连接所带来的价值增值性质，而相互作用和相互影响，彼此之间共生演化。区域创新系统作为由多创新极共生演化而成的共生体，会产生带动一定地区创新能力增强和经济繁荣的共生效应。不同的创新极具有不同的创新态势，即技术创新能力的发展状态和变化趋势，在创新态势上的差异会表现出技术溢出现象，区域创新系统作为由多创新极共生演化而成的共生体，其共生效应可以认为是多创新极之间互相技术溢出产生的效应的总和，共生效应体现了整个区域的创新效果。

本书第八章通过测算创新极的联系数、同异反态势和偏联系数，研究了创新极的创新态势，如何充分利用各个创新极之间的创新态势差异，完善区域创新系统的构建是所要研究的重点，因此，本章将从这一视角出发，构建区域多创新极共生效应的测度方法。

9.1　多创新极共生效应测度方法建立

通过第八章的分析可见，有些地区的创新极的创新态势差异明显，有些地区创新极的创新态势整体比较相近。通过对各个创新极的联系数、同异反态势和偏联系数计算分析，反映出了创新极技术创新能力评价指标值和等级标准值之间关系的整体结构，体现在同一度、差异度和对立度三种秉性上。

9.1.1　产业技术态势差

若将创新极的联系数$\mu = a + b_1 i_1 + b_2 i_2 + b_3 i_3 + b_4 i_4 + cj$中的同一度 a、差异度 b 和对立度 c 做向量化处理，即有$\overrightarrow{M} = (a,\ b,\ c)$，其中，$b = b_1 + b_2 + b_3 + b_4$；$\overrightarrow{M} = (a,\ b,\ c)$ 表示的是以同一度 a、差异度 b 和对立度 c 分别为 X、Y、Z 轴的三维空间中的一个点。

i 创新极和 j 创新极在此三维空间中的距离 ΔJ_{ij}，可由公式（9－1）计算，

$$\Delta J_{ij} = |\overrightarrow{M_i M_j}| = |(a_j - a_i, b_j - b_i, c_j - c_i)| = \sqrt{(a_j - a_i)^2 + (b_j - b_i)^2 + (c_j - c_i)^2} \tag{9-1}$$

本节称 ΔJ_{ij} 为产业技术态势差，ΔJ_{ij} 表示两个创新极在同一度、差异度和对立度上的一个整体差异，反映了两个创新极在技术创新能力上的不同，体现了一种溢出效果。分别对每个地区的 n 个创新极之间的技术态势差做计算，可得到每个地区的创新极技术态势差矩阵，为 n 行 n 列的对角方阵，表征的是 n 个创新极间任意两个创新极之间的技术溢出效果。

9.1.2 共生效应指数

创新极技术态势差反映出了两个创新极之间的技术溢出效率。本书再定义 i 创新极与其他创新极的技术态势差的平方和再开方为 i 创新极在整个区域创新系统内的创新姿态优度，如公式（9－2）所示：

$$\Delta J^i = \sqrt{\Delta J_{i1}^2 + \cdots + \Delta J_{ik}^2 + \cdots + \Delta J_{in}^2} \tag{9-2}$$

式中，ΔJ_{ik}（$k=1$，…，n）表示第 i 个创新极分别与其他 1 到 n 创新极态势差。ΔJ^i 表示出了 i 创新极在区域创新系统空间中的相对位置，是 i 创新极在整个区域创新系统中对其他创新极产生的技术溢出效率的总和。

区域创新系统具有识别和培育创新极的功能，在研究其整体创新效果时，应该考虑到每个创新极的变化趋势对系统的影响。区域创新系统作为由多创新极共生演化而成的共生体，其共生效应是各创新极技术溢出效率的整体外在表现，但并不是各创新极创新姿态优度的简单相加。因此，本书引入产业技术溢出效率因子 λ^i，定义创新极创新姿态优度 ΔJ^i 与 λ^i 的乘积为区域多创新极共生效应指数 J。如公式（9－3）：

$$J = \sum_{i}^{n} \lambda^i \Delta J^i \tag{9-3}$$

产业技术溢出效率因子 λ^i 取创新极的偏联系数含义值，若创新极的偏联系数大于 0，即创新极具有正向发展趋势，则取 $\lambda^i = 1$；若创新极的偏联系数小于 0，即创新极具有负向发展趋势，则取 $\lambda^i = -1$；若创新极的偏联系数等于 0，即创新极处于临界状态，则取 $\lambda^i = 0$。如此，共生效应指数 J 考虑进了各个创新极的发展趋势，动态地体现出了整个区域创新系统的创新效果。

9.1.3 创新极集聚状态分析

创新极技术态势差矩阵反映出了任意两个创新极之间的技术溢出效率，本节此处引入多维标度法对技术态势差矩阵做处理，以反映所有创新极在技术溢出效率上的集聚状态。

多维标度法是一种在低维空间展示“距离”数据结构的多元数据分析技术。依据多维标度法的原理，下面构建 n 个创新极技术态势差在 r 维欧式空间中的对应的 n 个点的坐标及欧式距离的测算模型。

1. 定义

定义 1　对于一个 $n\times n$ 的矩阵 $\boldsymbol{D}=(d_{ij})_{n\times n}$，如果满足条件：

（1）$\boldsymbol{D}=\boldsymbol{D}'$

（2）$d_{ij}\geqslant 0$，$d_{ii}=0$，i，$j=1$，2，…，n

则矩阵 $\boldsymbol{D}$ 为广义距离阵，d_{ij}称为第 i 点与第 j 点间的距离。

定义 2　对于一个 $n\times n$ 的距离阵 $\boldsymbol{D}=(d_{ij})_{n\times n}$，如果存在某个正整数 r 和 $\boldsymbol{R}^r$ 中的 n 个点 X_1，X_2，…，X_n，使得 $d_{ij}^2=(X_i-X_j)'(X_i-X_j)$　i，$j=1$，2，…，n

则称 D 为欧氏距离阵。

显然，上文中构建的创新极技术态势差矩阵满足广义距离阵条件，可以直接进行多维度分析。

2. 测算模型

设 r 维空间中的 n 个点表示为 X_1，X_2，…，X_n，用矩阵表示为 $\boldsymbol{X}=(X_1,X_2,\cdots,X_n)'$。在多维标度分析法中，本书称 $\boldsymbol{X}$ 为距离阵 $\boldsymbol{D}$ 的一个拟合构图，求得的 n 个点之间的距离阵 $\hat{\boldsymbol{D}}$ 称为 $\boldsymbol{D}$ 的拟合距离阵，$\hat{\boldsymbol{D}}$ 和 $\boldsymbol{D}$ 尽可能接近。如果 $\hat{\boldsymbol{D}}=D$，则称 $\boldsymbol{X}$ 为 $\boldsymbol{D}$ 的一个构图。

本节假设有 n 个创新极对应在欧氏空间的 n 个点，其距离阵为 $\boldsymbol{D}$，它们所对应的空间的维数为 r，第 i 个创新极对应的点记为 X_i，则 X_i 的坐标记作 $X_i=(X_{i1},X_{i2},\cdots,X_{ir})$。

设 $\boldsymbol{B}=(b_{ij})_{n\times n}$，其中：

$$b_{ij}=\frac{1}{2}\left(-d_{ij}^2+\frac{1}{n}\sum_{j=1}^{n}d_{ij}^2+\frac{1}{n}\sum_{i=1}^{n}d_{ij}^2-\frac{1}{n^2}\sum_{i=1}^{n}\sum_{j=1}^{n}d_{ij}^2\right)\qquad(9-4)$$

式中，d_{ij}^2为 i 创新极与 j 创新极之间的距离。那么距离阵 $\boldsymbol{D}$ 是欧式距离阵

的充要条件是 $\boldsymbol{B}\geqslant 0$。

首先考虑必要条件，设距离阵 $\boldsymbol{D}$ 是欧式距离阵，则存在 X_1，X_2，…，$X_n\in R^r$，使得

$$\begin{aligned} d_{ij}^2 &= (X_i - X_j)'(X_i - X_j) \\ &= X_i'X_i + X_j'X_j - X_j'X_i - X_i'X_j \\ &= X_i'X_i + X_j'X_j - 2X_i'X_j \end{aligned} \tag{9-5}$$

$$\frac{1}{n}\sum_{i=1}^{n} d_{ij}^2 = X_j'X_j + \frac{1}{n}\sum_{i=1}^{n} X_i'X_i - \frac{2}{n}\sum_{i=1}^{n} X_i'X_j \tag{9-6}$$

$$\frac{1}{n}\sum_{j=1}^{n} d_{ij}^2 = X_i'X_i + \frac{1}{n}\sum_{j=1}^{n} X_j'X_j - \frac{2}{n}\sum_{j=1}^{n} X_i'X_j \tag{9-7}$$

$$\begin{aligned} &\frac{1}{n}\sum_{j=1}^{n}\left(\frac{1}{n}\sum_{i=1}^{n} d_{ij}^2\right) = \frac{1}{n^2}\sum_{i=1}^{n}\sum_{j=1}^{n} d_{ij}^2 \\ &= \frac{1}{n}\sum_{i=1}^{n} X_i'X_i + \frac{1}{n}\sum_{j=1}^{n} X_j'X_j - \frac{2}{n}\sum_{i=1}^{n}\sum_{j=1}^{n} X_i'X_j \end{aligned} \tag{9-8}$$

由式（9－4）～（9－8）可得：

$$\begin{aligned} b_{ij} &= \frac{1}{2}\left(-d_{ij}^2 + \frac{1}{n}\sum_{j=1}^{n} d_{ij}^2 + \frac{1}{n}\sum_{i=1}^{n} d_{ij}^2 - \frac{1}{n^2}\sum_{i=1}^{n}\sum_{j=1}^{n} d_{ij}^2\right) \\ &= \frac{1}{2}\left(2X_i'X_j - \frac{2}{n}\sum_{j=1}^{n} X_i'X_j - \frac{2}{n}\sum_{i=1}^{n} X_i'X_j + \frac{2}{n}\sum_{i=1}^{n}\sum_{j=1}^{n} X_i'X_j\right) \\ &= (X_i'X_j - X_i'\bar{X} - \bar{X}'X_j + \bar{X}'\bar{X}) \\ &= (X_i - \bar{X})'(X_j - \bar{X}) \end{aligned} \tag{9-9}$$

其中，$\bar{X} = \frac{1}{n}\sum_{i=1}^{n} X_i$。用矩阵表示为：

$$B = (b_{ij})_{n*n} = \begin{bmatrix} (X_1 - \bar{X})' \\ \vdots \\ (X_n - \bar{X})' \end{bmatrix} [X_1 - \bar{X}, \cdots, X_n - \bar{X}] \geqslant 0 \tag{9-10}$$

这里称 $\boldsymbol{B}$ 为 $\boldsymbol{X}$ 的中心化内积阵。

接着考虑充分条件，如果假设 $\boldsymbol{B}\geqslant 0$，我们欲证明 $\boldsymbol{X}$ 为欧式距离阵 $\boldsymbol{D}$ 的一个构图。

记 $\lambda_1\geqslant\lambda_2\geqslant\cdots\geqslant\lambda_r$ 为 B 的正特征根，λ_1，λ_2，…，λ_r 对应的单位特征向

量为 e_1，e_2，…，e_r，$\boldsymbol{\Gamma}=(e_1, e_2, \cdots, e_r)$ 是单位特征向量为列组成的矩阵，则 $\boldsymbol{X}=(\sqrt{\lambda_1}e_1, \sqrt{\lambda_2}e_2, \cdots, \sqrt{\lambda_r}e_r)=(x_{ij})_{n\times r}$，$\boldsymbol{X}$ 矩阵中每一行对应空间中的一个点，第 i 行即为 X_i。令 $\Lambda=diag(\lambda_1, \lambda_2, \cdots, \lambda_r)$，那么，

$$\boldsymbol{B}=\boldsymbol{XX}'=\boldsymbol{\Gamma\Lambda\Gamma}'$$

$$\boldsymbol{X}=\boldsymbol{\Gamma\Lambda}^{1/2}$$

即 $b_{ij}=X_i'X_j$，由于 $b_{ij}=\frac{1}{2}\left(-d_{ij}^2+\frac{1}{n}\sum_{j=1}^{n}d_{ij}^2+\frac{1}{n}\sum_{i=1}^{n}d_{ij}^2-\frac{1}{n^2}\sum_{i=1}^{n}\sum_{j=1}^{n}d_{ij}^2\right)$，因此，

$$(X_i-X_j)'(X_i-X_j)=X_i'X_i+X_j'X_j-2X_i'X_j=b_{ii}+b_{jj}-2b_{ij}=d_{ij}^2 \quad (9-11)$$

以上充要条件均得到证明。因此，只要求出各个点对之间的内积，求得内积矩阵 $\boldsymbol{B}$ 的 r 个非零特征值及所对应的一组特征向量，即可求出 $\boldsymbol{X}$ 矩阵的 r 个列向量，也就是 n 个产业所对应的欧氏空间 n 个点的坐标。

本书取维度 $r=2$，则通过以上测度模型可以描绘出一张二维图，每一个创新极在图中被标识为一个点，两点之间的欧式距离是对两个创新极技术态势差的真实反映。显然，两个点越接近，表示这两个点所代表的创新极技术溢出效率越相近。

9.2　区域创新极共生效应实证研究

1. 北京市计算结果

在 8.3.2 节中已经计算出北京市 15 个创新极的联系数，得到了 15 个创新极的同一度、差异度分量和对立度，本节将首先对 15 个创新极的联系数进行向量化处理，见表 9.1：

表 9.1　北京创新极联系数向量化 $\overrightarrow{M}_m=(a, b, c)$

序号	创新极	a	$b\ (=b_1+b_2+b_3+b_4)$	c
M1	计算机、通信和其他电子设备制造业	0.65	0.35	0.00
M2	电气机械和器材制造业	0.05	0.95	0.00
M3	煤炭开采和洗选业	0.03	0.61	0.36
M4	专用设备制造业	0.01	0.99	0.00
M5	汽车制造业	0.00	1.00	0.00
M6	仪器仪表制造业	0.06	0.94	0.00
M7	铁路、船舶、航空航天和其他运输设备制造业	0.04	0.96	0.00

续表

序号	创新极	a	$b\ (=b_1+b_2+b_3+b_4)$	c
M8	其他制造业	0.32	0.64	0.04
M9	通用设备制造业	0.00	1.00	0.00
M10	有色金属冶炼和压延加工业	0.07	0.93	0.00
M11	非金属矿物制品业	0.00	1.00	0.00
M12	医药制造业	0.00	1.00	0.00
M13	化学原料和化学制品制造业	0.00	1.00	0.00
M14	烟草制品业	0.10	0.69	0.21
M15	农副食品加工业	0.00	1.00	0.00

对上表中的数据运用公式（9－1）计算可得到北京市创新极技术态势差矩阵，见表9.2：

表9.2　北京市创新极技术态势差矩阵

	M1	M2	M3	M4	M5	M6	M7	M8	M9	M10	M11	M12	M13	M14	M15
M1	0.00	0.85	0.76	0.91	0.92	0.83	0.86	0.44	0.92	0.82	0.92	0.92	0.92	0.68	0.92
M2	0.85	0.00	0.50	0.06	0.07	0.01	0.01	0.41	0.07	0.03	0.07	0.07	0.07	0.34	0.07
M3	0.76	0.50	0.00	0.52	0.53	0.49	0.50	0.43	0.53	0.48	0.53	0.53	0.53	0.18	0.53
M4	0.91	0.06	0.52	0.00	0.01	0.07	0.04	0.47	0.01	0.08	0.01	0.01	0.01	0.38	0.01
M5	0.92	0.07	0.53	0.01	0.00	0.08	0.06	0.48	0.00	0.10	0.00	0.00	0.00	0.39	0.00
M6	0.83	0.01	0.49	0.07	0.08	0.00	0.03	0.40	0.08	0.01	0.08	0.08	0.08	0.33	0.08
M7	0.86	0.01	0.50	0.04	0.06	0.03	0.00	0.43	0.06	0.04	0.06	0.06	0.06	0.35	0.06
M8	0.44	0.41	0.43	0.47	0.48	0.40	0.43	0.00	0.48	0.38	0.48	0.48	0.48	0.28	0.48
M9	0.92	0.07	0.53	0.01	0.00	0.08	0.06	0.48	0.00	0.10	0.00	0.00	0.00	0.39	0.00
M10	0.82	0.03	0.48	0.08	0.10	0.01	0.04	0.38	0.10	0.00	0.10	0.10	0.10	0.32	0.10
M11	0.92	0.07	0.53	0.01	0.00	0.08	0.06	0.48	0.00	0.10	0.00	0.00	0.00	0.39	0.00
M12	0.92	0.07	0.53	0.01	0.00	0.08	0.06	0.48	0.00	0.10	0.00	0.00	0.00	0.39	0.00
M13	0.92	0.07	0.53	0.01	0.00	0.08	0.06	0.48	0.00	0.10	0.00	0.00	0.00	0.39	0.00
M14	0.68	0.34	0.18	0.38	0.39	0.33	0.35	0.28	0.39	0.32	0.39	0.39	0.39	0.00	0.39
M15	0.92	0.07	0.53	0.01	0.00	0.08	0.06	0.48	0.00	0.10	0.00	0.00	0.00	0.39	0.00

（1）共生效应指数测算。

由公式（9－2）可计算得到北京市各创新极创新姿态优度 ΔJ^i，进一步使用表 8.12 数据表可以得到各创新极的技术溢出效率因子 λ^i，再通过公式（9－3）可最终计算得出北京市多创新极共生效应指数值 J，具体结果见表 9.3。

表 9.3　北京市多创新极共生效应指数值

序号	创新极	ΔJ^i	λ^i	$J = \sum_{i}^{n} \lambda^i \Delta J^i$
M1	计算机、通信和其他电子设备制造业	3.16	1	4.69
M2	电气机械和器材制造业	1.13	1	
M3	煤炭开采和洗选业	1.93	－1	
M4	专用设备制造业	1.21	1	
M5	汽车制造业	1.24	1	
M6	仪器仪表制造业	1.12	1	
M7	铁路、船舶、航空航天和其他运输设备制造业	1.15	1	
M8	其他制造业	1.66	1	
M9	通用设备制造业	1.24	1	
M10	有色金属冶炼和压延加工业	1.11	1	
M11	非金属矿物制品业	1.24	－1	
M12	医药制造业	1.24	－1	
M13	化学原料和化学制品制造业	1.24	－1	
M14	烟草制品业	1.44	－1	
M15	农副食品加工业	1.24	－1	

从上表中可以看出，北京市 15 个创新极中技术溢出效率最大的是计算机、通信和其他电子设备制造业为 3.16。虽然整体技术溢出效率较好，但由于负向发展趋势的创新极较多，所以北京市多创新极共生效应指数仅为 4.69。

（2）创新极聚类分析。

本书取维度 $r=2$，则运用 9.1.1 节中构建的测度模型可描绘出表示创新极之间欧式距离的二维图，应用 SPSS 软件对上表中 15＊15 创新极技术态势差矩阵进行处理，依次可得到二维压力指标检验图（见图 9.1）和二维欧式空间下的聚类图（见图 9.2）。

```
Iteration history for the 2 dimensional solution (in squared distances)

             Young's S-stress formula 1 is used.

           Iteration     S-stress      Improvement

               1           .06426
               2           .04665         .01761
               3           .04545         .00120
               4           .04540         .00005

                   Iterations stopped because
           S-stress improvement is less than    .001000

                     Stress and squared correlation (RSQ) in distances

              RSQ values are the proportion of variance of the scaled data (disparities)
                     in the partition (row, matrix, or entire data) which
                      is accounted for by their corresponding distances.
                        Stress values are Kruskal's stress formula 1.

           For  matrix
  Stress  =   .08715      RSQ =  .98863
```

图 9.1　北京市二维压力指标检验

从上图可以看出，Young 式指标为 0.045，小于 0.05，K 氏压力指标为 0.087，RSQ 为 0.989，显示拟合效果很好。

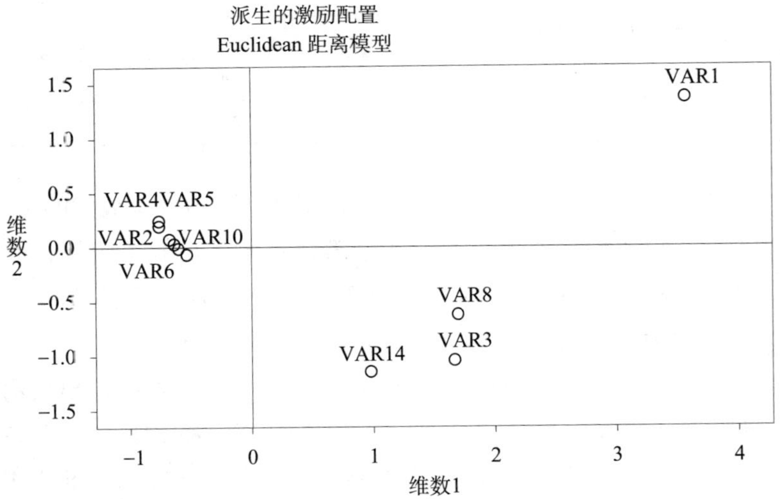

图 9.2　北京市创新极二维欧式空间聚类

图 9.2 中显示了创新极中的 9 个点，形成了 3 个簇群。与表 9.3 中的数据结合分析可得：簇群 1 仅包括计算机、通信和其他电子设备制造业，其技术溢出效率为 3.16，是最大值；簇群 2 包括 3，8 和 14，三者的技术溢出效率为 1.93，1.66 和 1.44；簇群 3 包括 2，4，5，6，10 这 5 个创新极，它们的技术溢出效率均非常接近，同时未显示的 9，11，12，13 和 15 同 5 的技术溢出效率同为 1.24。通过分析可以看出，北京市 15 个创新极在技术溢出效率上可以分为三个簇群，且以技术溢出效率数值排序，簇群 1 > 簇群 2 > 簇群 3。

依照上述步骤，可依次得到其他 8 个省市的联系数向量化处理结果、创新极技术态势差矩阵、创新极二维压力指标检验图、创新极二维空间聚类图和共生效应指数值。由于图表较多，下文不再一一展示，只列出其他 8 个省市构建创新极二维空间聚类图和共生效应指数值表。

2. 天津市计算结果

由公式（9－2）可计算得到天津市各创新极创新姿态优度 ΔJ^i，又由表 8.15 可以得到各创新极的技术溢出效率因子 λ^i，再通过公式（9－3）可最终计算得出天津市多创新极共生效应指数值 J，具体结果见表 9.4。

表 9.4　天津市多创新极共生效应指数值

序号	创新极	ΔJ^i	λ^i	$J = \sum_i^n \lambda^i \Delta J^i$
M1	黑色金属冶炼及压延加工业	1.49	1	13.60
M2	汽车制造业	0.88	1	
M3	专用设备制造业	1.20	1	
M4	计算机、通信及其他电子设备制造业	2.99	1	
M5	医药制造业	1.64	1	
M6	电气机械及器材制造业	1.32	1	
M7	化学原料及化学制品制造业	1.44	1	
M8	通用设备制造业	1.44	－1	
M9	文教、工美、体育和娱乐用品制造业	1.44	1	
M10	金属制品业	1.44	1	
M11	有色金属冶炼及压延加工业	1.35	1	
M12	仪器仪表制造业	1.60	1	
M13	石油加工、炼焦及核燃料加工业	1.64	－1	
M14	食品制造业	1.34	1	
M15	农副食品加工业	1.46	－1	

从上表中可以看出，天津市 15 个创新极中技术溢出效率最大的是计算机、通信和其他电子设备制造业为 2.99。整体技术溢出效率较好，同时负向发展趋势的创新极不多，所以天津市多创新极共生效应指数为 13.60。

天津市多创新极二维欧式空间聚类图如图 9.3 所示：

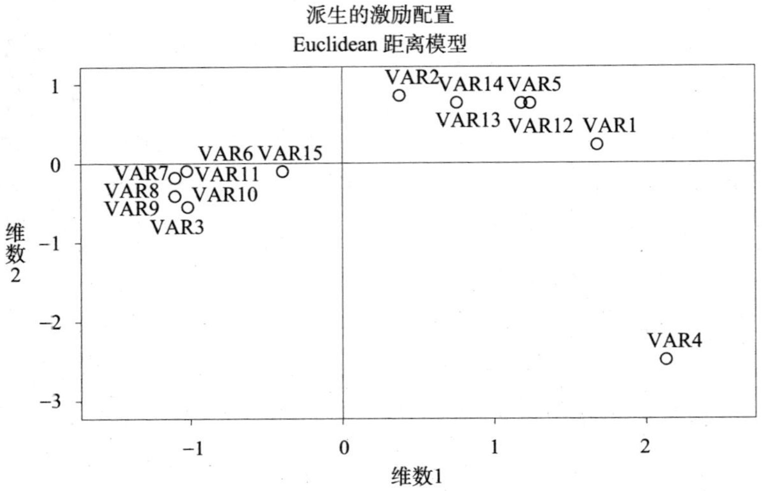

图 9.3　天津市多创新极二维欧式空间聚类

图 9.3 中显示了创新极中所有点，形成了 3 个簇群。与表 9.4 中的数据结合分析可得：簇群 1 仅包括计算机、通信和其他电子设备制造业，其技术溢出效率因子为 2.99，是最大值；簇群 2 包括 1，2，5，12，13 和 14，其中 5，12 和 13 技术溢出效率因子更接近；簇群 3 包括 3，6，7，8，9，10，11 和 15，其中 7，8，9 和 10 技术溢出效率因子更接近。通过分析可以看出，天津市 15 个创新极在技术溢出效率上可以分为三个簇群，其中簇群 1 中含有技术溢出效率最大的创新极。

3. 上海市计算结果

由公式（9－2）可计算得到上海市各创新极创新姿态优度 ΔJ^i，又由表 8.18 可以得到各创新极的技术溢出效率因子 λ^i，再通过公式（9－3）可最终计算得出上海市多创新极共生效应指数值 J，具体结果见表 9.5。

表 9.5　上海市多创新极共生效应指数值

序号	创新极	ΔJ^i	λ^i	$J = \sum_i^n \lambda^i \Delta J^i$
M1	汽车制造业	1.21	1	23.49
M2	黑色金属冶炼及压延加工业	3.95	1	
M3	通用设备制造业	1.21	1	
M4	化学原料及化学制品制造业	1.77	1	
M5	电气机械及器材制造业	1.21	1	
M6	铁路、船舶、航空航天和其他运输设备制造业	1.21	1	
M7	计算机、通信及其他电子设备制造业	1.21	1	
M8	烟草制品业	1.21	1	
M9	石油和天然气开采业	1.22	1	
M10	专用设备制造业	1.21	1	
M11	医药制造业	1.21	1	
M12	石油加工、炼焦及核燃料加工业	1.97	1	
M13	有色金属冶炼及压延加工业	1.72	1	
M14	非金属矿物制品业	1.93	1	
M15	橡胶和塑料制品业	1.21	1	

从表 9.5 中可以看出，上海市 15 个创新极中技术溢出效率最大的是黑色金属冶炼及压延加工业为 3.95。整体技术溢出效率较好，无负向发展趋势的创新极，所以上海市多创新极共生效应指数高达 23.49。

上海市多创新极二维欧式空间聚类图如图 9.4 所示：

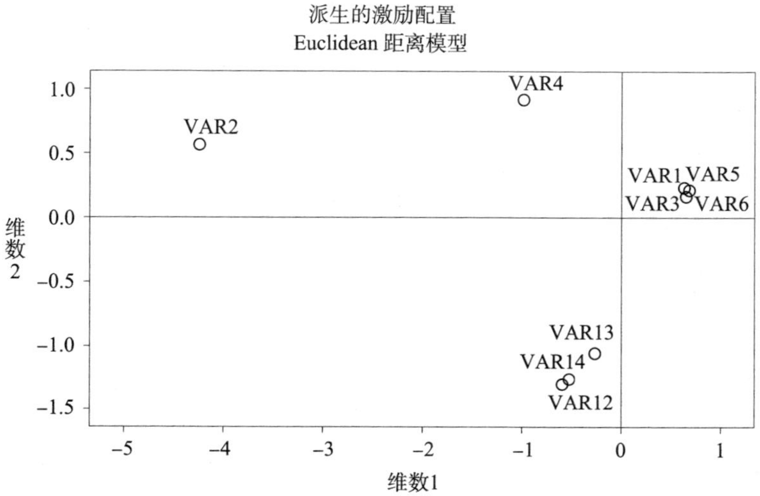

图 9.4　上海市多创新极二维欧式空间聚类

图 9.4 中显示了创新极中的 9 个点，形成了 3 个簇群。由表 9.5 中的数据结合分析可得：簇群 1 包括黑色金属冶炼及压延加工业和化学原料及化学制品制造业，其技术溢出效率分别为 3.95 和 1.77，两者集聚的原因在于同一度值均较大；簇群 2 包括 12，13 和 14，其技术溢出效率分别为 1.97，1.72 和 1.93；簇群 3 包括 1，3，5 和 6，技术溢出效率均为 1.21，未在图中显示的创新极的技术溢出效率也均为 1.21。所以，通过分析可以看出，上海市 15 个创新极在技术溢出效率上可以分为三个簇群，且以技术溢出效率数值排序，簇群 1 > 簇群 2 > 簇群 3。

4. 重庆市计算结果

由公式（9－2）可计算得到重庆市各创新极创新姿态优度 ΔJ^i，又由表 8.21 可以得到各创新极的技术溢出效率因子 λ^i，再通过公式（9－3）可最终计算得出重庆市多创新极共生效应指数值 J，具体结果见表 9.6。

表 9.6　重庆市多创新极共生效应指数值

序号	创新极	ΔJ^i	λ^i	$J=\sum_i^n \lambda^i \Delta J^i$
M1	汽车制造业	1.48	1	−4.10
M2	铁路、船舶、航空航天和其他运输设备制造业	0.89	1	
M3	医药制造业	0.89	1	
M4	电气机械及器材制造业	0.89	0	
M5	黑色金属冶炼及压延加工业	1.77	1	
M6	文教、工美、体育和娱乐用品制造业	2.07	−1	
M7	通用设备制造业	0.89	−1	
M8	其他制造业	0.89	−1	
M9	有色金属冶炼及压延加工业	0.89	0	
M10	化学原料及化学制品制造业	0.89	−1	
M11	仪器仪表制造业	0.87	−1	
M12	专用设备制造业	0.89	−1	
M13	计算机、通信及其他电子设备制造业	0.83	−1	
M14	石油加工、炼焦及核燃料加工业	0.90	−1	
M15	金属制品业	0.89	−1	

从表 9.6 中可以看出，重庆市 15 个创新极中技术溢出效率最大的是文教、工美、体育和娱乐用品制造业为 2.07，但其是负向发展创新极，所以对整个

区域共生效应的贡献最低。整体技术溢出效率较低，负向发展趋势的创新极过多，所以重庆市多创新极共生效应指数为 -4.10。在 4 个正向发展的创新极中，黑色金属冶炼及压延加工业的技术溢出效率最大为 1.77。

重庆市多创新极二维欧式空间聚类图如下所示：

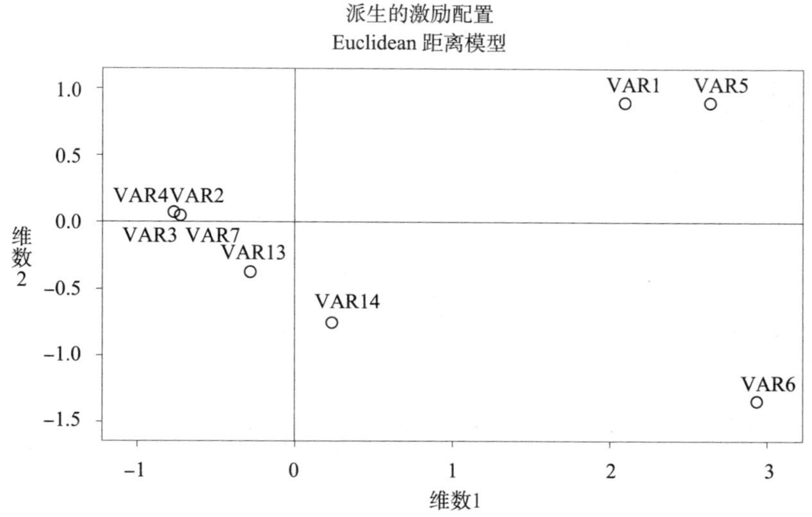

图 9.5 重庆市多创新极二维欧式空间聚类

图 9.5 中显示了创新极中的 9 个点，形成了 3 个簇群。虽然图中显示的 2，3，4 和 7 点距离最近，13 和 14 离这 4 个点的距离较远，但通过表 9.6 中的数据中可以看出，这 6 个点代表的创新极在技术溢出效率上非常接近，且图中未显示出的创新极也均与这个簇群的值最接近。因此，重庆市 15 个创新极在技术溢出效率上可以分为三个簇群，簇群 1 为文教、工美、体育和娱乐用品制造业，为 2.07；簇群 2 包括汽车制造业和黑色金属冶炼及压延加工业，分别为 1.48 和 1.77；簇群 3 为其他创新极，技术溢出效率均在 0.89 左右。所以，以技术溢出效率数值排序，有簇群 1 > 簇群 2 > 簇群 3。

5. 山东省计算结果

由公式（9-2）可计算得到山东省各创新极创新姿态优度 ΔJ^i，又由表 8.24 可以得到各创新极的技术溢出效率因子 λ^i，再通过公式（9-3）可最终计算得出山东省多创新极共生效应指数值 J，具体结果见表 9.7。

表 9.7 山东省多创新极共生效应指数

序号	创新极	ΔJ^i	λ^i	$J = \sum_i^n \lambda^i \Delta J^i$
M1	仪器仪表制造业	1.64	1	14.86
M2	医药制造业	1.11	1	
M3	计算机、通信和其他电子设备制造业	1.11	1	
M4	电气机械及器材制造业	1.34	1	
M5	烟草制品业	1.38	1	
M6	纺织业	2.06	-1	
M7	有色金属冶炼及压延加工业	1.27	1	
M8	金属制品业	0.96	1	
M9	铁路、船舶、航空航天和其他运输设备制造业	0.93	1	
M10	化学纤维制造业	1.12	1	
M11	化学原料及化学制品制造业	1.27	1	
M12	专用设备制造业	1.09	1	
M13	汽车制造业	1.18	1	
M14	通用设备制造业	1.38	1	
M15	有色金属矿采选业	1.16	1	

从表 9.7 中可以看出，山东省 15 个创新极中技术溢出效率最大的是纺织业为 2.06，但其是本省唯一一个负向发展创新极，所以对整个区域共生效应的贡献最低。整体技术溢出效率较好，且负向发展趋势创新极很少，所以山东省多创新极共生效应指数为 14.86。在 14 个正向发展的创新极中，仪器仪表制造业的技术溢出效率最大为 1.64。

山东省多创新极二维欧式空间聚类图如图 9.6 所示：

图 9.6 中显示了创新极中所有点，形成了 3 个簇群。簇群 1 包括仪器仪表制造业和纺织业，技术溢出效率分别为 1.64 和 2.06；簇群 2 包括 4，5，10，11，12 和 13；簇群 3 包括 2，3，7，8，9 和 15。虽然簇群 2 和簇群 3 的数据值很接近，7 和 11 的技术溢出效率均为 1.27，但是看原始数据值可以发现，各簇群中的创新极的同一度更接近，且簇群 2 的要大于簇群 3。所以。山东省 15 个创新极在技术溢出效率上可以分为 3 个簇群，以技术溢出效率数值排序，有簇群 1 > 簇群 2 > 簇群 3。

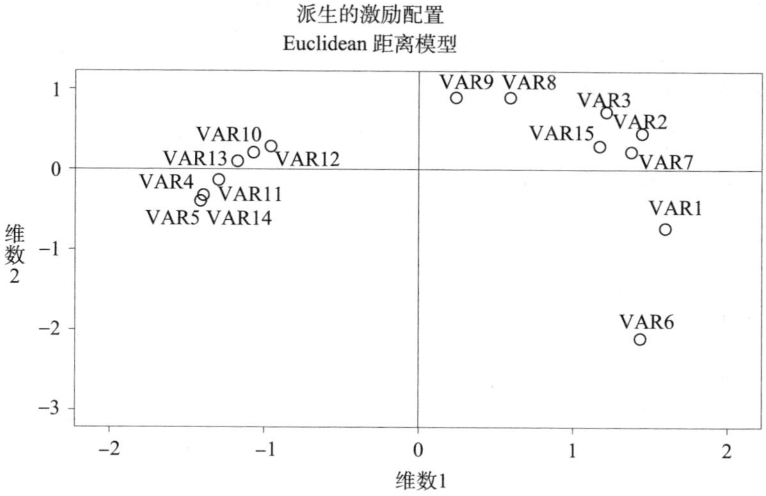

图 9.6　山东省创新极二维欧式空间聚类

6. 河南省计算结果

由公式（9－2）可计算得到河南省各创新极创新姿态优度 ΔJ^i，又由表 8.25 可以得到各创新极的技术溢出效率因子 λ^i，再通过公式（9－3）可最终计算得出河南省多创新极共生效应指数值 J，具体结果见表 9.8。

表 9.8　河南省多创新极共生效应指数

序号	创新极	ΔJ^i	λ^i	$J = \sum_i^n \lambda^i \Delta J^i$
M1	专用设备制造业	0.69	1	－6.90
M2	有色金属冶炼及压延加工业	0.69	1	
M3	通用设备制造业	0.69	－1	
M4	仪器仪表制造业	0.57	－1	
M5	黑色金属冶炼及压延加工业	0.69	1	
M6	酒、饮料和精制茶制造业	0.57	－1	
M7	化学原料及化学制品制造业	0.69	－1	
M8	烟草制品业	0.69	－1	
M9	非金属矿物制品业	0.63	－1	
M10	医药制造业	0.69	－1	
M11	农副食品加工业	0.98	－1	
M12	橡胶和塑料制品业	0.55	－1	
M13	纺织业	1.59	－1	
M14	印刷和记录媒介复制业	0.66	－1	
M15	食品制造业	0.65	－1	

从表9.8中可以看出，河南省15个创新极中技术溢出效率最大的是纺织业为1.59，但其是负向发展创新极，所以对整个区域共生效应的贡献最低。整体技术溢出效率较低，且负向发展趋势创新极多达13个，所以河南省多创新极共生效应指数为-6.90。3个正向发展的创新极技术溢出效率均为0.69。

河南省多创新极二维欧式空间聚类图如图9.7所示：

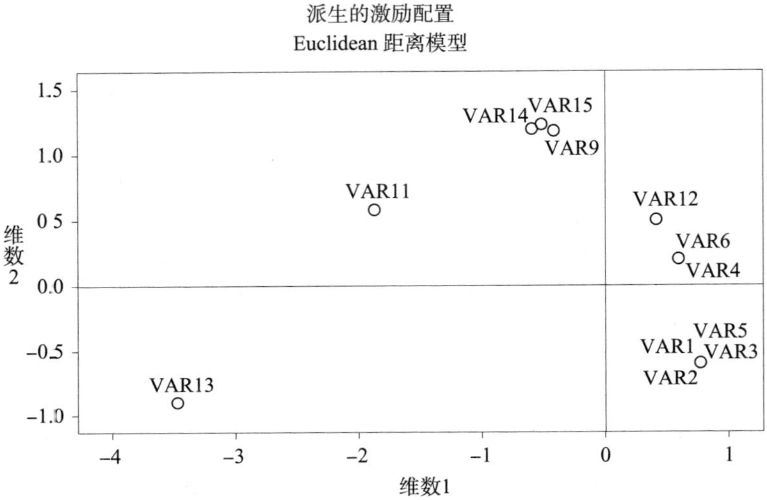

图9.7　河南省多创新极二维欧式空间聚类

图9.7中显示了创新极中的12个，形成了5个簇群。簇群1是技术溢出效率为1.59的纺织业；簇群2是技术溢出效率为0.98的农副食品加工业；簇群3是技术溢出效率均为0.69的1，2，3和5，同时未显示的7，8，10也均为0.69；簇群4包括9，14和15；簇群5包括4，6和12。山东省15个创新极以技术溢出效率数值排序，有簇群1>簇群2>簇群3>簇群4>簇群5。

7. 湖南省计算结果

由公式（9-2）可计算得到湖南省各创新极创新姿态优度 ΔJ^i，又由表8.26可以得到各创新极的技术溢出效率因子 λ^i，再通过公式（9-3）可最终计算得出湖南省多创新极共生效应指数值 J，具体结果见表9.9。

表 9.9　湖南省多创新极共生效应指数

序号	创新极	ΔJ^i	λ^i	$J = \sum_i^n \lambda^i \Delta J^i$
M1	专用设备制造业	1.31	-1	0.53
M2	烟草制品业	0.86	1	
M3	石油加工、炼焦及核燃料加工业	1.89	1	
M4	铁路、船舶、航空航天和其他运输设备制造业	0.81	-1	
M5	仪器仪表制造业	0.81	1	
M6	有色金属冶炼及压延加工业	0.82	1	
M7	电气机械及器材制造业	0.91	1	
M8	化学纤维制造业	1.92	1	
M9	非金属矿物制品业	0.91	-1	
M10	医药制造业	0.91	-1	
M11	农副食品加工业	0.91	1	
M12	通用设备制造业	0.91	-1	
M13	化学原料及化学制品制造业	0.91	-1	
M14	计算机、通信及其他电子设备制造业	0.91	-1	
M15	汽车制造业	0.91	-1	

从表 9.9 中可以看出，湖南省 15 个创新极中技术溢出效率最大的是化学纤维制造业为 1.92。整体技术溢出效率较好，但负向发展趋势创新极有 8 个，所以湖南省多创新极共生效应指数仅为 0.53。

湖南省多创新极二维欧式空间聚类图如图 9.8 所示：

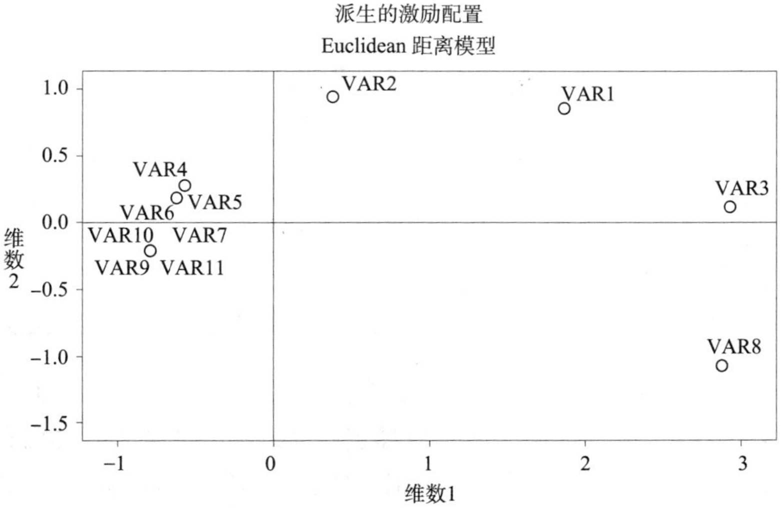

图 9.8　湖南省多创新极二维欧式空间聚类

图9.8中显示了创新极中的11个，结合数据分析可以看出虽然1，2，3和8这4个创新极是分散成点，但是其同一度数值居于前4位，因此可以将这4个点归为1个簇群，则湖南省15个创新极共形成了2个簇群，簇群1包括1，2，3和8，其中技术溢出效率最大的是化学纤维制造业为1.92；簇群2包括4，5，6，7，9，10和11，其中图中未显示的创新极数值同7，9，10和11，均为0.91。

8. 云南省计算结果

由公式（9－2）可计算得到云南省各创新极创新姿态优度 ΔJ^i，又由表8.27可以得到各创新极的技术溢出效率因子 λ^i，再通过公式（9－3）可最终计算得出云南省多创新极共生效应指数值 J，具体结果见表9.10。

表9.10　云南省多创新极共生效应指数

序号	创新极	ΔJ^i	λ^i	$J=\sum_i^n \lambda^i \Delta J^i$
M1	有色金属冶炼及压延加工业	1.33	－1	－14.26
M2	烟草制品业	1.59	－1	
M3	黑色金属冶炼及压延加工业	1.08	－1	
M4	医药制造业	1.52	1	
M5	化学原料及化学制品制造业	1.33	－1	
M6	橡胶和塑料制品业	2.03	－1	
M7	仪器仪表制造业	1.66	1	
M8	汽车制造业	1.33	－1	
M9	印刷和记录媒介复制业	1.33	－1	
M10	食品制造业	1.33	－1	
M11	铁路、船舶、航空航天和其他运输设备制造业	1.11	－1	
M12	酒、饮料和精制茶制造业	1.14	－1	
M13	其他制造业	1.66	－1	
M14	计算机、通信及其他电子设备制造业	1.10	－1	
M15	非金属矿采选业	1.08	－1	

从表9.10中可以看出，云南省15个创新极中技术溢出效率最大的是橡胶和塑料制品业为2.03，但其是负向发展创新极，所以对整个区域共生效应的贡献最低。整体技术溢出效率较好，但负向发展趋势创新极多达13个，所以云南省多创新极共生效应指数仅为－14.26。

云南省多创新极二维欧式空间聚类图如图 9.9 所示：

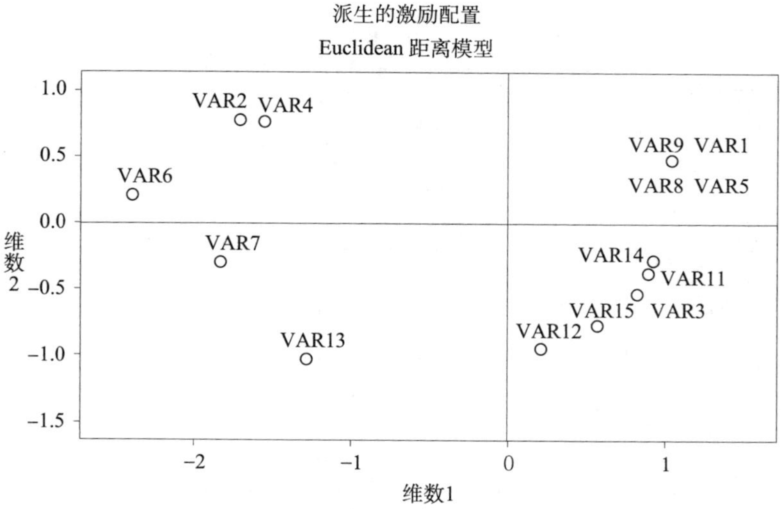

图 9.9　云南省多创新极二维欧式空间聚类

图 9.9 中显示了创新极中的 14 个，结合数据分析可以看出虽然 2，4，6，7 和 13 这 5 个创新极是分散成点，但是其技术溢出效率值均大于其他点，且同一度数值居于前 5 位，因此可以将这 5 个点归为一个簇群 1；簇群 2 包括 1，5，8 和 9，其值均为 1.33；簇群 3 包括 3，11，12，14 和 15。故云南省 5 个创新极共形成了 3 个簇群，依技术溢出效率值排序有簇群 1 > 簇群 2 > 簇群 3。

9. 陕西省计算结果

由公式（9-2）可计算得到陕西省各创新极创新姿态优度 ΔJ^i，又由表 8.28 可以得到各创新极的技术溢出效率因子 λ^i，再通过公式（9-3）可最终计算得出陕西省多创新极共生效应指数值 J，具体结果见表 9.11。

表 9.11　陕西省多创新极共生效应指数

序号	创新极	ΔJ^i	λ^i	$J = \sum_i^n \lambda^i \Delta J^i$
M1	电气机械及器材制造业	1.80	1	-19.93
M2	汽车制造业	1.42	-1	
M3	黑色金属冶炼及压延加工业	2.66	-1	
M4	铁路、船舶、航空航天和其他运输设备制造业	1.42	-1	
M5	仪器仪表制造业	1.22	-1	

续表

序号	创新极	ΔJ^i	λ^i	$J=\sum_i^n \lambda^i \Delta J^i$
M6	专用设备制造业	1.19	-1	-19.93
M7	计算机、通信设备及其他电子设备制造业	1.42	-1	
M8	通用设备制造业	1.35	-1	
M9	金属制品业	1.42	-1	
M10	有色金属冶炼及压延加工业	1.42	-1	
M11	医药制造业	1.35	-1	
M12	酒、饮料和精制茶制造业	1.42	-1	
M13	农副食品加工业	2.62	-1	
M14	印刷和记录媒介复制业	1.46	-1	
M15	石油和天然气开采业	1.36	-1	

从表9.11中可以看出，陕西省15个创新极中技术溢出效率最大的是黑色金属冶炼及压延加工业为2.66，但其是负向发展创新极，所以对整个区域共生效应的贡献最低。整体技术溢出效率较好，但负向发展趋势创新极多达14个，所以陕西省多创新极共生效应指数仅为-19.93。

陕西省多创新极二维欧式空间聚类图如图9.10所示：

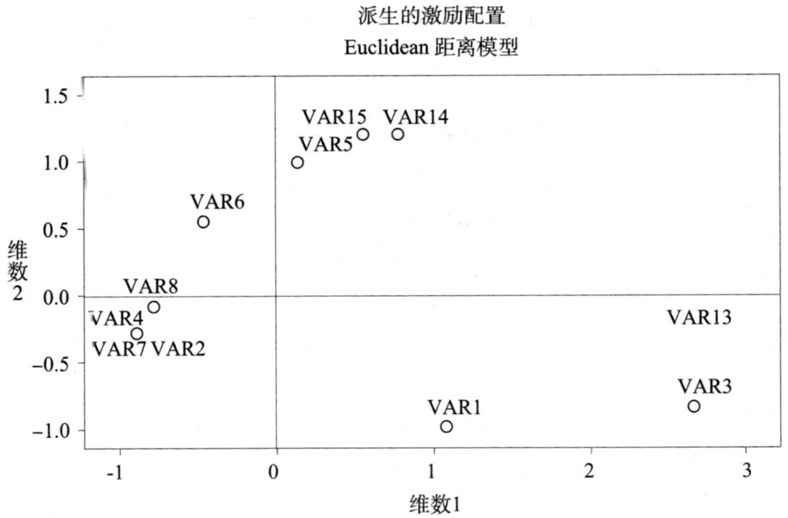

图9.10 陕西省多创新极二维欧式空间聚类

图9.10中显示了创新极中的11个，结合数据分析可以看出2，4，7和8较明显的形成了簇群，图中未显示的9，10，11和12也属于这一簇群；其余7个点均较分散分布，根据各个点技术溢出效率值，可以分为2个簇群，簇群1包括1，3和13，簇群2包括5，6，14和15，且依值大小有簇群1 > 簇群2。

10. 九省市结果比较分析

将9个省市的多创新极共生效应指数值结果汇总，如图9.11所示：

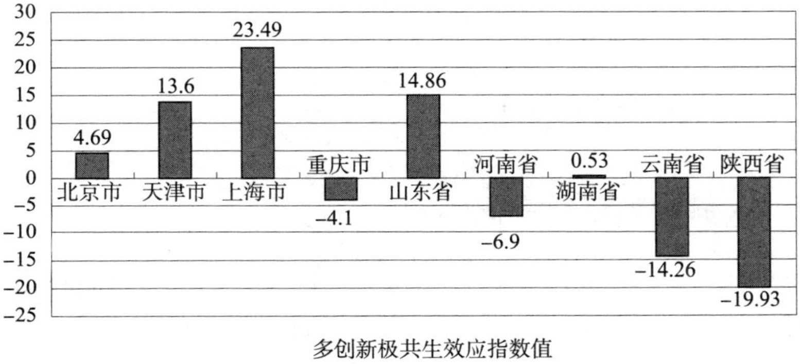

图9.11　各省市多创新极共生效应指数值

从图9.11可以看出，9个省市依照共生效应指数从高到低依次排列为上海市 > 山东省 > 天津市 > 北京市 > 湖南省 > 重庆市 > 河南省 > 云南省 > 陕西省。第8.3.3节中通过整体创新态势情况排序结果为上海市 > 山东省 > 天津市 > 北京市 > 湖南省 > 重庆市 > 云南省 > 河南省 > 陕西省。可见，两者结果基本上一致。

第十章　区域创新系统演化监测研究——以河北省为例

10.1　区域创新系统演化

10.1.1　区域创新系统演化内涵

区域创新系统的演化过程有广义和狭义之说，广义的区域创新系统演化指的是区域创新系统从萌芽、孕育、临界激发、成长、成熟直到衰落或者是更替的过程。狭义的区域创新系统的演化是指区域创新系统形成之后的发展过程。

关于“演化”的本质，演化经济学家多普菲等人认为，经济系统是具有巨大复杂性的、历经长期演化的规则结构，具有“通类”性质的新规则在经济系统中创生、扩散推动了经济系统组织和结构的演化。这里所说的“通类”是指，这类规则在许多领域具有一般性和普遍性。纳尔逊以房屋的建造为例，阐释演化的实质内涵。他指出，一个房屋的建造过程是某种制作规则的现实化，本身并不代表演化，但如果制作蓝图或行为规范等发生改进则属于演化，演化的主体不是房屋，而是建造房屋所应用到的“通类”知识（库尔特·多普菲，2004）。从这一概念出发，本书认为区域创新系统演化的实质内涵是基于知识生产和应用的分工交易规则的形成。深入区域创新系统要素之间活动的本质特征，我们会发现，推动区域创新系统演化的实际上只有一种东西，那就是知识。

10.1.2　区域创新系统演化特征

一般的演化理论具有如下特征：它的研究对象是随时间变化的某一变量或某一系统，理论探索就是为了理解引起这些变化的动态过程，特别地用来解释说明变量或系统为何到达目前这个状态，它是如何到达的。这些变量或系统的变化既具有一定的随机性和扰动现象，又有通过系统的筛选机制而呈现出的一定的规律性。大部分演化理论的预测或解释能力在于其系统筛选过程，通常假设这个筛选过程具有一定惯性，同时这个过程亦潜伏着突变的动力，从而不断地产生新变种或新特征。

而区域创新系统自组织演化特征有：

（1）区域创新系统要素作用方式的非线性。

所谓“非线性”（non - linear），在数学上指代的是变量之间的数学关系，非线性是相对于线性而言的，它们的区分常用于区别函数 $y=f(x)$ 对自变量 x 的依赖关系。线性函数即一次函数，其图像为一条直线。其他函数则为非线性函数，其图像是除直线以外的图像。非线性的本质在于现象与现象之间是相互联系与相互依赖的关系。区域创新系统内部各组分之间的关系就是非线性的关系（刘式达，2003），在区域创新系统演化中进行的是非线性的过程，而且各个主体所进行的非线性的方式也不尽相同，从而使得整个区域创新系统的演化呈现出了复杂性。

（2）主体和行为的多样性。

任何环境中的任何事物都会存在多样性。宏观来讲，生态环境、社会文化存在多样性；直观来讲，生物种类、商业产品存在多样性；微观来讲，同一物种的遗传基因存在多样性。各种层面的多样性通常会保持动态平衡，其中有些会被淘汰，也会有新生的不同于以往的新形式出现。区域创新系统中的创新主体和他们的行为如同生态系统中的个体一样都具有多样性，正是这种多样性，导致了整个区域创新系统在形式和功能上的丰富多彩。

（3）区域创新系统的多重性。

多重性的一般含义是指：复杂的性质或状态，多种多样或形形色色的性质或状态。司马贺（H. A. Simon，2004）将多个层次与多种功能形成的结构叫做层级结构，复杂的系统都具有这种层级结构。结构的层次上，下一层次是上一层次的组成部分，多层次的交相重叠构成系统的特定功能（成思危，2001）。区域创新系统是多层次、多形态的网络体系。网络结构成为各区域创新主体多维结构的基础，也成为区域创新系统信号传输和反馈通路的基础。这种结构特性赋予了区域创新系统复杂的非线性动力学特征。

（4）系统整体的涌现性。

所谓涌现性，通常是指多个要素组成系统后，出现了系统组成前单个要素所不具有的性质，这个性质并不存在于任何单个要素当中，而是系统在低层次构成高层次时才表现出来，所以人们形象地称其为“涌现”。系统功能之所以往往表现为“整体大于部分之和”，就是因为系统涌现了新质的缘故，其中“大于部分”就是涌现的新质。系统的这种涌现性是系统的适应性主体之间非线性相互作用的结果。涌现是一种从低层次到高层次的过渡，是在微观主体进化的基础上，宏观系统在性能和机构上的突变，在这一过程中从旧质中可以产生新质。霍兰说：“涌现现象是以相互作用为中心的，它比单个行为的简单累加要复杂得多。”涌现性告诉我们，一旦把系统整体分解成为它的组成部分，这些特性就不复存在了。

（5）演化方向的自适应性。

区域创新系统无时不刻不进行着演化，就像整个社会的生产力每时每刻都在前进一样，但是演化并不是随意的，更不是“任性”的，而是“智能”的，所谓智能指的是区域创新系统根据自身（系统的规模、特征、构成等）和外部环境（经济、政策、文化等）而选择一条对自身有利的演化道路进行。不断地适应着环境，而且，在这个演化过程当中，整个区域创新系统也会随之变得越发复杂、精密。

（6）区域创新系统演化方式的自组织临界性

所谓区域创新系统，指的是整个系统始终处于一个稳定与不稳定状态之间的临界点上，区域创新系统所进行的演化方式是迸发式的、混沌式的或者是塌方式的，而不是我们想当然的那样循序渐进式的演化。区域创新系统内部的非线性作用导致了系统向临界点演进，在接近临界点的过程汇总，通常一个十分微小的波动，就能引起极大的连锁反应，具有“牵一发而动全身”的效果，这种“自组织临界性”可以解释区域创新系统的行为特征，这种行为特征可以分为亚临界状态、临界状态和超临界状态三种情形。在区域创新系统中，系统的行为特征常常是既没有处于亚临界状态，同时也没有处于超临界状态，最多的是表现出一种自组织临界状态。

10.1.3　区域创新系统演化过程

创新的本质是知识扩散、外溢和资本化的过程。区域创新系统演化涉及区域创新的决策、R&D溢出分析等多个方面，是各要素相互作用的复杂过程。

1. 区域创新系统知识扩散与溢出的一般过程模型

无论是国际的知识扩散，还是区域和组织间的知识扩散；无论是技术扩散，还是工艺产品、管理和制度扩散；无论是组织还是个人对采用新知识做出的决策，都不是瞬间的行为，而是一个十分复杂的过程，这个过程包含一系列的行为和决策。根据知识扩散过程中的个体和组织决策的行为，可将其划分为从知识发现到知识资本化的五个不同的阶段，如图 10.1 所示。

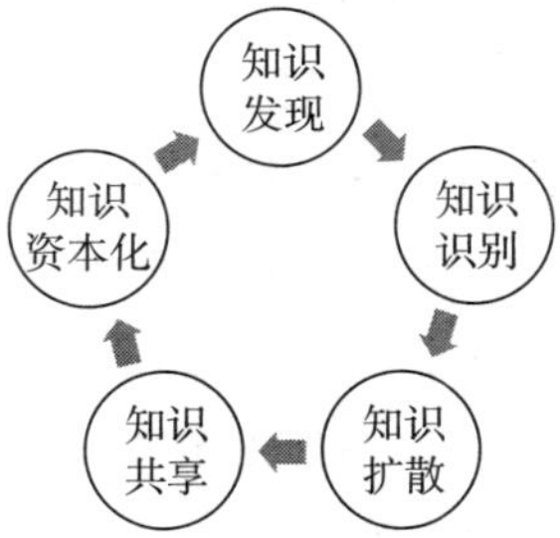

图 10.1　知识扩散过程

（1）知识发现——认知阶段。此阶段内，组织或者个人仅仅大致了解新知识的存在并对其功能有所认识。

（2）知识识别——评估决策阶段。组织或者是个人通过对新知识的评估，对是否采用新知识进行决策。

（3）知识扩散——采用阶段。在决定采用新知识后，知识有可能发生扩散和溢出。

（4）知识共享——价值实现阶段。当新知识通过一定的扩散渠道，以一定的方式在社会系统的各种成员间进行扩散，组织或个人由此获得了价值的增值。对企业而言，可能会获得丰厚的利润，对个人而言，人力资本获得了增值。

（5）知识资本化——知识结构化阶段。在知识的价值或效用达到最大的同时，知识将出现资本化，应用知识的个人和组织的知识存量得到了增加，在此基础上，新一轮的知识创新与溢出将会循环下去。

2. 区域创新系统知识扩散与溢出的过程分析

（1）知识发现。

知识是组织或者个人获得可持续竞争优势的源泉，个人和组织需要发现、创造新的知识，因此，知识的发现是一整个扩散的过程的基石。这种知识可能是某一个新观念、某一个新的产品、新的技术，甚至是一个建议等，但是所有这些都是全新的，是目前的状态中所不具有的。

（2）知识识别。

知识识别阶段主要是指对于新知识，要正确地判断其对个人、组织和社会是否真正具有价值，是采纳还是否决。这一识别的过程需要考虑很多的要素：①相对优越性。一种新知识具有更大的优越性，那么它被采纳的可能性就越大，它发生扩散和溢出的可能性就越大。②实用性。即新知识与个人或者组织的需求是否相一致。当新的知识和采用者的需求、价值观、行为相一致时，就较容易被迅速地采纳。③复杂性。新知识的复杂程度越高，那么被采纳和利用的可能性就会越低，相反就会越高。④明确性。新知识越是容易被人们观察和描述，那么就越容易被说明和示范，其明确性就越强，采纳率就越高。⑤可试性。对一些创新产品，如果在一定条件下可以试用，那么就可以大大地提高它的利用率。

（3）知识扩散。

在此阶段内，新知识已经被接受，知识的识别过程已经完成。部分人已经开始利用知识进行工作，并努力使其价值得以实现，就此进入了知识的扩散阶段；在组织内部，则进入了一个实现知识共享以及由此产生的利益在组织内传播和渗透，被组织所有的利益方都当做一种有价值的东西而接受的阶段。

由于接受和采纳新知识的速度会因人而异，新知识的采用者可以存在不同的类型，这些不同的类型代表了不同的人和群体各自所具有的创新能力以及他们接受新事物和适应变革的能力。

（4）知识共享。

随着新知识从概念化的无形状态，向实在的、有形的且具有商业价值的状态进行演化，组织在促进其学习的过程中需要了解知识的组成和定位，将个人知识转化为可以共享的知识，传递显性知识，促进内部知识共享；促进企业的知识学习，通过学习以改进作业或管理，将知识转化为企业的利润和核心竞争力。

（5）知识资本化。

在此阶段内，为采用新知识所做的投资开始有所回报。对区域内的企业而言，企业通过新产品开发、组织变革等活动，获得了超额利润，市场价值大幅度增加，并在此过程中形成了知识资本的增值，如专利、商誉等。当知识应用达到一定的饱和度的时候，新一轮的知识扩散便开始了。

最后需要指出的是，上面所说的5个阶段并不是唯一的，本书只是为了说明知识扩散与溢出过程的一般情况。因为有时候一项创新有可能会在经历了整个扩散过程后，才发现它是不成功的，是没有能力为企业带来效益的。因此，可以根据时间的变化，把知识扩散的不同类型分成5种（Mick Cope，2001）

如图 10.2 所示。各个曲线分别代表的是相应的知识扩散可能发生的轨迹，反映了知识扩散与溢出过程在组织内部是如何运行，最后确定最有效的知识扩散途径和管理模式。

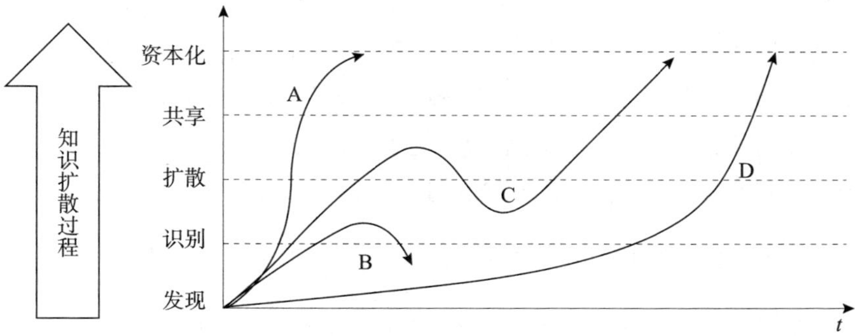

图 10.2　知识扩散过程中的不同类型

3. 区域创新系统演化阶段

本书认为区域创新系统从建立到成熟是一个发展的过程，其中有渐进式，也有跳跃式。总体上来看，区域创新系统的模式变化可分为 4 个主要阶段：①创立孵化阶段。系统的各种要素在该阶段并不完整，系统的建立要靠政府来推动，通过区域创新环境的建立，实际上形成了由创新环境构成的区域创新孵化器。②成长阶段。这一阶段开始由政府单独推动技术创新逐步转变为市场多元主体共同推动技术创新，环境由以孵化为主转变为大规模投入，科研院所大

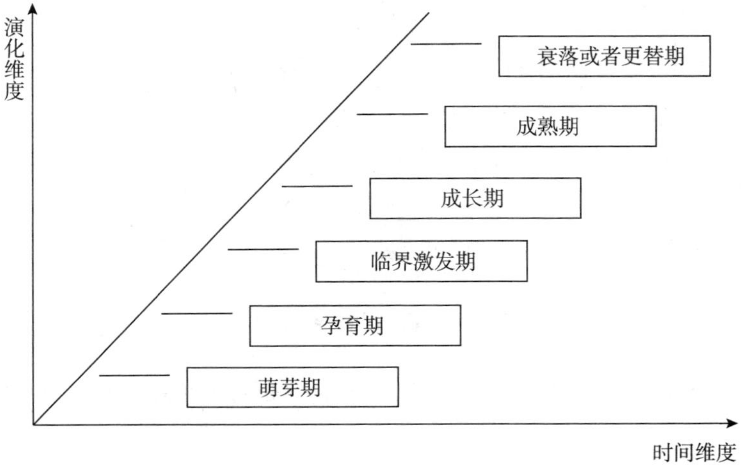

图 10.3　区域创新系统演化阶段

专院校与企业之间联系加强，中介机构得到较大发展。③成熟阶段。政府的作用已让位于市场，此时中介机构十分发达，环境与系统间的创新要素输入与创新产品输出达到一种相对稳定的状态。④创新衰退或持续创新阶段。创新衰退阶段的创新系统受到系统环境中其他系统越来越多的竞争，整体的区域创新系统的活力不断下降，创新产出逐步减少，组织机构出现老化，原来的创新核心区域逐渐变成产业萧条区；持续创新阶段的区域创新系统利用已经改变了的系统环境，联合组建新的更具创新生命力的机构。同时，注意对旧有机构的改造与改组，通过创新的持续产出，不断改造区域内部环境。

10.1.4 区域创新系统演化模型

关于区域创新系统的演化模型，笔者在先前的研究中界定了区域内创新活动密集、创新规模较大、创新能力具有代表性、对区域有明显支撑和带动作用的产业创新子系统为区域中的创新极，将区域创新系统视为多创新极共生演化系统，建立基于多创新极共生的区域创新系统概念模型，认为区域创新系统由区域产业创新子系统组成，并在中观层面给出一种区域创新系统演化模型的新描述（胡浩、李子彪，2011）。区域创新系统结构图如图 10.4 所示：

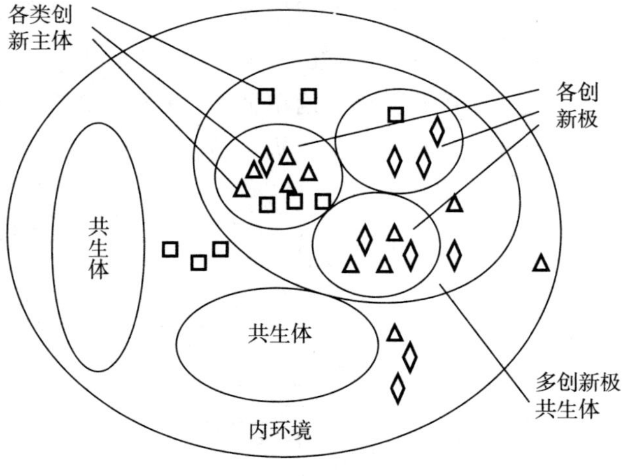

图 10.4　区域创新系统结构

借助生态学理论中种群动力学理论分析区域创新系统中多创新共生演化动力模型。

在满足一些具体条件的情形下，建立了三种多创新极共生的演化动力模型。

（1）单个创新极的动力模式。创新极产生、发展的过程实际上就是区域内产业的创新主体数量的不断增加，个体不断增强，创新水平不断提高的过程。可以近似把创新极比作同一产业技术创新主体的有机集合，这样可借助生态种群增长模型建立创新极发展模型。

$$\frac{dx}{dt} = r\left(1 - \frac{x}{x_m}\right)x = f(x,r),x(0) = x_0 \tag{10-1}$$

$x(t)$ 是时刻 t 时创新极个体数目，r 是创新极个体数量增长率，其值为出生率减去死亡率。

（2）两创新极共生演化动力模型。各创新极之间相互作用时，关键问题仍是两两之间的共生问题，因此 Logistic 方程同样适用。假设各创新极不论大小在争夺资源方面有的相互竞争，有些相互合作，结成共生体共同发展，有的创新极之间相互独立发展，无创新联系。

$$\frac{dx_1}{dt} = r_1x_1\left(1 - \frac{x_1}{N_1} - b_1\frac{x_2}{N_2}\right) = f_1(x_1,x_2) \tag{10-2}$$

$$\frac{dx_2}{dt} = r_2x_2\left(1 - \frac{x_2}{N_2} - b_2\frac{x_1}{N_1}\right) = f_2(x_1,x_2) \tag{10-3}$$

比例系数 b_1，b_2 分别表示创新极乙对创新极甲的共生系数和甲对乙的共生系数。

（3）多创新极共生演化动力模型。可以将两创新极的模型推广到多创新极的情形。

$$\begin{cases} \dfrac{dx_1}{dt} = r_1x_1\left(1 - \dfrac{x_1}{N_1} - \sum\limits_{i=2}^{n} b_{1j}\dfrac{x_j}{N_j}\right) & \text{当 } i = 1 \\ \dfrac{dx_i}{dt} = r_ix_i\left(1 - \dfrac{x_i}{N_i} - \sum\limits_{j=1}^{i-1} b_{ij}\dfrac{x_j}{N_j} - \sum\limits_{j=i+1}^{n} b_{ij}\dfrac{x_j}{N_j}\right) & \text{当 } n \geqslant i \geqslant 2 \end{cases} \tag{10-4}$$

在区域创新系统演化模型方面，有的学者站在区域创新系统与外界的互动的视角来进行阐述。如付丹等人（2009）以耗散结构理论为基础，构建了高新技术产业集群（High - tech Industrial Cluster，HIC）与区域创新系统（Regional Innovation System，RIS）之间互动演化的布鲁塞尔模型（Brusselator Model）。通过对该模型稳定性的定量分析，阐明了两者之间存在互动演化关系，并揭示了两者之间相互作用和影响的细致结构与互动演化。

洪进（2011）用复杂适应系统相关理论，探讨了区域创新系统的主体智能交互性、系统动态开放性和创新绩效涌现性等特征。在此基础上，建构了区域创新系统的 AIITD 演化模型，即集聚、互动、制度厚积和多样化，并探讨了其演化的创新资源配置、内控性以及适应性循环三种机制，以进一步解释区域创新的内在规律。他认为区域创新系统具有主体智能交互性、系统动态开放性、创新绩效涌现性的特征，是一个具有自适应能力的复杂系统。其演化呈现集聚（Agglomeration）、互动（Interaction）、制度厚积（Institutional Thickness）、多样化（Diversity）的超循环特性（简称 AIITD）演化模型如图 10.5 所示：

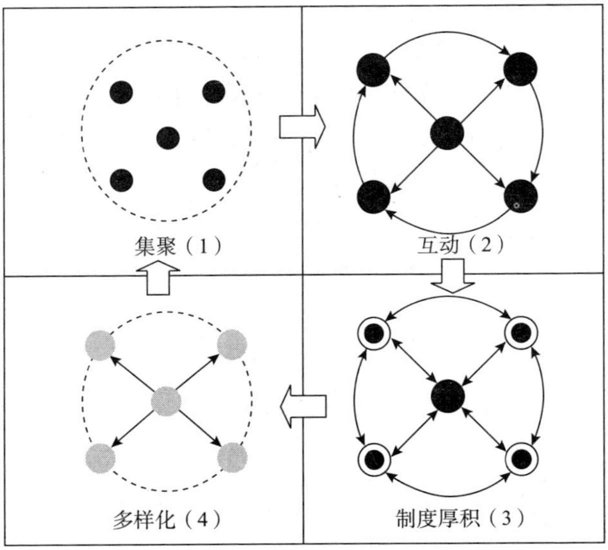

图 10.5　区域创新系统演化模型

进一步分析了区域创新系统的演化机制，认为由于区域的创新活动处在一个动态开放的系统环境中，系统内的智能元不断与外界发生交互作用，要保持 AIITD 模型的持续演化，必然在深层次上存在若干机制的作用，以此来调配资源，平衡权力，实现系统的协同演进和升级。

王景荣和徐荣荣（2013）在分析了区域创新系统的自组织演化进程后。提出了区域创新系统自组织演化模型，并认为国内外各区域创新系统正按照该模型进行由无序向有序的自组织演化。认为区域创新系统的每一轮自组织演化发展都需要经历 4 个阶段以及一些关键节点。4 个阶段即无序稳定阶段、轻微失稳阶段、彻底失稳阶段和新稳定阶段，而连接这些阶段的重要临界点称为失稳点、触发点和回稳点。据此，提出了区域创新系统的自组织演化模型如

图 10.6 所示：

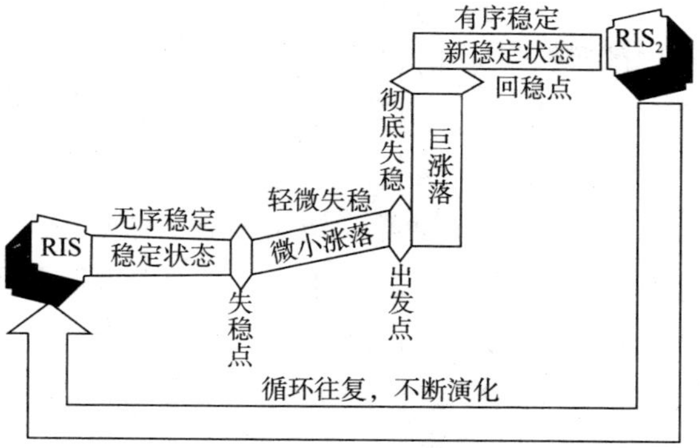

图 10.6　区域创新系统自组织演化模型

佘震宇等人通过构造区域创新柔性主体、半柔性主体和刚性主体的数学模型，构建了基于主体的区域创新复杂系统模型以及各微观主体相互学习和演进的系统模型，描述了区域创新复杂系统的演化过程。认为区域创新系统的演化通过微观主体自身的进化以及多主体之间的交互来实现。认为区域创新是一个动态的、渐进的演化过程。在演化过程中，各级行为主体都要根据新出现的情况和信息调整自己的行为和结构。政府在每一个发展阶段结束后都要根据现有的发展状况，新出现的机会和挑战制定下一阶段的发展方向和目标。其他微观主体也要进行如此的学习过程。区域创新微观主体强化学习结构如图 10.7 所示：

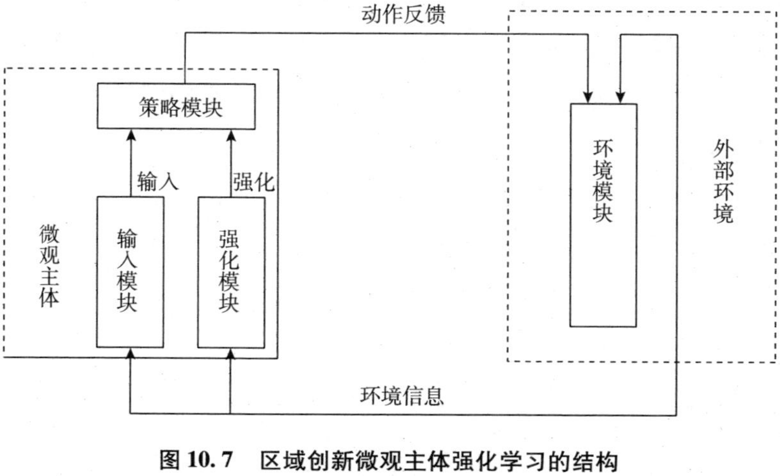

图 10.7　区域创新微观主体强化学习的结构

综上所述，笔者通过学习吸取各位学者的精髓，进一步深化所提出的区域创新系统演化模型，认为区域创新系统演化模型要突出两个方面的特性。一方面在区域创新系统内部，各个元素是以产业创新子系统的方式存在，有的产业因为活动的密集性、支撑性和带动性等而成为区域创新系统的“极”。进一步形成了多创新极，另一方面，在演化过程中，表现出了自组织和它组织的特性，对于自组织来说，演化中伴随着“初始稳态—微小涨落—巨涨落—重新回归稳态”等自组织演化特征。形象地讲类似于本书下面所提到的 logistic 曲线（拉长的 S 形）。笔者认为区域创新系统是一个复杂系统，单单自组织演化还不能完全体现其演化模型。这是不全面的，也是不可能的，还需要外部指令对其本身产生影响（比如区域创新系统中的政府政策）。因此区域创新系统演化模型也应该体现这样的内容。

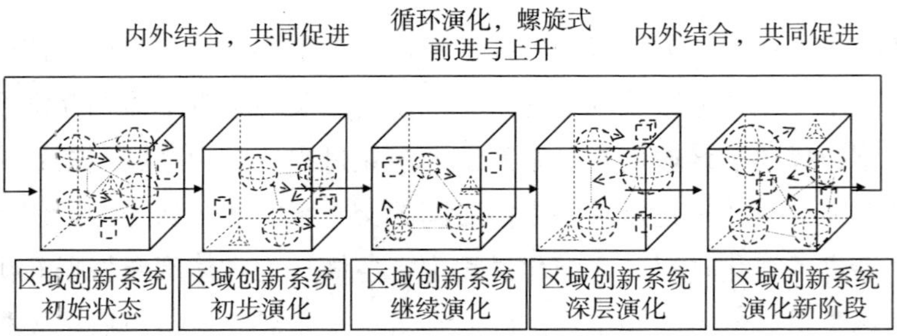

图 10.8　区域创新系统演化模型

在上述图中，每个立体球形表示的都是当时区域创新系统内部的多创新极共生体。由于创新极本身性质及对区域创新系统带动的方向不同等，使得多创新极也有自身的属性。多创新极个体会有不同的演化方向，同时不同的多创新极之间也会有联系，区域创新系统内各个多创新极的内部结构如图 10.9 所示：

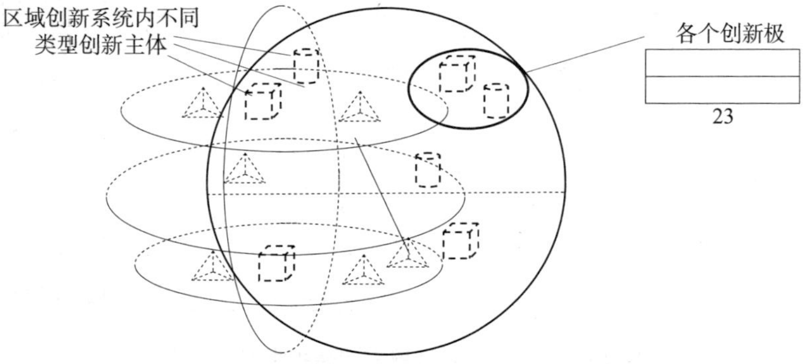

图 10.9　多创新极共生体内部结构

通过这个内部结构图发现，组成创新极的各个主体都不尽相同，其数目也是可多可少。关键是它对区域创新系统的“影响力”究竟有多大。并不是所有的创新主体在区域创新系统内部都会形成创新极。

10.2　区域创新系统演化过程监测

区域创新系统演化过程的研究与分析，需要建立随时间变化的动态方程，构建区域创新系统演化的动态监测模型，并通过验证确保这个模型的有效性。

10.2.1　区域创新系统演化监测模型构建

目前对于区域创新系统的演化发展，学者们从不同的视角进行了研究。有学者从知识创新过程视角确定区域创新系统的演化，并将系统分成知识创新子系统、知识传播子系统和知识应用子系统；有学者从整体结构视角确定区域创新系统的演化，并将系统分为创新主体子系统、创新基础子系统、创新资源子系统和创新环境子系统；有学者从创新对象视角确定区域创新系统的演化，并将系统分为技术创新系统、制度创新系统、组织创新系统以及管理创新系统。还有的学者从过程观的视角将区域创新系统划分为创新投入子系统、创新产出子系统、创新扩散子系统和创新支持子系统。综述各学者对区域创新系统演化的研究发现虽然在研究演化中区域创新系统的划分方法有所差异，但大家都持有一个共同的观点，那就是都认为在区域创新系统的演化中，系统中的各个子系统是一个密不可分的关系体。

笔者总结、借鉴其他学者的精髓，按照以技术创新演化为主线，以知识的投入和产出为穿插，以政策和环境为支撑辅助的原则对区域创新系统中各子系统进行分类，并建立河北省区域创新系统网络演化模型。如图 10.10 所示：

10.2.2　区域创新系统演化监测变量选取原则

1. 科学性和实用性相统一的原则

具体指标的选取要建立在充分认识和系统研究的基础上，指标体系能够全面涵盖区域创新系统演化的内涵和目标实现程度，同时，指标的设置要简单明了，容易理解。

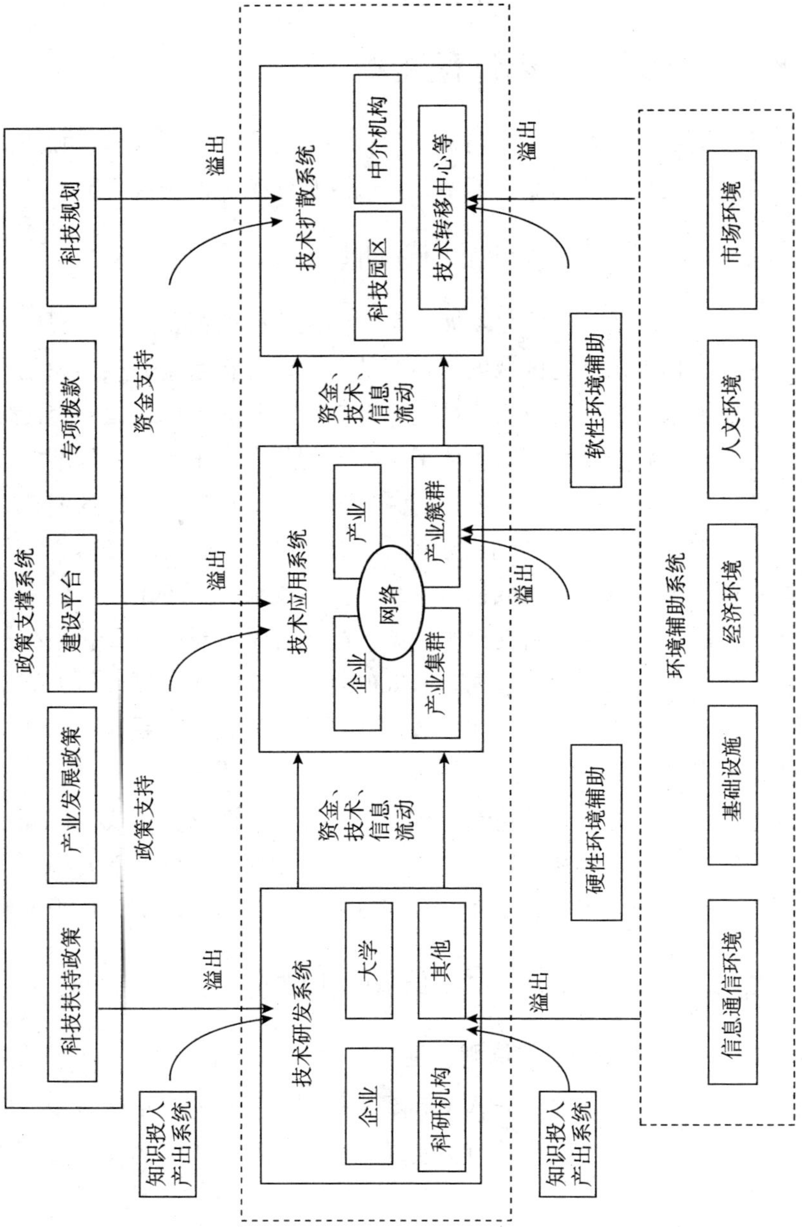

图 10.10 河北省区域创新系统网络演化模型

2. 系统性和层次性相统一的原则

区域创新系统是一个复杂的系统，它由不同层次、不同的要素组成。因此指标的选取也应该反映系统的方方面面，以及系统的演化状态，也要将指标分类，使指标体系结构清楚，便于应用，并且指标要有一定的内在联系。

3. 可比性和可靠性相统一的原则

指标要有区域可比性，有比较才有鉴别，才能体现其特点。

4. 全面性和代表性相统一的原则

指标体系应该反映系统的各个方面，从不同的角度反映区域创新系统的主要特征和状况，另一方面，指标的选取尽可能的少，要强调代表性，避免重复使用指标。

5. 动态性和静态性相统一的原则

所选取的指标要考虑系统动态变化的特点，能反映系统的现状和未来趋势，以便于决策和预测。

6. 定性指标和定量指标相统一的原则

指标的选取以定量为主，统计指标为主，经验指标为辅。所选取的指标尽可能的直接或者是间接地来源于统计年鉴等权威文献。

10.2.3　区域创新系统演化监测体系建立

根据上述的指标体系的建立原则和我们分析的监测模型，结合河北省的具体情况，建立了关于河北省的区域创新系统演化监测体系。其中监测体系包含了共计 33 个指标，具体情况如表 10.1 所示：

表 10.1　河北省区域创新系统演化监测体系

	系统	子系统	含义
河北省创新网络演化系统	投入产出系统	投入子系统	A1 地区 R&D 人员全时当量（人年）
			A2 R&D 经费内部投入（万元）
			A3 R&D 经费投入强度（%）
		产出子系统	A4 国内专利申请受理量（项）
			A5 国内专利申请授权量（项）
			A6 高等院校和科研机构发表论文数（篇）
			A7 高等院校和科研机构发表科技著作数（篇）
			A8 商标注册申请（项）
			A9 核准注册数（项）

续表

	系统	子系统	含义
河北省创新网络演化系统	技术创新系统	技术开发子系统	B1 企业办研发机构数目（个）
			B2 机构人员数目（人）
			B3 机构经费支出（万元）
			B4 仪器和设备研发（万元）
		技术应用子系统	B5 新产品开发项目数（项）
			B6 新产品开发经费（万元）
			B7 新产品销售收入（万元）
		技术扩散子系统	B8 技术市场技术输出地域（合同数）
			B9 技术市场技术输出地域（合同金额）
			B10 技术市场技术流向地域（合同数）
			B11 技术市场技术流向地域（合同金额）
	支撑辅助系统	政策支撑子系统	C1 高校科技活动资金来自政府（万元）
			C2 规模以上企业科技活动资金来自政府（万元）
			C3 地区研究与开发机构 R&D 经费内部支出来自政府资金（万元）
			C4 国家产业化项目（项）
			C5 产业化项目落实资金（万元）
	辅助支撑系统	环境辅助系统	C6 全社会客运量（万人）
			C7 全社会货运量（万吨）
			C8 经营单位所在地进出口总额（千美元）
			C9 每十万人高等学生平均在校人数（人）
			C10 地区生产总值（亿元）
			C11 长途光缆线路长度（万千米）
			C12 邮政营业网点（处）
			C13 互联网上网人数（万人）

1. 知识投入产出子系统

在这个系统中，主要是反映知识投入产出方面的信息。由于演化的根本动力是知识，因此把区域创新网络的知识作为演化系统的基础部件和底层的积累。这里以最能反映知识的产出效果的指标作为演化过程监测的状态变量，分别是：专利（申请和授权）、论文、科技著作、商标（申请、核准）。

2. 技术研发子系统

从时间演化的角度来看，技术的研发是区域创新网络中非常关键的基础环节，这个环节关系到以后的发展演化的质量，它以大型企业，尤其是规模以上企业为主体，进行着大量的研究和实践。因此这里以企业研发机构、人员和设备为状态变量。

3. 技术应用子系统

技术应用系统是整个创新网络演化中的重要的部分，一切的技术也好，经验也罢，到最后都会归结为一点，那就是应用。而应用最主要的就是新产品的情况，因此，笔者选取新产品为状态变量，其中包括开发项目数、开发经费支出和销售收入。

4. 技术扩散子系统

技术的研发不是目的，而是方法和前提，技术在研发之后，就会通过各种途径和方式进行扩散。其中技术市场的情况最具有代表性，因此本书选取此方面的指标作为状态变量，其中包括本地区流出和流向本地区的技术合同数和合同金额。

5. 政策支持子系统

政策支持系统体现了对所有的演化主体的影响，包括高校、企业、科研机构等。而对各个主体的支持力度，最直接的数字反映就是资金的投入量，因此，本书中选择地区政府投入的科技活动资金作为政府的支持力度参考。除此方面还要考虑政策方面的支持，由于这个是社会性的状态量，为了能够量化反映，笔者选取地区中的国家产业化项目情况（项目数和落实资金情况）作为状态变量。

6. 环境辅助子系统

包括区域创新网络演化系统在内的任何系统都是处于一定的环境中，这里所指的环境除了政策环境系统外还包括环境辅助系统。笔者把环境辅助系统对演化系统影响划分为交通运输环境、市场进出口环境、高学历人口素质环境和信息通信水平 5 个方面，将把它们作为监测的状态变量。

10.2.4　区域创新系统监测模型数据的收集与处理

本节的数据主要来源于中国科技统计年鉴和国家统计局，部分数据节选于其他权威统计资料汇总和文献。因为数据的量纲性增大了计算的难度，所以需要对数据进行无量纲的处理，关于数据的无量纲的方法有很多，根据指标实际值和无量纲结果数值的关系特征可以分为三大类：①直线型无量纲方法。其中包括阈值法、指数法、标准化方法（Z－score 法）、比重法。②折线型无量纲方法。其中包括凸折线型法、凹折线型法、三折线型法。③曲线型无量纲方法。

笔者依据所使用数据的特征，所采用 Z－score 的方法对数据进行标准化处理，标准化（Z－score）公式为：

$$y_i = \frac{x_i - \bar{x}}{s} \tag{10-5}$$

其中：

$$\bar{x} = \frac{1}{n}\sum_{i=1}^{n} x_i \tag{10-6}$$

$$s = \sqrt{\frac{1}{n-1}\sum_{i=1}^{n}(x_i - \bar{x})^2} \tag{10-7}$$

其处理后的数据表格如表 10.2～表 10.4 所示：

表 10.2　知识投入产出子系统

	A1	A2	A3	A4	A5	A6	A7	A8	A9
2009	−1.1820	0.3261	−0.7521	−1.0090	−1.2223	−1.1142	0.2397	−1.1564	−0.5705
2010	−0.7393	−0.6744	−0.9542	−0.8756	−0.5017	−0.7853	−0.6975	−0.6859	1.7620
2011	0.0796	−0.6635	−0.3618	−0.1182	−0.2650	0.6234	−0.5623	−0.0430	−0.1990
2012	0.5003	−0.6092	0.6773	0.6886	0.6734	1.3232	−0.6344	0.4879	−0.3591
2013	1.3415	1.6210	1.3908	1.3142	1.3155	−0.0471	1.6545	1.3973	−0.6335

表 10.3　技术创新子系统

	B1	B2	B3	B4	B5	B6	B7	B8	B9	B10	B11
2009	−0.3399	−0.7846	−0.8948	−0.8877	−0.7145	−1.1249	−1.0523	−0.0967	−1.0786	−1.4025	−1.3018
2010	−1.2603	−0.8340	−0.5578	−1.0349	−1.3175	−0.8998	−0.8609	0.8779	−0.8349	−0.5678	1.1378
2011	−0.4107	−0.4742	−0.5975	0.1204	0.1943	0.1230	−0.0661	−0.0343	−0.0209	0.1403	−0.6931
2012	0.7753	0.6762	0.5613	0.3999	1.0358	0.7254	0.6824	0.8389	1.3335	0.8244	0.7140
2013	1.2355	1.4166	1.4887	1.4023	0.8020	1.1763	1.2968	−1.5859	0.6008	1.0057	0.1431

表 10.4　辅助支撑系统

	C1	C2	C3	C4	C5	C6	C7	C8	C9	C10	C11	C12	C13
2009	-1.1441	-1.2189	0.0314	0.5250	0.0748	-0.5266	-1.4366	-1.5730	-1.3827	-1.3541	-1.0544	-1.2164	-1.2380
2010	-0.5807	-0.5885	-1.4330	1.4972	1.5934	0.2218	-0.5488	-0.3895	-0.5239	-0.6639	-0.7993	-0.4707	-0.6632
2011	-0.2941	0.0759	-0.2607	-0.6417	-0.2330	0.7148	0.3304	0.7090	0.0666	0.2366	-0.2041	-0.2056	-0.0155
2012	0.6710	0.2900	1.3292	-0.4472	-0.2869	1.0357	1.1071	0.4198	0.6785	0.6866	0.8163	0.4638	0.6499
2013	1.3480	1.4415	0.3331	-0.9333	-1.1484	-1.4457	0.5478	0.8337	1.1615	1.0947	1.2415	1.4288	1.2668

10.2.5　区域创新系统演化监测结果呈现与分析

在对得到的数据进行进一步处理方面，笔者利用 SPSS17 软件进行主成分的数据处理以及后续的综合应用，并利用由主成分方法所提取的因子来进行综合得分的计算，比如当共有两个因子时，应按公式（10-8）计算：

$$f = \frac{\lambda_1}{\lambda_1 + \lambda_2} f_1 + \frac{\lambda_2}{\lambda_1 + \lambda_2} f_2 \tag{10-8}$$

当公因子的个数不同时，公式做相应的变化即可。

由公式（10-8）计算出区域创新系统各个子系统随时间演化的结果。具体数值如表 10.5 所示：

表 10.5　区域创新系统各个子系统演化监测

子系统	年份				
	2009	2010	2011	2012	2013
知识投入产出系统	-0.9	-0.7	0.03	0.66	0.9
技术研发系统	-0.7488	-0.9464	-0.3518	0.6208	1.4262
技术应用系统	-0.9855	-1.0437	0.0846	0.8287	1.1159
技术扩散系统	-1.05	0.27	-0.23	0.94	0.07
政策支撑系统	-0.6748	-1.2903	0.1094	0.6578	1.1978
环境辅助系统	-1.24	-0.48	0.24	0.75	0.73

进一步的，为了符合常人的认知习惯。本书把区间的两个边界放缩到区间[0，1] 当中。具体情况如表 10.6 所示：

表 10.6　区域创新系统各个子系统演化监测修改

子系统	年份				
	2009	2010	2011	2012	2013
知识投入产出系统	0.0000	0.1111	0.5167	0.8667	1.0000
技术研发系统	0.0833	0.0000	0.2506	0.6606	1.0000
技术应用系统	0.0270	0.0000	0.5225	0.8670	1.0000

续表

子系统	年份				
	2009	2010	2011	2012	2013
技术扩散系统	0.0000	0.6633	0.4121	1.0000	0.5628
政策支撑系统	0.2474	0.0000	0.5626	0.7830	1.0000
环境辅助系统	0.0000	0.3819	0.7437	1.0000	0.9899
综合演化状态	0.0596	0.1927	0.5013	0.8629	0.9255

从上述的表格中可以发现区域创新系统综合演化符合所提出的“S”曲线，为了更深层次地了解各子系统的演化发展趋势，运用各子系统的原始数据进行分析，得出结论如图10.11~图10.13所示。

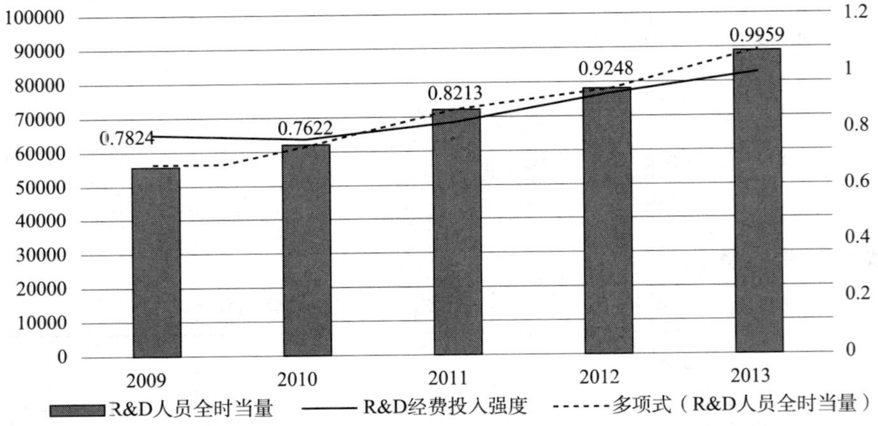

图10.11　知识投入产出系统状态变量监测变化

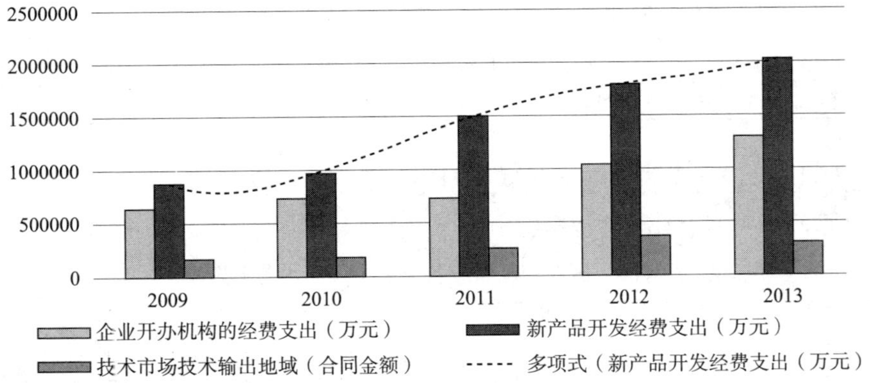

图10.12　技术创新演化系统状态变量监测变化

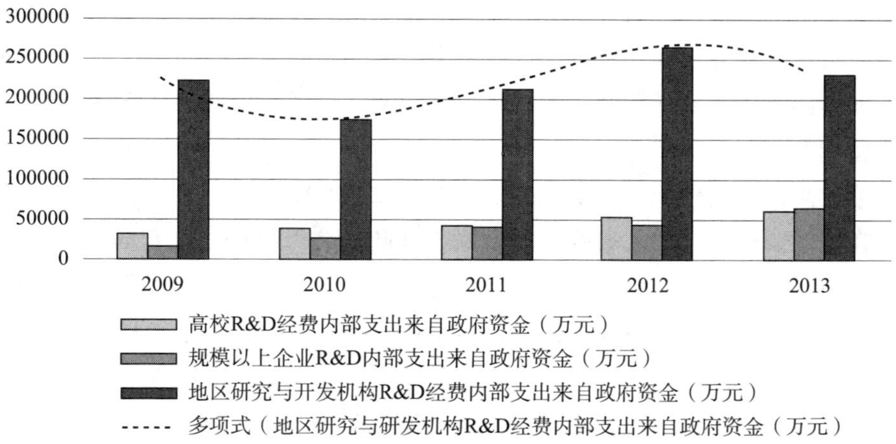

图 10.13　环境辅助支撑系统状态变量监测变化

从上面的结果可以看出大致可以把整个演化过程分为以下三个阶段：

第一阶段：演化积累变化阶段（2009～2010 年）

在这个阶段内，河北省的各个演化系统处于状态变量变化相对较小的时期，且以一种“循序渐进”的方式进行着缓慢演化，此阶段为以后的快速发展奠定基础。

第二阶段：演化快速发展阶段（2011 年）

在这个阶段内，河北省的各个监测演化变量处于快速增长阶段，和前后时期相比都出现了很大的波动，其主要的特征表现在：

（1）知识的投入和产出方面。2011 年在 R&D 经费投入强度方面首次突破了 0.8，达到了 0.8213。

（2）技术创新演化方面。河北省 2011 年变化最为突出的是新产品的研发经费支出。较 2010 年相比增加了 152.14%，这属于技术创新演化中的应用部分，而在剩下的技术研发和技术扩散系统中的状态变量则保持平缓而稳步的增长趋势。

（3）在政策支撑方面，本书选取了政府对于规模以上企业、高校和研究与开发机构的资金投入量进行对比，在五年的时间内，河北省政府对于 3 种主体支持力度最大，尤其是对研究与开发机构的支持，不过与整体呈现的这种快速增长阶段略有偏差的是，对于研究与开发机构的投入量呈现了“波动式”的趋势，波峰和波谷随时间变化而交替出现。

（4）在环境辅助方面仍然用图 10. 13 反映。几年来，高校知识辅助和政府资金政策辅助相对平稳，由数据可以看出，研究与开发机构提供的智力辅助较大。同时河北省的基础设施：人文环境，以及以双创为代表的科技举措正在逐步完善和改善。

第三阶段：演化趋于稳定提升阶段（2012～2013 年）

在这个阶段内，河北省网络创新系统演化的各个系统处于稳定增长阶段，按照本节中的 S 曲线表示，目前河北省各个主体网络演化已经到了稳定发展阶段，以后虽有小规模的波动，但是整体是处于提升阶段的，这就要求河北省要保证对创新资源的充足的投入，按照之前的投入量来看，虽然科技资源、人力资源、资金资源的投入呈现稳步增长的态势，但是也应该发现自身和全国的投入水平依然存在差距。再接再厉，跟上整个中国各个方面快速发展的宏观环境。

10. 3　区域创新系统演化发展监测研究

区域创新系统由于受到外部社会环境和自身内部种种因素的影响，其演化发展过程更类似于生物种群“S 形曲线”的增长过程，演化发展程度只能达到一定的水平而不能无限地增长。基于这样的背景，区域创新系统演化发展监测分析就需要寻找拟合度高、模拟预测性强的监测模型。本节把 logistic 模型引入区域创新系统演化发展监测中，并以河北省为例进行实证分析，对模型中的各个参数进行确定和检验。

10. 3. 1　区域创新系统演化过程及其模型

区域创新系统随时间演化的内部过程的分析，需要建立随时间演化的数学动态方程，从参数变化和方程变化的角度来描述和分析区域创新系统的演化现象并发现其中的规律。

1. 区域创新系统演化数学模型的建立

区域创新系统是处在一定的社会环境中的，其演化必然受到环境的制约。除了外部环境之外，区域创新系统的演化还受到自身内部种种因素的影响，如技术上的不成熟，所建立制度环境的约束，人力资源利用不充分等。基于以上两个方面的原因，区域创新系统的演化不能按照理想状态来进行，而是在整体上按照如图 10. 14 所示的 S 曲线方式来进行。类似于生物学中的种群生长模型。

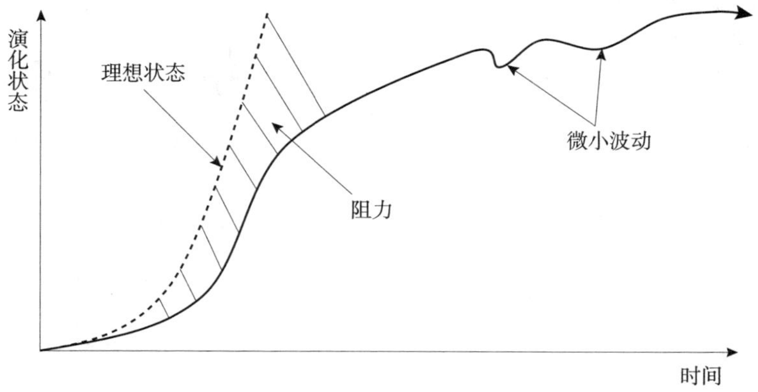

图 10.14 区域创新系统演化 S 曲线

我们知道区域创新系统时刻处于演化的状态中，其内部的各个指标参量、演化的水平等也必然处于不断的变化中。但是，正如世界上所有的事物都是有“度”和“限”一样，区域创新系统的演化由于受到自身和周围环境的限制，只能达到一定的水平而不能无限地增长。正是由于这种性质，对区域创新系统演化过程进行监测和拟合分析就需要采用拟合度高、模拟预测性强的模型，而 Logistic 模型能够在较大程度上满足此方面的要求。Logistic 方程原系比利时数学家 P. F. Verhult 于 1838 年推导出来的，但长期湮没，直到 20 世纪 20 年代才被生物学和统计学家 R. Pearl 和 L. J. Reed 重新发现。长期的应用表明，logistic 模型能较好地描述某些有界增长现象，并在预测学、信息科学、生物学、农业学和经济学等领域都有较广泛的应用（朱正元，2003）。

Logistic 方程可以表示为：$Y = \dfrac{K}{1 + e^{a-rt}}$ 或者是 $Y = \dfrac{K}{1 + Be^{-rt}}$ (10－9)

在上述式子中：Y 为待测指标，t 为时间，r 为增长率，B（或 a）为常数尺度，且有 $B = e^a$。

2. 监测模型的基本性质

对于 logistic 模型，利用极限和导数工具进行分析，可得到 logistic 曲线具有如下重要的性质：

（1）有两条渐近线：由于 $\lim\limits_{t \to -\infty} \dfrac{k}{1 + e^{a-rt}} = 0$，且 $\lim\limits_{t \to +\infty} \dfrac{k}{1 + e^{a-rt}} = k$，因此，logistic 模型具有上下两条渐进线 $y = 0$，$y = k$。

（2）单调性：注意到 $r > 0$，$k > 0$。有 $y' = \dfrac{rke^{a-rt}}{(1 + e^{a-rt})} > 0$。故 Logistic 曲线

为严格单调递增函数。

（3）有唯一的拐点：因为有 $y''=\frac{r^2ke^{a-rt}(-1+e^{a-rt})}{(1+e^{a-rt})^3}=0$。能够推出 $t^*=\frac{a}{r}$。可以知道：

当 $t<\frac{a}{r}$ 时刻，有 $y''>0$，此时曲线呈现出凹性；当 $t>\frac{a}{r}$ 时刻，有 $y''<0$，此时曲线呈现出凸性。故 Logistic 曲线具有唯一拐点，那就是 $(t^*,y(t^*))$，并且有 $y(t^*)=\frac{k}{2}$。

因此 logistic 曲线：$y=\frac{k}{1+e^{a-rt}}$ 是一条累积增长的呈拉长形状的 S 形曲线。它的增速过程变化趋势为“由慢到快，再由快到慢”。$t^*=\frac{a}{r}$ 时刻是其增长最快速的时刻，具有增速峰值。可以进一步地推导出 $y=\frac{k}{1+e^{a-rt}}$ 的增速函数的二阶导数，令上述的式子为 0，那么就有：$v''(t)=y''(t)=$

$$\frac{r^3ke^{a-rt}(1-4e^{a-rt}+e^{2a-2rt})}{(1+e^{a-rt})^4}=0 \tag{10-10}$$

可以求出结果为：$t_1=\frac{a-1.317}{r}, t_1=\frac{a+1.317}{r}$ (10-11)

这是增速函数两个拐点时刻，它们可以把整个曲线的增速过程分为三个阶段：

缓慢增长期：$t\in\left(-\sim\frac{a-1.317}{r}\right)$ (10-12)

快速增长期：$t\in\left(\frac{a-1.317}{r}\sim\frac{a+1.317}{r}\right)$ (10-13)

稳步增长期：$t\in\left(\frac{a+1.317}{r}\sim+\right)$ (10-14)

通过以上的推导和分析发现，对于 logistic 模型曲线，上面有三个很关键的点，它们所对应的时刻分别是：$t_1=\frac{a-1.317}{r}$，$t^*=\frac{a}{r}$，$t_1=\frac{a+1.317}{r}$，在函数图像上表现出来的就是变化过程中的进峰时刻、顶峰时刻、出峰时刻。

3. 区域创新系统演化过程模拟仿真

本书在此假设区域创新系统的演化符合我们所建立的 logistic 数学模型，

其离散的演化模型为：$x_{n+1} = x_n(1 + r(k - x))$　　(10－15)

其中 $r>0$ 为区域创新系统演化状态量增长率，$k>0$，为所在环境容纳量。它们会对区域创新系统的演化产生极其深远的影响。

（1）在模拟的过程中，我们首先假设各个参数的值。其中 $x_0=50$，$k=1000$，$r=0.0002$。

计算出 50 个时期内系统各个演化子系统的增长情况，模拟的软件采用的是 MATLAB R2012 进行仿真模拟，其程序和运行结果如下：

```
k=1000; r=0.0002;
a=1: 50;
R=zeros (50, 1);
R (1) =50;
a=1: 50;
for i=2: 50
  R (i) =R (i-1) * [1+r* (k-R (i-1))];
plot (R)
plot (a, R, 'k.', 'MarkerSize', 15)
```

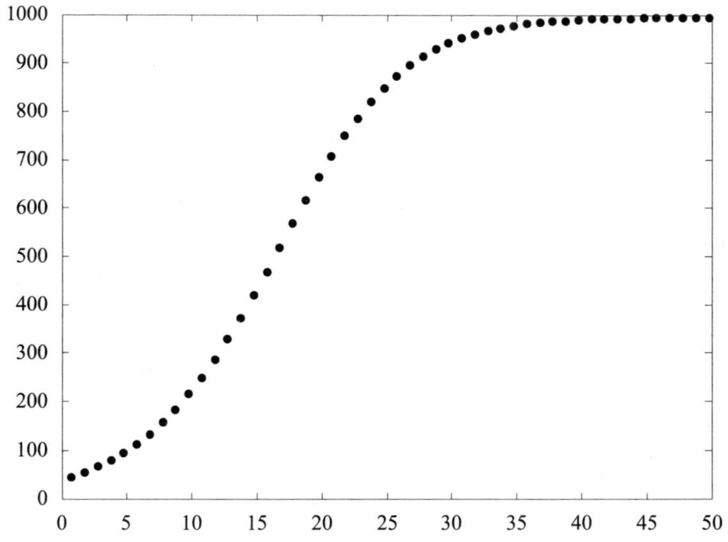

图 10.15　区域创新系统演化过程模拟（$x_0=50$，$k=1000$，$r=0.0002$）

表 10.7　区域创新系统演化过程模拟点列

1	2	3	4	5	6	7	8	9	10
50	59.5	70.69195	83.83087	99.19152	117.062	137.7337	161.4864	188.5681	219.1701
253.397	291.2344	332.5178	376.9077	423.8774	472.7185	522.5696	572.4677	621.4174	668.469
712.7926	753.7365	790.86	823.9401	852.9527	878.0376	899.4551	917.5422	932.6739	945.2326
955.5862	964.0744	971.0014	976.6329	981.1971	984.887	987.8639	990.2617	992.1904	993.7401
994.9842	995.9824	996.7827	997.4241	997.9379	998.3495	998.679	998.9429	999.1541	999.3231

上面是模拟的 50 个时期内的散点图，$x_0=50$，$k=1000$，$r=0.0002$。从数据表以及模拟图像发现，虽然设定了 50 个时期，但是到最后的时刻，才勉强到达极限值 1000。

（2）接着将参数进行调整，改变 r 的数值大小。将参数调整为 $x_0=50$，$k=1000$，$r=0.0005$

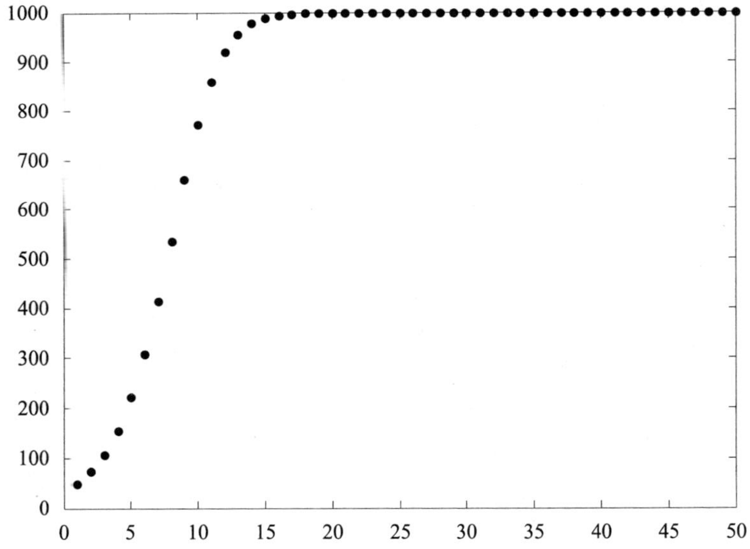

图 10.16　区域创新系统演化过程模拟（$x_0=50$，$k=1000$，$r=0.0005$）

表 10.8　区域创新系统演化过程模拟点列

1	2	3	4	5	6	7	8	9	10
50	73.75	107.9055	156.0364	221.8809	308.2058	414.8133	536.1849	660.5303	772.6453
860.4776	920.5055	957.0931	977.626	988.5627	994.216	997.0912	998.5414	999.2696	999.6346
999.8172	999.9085	999.9543	999.9771	999.9886	999.9943	999.9971	999.9986	999.9993	999.9996
999.9998	999.9999	1000	1000	1000	1000	1000	1000	1000	1000
1000	1000	1000	1000	1000	1000	1000	1000	1000	1000

上面是模拟的 50 个时期内的散点图，$x_0=50$，$k=1000$，$r=0.0005$。可以看到，在第 33 时刻，就已经到达了极限值，和开始设定的 $r=0.0002$ 相比趋于稳定值的速度更快。但是图形的性质并没有受到太多的影响。

（3）继续重新调整参数，改变初始值 x_0 的大小。设定为：$x_0=200$，$k=1000$，$r=0.0005$。

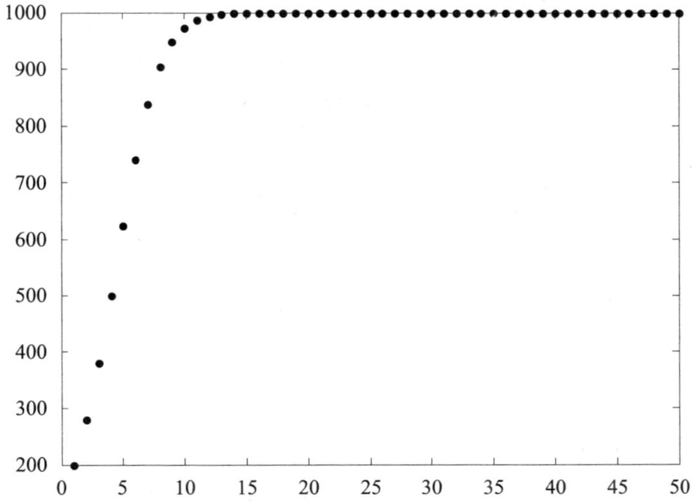

图 10.17　区域创新系统演化过程模拟（$x_0=200$，$k=1000$，$r=0.0005$）

表 10.9　区域创新系统演化过程模拟点列

1	2	3	4	5	6	7	8	9	10
200	280	380. 8	498. 6957	623. 6948	741. 0446	836. 9934	905. 2111	948. 1131	972. 7104
985. 9828	992. 8932	996. 4213	998. 2043	999. 1005	999. 5499	999. 7748	999. 8874	999. 9437	999. 9718
999. 9859	999. 993	999. 9965	999. 9982	999. 9991	999. 9996	999. 9998	999. 9999	999. 9999	1000
1000	1000	1000	1000	1000	1000	1000	1000	1000	1000
1000	1000	1000	1000	1000	1000	1000	1000	1000	1000

上面是模拟的 50 个时期内的散点图，$x_0=200$，$k=1000$，$r=0.0005$。通过改变初始值的数值和 $x_0=50$ 的情形相比，图像到达稳定值的时刻也提前了。同样的图像的性质基本没什么改变。

通过上述的仿真模拟可以看出，调整参数（k，r）的数值，图像到达稳定值的时刻也随之发生改变。值越大，到达稳定值的时刻就越提前。进一步还有 r 和 k 的变化虽然都能给图像带来变化，但是它们的“效率”却是不同的。

我们还可以看到，一般假定其稳定值（极限）为 h，则有式子：$h = h[1 + r(k - h)]$ 成立。继续推导可知：$h = k$ 成立。

$$x_{t+1} = (1 + r)(x_t - x_t^2) \tag{10-16}$$

本书对区域创新系统演化做进一步的研究分析。设定以河北省为例的区域创新系统演化的专利申请授权量（项）占专利申请受理量（项）的比重为演化监测变量。假定河北省专利申请授权量（项）占专利申请受理量（项）的比重为0.2，接着通过改变增速 r 的数值来进行不同情形的模拟仿真。

（1）设定 $r = 1.8$。程序运行结果如下：

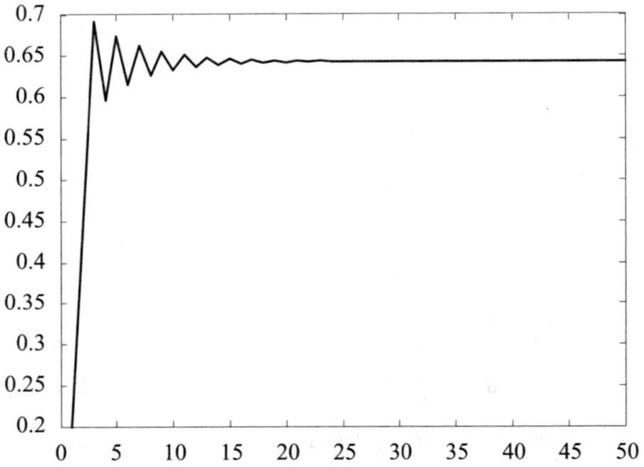

图 10.18　（$r = 1.8$，$x_0 = 0.2$）

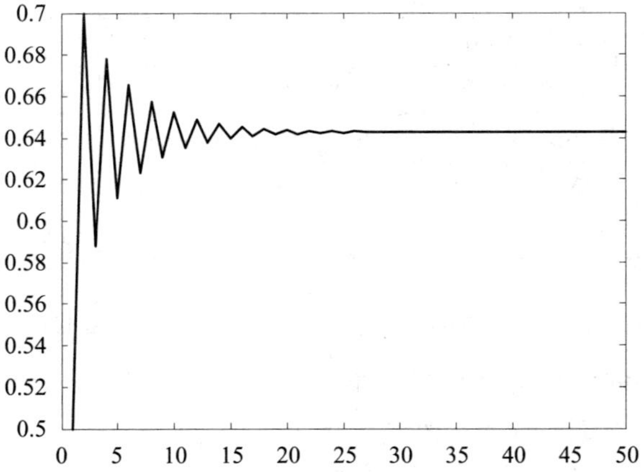

图 10.19　（$r = 1.8$，$x_0 = 0.5$）

主要结论：极限值都是0.6429，它和初始值的设定无关。

（2）继续增加 r 的数值，重新设定为 $r=2.3$，其运行结果如下：

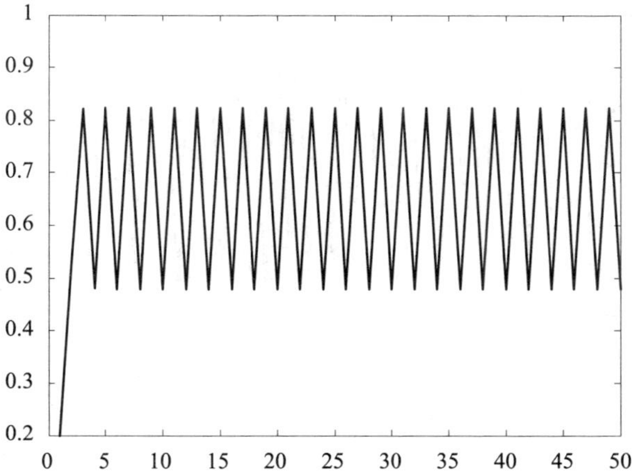

图10.20　（$r=2.3$，$x_0=0.2$）

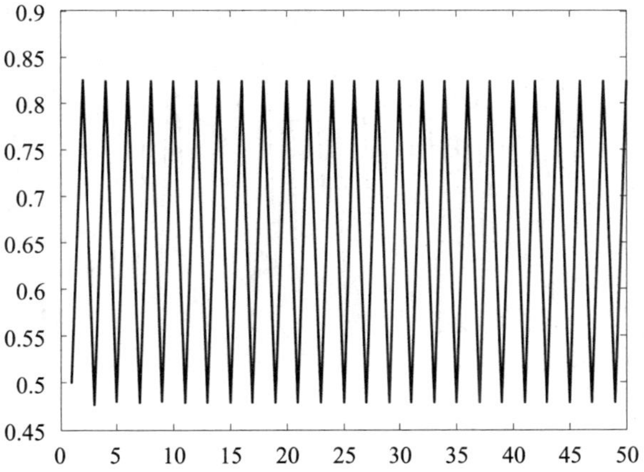

图10.21　（$r=2.3$，$x_0=0.5$）

主要结论：和初始值无关，都为循环数列，而且循环节为2，具体数值为：20.236、0.4794。

（3）继续增加 r 的数值，重新设定为 $r=2.6$。程序运行结果如下：

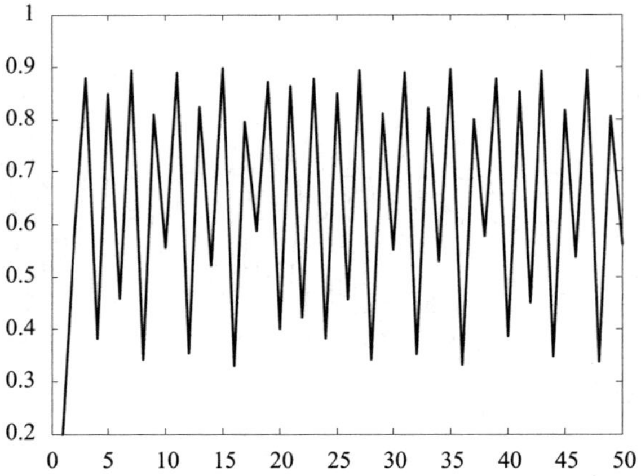

图 10.22　（$r=2.6$，$x_0=0.2$）

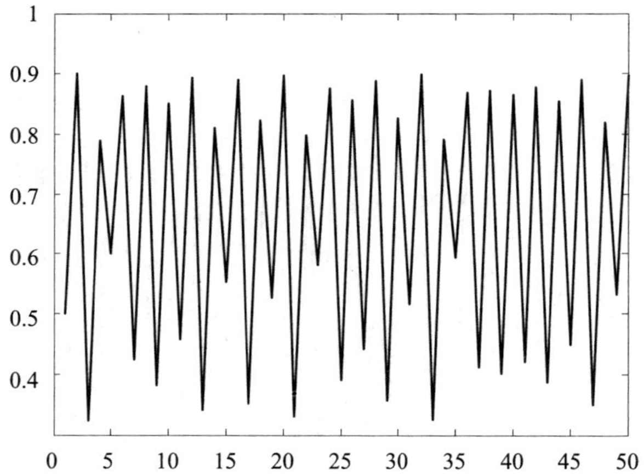

图 10.23　（$r=2.6$，$x_0=0.5$）

主要结论：r 值相同，初始值不同，则都是四循环数列，但是在 50 个时刻内。震荡幅度不同。初始值为 0.2 的数值为：0.8948、0.3387、0.8063、0.5620。而初始值为 0.5 的数值为：0.8906、0.3506、0.8196、0.5321。

（4）继续增加 r 的数值，重新设定为 $r=2.9$。程序运行结果如下：

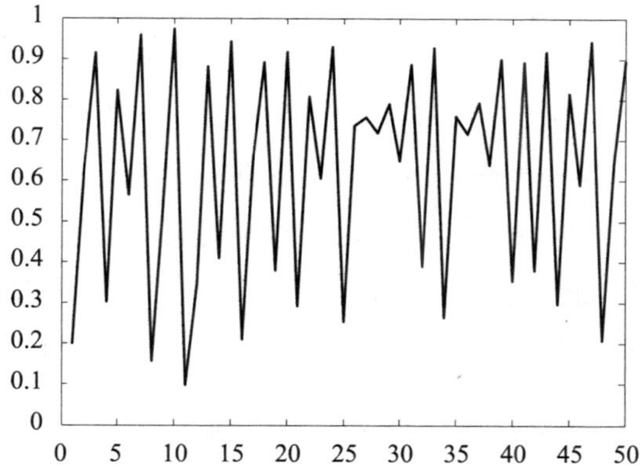

图 10.24　（$r=2.9$，$x_0=0.2$）

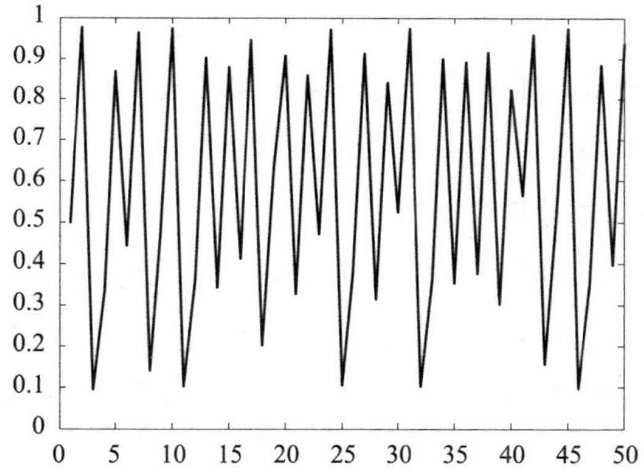

图 10.25　（$r=2.9$，$x_0=0.5$）

主要结论：当 r 增加到一定的程度时出现了各式各样的轨迹，不再有明显的规律可循。

因此通过模拟仿真发现，有如下的结果：

① 当 $r=1.8$ 时，有个稳定的极限值，这个值和初始值没关系，其大小为 0.6429。

② 当 $r=2.3$ 时，经过很短的时间后，就发生了二循环关系，循环节为 0.4794、0.8236。

③ 当 $r=2.6$ 时，经过一段时间后，出现了近似四循环的情形，但是由于初始值的不同，使得它们各自的震荡幅度大小不同，其具体规律为，初始值小

的前半段的震荡幅度略大，而初始值大的后面半段震荡幅度略大。（这是做50个时期的模拟仿真的结果。不排除随着时刻的增多最后震荡周期和幅度完全一样的结果。）

④ 当 $r=2.9$ 时，相比于上面的几种情形来说，已经复杂多了，而且由于参数的数值的不同，使得情况更加复杂，很难观测出基本规律。

由此可以得到区域创新系统的演化受到不同监测变量初始值和不同 r 的影响。即使是同一个监测变量，但是由于各个监测变量的变化速度 r 的改变和不同，就使得区域创新系统的演化形式多种多样，甚至出现混沌。

10.3.2 河北省区域创新系统演化监测实证分析

基于前文对 logistic 模型的建立、性质推导、仿真模拟等一系列的论述，本节需要继续探讨的是对于河北省创新网络系统演化而言，logistic 模型是否符合我们所建立的模型，如果符合，那么那些确定模型的性质的参数又应该是多少，它们对河北省创新网络系统演化的未来又将起到什么作用？如果不符合，那么它又遵循着怎么样的演化规律呢？

1. 演化模型参数估计理论推导

与线性的确定参数的方法不同，对非线性的模型的参数确定，只能用非线性的参数估计方法。本书接下来介绍了关于非线性模型的参数估计方法，其中包含着如何将非线性模型的参数估计转化为线性的模型参数估计从而减低模型的参数估计的难度的数学思想。化简整个过程可以分两步来估计 logistic 曲线的参数，首先由三点法（或四点法）估计 k 值，然后利用差商近似导数以及最小二乘法原理，估计 a 和 r。

（1）三点法（或四点法）估计 k 值过程如下：

我们把方程变形为：

$$\ln\frac{k-y}{y}=a-rt \tag{10-17}$$

设实测数据序列 $\{y_t\}$ 上有奇数个点（否则采用四点法），选取始点（t_1、y_1）、中点（$t_{\frac{n+1}{2}}$，$y_{\frac{n+1}{2}}$）和终点（t_n，y_n），分别带进式（10－17），得到公式如下所示：

$$\ln\frac{k-y_1}{y_1}=a-rt_1 \tag{10-18}$$

$$\ln\frac{k-y_{\frac{n+1}{2}}}{y_{\frac{n+1}{2}}}=a-rt_{\frac{n+1}{2}} \tag{10-19}$$

$$\ln\frac{k-y_n}{y_n}=a-rt_n \tag{10-20}$$

因为有 $2t_{\frac{n+1}{2}}=t_1+t_n$ 从而有：

$$2\ln\frac{k-y_{\frac{n+1}{2}}}{y_{\frac{n+1}{2}}}=\ln\frac{k-y_1}{y_1}+\ln\frac{k-y_n}{y_n} \tag{10-21}$$

解出来 k，就可以得到 k 的估计值如下：

$$k=\frac{y_1y_{\frac{n+1}{2}}^2y_n-y_{\frac{n+1}{2}}^2(y_1+y_n)}{y_1y_n-y_{\frac{n+1}{2}}^2} \tag{10-22}$$

同理，若 $\{y_t\}$ 上面是偶数个点的时候，我们可以由四点法得到公式如下：

$$k=\frac{y_1y_n(y_{\frac{n}{2}}+y_{\frac{n}{2}+1})-y_{\frac{n}{2}}y_{\frac{n}{2}+1}(y_1+y_n)}{y_1y_n-y_{\frac{n}{2}}y_{\frac{n}{2}+1}} \tag{10-23}$$

其次是对 a 和 r 的估计过程如下：

可以令：

$$y_1(t)=\frac{1}{y(t)}=\frac{1}{k}+\frac{e^{a-rt}}{k} \tag{10-24}$$

对式（10－24）两边取微分，得

$$\frac{dy_1(t)}{dt}=\frac{-r}{k}e^{a-rt} \tag{10-25}$$

当 t 取值分别为 t_1，t_2，k，t_n 时，用差分近似代替微分，有

$$\left.\frac{dy_1(t)}{dt}\right|_{t=t_i}\approx\frac{y_1(t_i)-y_1(t_{i-1})}{t_i-t_{i-1}} \tag{10-26}$$

或者

$$\left.\frac{dy_1(t)}{dt}\right|_{t=t_i}\approx\frac{y_1(t_{i+1})-y_1(t_i)}{t_{i+1}-t_i} \tag{10-27}$$

考虑到向前差分和向后差分对参数估计的不同，可以采取折中的办法来处理，按照式子（10－26）～（10－27）来计算 $\left.\frac{dy_1(t)}{dt}\right|_{t=t_i}$

$$\left.\frac{dy_1(t)}{dt}\right|_{t=t_1}\approx\frac{y_1(t_2)-y_1(t_1)}{t_2-t_1} \tag{10-28}$$

$$\left.\frac{dy_1(t)}{dt}\right|_{t=t_1} \approx \frac{1}{2}\left[\frac{y_1(t_i)-y_1(t_{i-1})}{t_i-t_{i-1}}+\frac{y_1(t_{i+1})-y_1(t_i)}{t_{i+1}-t_i}\right], i=2,3,L,n-1 \tag{10-29}$$

$$\left.\frac{dy_1(t)}{dt}\right|_{t=t_n} \approx \frac{y_1(t_n)-y_1(t_{n-1})}{t_n-t_{n-1}} \tag{10-30}$$

对于离散时间序列当 $t=1$，2，L，n 时，就可以推导出：

$$\left.\frac{dy_1(t)}{dt}\right|_{t=t_1} \approx y_1(2)-y_1(1), \tag{10-31}$$

$$\left.\frac{dy_1(t)}{dt}\right|_{t=t_1} \approx \frac{1}{2}[y_1(i+1)-y_1(i-1)], i=2,3,L,n-1, \tag{10-32}$$

$$\left.\frac{dy_1(t)}{dt}\right|_{t=t_n} \approx y_1(n)-y_1(n-1) \tag{10-33}$$

从而可以求出 $\left.\frac{dy_1(t)}{dt}\right|_{t=t_i}$ 在每个时刻的近似值。

考虑到 $\frac{dy_1(t)}{dt} = \frac{-r}{k}e^{a-rt} < 0$，令

$$y_2(t) = \ln\left[-\frac{dy_1(t)}{dt}\right] = \ln\left(\frac{r}{k}\right)+a-rt = \alpha+\beta t \tag{10-34}$$

其中

$$\alpha = \ln\left(\frac{r}{k}\right)+a, \beta = -r \tag{10-35}$$

设

$$Q(\hat{\alpha},\hat{\beta}) = \sum_{t=t_1}^{t_n}[y_2(t)-(\hat{\alpha}+\hat{\beta}t)]^2 \tag{10-36}$$

其中，$\hat{\alpha}$，$\hat{\beta}$ 分别为 α，β 的最小二乘估计值。根据极值原理，分别求 $Q(\hat{\alpha},\hat{\beta})$ 对 $\hat{\alpha}$，$\hat{\beta}$ 的偏导数，并令偏导数等于零，有：

$$\frac{\partial Q}{\partial\hat{\alpha}} = -2\sum_{t=t_1}^{t_n}[y_2(t)-(\hat{\alpha}+\hat{\beta}t)]^2 = 0 \tag{10-37}$$

$$\frac{\partial Q}{\partial\hat{\beta}} = -2\sum_{t=t_1}^{t_n}[y_2(t)-(\hat{\alpha}+\hat{\beta}t)]^2 = 0 \tag{10-38}$$

从而得：

$$\hat{\alpha} = \overline{y}_2(t) - \hat{\beta}t\% \tag{10-39}$$

$$\hat{\beta} = \frac{\sum_{t=t_1}^{t_n}[y_2(t) - \overline{y}_2(t)](t - \overline{t})}{\sum_{t=t_1}^{t_n}(t - \overline{t})^2} \tag{10-40}$$

其中

$$\overline{y}_2(t) = \frac{1}{n}\sum_{t=t_1}^{t_n} y_2(t) \tag{10-41}$$

$$\overline{t} = \frac{1}{n}\sum_{t=t_1}^{t_n} t \tag{10-42}$$

由式（10－35），可以得到

$$\hat{r} = -\hat{\beta} \tag{10-43}$$

$$\hat{a} = \hat{\alpha} - \ln\left(\frac{\hat{r}}{\hat{k}}\right) \tag{10-44}$$

到这里，整个 logistic 曲线模型中的三个参数 k，a，r 全部都估计出来了。

（2）logistic 曲线拟合优度检验。

通常来说，logistic 曲线回归方程拟合精度的高低可用相关指数的大小来判定（暴奉贤，陈宏立，2006）。但是考虑到方程中除了含有回归参数 a 和 r 以外，还含有常数 k，并且 a 和 r 的估计依赖于 k 的值，这里最好用 X^2，记：

$$R^2 = 1 - \frac{\sum_{i=1}^{n}(y_i - \hat{y})^2}{\sum_{i=1}^{n}(y_i - \overline{y})^2} \tag{10-45}$$

$$X^2 = \sum_{i=1}^{n}\frac{(y_i - \hat{y_i})^2}{\hat{y_i}} \tag{10-46}$$

若取定 $\alpha = 0.05$，按自由度（$n-1$）查 X^2 表，如果有 $X^2 < X^2_{0.05}(n-1)$，则方程拟合得好，预测值与实际值基本吻合。当然，还可用标准误差 $Se = \sqrt{\frac{1}{n}\sum_{i=1}^{n}(y_i - \hat{y_i})^2}$ 来判定拟合精度。

2. 演化模型参数估计

（1）样本和指标选取。

对于区域创新演化系统，本书选取的指标主要是从其中的子系统中予以筛选，选取出最能够反映出河北省创新系统演化的发展指标。本书拟从各个子系统中选取国内专利申请授权量（项）、技术市场成交额（亿元）、地区生产总值（亿元）3 个监测状态变量对模型进行参数的确定和分析。其中时间范围为2002～2013 年。

（2）监测模型参数估计结果呈现

首先是区域创新系统演化监测变量——国内专利申请授权量的参数估计及曲线拟合。

模型汇总

R	R 方	调整 R 方	估计值的标准误差
0.960	0.922	0.914	0.198

注：自变量为年份。

ANOVA

	平方和	df	均方	F	Sig.
回归	4.609	1	4.609	118.069	0.000
残差	0.390	10	0.039		
总计	4.999	11			

注：自变量为年份。

经过计算，其参数的最后估计值是：$Y = \frac{37473.0541}{1 + e^{2.9073-0.2094t}} R^2 = 0.9065$

利用 SPSS 进行曲线拟合结果如下：

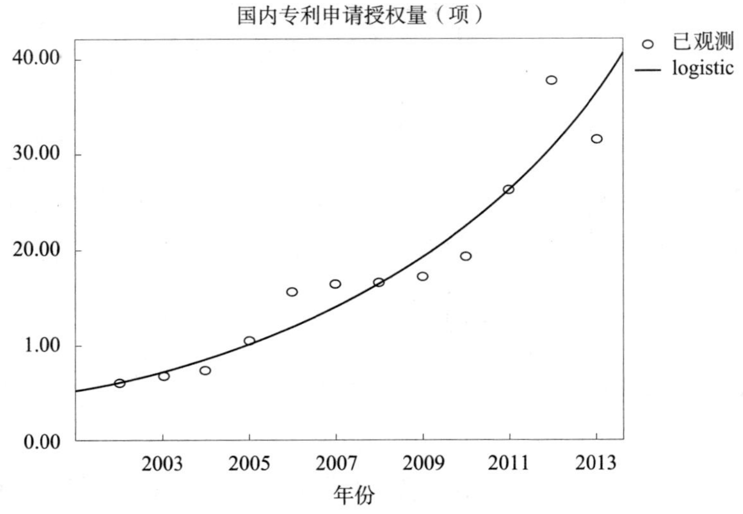

图 10.26　logistic 曲线拟合曲线

其次是区域创新系统演化监测变量——技术市场成交额的参数估计及曲线拟合。

模型汇总

R	R 方	调整 R 方	估计值的标准误差
0.950	0.902	0.892	0.325

注：自变量为年份。

ANOVA

	平方和	df	均方	F	Sig.
回归	9.701	1	9.701	91.588	0.000
残差	1.059	10	0.106		
总计	10.760	11			

注：自变量为年份。

系数

	未标准化系数		标准化系数	t	Sig.
	B	标准误差	Beta		
年份	0.771	0.021	0.387	36.743	0.000
（常数）	0.214	0.043		4.992	0.001

注：因变量为 ln（1/技术市场成交额 -1/48.253）。

经过计算，其参数的最后估计值是：$Y = \frac{48.2532}{1 + e^{2.336-0.2605t}}$ $R^2 = 0.9016$

利用 SPSS 进行曲线拟合结果如下：

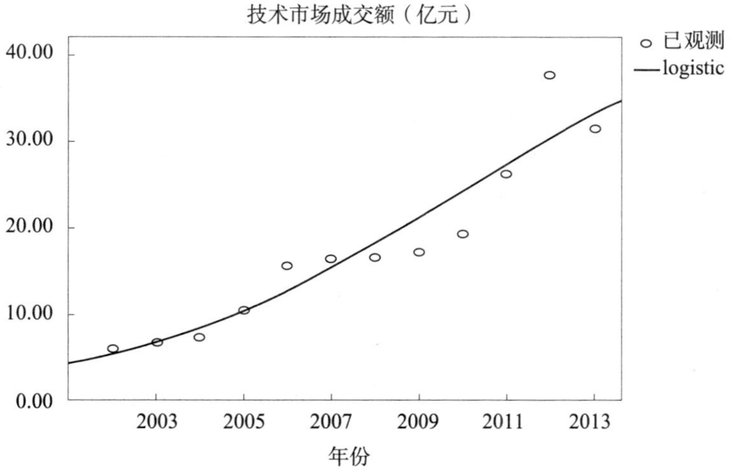

图 10.27　logistic 曲线拟合曲线

最后是区域创新系统演化监测变量——地区生产总值的参数估计及曲线拟合。

模型汇总

R	R 方	调整 R 方	估计值的标准误差
0.998	0.997	0.996	0.045

注：自变量为年份。

ANOVA

	平方和	df	均方	F	Sig.
回归	6.113	1	6.113	3024.285	0.000
残差	0.020	10	0.002		
总计	6.133	11			

注：自变量为年份。

经过计算，其参数的最后估计值是：$Y = \frac{52208.3375}{1 + e^{2.2756 - 0.2068t}} R^2 = 0.9967$

利用 SPSS 进行曲线拟合结果如下：

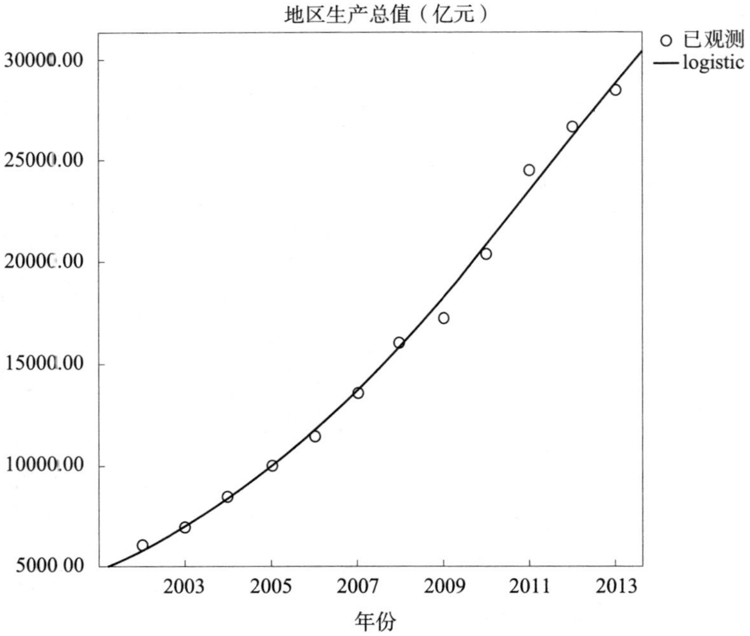

图 10.28　logistic 曲线拟合曲线

（3）演化过程状态变量监测估计结果分析。

首先，知识投入产出演化系统的监测估计结果。在这个系统中我们通过数据分析发现，其拟合程度不是很高，虽然达到了 0.9065。由于专利是知识一个很重要的方面，为此我们选取了知识专利申请授权量为监测变量，对 2002～2013 年河北省专利申请授权量进行了模型的拟合。

由计算可知：$18185 \approx \frac{k}{2}$。按照本书的理论解释可知，目前知识投入产出系统处于峰值位置左右，未来会呈现很好的发展势头。抓住机遇将会取得可喜的进步。

其次，技术演化系统的监测估计结果。在这个系统中，本书选取了其中的技术市场成交额作为实证的变量。通过数据分析发现，其拟合程度达到了 0.9016。技术作为演化的主线和核心，在整个区域创新系统演化的过程中都发挥着至关重要的作用。通过对数据的分析发现。在 2002～2013 的时间内，河北省的各项科技指标都呈现出了快速发展的趋势。

最后，环境辅助支撑演化系统的监测估计结果。在这个系统中，本节通过数据分析发现，这个是拟合的最好的地方，拟合度达到了 0.9967。而且各个参数都通过了检验。需要指出的是，目前有数据资料显示称，河北省目前地区生产总值预测将继续稳步健康增长。与此同时，财政支出中用于科技、教育等经费呈现同步增长的态势，这对河北省促进各个系统的演化提供了强劲的资金支持和发展动力。

另外从拐点的情况来看。虽然 $28442.95 > \frac{k}{2} = \frac{52208.337}{2}$，度过了峰值期，但是

$$t = 12 < \frac{a + 1.713}{r} = \frac{2.2756 + 1.317}{0.2069}$$

因此，按照本书所建立的模型，河北省的地区生产总值还是会呈健康稳步的增长。

上述的分析结果表明，以河北省为例的区域创新系统演化的各个子系统的演化形式和速度是不同的。知识投入产出系统，这个系统作为贯穿于整个区域创新系统演化的动力源泉，通过采用 logistic 模型进行曲线拟合发现，达到了很高的拟合程度。技术创新系统对 logistic 模型的拟合度也达到了很高的程度，技术作为区域创新系统演化的核心部分，其对整个区域创新系统有着极其重要的推动作用。环境支撑系统是最符合 logistic 模型的发展趋势的系统，拟合效

果很好。总的来说，河北省创新系统的演化遵循本书所建立的 logistic 模型的规律和发展趋势。由于篇幅有限，本节不能对每个监测变量分别进行拟合。但是，通过我们对以上数据的分析，有理由相信通过以地区生产总值为代表的监测研究，河北省的整体环境将迎来稳步、健康的发展势头。

第十一章　区域创新系统主体演化监测实证

11.1　区域创新系统主体演化关联度

关联度是衡量各系统以及各因素两两之间联系程度的重要分析方法。用关联度指标可以分析系统各状态变量的相对变化程度，即变化速度、变化方向以及变化的大小等。若某两个状态变量或某两个因素在系统演化进程中的相对变化大体相同，可以认为二者关联程度较大；相反，则二者的关联程度较小。因此，进行关联度分析，其目的就在于对系统的发展状态进行对比以及定量的刻画。通过对系统各状态变量之间或各因素之间的某种关联程度的分析，才能够深刻理解和认识支配系统演化的主要因素，并进一步把握系统中的优势与劣势因素。

（1）原始数据的指标变换。

因为各个数据的来源和量纲是不同的，如果将这些收集起来的数据直接进行比较是很困难的，因此，要经过一些数学的变换处理从而消去量纲的“隔阂”。一般情况下，我们使用的方法包括，均值化处理、初值化处理和标准化处理等。区域创新系统是具有自组织性质的复杂动态社会系统，本书采用初值化处理的方法对数据进行变换是通常的处理方法。这样的变换处理有一个优势是能得到一个具有增长趋势的时间序列。因此，本书对区域创新系统进行关联度分析采用初值化变换的方法对初始数据列进行变换处理。

（2）关联系数计算。

将原始数据进行变换之后，得到新的序列，就把母序列表示为 $\{x_0(t)\}$；把子序列表示为 $\{x_i(t)\}$。因此，当 $t=k$ 时，就能够得出序列 $\{x_0(t)\}$ 和 $\{x_i(t)\}$ 的关联系数如式（11－1）：

$$C_{0i}(k)=\frac{\Delta_{\min}+\rho\Delta_{\max}}{\Delta_{0i}(k)+\rho\Delta_{\max}} \tag{11-1}$$

在上面的表达式中，$\Delta_{0i}(k)$ 表示的是 $t=k$ 时候，母序列和各子序列的绝对差的最大数值，其表达式为 $\Delta_{0i}(k) = |x_0(k) - x_i(k)|$（$1 \leqslant i \leqslant m$）；$\Delta_{max}$是各个母序列和子序列绝对差的最大数值，而 Δ_{min}为各个母序列和子序列的差的最小数值。在一般情况下，都是将 Δ_{max}取值为0。还要指出的是在实际的计算中有可能会出现 Δ_{max}数值很大的情况，这会导致 $C_{0i}(k)$ 计算结果失去真实性，因此我们引入参数 ρ 来控制 Δ_{max}的取值范围，$\rho \in$（0，1），一般情况下 $\rho \in$（0.1，0.5），除此之外，应当看到，这个表达式极端含义就是当绝对差取值是最大时，关联系数是最小的；而当绝对值差取值最小的时候，此时关联系数为1，是最大值。我们有 $0 < C \leqslant 1$。

（3）计算关联度。

对于时间序列的两两比较而言，若二者在所有的时刻各个数值都相等，那么它们的关联系数都是1，此时二者的关联度也是1；同时，二者没有在任何一个时刻是垂直的，因此，关联系数总是大于0的，此时二者的关联度也都大于0，具体的表达式如下：

$$r_{0i} = \frac{1}{N}\sum_{K=1}^{N} C_{0i}(k) \tag{11-2}$$

在上面的表达式中，r_{0i}表示的是时间序列 i 与时间序列0的关联度，N 表示的是时间序列中数据的个数。

（4）对关联度进行排序。

把关联序采用 $\{X\}$ 表示，表示含义是由各个比较数列的关联度按照一定的顺序从大到小依次排列得到的，$\{X\}$ 还能够反映出比较数列的某种“优劣”性质。一般情况下，若比较序列存在某种关系，关联序就会存在。若各个比较序列中没有可以参考的母序列，那么关联序就不存在。

（5）排列关联矩阵。

我们设 $\{Y_1\}$，$\{Y_2\}$，…，$\{Y_n\}$（$n \neq 2$）为 n 个母序列，$\{X_1\}$，$\{X_2\}$，…，$\{X_m\}$（$m \neq 1$）为 m 个子序列，我们由上面的式子计算出两个序列的（与母序列 $\{Y_1\}$）的关联度为：$[r_{11}，r_{12}，\cdots，r_{1m}]$，同理可以计算出与母序列 $\{Y_2\}$ 的关联度为：$[r_{21}，r_{22}，\cdots，r_{2m}]$，一直进行下去有与母序列 $\{Y_n\}$ 的关联度为：$[r_{n1}，r_{n2}，\cdots，r_{nm}]$，最后我们用矩阵的形式将关联度进行排序如下：

$$R = \begin{bmatrix} r_{11} & r_{12} & \cdots & r_{1m} \\ \vdots & \ddots & & \vdots \\ r_{n1} & r_{n2} & \cdots & r_{nm} \end{bmatrix} \quad 或 \quad R = \begin{bmatrix} r_{11} & r_{12} & \cdots & r_{1n} \\ \vdots & \ddots & & \vdots \\ r_{m1} & r_{m2} & \cdots & r_{mn} \end{bmatrix} \tag{11-3}$$

在建立好了关联度矩阵之后，我们一般会用于对我们指标状态的内部因素进行分析，或者是用来进行决策分析。在这里我们会对这两个方面都进行分析。

11.2　区域创新系统主体演化网络

11.2.1　区域创新系统主体演化数据收集

在数据来源方面，本书数据主要来自于《河北省科技统计年鉴》《河北省统计年鉴》《中国科技统计年鉴》《中国统计年鉴》和其他的权威机构或者网站发布的数据。

11.2.2　区域创新系统主体演化网络

“演化”一词来源于拉丁文，指的是世间事物生长、变化，结果是进步或者退步，甚至没有改变。对于区域创新系统网络演化，学术界从以下理论视角进行界定：

定义1：基于社会网络理论视角，认为网络演化由一些初始条件和以后网络成员间的互动所推进的，不单是渐进的，更是“路径依赖”的（Thorelli，1986）。

定义2：基于自组织理论视角，企业网络的演变是持续结网过程的结果，是一个自组织过程（时云辉，2009；王磊，2010）。

定义3：基于演化博弈论视角，网络不仅产生于网络组织的共享动机，而且来自于相互间的吸引力，网络演化是网络组织之间利益的重新分配，是其成员通过相互博弈达到动态均衡的过程（Ahuja，2000；陈学光和徐金发，2006）。

区域创新系统演化网络中的主体可以通过多种方式联系在一起。比如管理要素、资金要素、人力要素、资源要素、产品要素等。本书选择其中资金要素与人力要素作为结网的数据基础。这是因为：①资金和人力要素在其中占据重要地位。要素间的地位不是相同的，资金和人力要素占据着重要的地位。②数据的可获得性和可操作性。这也是另一个重要的方面，由于和其他数据的获得性和可操作性相比，资金和人力要素更符合众多统计学的口径。一些科技年鉴和官方都把这项指标作为重要数据予以展示。基于上述两个方面原因本书进行了选择。

11.3 区域创新系统产业演化分析

本书认为区域创新系统作为一个复杂的经济系统。无论区域创新系统演化如何进行，其演化最后结果都会以多种方式显现出来，而产业演化就是其重要组成部分。

11.3.1 区域创新系统产业多维标度分析

以 2013 年河北省产业数据为基础，数据如表 11.1 所示：

表 11.1 河北省 2013 年部分行业数据

编号	行业	R&D 人员全时当量（人年）	R&D 经费（万元）	R&D 项目（项）
1	煤炭开采和洗选业	2459	134755.2	376
2	石油和天然气开采业	1031.6	27930.7	176
3	黑色金属矿采选业	137.9	2254.8	31
4	非金属矿采选业	14.4	64.4	1
5	农副食品加工业	508.1	21287.4	75
6	食品制造业	909	25211.3	207
7	酒、饮料和精制茶制造业	472.2	33191.6	81
8	纺织业	1135	8511.4	87
9	纺织服装、服饰业	674.7	13974.3	101
10	皮革、毛皮、羽毛及其制品和制鞋业	292	5544.8	14
11	家具制造业	21	689.9	1
12	造纸和纸制品业	284.7	2832.5	14
13	印刷和记录媒介复制业	331.2	7029	79
14	石油加工、炼焦和核燃料加工业	379	29305.2	41
15	化学原料和化学制品制造业	5658.4	159133.6	575
16	医药制造业	5177.2	153473	1178
17	化学纤维制造业	718.6	4836.8	44
18	橡胶和塑料制品业	1276.3	33859.1	185
19	非金属矿物制品业	1928.5	64867.8	168
20	黑色金属冶炼和压延加工业	8727.3	723861.8	976
21	有色金属冶炼和压延加工业	470.7	21276.3	79
22	金属制品业	1874.4	44780.8	241

续表

编号	行业	R&D 人员全时当量（人年）	R&D 经费（万元）	R&D 项目（项）
23	通用设备制造业	2883. 5	69076. 1	387
24	专用设备制造业	5397. 2	110092. 5	693
25	电气机械和器材制造业	4924. 1	178091. 1	522
26	计算机、通信和其他电子设备制造业	1498	35818. 9	225
27	仪器仪表制造业	818	12994. 1	165
28	其他制造业	11. 1	524. 2	16
29	电力、热力生产和供应业	212. 1	5182. 5	32

注：在《河北省科技统计年鉴》中由于数据缺失，导致能用数据量减少，此处综合几年的数据。

首先利用 SPSS 对河北省 2013 年产业群进行多维标度分析，其结果如图 11. 1 所示：

Iteration history for the 2 dimensional solution (in squared distances)

Young's S – stress formula 1 is used.

Iteration	S – stress	Improvement
1	. 01015	
2	. 00818	. 00197
3	. 00815	. 00003

Iterations stopped because

S – stress improvement is less than . 001000

Stress and squared correlation (RSQ) in distances

RSQ values are the proportion of variance of the scaled data (disparities)

in the partition (row, matrix, or entire data) which

is accounted for by their corresponding distances.

Stress values are Kruskal's stress formula 1.

For matrix

Stress = . 02790 RSQ = . 99883

图 11. 1　压力指标检验

上面是指标检验结果图。Stress 和 RSQ 的计算结果，压力指数的数值是 0.0279，说明拟合的效果很好，RSQ 及决定系数，表示的是总变异中能够被相对空间距离所解释的比例。RSQ 的值为 0.99883，已经非常接近 1 了。都通过了检验。

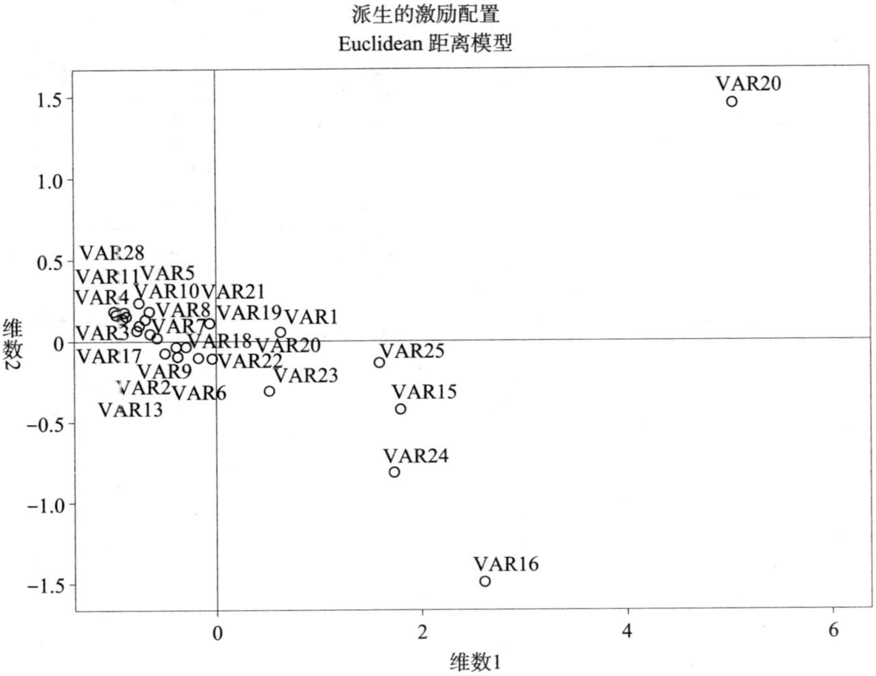

图 11.2　2013 年欧氏距离模型下二维散点图

图 11.2 为 2013 年河北省产业多维标度分析拟合构造点二维坐标图。表明河北省产业之间总体呈现出“大聚集，小分散”的局面。

进一步做出 2012 年和 2011 年河北省产业多维标度分析拟合构造点二维坐标图如图 11.3、图 11.4 所示：

表 11.2　压力指标检验

年份	Stress	RSQ
2011	0.02536	0.99881
2012	0.02790	0.99883
2013	0.02790	0.99883

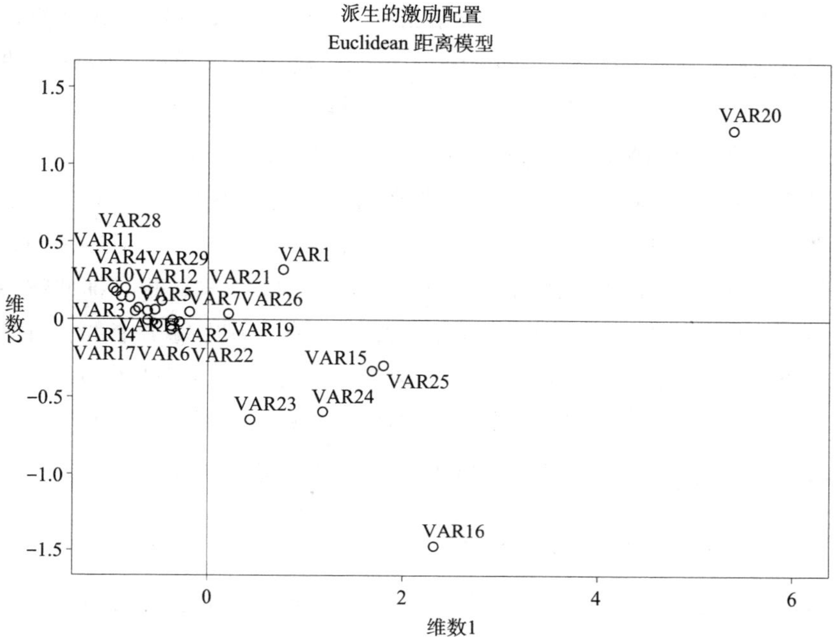

图 11.3　2012 年欧氏距离模型下二维散点图

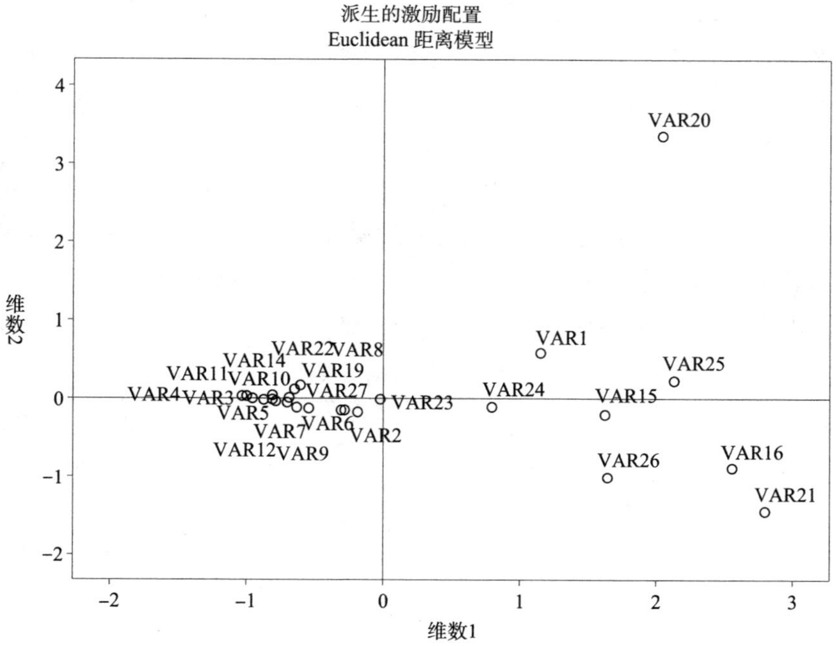

图 11.4　2011 年欧氏距离模型下二维散点图

上面是2011～2013年指标检验结果图。Stress和RSQ的计算结果，压力指数的数值保持在0.02536～0.02790，说明拟合的效果很好，RSQ及决定系数，表示的是总变异中能够被相对空间距离所解释的比例。RSQ的值为0.99881～0.99883，都已经非常的接近1了。都通过了检验。

2011～2013年间，河北省各个产业之间的“远近关系”也随之发生改变。产业之间的联系程度在不断地发生改变，由2011年呈现的“半边集中，半边松散”的局势，到2012年再到2013年越来越集中化，这体现了河北省各个产业之间的联系程度在愈发的密切。造成这种结果的原因是多方面的，有来自政府的产业政策、发展规划、产业项目等因素，还有社会环境的影响等。由于当今社会网络化和信息化的步伐加快，使得原来联系不太紧密的产业也逐渐被整个大环境所同化。当然还有其他的原因，本书不再举例说明。

11.3.2 区域创新系统产业聚类分析

多维标度作为一个可视化的方法，这是它最大的优势，可以将我们看到的事物关系，直观地从距离远近的关系上反映出来，极大地丰富了我们对事物间的认识。但是它并不是具体的分类方法。为了进一步研究产业之间的具体关系，还需要用到“专业”的分类方法。

聚类方法有很多，本书采用的是系统聚类，所谓系统聚类，是将各样品分成若干类的方法。对以上数据利用SPSS 21软件进行系统聚类的结果如下。

系统聚类中的分类方法有很多，最常用的有ward法、组间（组内）连接法、最近（远）邻元素法、质心聚类法和中位数聚类法。本书经过比较发现采用组内连接的方法分类的效果比较好。就采用组内连接作为分类的方法。系统聚类最重要的聚类树，形象生动地表现了分类结果。

根据表11.3确定聚类为10类。其每个类别的成员如表11.3所示：

表11.3 聚类成员统计

类别	第一类	第二类	第三类	第四类	第五类
产业编号	1、3、4、5、7、9、12、14、16、17、18、20、26、27、28	2	6、13	8	10
类别	第六类	第七类	第八类	第九类	第十类
产业编号	11、19、21、23、25	15	22	24	29

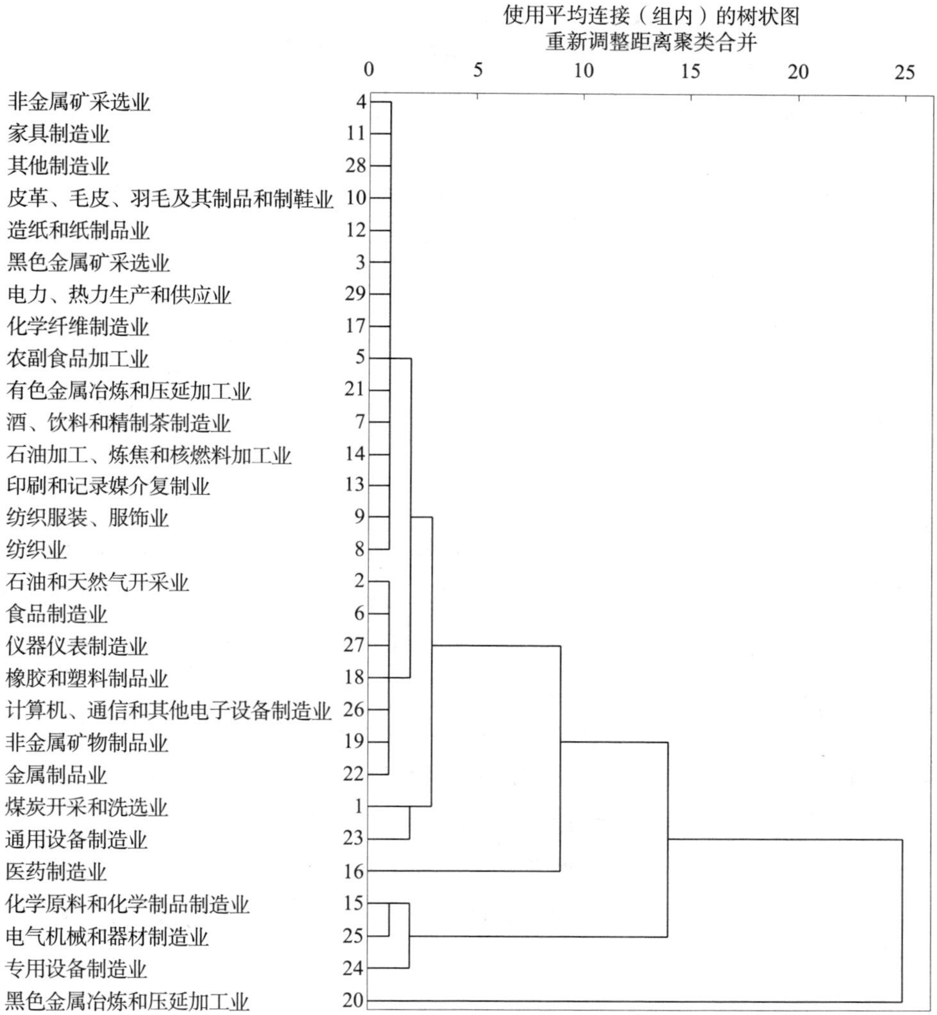

图 11.5　平均连接（组内）树状图

为了验证本书分类有效性，对所分类进行有效性检验。单独把分类结果拿出来进行检验（这里用到的是单因素检验）。表 11.4 就是对平均数差异的检验，显著性指标都达到了显著水平，说明这种分类还是比较有效的。

表 11.4 单因素方差分析

		平方和	df	均方	F	显著性
R&D 人员全时当量	组间	131230605. 959	9	14581178. 440	170. 948	0. 000
	组内	1620626. 330	19	85296. 123		
	总数	132851232. 290	28			
R&D 项目经费	组间	522449187063. 390	9	58049909673. 710	507. 793	0. 000
	组内	2172042330. 677	19	114318017. 404		
	总数	524621229394. 068	28			
R&D 项目数	组间	2433805. 872	9	270422. 875	240. 013	0. 000
	组内	21407. 300	19	1126. 700		
	总数	2455213. 172	28			

对于本书的分类结果要指出的是，这样的分类并不一定是最优的，但是从本书的聚类树可以看到，当按照系统聚类，再进行缩小聚类个数的话整体影响不是很大，第一类的产业群只会更大。而不是零散的产业结合到了一起。这也是本书把它们分为 10 类的一个重要的原因。

到这里为止，就可以对本书的分类结果进行分析了，通过分类发现，目前来说，河北省的各个产业在演化的过程中明显地呈现出了“大聚集、小分散”的情况。所谓“大聚集”指的是，一些产业呈现出了明显的抱团状态，比如第一类中就包含着大量不同的产业。再比如第六类：计算机、通信和其他电子设备制造业、石油和天然气开采业、食品制造业、橡胶和塑料制品业、仪器仪表制造业。

11.3.3 区域创新系统产业网络分析

采用前面所论述的关联度理论，计算出河北省 2011 ~ 2013 年各个产业间 R&D 资金关联矩阵（由于数据量过于庞大，在此不再进行展示），根据关联矩阵数据采用网络化方法对结果予以展示和分析。利用软件绘出关于产业自身演化网络图如图 11.6 所示：

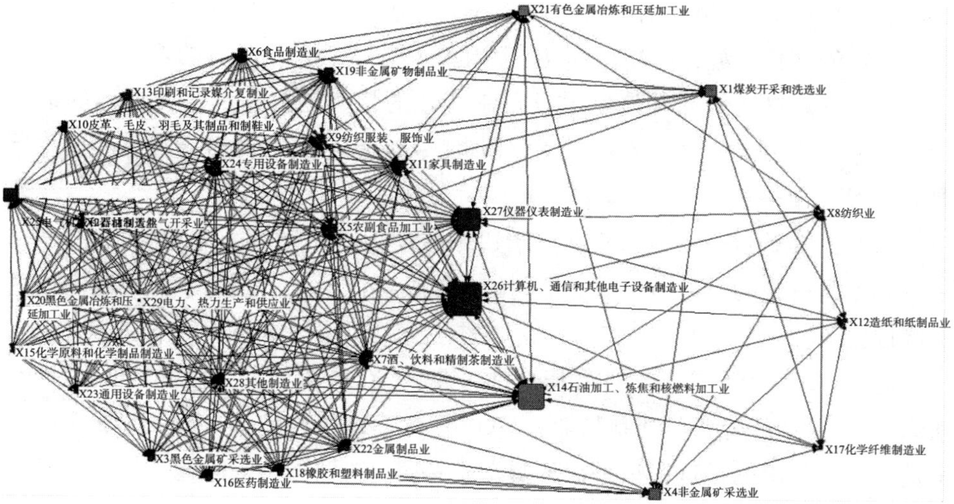

图 11.6　2011 ~ 2013 年河北省产业 R&D 资金关联网络

图 11.6 为河北省 2011 ~ 2013 年产业进行中心性和 K - cores 分析后的网络图（以 0.5 为基准，大于 0.5 取 1，小于 0.5 取 0）。

就河北省产业之间关联的整体情况来看，河北省各产业在 R&D 资金关联方面，整体呈现出了“多数聚集，少数核心，少数边缘”的整体布局。

（1）多数聚集——多数产业呈现出“抱团”状态，彼此间关联甚多

可以看到，大多数的产业呈现出了“抱团”状态。这表明随着时间的推移，河北省各个产业之间越来越注重彼此间的交流。其相互关联越来越密切，各自的发展不再是只依靠自身就可以，而是注重彼此间的协作，共同发展。

（2）少数核心——少数产业处于关联网络的核心位置

可以看到产业编号为 26 的计算机通信和其他电子设备制造业位于网络图的核心位置。其实这不是“偶然”，而是一种“必然”。

越来越多的地区重视科技发展，希望通过科技发展建立自己竞争优势的今天，越来越多的学者、企业家认识到，加大我国通信设备、计算机及其他电子设备制造业的科技投入，尤其是对研究与试验发展（Research & Development）活动投入，借以提高技术创新能力，增强自身综合科技实力的重要性。

通信设备、计算机及其他电子设备制造业科技活动及 R&D 活动的高投入和高产出吸引了更多的投入，我国各地纷纷加大对其科技投入。但是不同省、市、自治区和直辖市的自然条件、经济基础、社会环境以及历史渊源各不相同，有的甚至差异很大，在一定程度上影响通信设备、计算机及其他电子设备

制造业科技活动及 R&D 活动的实际效率。我国电子设备制造业的利润已经出现了稳定的增长趋势，增幅持续高于固定资产投资和销售收入的增长率。

除了计算机通信和其他电子设备制造业的核心地位外，还有其他的诸如（X27）仪器仪表制造业、（X14）石油加工、炼焦和核燃料加工业也占据着重要的位置。

（3）少数边缘——少数产业处于边缘位置

和上面所说的两种情形明显不同的是，这些产业处于整个产业关联网络的边缘位置。

如（X21）有色金属冶炼和压延加工业、（X1）煤炭开采和洗选业、（X8）纺织业、（X12）造纸和纸制品业、（X17）化学纤维制造业、（X4）非金属矿采选业。要指出的是这里只是在分析产业间演化关联网络的问题。处于边缘的产业不是说不重要，而是表明这些产业在关联网络中的综合位置如何。同处于核心位置的产业相比，这些产业在网络中的关联度较小，和其他产业的协作程度也相对较弱。

采用前面所论述的关联度理论，计算出河北省 2011～2013 年各个产业间 R&D 人员全时当量关联矩阵（由于数据量过于庞大，在此不再进行展示），根据关联矩阵数据采用网络化方法对结果予以展示和分析。利用软件绘出关于各个产业间 R&D 人员全时当量演化网络图如图 11.7 所示：

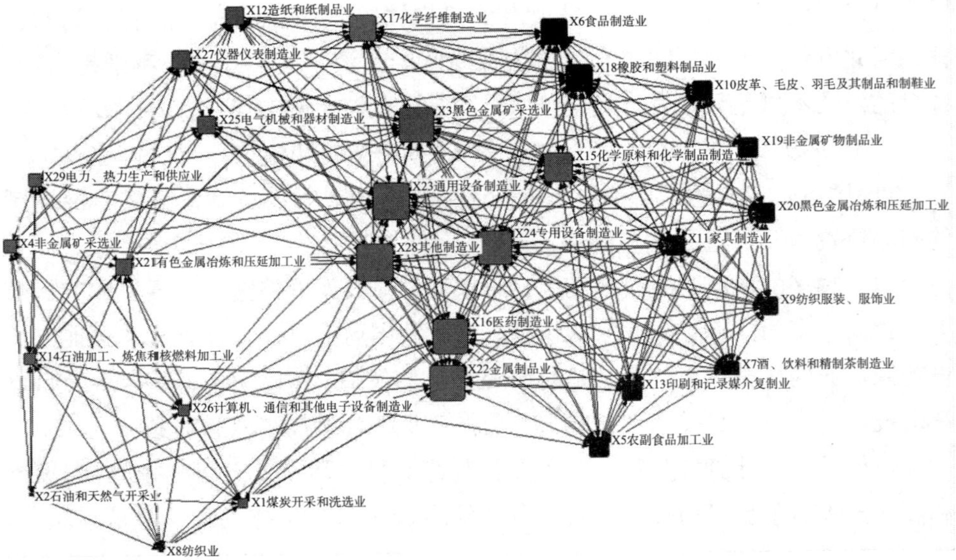

图 11.7　河北省 2011～2013 年 R&D 人员全时当量关联网络

图 11.7 为河北省 2011 ~2013 年 R&D 人员全时当量网络图进行中心性和 K - core 分析生成的网络图。

就河北省产业之间关联的整体情况来看，河北省各产业在 R&D 人员关联方面，整体呈现出了“整体均衡，多数聚集，部分核心”的整体布局。

（1）整体均衡——整体上呈现出均衡化状态

和前面 R&D 资金关联情形相比，河北省产业在 R&D 人员关联方面整体网络具有明显均衡化特征。整体看上去和谐很多，不再有边缘化的产业分布其中。

（2）多数聚集——多数产业都是呈现聚集状态

和前面所说的情形类似，河北省 R&D 人员关联网络也是多数的产业聚集状态，不过和资金关联网络的聚集方式不同，河北省产业 R&D 资金关联多数产业是聚集的很聚集，分散的很分散，R&D 人员关联网络是相对都很均衡的聚集。

（3）部分核心——部分产业处于核心位置

从图 11.7 可以看到，和 R&D 资金网络图不同的是 R&D 全时当量网络图中（X3）黑色金属矿采选业、（X15）化学原料和化学制品制造业、（X23）通用设备制造业、（X24）专用设备制造业、（X28）其他制造业、（X16）医药制造业、（X22）金属制品业几个产业在网络图中处于核心的位置。通过对这些产业的分析发现，它们有共同的特点，那就是它们基本都是重工制造业。具有占用资金量大、占用人员数目多、产业链长的特点。

11.4　区域创新系统政府演化分析

地方政府作为区域创新系统演化网络的重要创新主体，具有重要的作用。对于河北省来说，河北省政府主要起支撑本区域的创新系统建设的作用，指的是在我国宏观管理的指导下，结合河北省地区的经济、社会、文化等特点，制订适合河北省地区发展、促进地区创新活动的一系列扶持科技创新的政策，为整个区域创新体系的创新活动营造一个良好的环境。而衡量政府产出的很重要的就是财政支出和制订政策。由于政策难以直接去量化，本书将重点对财政支出进行分析。

11.4.1 区域创新系统政府财政支出分析

表 11.5 河北省 2011～2013 年主要财政支出情况

单位：亿元

编号	指　　标	2011 年	2012 年	2013 年
1	地方财政一般预算支出	3537.39	4079.44	4409.58
2	地方财政一般公共服务支出	414.93	481.97	524.14
3	地方财政公共安全支出	200.98	227.17	243.05
4	地方财政教育支出	652.11	865.54	837.63
5	地方财政科学技术支出	33.22	44.74	49.76
6	地方财政社会保障和就业支出	426.23	470.21	528.62
7	地方财政医疗卫生支出	302.75	323.17	380.75
8	地方财政环境保护支出	105.48	127.93	171.86
9	地方财政农林水事务支出	366.1	443.62	511.11
10	地方财政交通运输支出	261.36	287.04	286.57
11	地方财政资源勘探电力信息等事务支出	82.86	89.71	106.85

财政支出量和增长速度可以很大程度反映政府重视程度。在河北省主要财政支出表中，对于最能够带动演化的教育和科技支出并不是很多，尤其是科学技术支出在2013 年才达到了 49.76 亿元，和其他财政支出相比，差距甚多，需要加大财政支出力度。

表 11.6 国家产业化项目情况

年份	项目数		落实资金	
	火炬计划	星火计划	火炬计划	星火计划
2011	63	47	142560	21596
2012	67	45	131982	26072
2013	63	44	50601	10043

11.4.2 区域创新系统政府财政支出网络分析

采用前面所论述的关联度理论，计算出河北省 2011～2013 年政府财政支出关联矩阵如表 11.7 所示：

表 11.7　河北省 2011～2013 年政府财政支出关联矩阵

	X1	X2	X3	X4	X5	X6	X7	X8	X9	X10	X11
X1	1.00	0.90	1.00	0.43	0.77	0.55	0.41	0.46	0.73	0.46	0.42
X2	0.97	1.00	0.97	0.43	0.76	0.56	0.41	0.47	0.75	0.46	0.43
X3	0.99	0.96	1.00	0.43	0.78	0.55	0.41	0.46	0.73	0.46	0.42
X4	0.53	0.53	0.53	1.00	0.59	0.40	0.33	0.36	0.47	0.85	0.34
X5	0.77	0.75	0.78	0.50	1.00	0.48	0.36	0.41	0.61	0.53	0.37
X6	0.58	0.59	0.58	0.34	0.51	1.00	0.62	0.74	0.71	0.36	0.65
X7	0.51	0.51	0.51	0.34	0.46	0.69	1.00	0.83	0.58	0.35	0.94
X8	0.53	0.54	0.53	0.34	0.48	0.77	0.81	1.00	0.62	0.36	0.86
X9	0.74	0.76	0.74	0.38	0.61	0.70	0.49	0.56	1.00	0.40	0.51
X10	0.54	0.53	0.54	0.83	0.61	0.41	0.33	0.36	0.47	1.00	0.34
X11	0.52	0.52	0.52	0.34	0.47	0.71	0.94	0.87	0.59	0.36	1.00

注：0.7～0.75 ▭　0.75～0.8 ▭　0.8～0.85 ▭　0.85～0.9 ▭　0.9～1.0（不包括 1）▭

采用网络化方法对结果予以展示和分析。利用软件绘出关于政府财政支出演化网络图如图 11.8 所示：

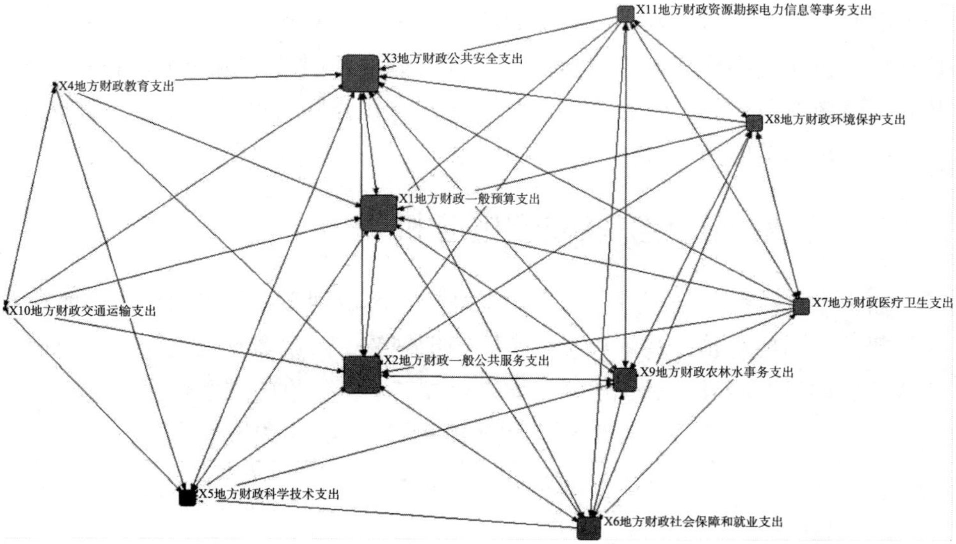

图 11.8　河北省 2011～2013 年政府财政支出关联网络

图 11.8 为河北省 2011 ~2013 年政府财政支出进行中心性（Centrality）和 K - cores 分析后的网络图（以 0.5 为基准，大于 0.5 的是 1，小于 0.5 的是 0）。

可以看到，就河北省财政支出之间关联整体情况来看，河北省整体呈现出了“以地方财政一般预算支出为核心，以公共安全支出和一般公共服务支出为两翼”的整体布局。

（1）核心——财政一般预算支出

通过计算分析可以发现，河北省财政各项支出中，其整体关联性最强的是一般预算支出，这符合实际情况。因为一方面政府的财政支出中，一般预算支出是最综合和广泛的支出项目，也是支出最大的部分。这更能体现出河北省政府的整体发展观念和布局。另一方面，其他的财政支出综合来看和它的关联最密切。其位于财政支出关联网络的核心位置

（2）两翼——公共安全支出和公共服务支出

公共安全支出和公共服务支出都属于外部环境服务类的财政支出。通过查阅数据表明，2011 ~2013 年的三年时间内，河北省对于公共安全支出的经费分别达到了：200.98 亿元、227.17 亿元和 243.05 亿元。公共服务支出更是达到了：414.93 亿元、481.97 亿元和 524.14 亿元。说明河北省政府重视对于整体环境的打造。

除此之外，通过网络关联分析图可以看出。这些都是宏观的支出，而不是专项财政支出。而对区域创新系统的演化起到重要作用的对于科技和教育的财政支出地位在网络演化中的“地位”却并不好，从财政支出的绝对数量上看，和其他财政支出相比，对教育和科技的支出呈现出先天性的不足——基数小。从财政支出的关联性上看，则表现出网络中关联性较低的现象。

11.5 区域创新系统高校演化分析

知识经济时代的到来进一步强化了高校在区域创新系统中的作用，而产业的创新活动同样也越来越依赖于高校的知识创新，因此高校是重要的知识创新基地，是创新的源泉。对其他的主体演化具有不可估量的推动作用。

表 11.8 2013 年河北省主要高等院校统计数据

编号	名称	研究与发展人员（人年）	科技经费（千元）	学术论文（篇）	成果授奖（项）
1	河北工业大学	552	59690.1	2396	20
2	河北工程大学	200	59008	720	8

续表

编号	名称	研究与发展人员（人年）	科技经费（千元）	学术论文（篇）	成果授奖（项）
3	华北理工大学	710	110158	2126	23
4	河北科技大学	812	149065	804	5
5	河北建筑工程学院	133	5263	566	1
6	河北农业大学	548	216234	1895	37
7	河北医科大学	1123	63283	2559	26
8	河北师范大学	462	77486	678	6
9	石家庄铁道大学	330	122386	1000	8
10	燕山大学	316	340220	2099	12
11	河北科技师范学院	440	15572	188	5
12	北华航天工业学院	134	10693	149	1
13	河北经贸大学	53	1494	113	1

11.5.1　创新系统高校多维标度分析

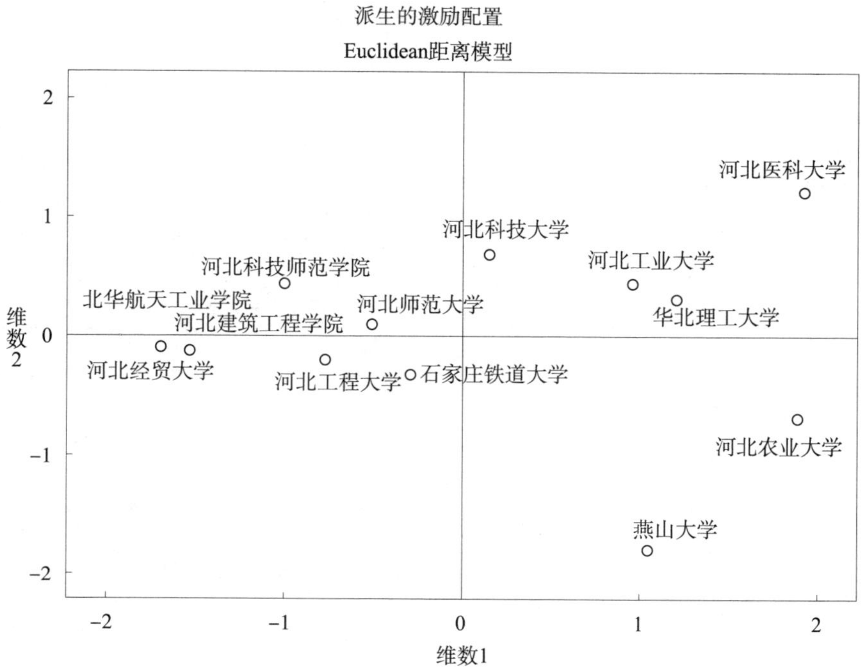

图 11.9　2013 年欧氏距离模型下二维散点

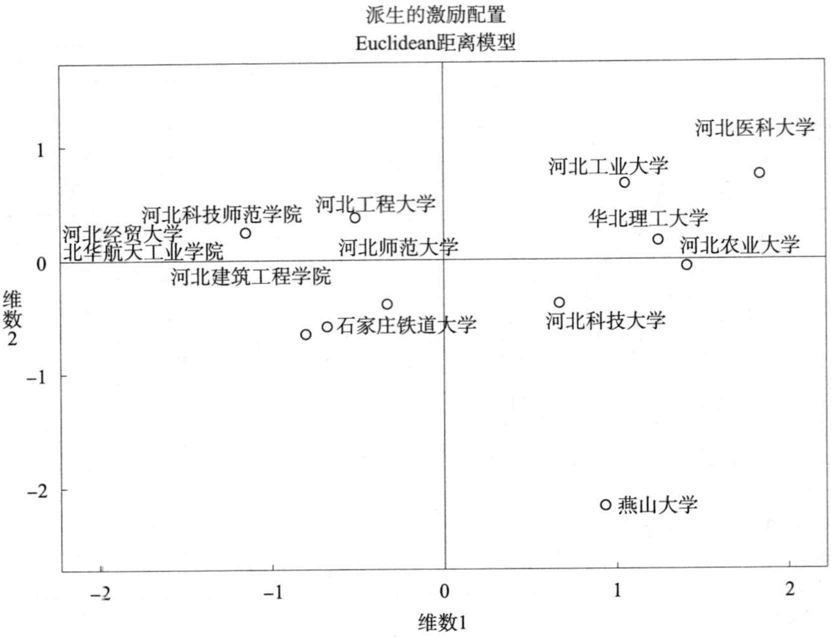

图 11.10　2012 年欧氏距离模型下二维散点

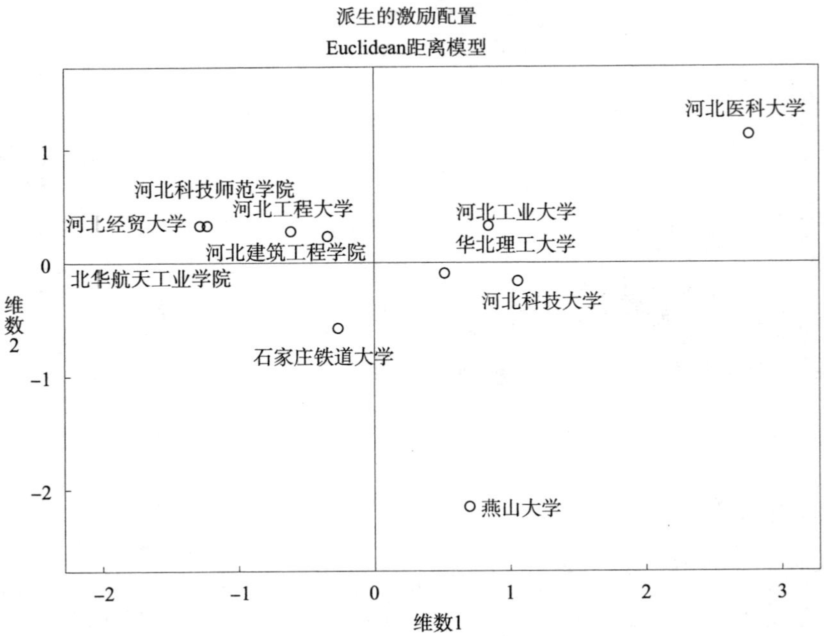

图 11.11　2011 年欧氏距离模型下二维散点

表 11.9　2011～2013 年高校压力指标检验

年份	Stress	RSQ
2011	0.07061	0.98206
2012	0.01088	0.95809
2013	0.08836	0.96509

图 11.9～图 11.11 是 2011～2013 年指标检验结果图。Stress 和 RSQ 的计算结果，压力指数的数值保持在 0.01088～0.08836，说明拟合的效果很好，RSQ 及决定系数，表示的是总变异中能够被相对空间距离所解释的比例。RSQ 的值保持在 0.95809～0.98206，都已经非常的接近 1 了。都通过了检验。

通过对河北省高校三年多维标度分析，从结果来看整体变动不大，比较稳定。同时可以看到河北省高校间发展呈现出不同的态势。具体来说，燕山大学在三年中保持自身的独特性。河北医科大学也有类似的规律。河北工业大学和华北理工大学还有河北科技大学较为相似。除了上述所说的情况之外，河北省其他的大学则是区分度没有那么大。

11.5.2　创新系统高校网络分析

采用前面所论述的关联度理论，计算出河北省 2011～2013 年各高校间 R&D 人员全时当量矩阵如表 11.10 所示：

表 11.10　2011～2013 年各高校间 R&D 人员全时当量关联矩阵

	X1	X2	X3	X4	X5	X6	X7	X8	X9	X10	X11	X12	X13
X1	1.00	0.41	0.39	0.67	0.40	0.41	0.37	0.65	0.77	0.62	0.89	0.68	0.50
X2	0.42	1.00	0.89	0.39	0.95	0.98	0.71	0.39	0.39	0.45	0.41	0.51	0.69
X3	0.41	0.90	1.00	0.40	0.94	0.89	0.76	0.40	0.39	0.50	0.40	0.56	0.65
X4	0.67	0.38	0.38	1.00	0.38	0.38	0.41	0.95	0.76	0.48	0.69	0.53	0.44
X5	0.42	0.95	0.94	0.39	1.00	0.93	0.74	0.40	0.39	0.47	0.40	0.54	0.67
X6	0.43	0.98	0.88	0.39	0.93	1.00	0.71	0.39	0.39	0.45	0.41	0.50	0.69
X7	0.39	0.72	0.76	0.43	0.74	0.71	1.00	0.43	0.39	0.51	0.39	0.46	0.56
X8	0.67	0.55	0.58	0.96	0.57	0.55	0.43	1.00	0.75	0.50	0.69	0.54	0.55
X9	0.78	0.39	0.38	0.76	0.38	0.39	0.38	0.74	1.00	0.54	0.85	0.59	0.49
X10	0.64	0.46	0.50	0.50	0.48	0.46	0.52	0.50	0.55	1.00	0.60	0.86	0.39
X11	0.89	0.40	0.39	0.69	0.39	0.40	0.38	0.68	0.84	0.59	1.00	0.64	0.57
X12	0.70	0.51	0.56	0.55	0.54	0.50	0.46	0.54	0.60	0.85	0.65	1.00	0.40
X13	0.50	0.69	0.64	0.44	0.66	0.69	0.55	0.44	0.49	0.38	0.57	0.39	1.00

注：0.7－0.75 ▢　0.75－0.8 ▢　0.8－0.85 ▢　0.85－0.9 ▢　0.9－1.0（不包括 1）■

根据上述关联矩阵做出网络图如图 11.12 所示：

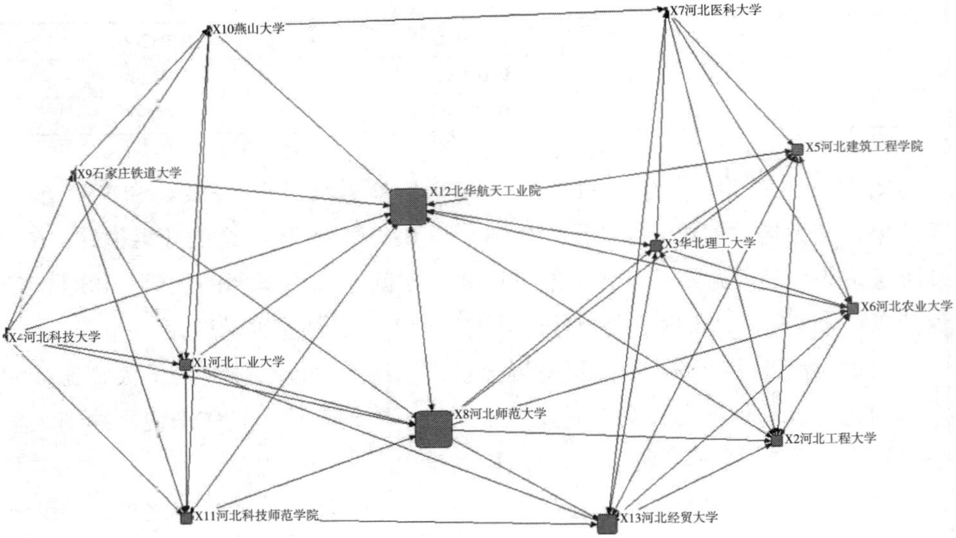

图 11.12　河北省 2011 ~ 2013 年高校 R&D 人员全时当量关联网络

图 11.12 为河北省 2011 ~ 2013 年高校进行中心性和 K – cores 分析后的网络图（以 0.5 为基准，大于 0.5 取 1，小于 0.5 取 0）。

目前河北省各高校在 R&D 人员全时当量关联方面，整体呈现出了“四校居中，多校支撑”的整体布局。

（1）四所高校居中——北华航天、河北师范、河北工业、河北联合

通过网络图发现，北华航天、河北师范、河北工业、华北理工这四个学校处于中心位置，整体上关联性最为突出。

（2）多所高校支撑——多所学校

除了处于中心位置的几所高校之外。河北省其余的高校处于网络的边缘位置。边缘并不是表明不重要，这里只是表征整体关联情况。从网络连接的条数来看，这些学校的平均关联条数都在 6 条之上。对整体网络连接的稠密程度起到了很重要的作用。整体网络连接较为稠密（以 0.5 为基准），说明各个高校间注重人员交流，彼此间协同发展愿望强烈。

采用前面所论述的关联度理论，计算出河北省 2011 ~ 2013 年高校间科技经费关联矩阵如表 11.11 所示：

表 11.11 2011～2013 年各高校科技经费关联矩阵

	X1	X2	X3	X4	X5	X6	X7	X8	X9	X10	X11	X12	X13
X1	1.00	0.70	0.45	0.66	0.70	0.68	0.83	0.86	0.47	0.39	0.46	0.60	0.39
X2	0.71	1.00	0.53	0.84	1.00	0.93	0.81	0.79	0.52	0.50	0.54	0.70	0.50
X3	0.45	0.52	1.00	0.57	0.52	0.53	0.46	0.46	0.35	0.67	0.95	0.67	0.67
X4	0.66	0.84	0.59	1.00	0.84	0.89	0.73	0.72	0.44	0.55	0.60	0.79	0.55
X5	0.71	1.00	0.54	0.84	1.00	0.94	0.81	0.79	0.52	0.50	0.54	0.70	0.50
X6	0.69	0.93	0.55	0.89	0.93	1.00	0.78	0.76	0.49	0.52	0.56	0.73	0.52
X7	0.84	0.81	0.48	0.73	0.81	0.78	1.00	0.97	0.49	0.43	0.49	0.62	0.43
X8	0.87	0.79	0.47	0.72	0.79	0.76	0.97	1.00	0.49	0.42	0.48	0.62	0.42
X9	0.50	0.54	0.39	0.47	0.54	0.51	0.52	0.52	1.00	0.45	0.39	0.42	0.45
X10	0.41	0.50	0.69	0.57	0.50	0.53	0.44	0.43	0.43	1.00	0.68	0.60	0.99
X11	0.46	0.53	0.95	0.58	0.53	0.55	0.47	0.47	0.35	0.65	1.00	0.68	0.65
X12	0.59	0.67	0.66	0.77	0.67	0.70	0.60	0.60	0.37	0.56	0.67	1.00	0.56
X13	0.41	0.50	0.70	0.56	0.50	0.52	0.44	0.43	0.43	0.99	0.68	0.60	1.00

注：0.7－0.75 ▢ 0.75－0.8 ▢ 0.8－0.85 ▢ 0.85－0.9 ▢ 0.9－1.0（不包括1）■

根据上述关联矩阵做出网络图如图 11.13 所示：

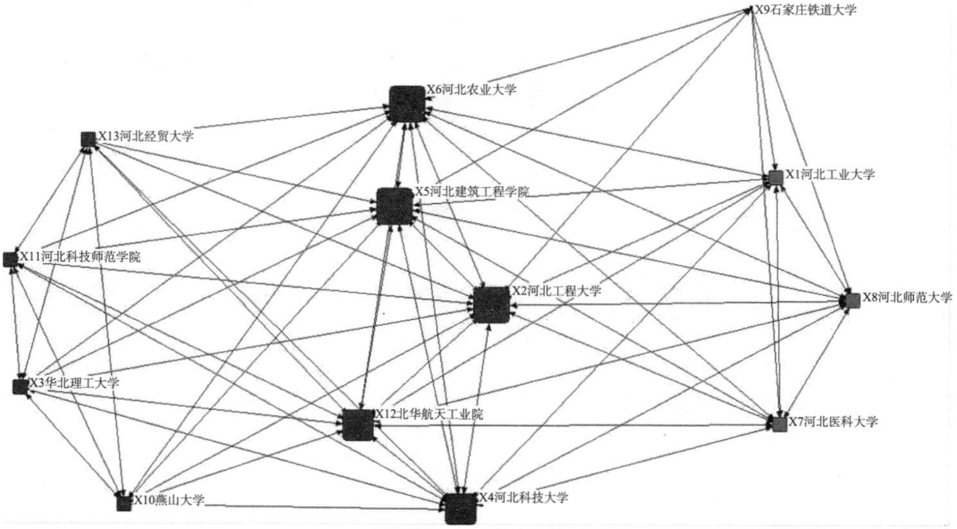

图 11.13 河北省 2011～2013 年高校科技经费关联网络

图 11.13 为河北省 2011 ~2013 年高校进行中心性和 K – cores 分析后的网络图（以 0.5 为基准，大于 0.5 取 1，小于 0.5 取 0）。

就河北省高校间关联整体情况来看，目前，河北省各高校在科技经费关联方面，整体呈现出了“三足鼎立”的整体布局。

11.6 区域创新系统研究机构演化分析

11.6.1 区域创新系统研究机构多维标度分析

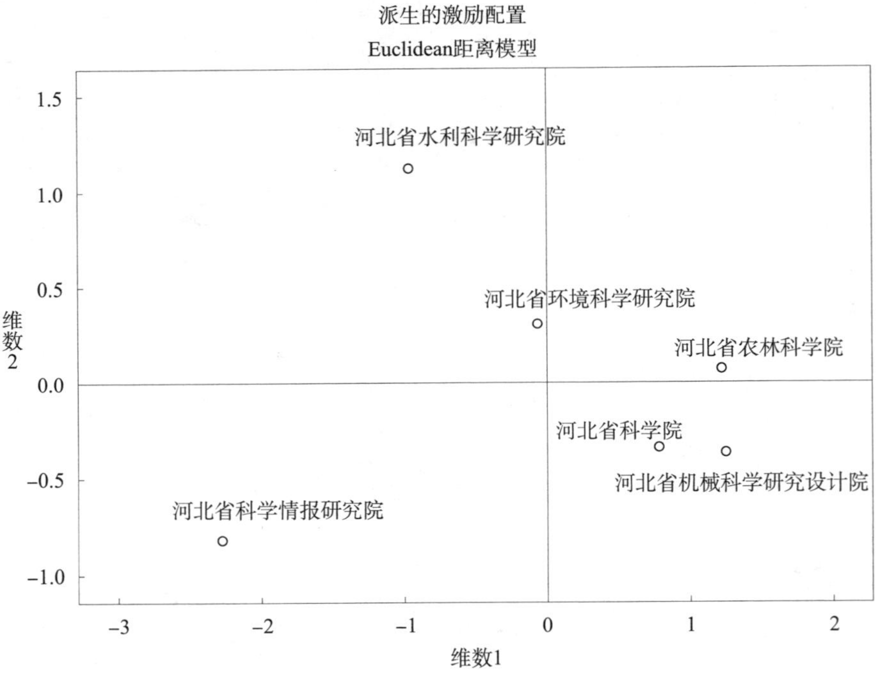

图 11.14 2011 年主要省属研究机构二维散点

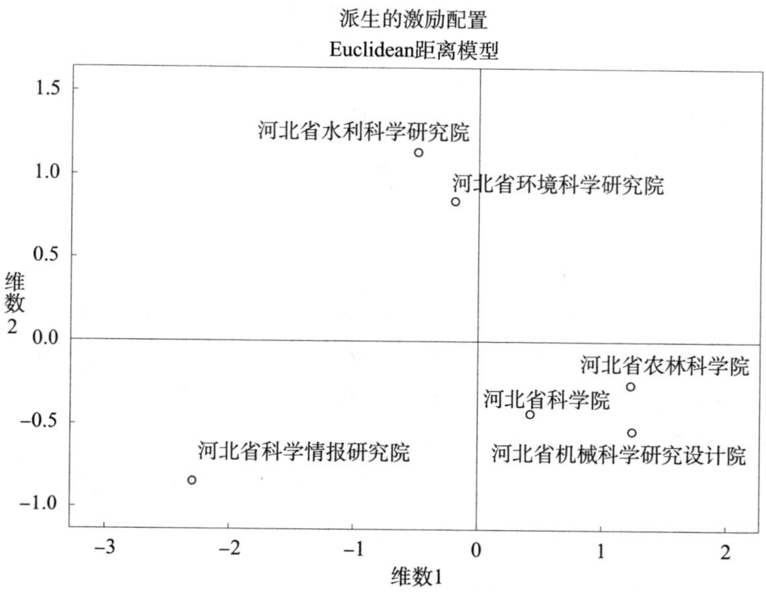

图 11.15　2012 年主要省属研究机构二维散点

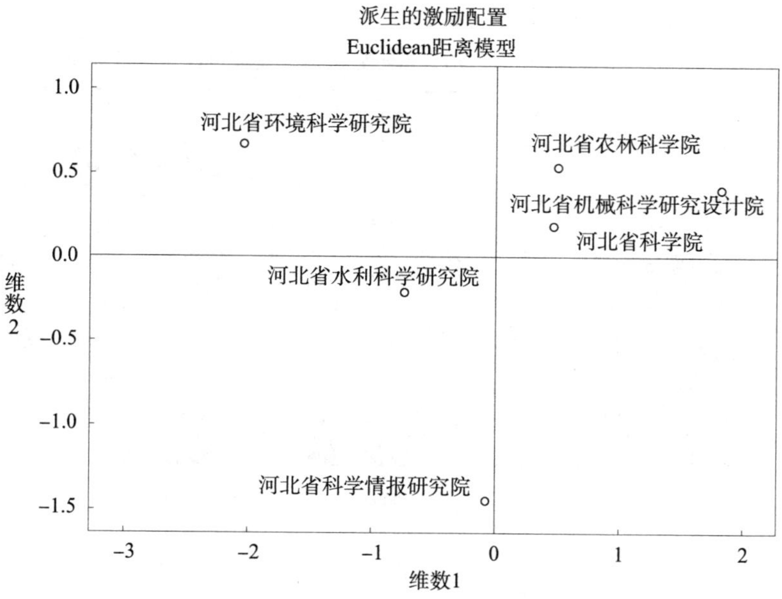

图 11.16　2013 年主要省属研究机构二维散点

表 11.12 压力指标检验

年份	Stress	RSQ
2011	0.03462	0.99616
2012	0.02430	0.99738
2013	0.08189	0.96267

表 11.12 是 2011 ~ 2013 年指标检验结果。Stress 和 RSQ 的计算结果，压力指数的数值保持在 0.02430 ~ 0.08189，说明拟合的效果很好，RSQ 及决定系数，它表示的是总变异中能够被相对空间距离所解释的比例。RSQ 的值保持在 0.96267 ~ 0.99738，都已经非常的接近 1 了。都通过了检验。

通过对河北省省属研究机构多维标度分析发现，其变化幅度较大，处于变化之中。不像高校间的那么稳定。

11.6.2 区域创新系统研究机构网络分析

采用前面所论述的关联度理论，计算出河北省 2011 ~ 2013 年各个研究机构间科技项目经费关联矩阵如表 11.13 所示：

表 11.13 河北省 2011 ~ 2013 年研究机构科技项目经费关联矩阵

	X1	X2	X3	X4	X5	X6
X1	1.00	0.33	0.70	0.84	0.80	0.82
X2	0.38	1.00	0.33	0.36	0.41	0.35
X3	0.75	0.33	1.00	0.81	0.68	0.82
X4	0.85	0.33	0.78	1.00	0.72	0.96
X5	0.78	0.33	0.60	0.67	1.00	0.66
X6	0.83	0.33	0.80	0.96	0.71	1.00

注：0.7 – 0.75 ▢ 0.75 – 0.8 ▢ 0.8 – 0.85 ▢ 0.85 – 0.9 ▢ 0.9 – 1.0（不包括 1）▢

利用软件绘出研究机构自身演化网络图如图 11.17 所示：

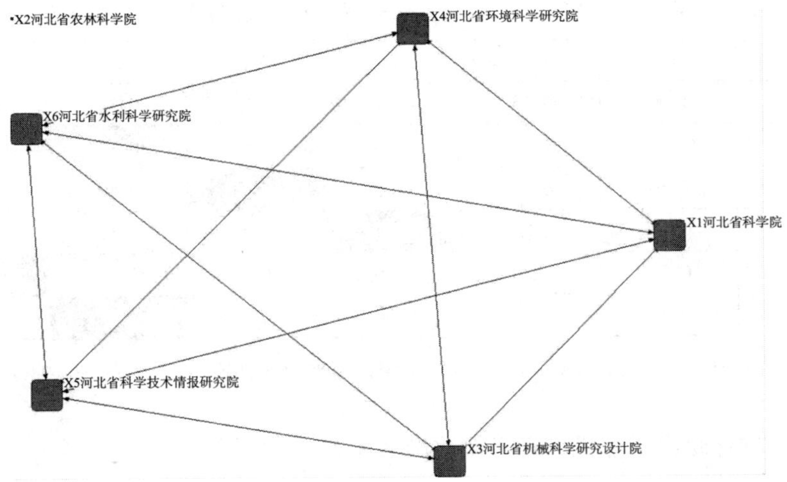

图 11.17　河北省 2011～2013 年研究机构科技项目经费关联网络

图 11.17 为河北省 2011～2013 年研究机构进行中心性和 K－cores 分析后的网络图（以 0.5 为基准，大于 0.5 的是 1，小于 0.5 的是 0）。

就河北省研究机构关联整体情况来看，河北省各研究机构在科技项目经费关联方面，呈现出了“五星环形，一星伴随”的布局。

（1）五星环形——五个研究机构关联密切。

五个研究机构指的是：X1 河北省科学院、X3 河北省机械科学研究设计院、X4 河北省环境科学研究院、X5 河北省科学技术情报研究院、X6 河北省水利科学研究院。

这五个省属研究机构在科技项目经费方面呈现出了很好的关联特性。五个研究主体彼此地位分布均衡，联系紧密，很好地体现出了彼此间的分工协作的模式。

（2）一星伴随——一个研究机构伴随。

一个研究机构指的是：X2 河北省农林科学院。和其他研究机构在科技项目经费的密切关联相比，农林科学院就显得“形单影只”。

采用前面所论述的关联度理论，计算出河北省 2011～2013 年各研究机构间发表科技论文关联矩阵如表 11.14 所示：

表 11.14 河北省 2011～2013 年各研究机构间发表科技论文关联矩阵

	X1	X2	X3	X4	X5	X6
X1	1.00	0.35	0.71	0.67	0.38	0.38
X2	0.346	1.00	0.39	0.41	0.72	0.72
X3	0.66	0.35	1.00	0.86	0.49	0.49
X4	0.63	0.379	0.87	1.00	0.51	0.50
X5	0.34	0.688	0.50	0.51	1.00	0.99
X6	0.34	0.685	0.50	0.51	0.99	1.00

注：0.7－0.75 0.75－0.8 0.8－0.85 0.85－0.9 0.9－1.0（不包括1）

利用软件绘出研究机构自身演化网络图如图 11.18 所示：

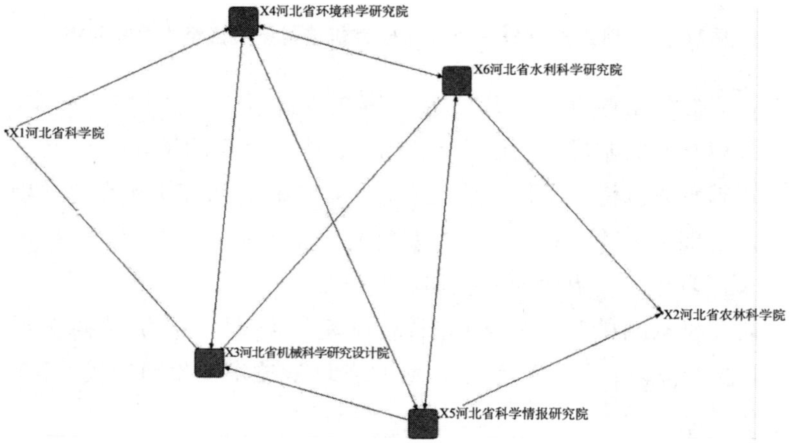

图 11.18 河北省 2011～2013 年研究机构发表科技论文关联网络

图 11.18 为河北省 2011～2013 年研究机构进行中心性和 K－cores 分析后的网络图（以 0.5 为基准，大于 0.5 的是 1，小于 0.5 的是 0）。

河北省各产业在科技论文关联方面，呈现出了“多边形对称”的布局。“多边形”指的是由六个主要省属研究机构主体形成的关于科技论文的关联网络图。和科技项目经费网络图不相同的是，此网络图中的农林科学院也参与了进来，虽然和河北省科学院一样处于网络边缘。

11.7　区域创新系统不同主体间演化网络分析

11.7.1　产业与政府间网络分析

政府财政支出和产业之间关联网络。本书从资金关联性方面来进行考虑。这是因为第一：无论是出于何种原因和目的，从其最终的结果来看，其财政（资金）都是重要的衡量指标。第二：财政（资金）还是量化的指标，数据往往更具有说服力。

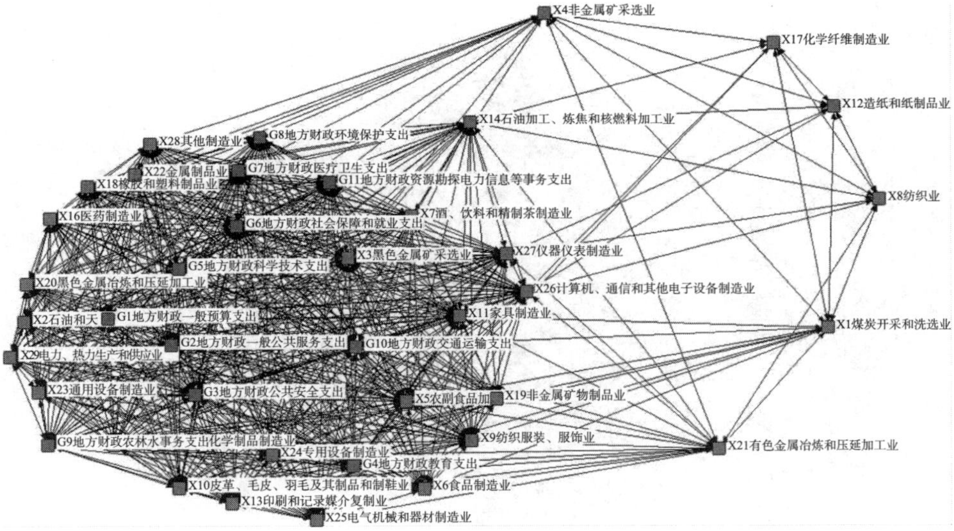

图 11.19　2011～2013 年间河北省产业与政府财政支出关联网络

注：产业　　政府

（1）整体分析。河北省政府财政支出与产业的科研经费之间关联性并不是很强。基本上依然是产业对产业自身、政府对政府自身。

（2）政府财政支出。从前面对政府财政支出本身的网络图看到，各个财政支出项之间关联有很强的联系，在加上产业群之后，依然打不破这种关联。且依然以地方财政一般预算支出（G1）为中心。这从另一方面说明政府的财政支出之间确实存在很强的联系。

（3）产业科技经费支出。从前面对产业自身科技经费网络分析发现，河北省产业科技经费网络呈现出“多数聚集，少数核心，少数边缘”的格局。但是在加入政府后发现自身的网络几乎完全被打破，使得各个产业边缘化。说明产业间网络的链接“强度”没有政府间的网络的“强度”大。

11.7.2　产业、高校与研究机构间网络分析

产学研关联创新网络作为创新演化形态，发挥了创新网络核心层的协同功能，推动了区域科技资源优化配置和知识溢出，加速了科技经济一体化进程，但产业、大学和研究所等创新主体受网络规模庞大、异质类主体信息不对称、网络链路预测困难的影响，无法充分认知产学研关联创新网络演化路径，故需构建具有网络拓扑结构、能看到产学研主体关联的演化网络模型，揭示网络演化规律。

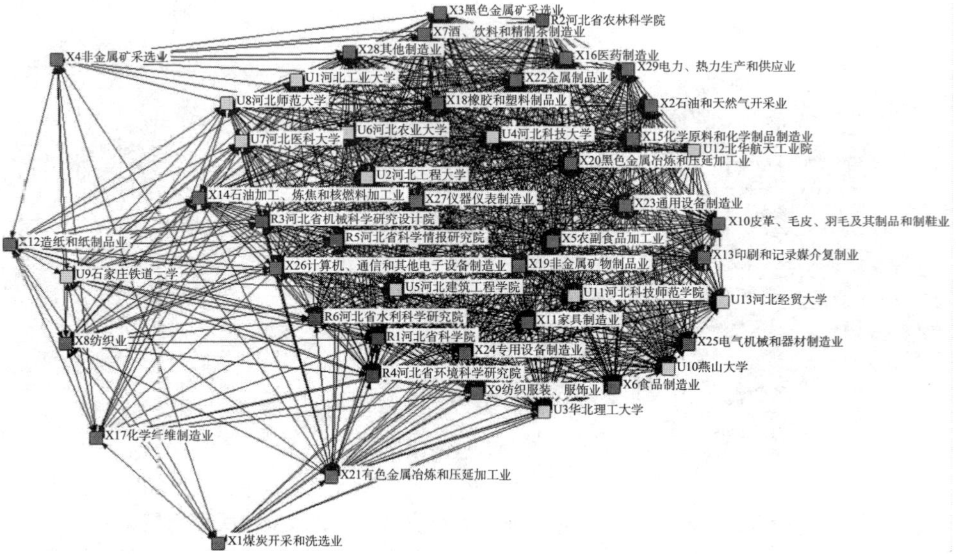

图 11.20　河北省产学研科技经费关联网络（0.5 为基准）

注：产业　　高校　　研究机构

主要结果如下：

（1）整体分析，河北省整体布局不错，除了少数的一些产业之外，整体呈现出了很好的合作关联态势。其整体关联较为均衡。产业、高校、研究机构不同创新演化主体的分布也较为均匀。

（2）产业与高校之间。河北省产业与高校间的整体关联较为紧密，可以说是“你中有我，我中有你”。且以产业关联居中，高校为其侧翼的布局。

（3）产业与研究机构之间。研究机构的布局比较紧密，除了河北省农林

科学院。而从研究机构和产业的联系程度来看，其联系最为紧密的就是计算机、通信和其他电子设备制造业（X26）。几乎是呈“包裹”状态。这个和本书前文所分析的河北省产业布局有很大相似性，更说明了以计算机为中心的产业关联依然在整个布局中占重要地位。除此之外，研究机构和石油加工、炼焦和核燃料加工业（X14）、仪器仪表制造业（X27）、专用设备制造业（X24）等几个产业联系也很紧密。

（4）高校与研究机构之间。高校与研究机构之间的联系也很紧密，说明河北省的高校和科研机构之间存在着密切联系。

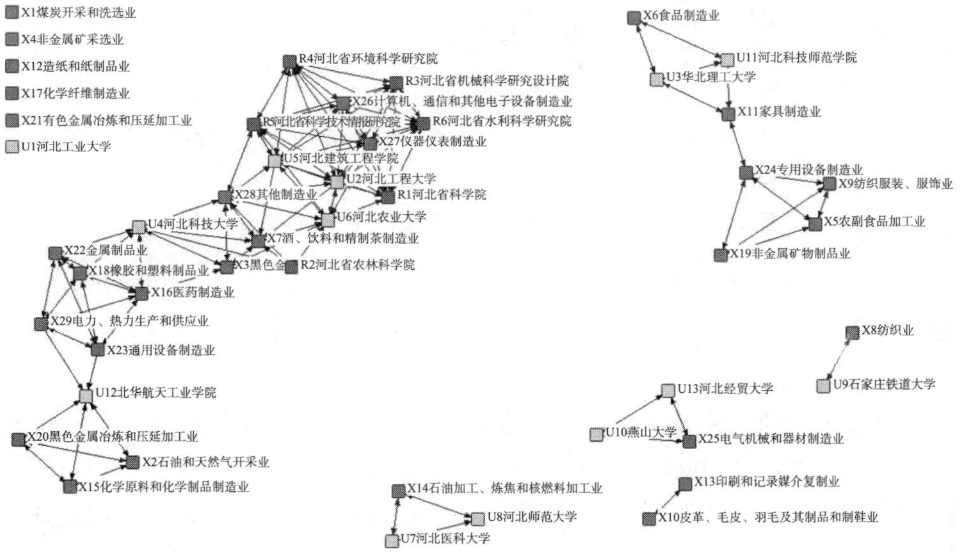

图 11.21　河北省产学研科技经费关联网络（0.9 为基准）

通过对图 11.21 分析发现，当调节参数为 0.8 和 0.9 的时候，产业、高校和科研机构的演化网络图发生了很大变化，这个时候更能发现三者之间的关联关系，本书发现三者都参与的主要集中在如下几个主体的网络元素。

（1）研究机构：河北省环境科学研究院（R4）、河北省机械科学研究设计院（R3）、河北省科学技术情报研究院（R5）、河北省水利科学研究院（R6）、河北省科学院（R1）、河北省农林科学院（R2）。

（2）高校：河北建筑工程学院（U5）、河北工程大学（U2）、河北科技大学（U4）、河北农业大学（U6）。改变参数值的时候河北工业大学（U1）、河北师范大学（U8）、河北医科大学（U7）也参与进来。

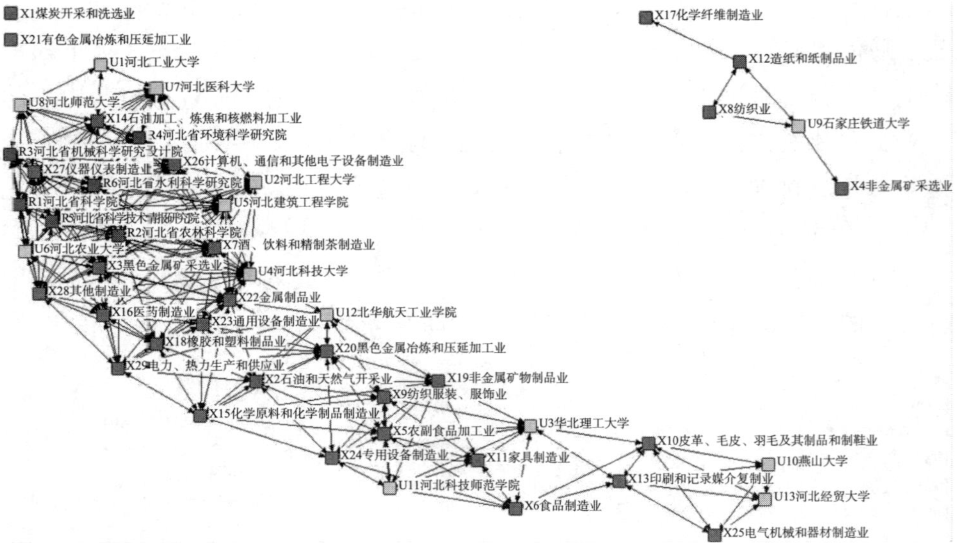

图 11.22　河北省产学研科技经费关联网络（0.8 为基准）

（3）产业：计算机、通信和其他电子设备制造业（X26），仪器仪表制造业（X27），其他制造业（X28），酒、饮料和精制茶制造业（X7），黑色金属矿采选业（X3）。

上述不同的主体间的演化网络间的强关联构成了河北省产业、高校和研究机构间的局部小范围网络。类似于复杂网络中的“社团结构”。

本章中，以河北省为例，思路主要是围绕着两个方面进行展开，首先是对区域创新系统演化各个主体进行了演化网络分析。其次对区域创新系统各个主体之间关联进行了网络化分析。

区域创新系统各个创新演化主体不断发生变化，不同类型主体方式也不尽相同。本书通过研究分析发现，以河北省为例，2011～2013 年，区域创新系统的演化各个主体之间，以及不同主体之间的关联形式大不相同。各个主体间演化网络情况如下：

（1）产业：R&D 资金关联方面呈现出“多数聚集，少数核心，少数边缘”的整体布局。R&D 人员关联方面呈现出“整体均衡，多数聚集，部分核心”的布局。

（2）政府：财政支出方面河北省整体呈现出了“以地方财政一般预算支出为核心，以公共安全支出和一般公共服务支出为两翼”的整体布局。

（3）高校：R&D 资金关联方面呈现出“三足鼎立”的整体布局。R&D 人员关联方面呈现出了“四校居中，多校支撑”的整体布局。

（4）研究机构：资金方面河北省各研究机构在科技项目经费关联方面呈现出了“五星环形，一星伴随”的布局。科技论文产出方面就河北省研究机构关联整体情况来看，呈现出了“多边形对称”的布局。

区域创新系统不同主体间演化网络关联情况如下：

产业和政府财政支出方面河北省政府财政支出与产业的科研经费之间关联性并不是很强，基本上依然是产业对产业自身、政府对政府自身。

产学研方面河北省整体的布局不错，除了少数的一些产业之外，整体呈现出了很好的合作关联态势，其整体关联较为均衡。产业、高校、研究机构不同创新演化主体的分布也较为均匀。

参考文献

[1] 秦海菁．知识经济测评论［M］．北京：社会科学文献出版社，2004，6.

[2] OECD. Managing Innovation System［M］．OECD，Paris. 1999.

[3] Shih－Chang Hung. Institutions and systems of innovation：an empirical analysis of Taiwan's personal computer competitiveness［J］．Technology in Society，2000，22：175－187.

[4] 石定寰，等．国家创新系统：现状与未来［M］．北京：经济管理出版社，1999.

[5] 胡志坚，王建新，李钦．区域创新：区域经济的新支点——区域的崛起与经济个性化［J］．未来与发展，1999（5）：12－13.

[6] 顾新．区域创新系统内涵与特征［J］．同济大学学报（社会科学版），2001，12：32－37.

[7] 胡锦涛．坚持走中国特色自主创新道路为建设创新型国家而努力奋斗——在全国科学技术大会上的讲话，2006（1）：9.

[8] 胡志坚．国家创新系统——理论分析与国际比较［M］．北京：社会科学文献出版社，2000：1.

[9] Jochen Markard，Bernhard Truffer. Technological innovation systems and the multi－levelperspective：Towards an integrated framework. Research Policy，2008，37（4）：596－615.

[10] David Doloreux，Saeed Parto. Regional innovation systems：Current discourse and unresolved issues［J］．Technology in Society，2005（27）：133－153.

[11] 刘凤朝，汪朝．改变测度方法把脉国家创新能力［N］．科技日报，2012（05）.

[12] Freeman L. C. Centrality in Social Network：Conceptual Clarification［J］．Social Network. 1979（1）：215－239.

[13] Lundvall B. A. National systems of innovation：toward a theory of innovation and interactive learning［M］．London：Printer，1992.

[14] 冯之浚．国家创新系统的理论与政策［M］．北京：经济科学出版社，1999.

[15] 王德禄，武文生等．区域的崛起——区域创新理论与案例研究［M］．济南：山东教育出版社，2002.

[16] Asheim B T，Isaksen A. Location agglomeration and innovation：towards regional innovation systems in Norway？［J］．Europe Planning Studies 1997（3）：299－330.

[17] Bengt－Ake Lundvall. National Innovation Systems—Analytical Concept and Development-

Tool. Industry and Innovation, 2007, 14 (1): 95 – 119.

[18] 李松辉，等. 区域创新系统创新能力成熟度的测定方法研究 [J]. 武汉理工大学学报信息与管理工程版，2004 (2): 103 – 106.

[19] 刘顺忠，官建成. 区域创新系统知识吸收能力的研究 [J]. 科学学研究，2001 (6): 98 – 101.

[20] 胡宝民. 技术创新扩散理论与系统演化模型 [M]. 北京：科学出版社，2002.

[21] N. Dayasindhu, S. Chandrashekar. 2005. Indian remote sensing program: A national system of innovation? [J]. Technological Forecasting & Social Change, 72: 287 – 299.

[22] 王稼琼，绳丽惠，等. 区域创新体系的功能与特征分析 [J]. 中国软科学，1999 (2): 53 – 57.

[23] 丁焕峰. 论区域创新系统 [J]. 科研管理，2001 (11): 1 – 8.

[24] 黄鲁成. 宏观区域创新体系的理论模式研究 [J]. 中国软科学，2002 (1): 95 – 99.

[25] Porter M, Stern S. National Innovative Capacity. World Economic Forum. In Porter. The Global Competitiveness Report 2001 – 2002 New York: Oxford University Press, 2002.

[26] 柳卸林. 21 世纪的中国技术创新系统 [M]. 北京：北京大学出版社，2000.

[27] 卢时雨. 区域创新能力与区域创新效率关联性分析及测度研究 [D]. 吉林：吉林大学，2009.

[28] 杨中楷，沈露威. 基于有效专利指标的区域创新能力评价 [J]. 科技与经济，2010, 23 (1): 30 – 33.

[29] Hugo Hollanders. Regional Innovation Scoreboard 2012 [R]. European Commission, 2012.

[30] Carlsson B, Jacobsson S, Holmén M, Rickne A. Innovation systems: analytical and methodological issues [J]. Research Policy, 2002, 31 (2): 233 – 245.

[31] Jorge Niosi. National systems of innovations are "x – efficient" (and x – effective): Why someare slow learners [J]. Research Policy, 2002, 31: 291 – 302.

[32] 官建成，刘顺忠. 区域创新机构对创新绩效影响的研究 [J]. 科学学研究，2003, 21 (2): 210 – 214.

[33] 马鹏龙. 区域创新系统效率评价 [D]. 吉林：吉林大学，2006.

[34] 赵树宽，卢时雨. 我国区域创新系统内知识存量投入产出效率测度 [J]. 情报科学，2009 (3): 437 – 440.

[35] 彭纪生，刘廷建. 完善我国技术创新政策的思考 [J]. 河海大学学报：哲学社会科学版，2000, 2 (4): 6 – 9.

[36] Chiffoleau Y. Learning about innovation through networks: the development of environment – friendly viticulture [J]. Technovation, 2005, 25: 1193 – 1204.

[37] 张磊. 区域创新系统与区域经济发展的协调性及测度研究 [D]. 天津：河北工业大学.

[38] 陈伟，冯志军，康鑫，等．区域创新系统的协调发展测度与评价研究——基于二象对偶理论的视角［J］．科学学研究，2011，29（2）：306－313.
[39] Cooke P. Regional Innovation System：General Findings and Some New Evidence from Biotechnology Clusters［J］. Journal of Technology Transfer，2002（27）：133－145.
[40] 任锦鸾，顾培亮．基于复杂理论的创新系统研究［J］．科学学研究，2002，20（4）：437－440.
[41] 李子彪，胡宝民，于新凯．区域创新系统效能测度体系分析［J］．科学学与科学技术管理，2005（1）：48－52.
[42] 刘凤朝，冯婷婷．国家创新能力形成的系统动力学模型及应用［J］．科研管理，2011，32（8）：17－25.
[43] 魏江．产业集群——创新系统与技术学习［M］．北京：科学出版社，2003.
[44] Fritsch M. Measuring the Quality of Regional Innovation Systems：A Knowledge Production Function Approach［J］. International Regional Science Review，2002，25（1）：86－101.
[45] M. P. Hekkert，R. A. A. Suurs，S. O. Negro，S. Kuhlmann，R. E. H. M. Smits. Technological Forecasting & Social Change，2007，74：413－432.
[46] Pierre Mohnen，Christian DeBresson，Xu Shiqing. Explaining and Estimating Propensities to Innovate in China in 1993［J］. The 14th International Conference on Input－Output Techniques at Montreal，Canada，2001.
[47] Craig Boardman，Branco Ponomariov. A preliminary assessment of the potential for "team science" in DOE Energy Innovation Hubs and Energy Frontier Research Centers［J］. Energy Policy，2011，39：3033－3036.
[48] Lenny Martini，Jann Hidajat Tjakraatmadja，Yudo Anggoro，Adita Pritasari. Triple Helix Collaboration to Develop Economic Corridors as Knowledge Hub in Indonesia［J］. Social and Behavioral Sciences，2012，52：130－139.
[49] Jan Youtie，Philip Shapirab. Building an innovation hub：A case study of the transformation of university roles in regional technological and economic development［J］. Research Policy，2008，37：1188－1205.
[50] 周密．我国创新极化现象的区域分布与极化度比较［J］．当代经济科学，2007，29（1）：78－84.
[51] 饶光明．产业创新的极化与边缘化效应分析——基于长江上游地区第二产业的实证［J］．2007（3）：95－107.
[52] 郭淑芬．培育创新极集群：欠发达地区创新系统生成之路［J］．科技管理研究，2008（2）：8－10.
[53] 刘春凤．区域创新系统的粗测度和决策模型研究［D］．天津：河北工业大学，2008.
[54] 李子彪．创新极及多创新极共生演化模型研究［D］．天津：河北工业大学，2007.

［55］姜澄宇．创新极：研究型大学的使命与追求［J］．中国高等教育，2006（1）：40－42.
［56］颜鹏飞，马瑞．经济增长极理论的演变和最新进展［J］．福建论坛·人文社会科学版，2003（1）：71－75.
［57］Hakansson H. Industrial Technological Development：A Network Approach［M］. London Press，1987.
［58］黄守坤，李文彬．产业网络及其演变模式分析．中国工业经济，2005（4）：53－60.
［59］李纪珍．产业共性技术供给体系．北京：中国金融出版社，2004（7）.
［60］成娟．论产业集群促进区域经济增长的作用机制——基于增长极理论的观点［J］．重庆工商大学学报（西部论坛），2006，16（4）：44－48.
［61］Von Hippel E. The Sources of Innovation［M］. New York：Oxford University Press，1988. Michael Gort，Steven Klepper. Time Paths in the Diffusion of Product Innovation［J］. The Economic Journal，1982，92：630－653.
［62］Klepper，Graddy. The Evolution of New Industries and the Determinants of Market Structure［J］. RAND Journal of Economics，1990，21（1）：27－44.
［63］Anita M. McGahan，Brian S. Silverman. How does innovative activity change as industries mature［J］. International Journal of Industrial Organization，2001（19）：1141－1160.
［64］Steven Klepper. Entry，Exit，Growth and Innovation over the Product Life Cycle［J］. The American Economic Review，1996，86（3）：562－583.
［65］B. S. Tether，D. J. Storey. Smaller firms and Europe' s high technology sectors：a framework for analysis and some statistical evidence［J］. Research Policy，1998，（26）：947－971.
［66］范从来，袁静．成长性、成熟性和衰退性产业上市公司并购绩效的实证分析［J］．中国工业经济，2002，8（8）：65－72.
［67］古松，刘占霞．我国电信业务“十五”发展状况及趋势分析［J］．电信科学，2006（6）：70－73.
［68］李凯，代丽华，韩爽．产业生命周期与中国钢铁产业极值点［J］．产业经济研究，2005（4）：38－43.
［69］韩杨．中国绿色食品产业演进及其阶段特征与发展战略［J］．中国农业经济，2010（2）：33－43.
［70］逯笑微．基于组织变革的产业演化机理研究［D］．大连：大连理工大学，2010.
［71］Abernathy W J，Utterback J M. Patterns of innovation in technology［J］. Technology Review，1978，80（7）：40－47.
［72］Adner R，Levinthal D. Dem and heterogeneity and technology evolution：Implications for product and process innovation［J］. Management Science，2001，47（5）：611－628.
［73］Saviotti P. Variety，growth and demand［J］. Journal of Evolutionary Economics，2001，

11 (1): 119 - 142.

[74] Metcalfe, S. Consumption, preferences, and the evolutionary agenda [J]. Journal of Evolutionary Economics, 2001, 11 (1): 37 - 58.

[75] Malerba, F., Nelson, R., Orsenigo, L. and Winter, S. Demand, innovation, and the dynamics of market structure: The role of experimental users and diverse preferences [J]. Journal of Evolutionary Economics, 2007, 17 (4): 371 - 399.

[76] Brusoni, S., Prencipe, A. and Pavitt, K. Knowledge specialization, organizational coupling and the boundaries of the firm: Why firms know more than they make? [J]. Administrative Science Quarterly, 2001, 46 (4): 597 - 621.

[77] Cowan, R., Jonard, N. and Ozman, M. Knowledge dynamics in a network industry [J]. Technology Forecast Social Change, 2004, 71 (5): 469 - 484.

[78] Murat Seker. A structural model of firm and industry evolution: Evidence from Chile [J]. Journal of Economic Dynamics & Control, 2012 (36): 891 - 913.

[79] 王军．进入退出、技术创新与产业演化路径的模拟分析 [J]．科技管理研究，2008 (9): 283 - 285.

[80] 李守伟，程发新．基于企业进入与退出的产业网络演化研究 [J]．科学学与科学技术管理，2009 (6): 135 - 140.

[81] Malerba, F., Nelson, R., Orsenigo, L., Winter, S. "History - friendly" models of industry evolution: The computer industry [J]. Industrial and Corporate Change, 1999 (1): 3 - 41.

[82] Franco Malerba, Richard Nelson, Luigi Orsenigo, Sidney Winter. Public policies and changing boundaries of firms in a "history - friendly" model of the co - evolution of the computer and semiconductor industries [J]. Journal of Economic Behavior & Organization, 2008 (67): 355 - 380.

[83] Christian Garavaglia. Methodological Issues and Models in "History - friendly" Simulations [J]. Knowledge, Internationalization and Technology Studies, 2009 (14): 1 - 44.

[84] 李蓓．我国铁路运输业历史友好模型研究 [D]．天津：河北工业大学，2012.

[85] Franco Malerba. Sectoral Systems of Innovation: Concept, Issues and Analyses of Six Sectors in Europe. Cambridge: Cambridge University Press, 2004.

[86] 陈衍泰，程鹏，梁正．影响战略性新兴产业演化的四维度因素分析——以中国风机制造业为例的研究 [J]．科学学研究，2012，30 (8): 1187 - 1197.

[87] 盛昭瀚，高洁．"新熊彼特"式产业演化模型及其应用研究 [J]．管理工程学报，2007 (2): 5 - 11.

[88] 李伟．产业演进中的技术创新与市场结构关系——兼论熊彼特家说的中国解释 [J]．科研管理，2009，30 (6): 39 - 48.

[89] 陈卫．航空运输业演化研究［D］．北京：北京交通大学，2012．
[90] Nelson，R. Bringing institutions into evolutionary economics［J］．Journal of Evolutionary Economics，2002，12（1－2）：17－28．
[91] Murmann J. P.，Brenner T. The Use of Simulations in Developing Robust Knowledge about Causal Processes：Methodological Considerations and an Application to Industrial Evolution［J］．Society for Computational Economics，2003：66－109．
[92] 蔡乌赶．技术创新、制度创新和产业系统的协同演化机理及实证研究［J］．天津大学学报，2012，14（5）：401－407．
[93] 王欣，靖继鹏．信息产业演化的动力机制研究［J］．情报科学，2009，27（12）：1885－1891．
[94] 焦方平．电信产业演化机理研究［D］．长春：吉林大学，2009．
[95] 王子龙，谭清美，许箫迪．产业系统演化模型及实证研究［J］．统计研究，2007，24（2）：47－55．
[96] 孙晓华，周旭．产业演化阶段的识别方法——以中国电子及通讯设备制造业为例［J］．中国科技论坛，2012（8）：82－8．
[97] 盖翊中．产业生命周期中产业发展阶段的变量特征［J］．工业技术经济，2006，25（12）：54－57．
[98] 方荣贵．基于产业生命周期的共性技术供给模式比较研究［D］．成都：电子科技大学，2011．
[99] 姚建华．基于企业家创新的产业演化研究［D］．广州：暨南大学，2009．
[100] 赵旭．产学研合作的内涵及其基础探讨——兼论技术市场模式与产业规模性的互动［J］．经济与管理，2012（11）：92－93．
[101] 孙娜．中国工业企业规模对技术创新的影响关系研究［D］．青岛：中国海洋大学，2009．
[102] M. L. Flor，M. J. Oltra. Identification of innovating firms through technological innovation indicators：an application to the Spanish ceramic tile industry［J］．Research Policy，2004（33）：323－336．
[103] Tan Heng. The Empirical Analysis of enterprise Scientific and Technological Innovation Capability［J］．Science Driect，2010（5）：1258－1264．
[104] 解学梅，曾赛星．科技产业集群持续创新能力体系评价——基于因子分析法的模型构建和实证研究［J］．系统管理学报，2008，17（3）：241－248．
[105] 罗亚非，李望月，张赤东．创新型企业技术创新评价指标的确立［J］．科技管理研究，2011（13）：35－40．
[106] 冯志军．中国制造业技术创新系统的演化及评价研究［D］．哈尔滨：哈尔滨工程大学，2012．

[107] Jaffe, A. B. Geographic localization of knowledge spillover as evidenced by patent citations [J]. Quarterly Journal of Economics, 1993, 108 (3): 577 –598.

[108] Jaffe, A. B. , Trajtenberg, M and Fogarty, M. Knowledge spillovers and patent citations: Evidence from a survey of inventors [J]. American Economic Review, 2000, 90 (2): 215 –218.

[109] Per Botolf Maurseth, Bart Verspagen. Knowledge spillovers in Europe: a patent citations analysis [J]. The Scandinavian Journal of Economics, 2002, 104 (4): 531 –545.

[110] Marjoleinc C J Caniels, Henny A Rmoijn. Firm –level knowledge accumulation and regional dynamics [J]. Industrial and Corporate Change, 2003, 12 (6): 1253 –1278.

[111] 朱付元. 区域创新系统及其识别方法研究 [J]. 科技管理研究, 2005 (3): 41 –45.

[112] 陈继勇, 雷欣. 我国区域间知识溢出的数量测度 [J]. 科技进步与对策, 2010, 27 (1): 39 –44.

[113] Jaffe, A. B. Technological opportunity and spillovers of R&D: evidence from firms patents, profits, and market value [J]. The American Economic Review. 1986, 5: 984 –1001.

[114] 潘文卿, 李子奈, 刘强. 中国产业间的技术溢出效应——基于35个工业部门的经验研究 [J]. 经济研究, 2011 (7): 18 –29.

[115] 吴永林, 陈珏. 高技术产业技术溢出效应的实证研究 [J]. 科技管理研究, 2012 (6): 82 –87.

[116] 洪勇, 康宇航. 基于专利引文的企业间技术溢出可视化研究 [J]. 科研管理, 2012, 33 (7): 81 –87.

[117] Crozet, M. and P. Koenig. The Cohesion V. S. Growth Tradeoff: Evidence from EU Regions (1980 –2000) [J]. ERSA Conference paper, 2005 (5): 702 –716.

[118] 张颖丽, 许正良. 信息产业对国民经济带动作用度量方法研究 [J]. 理论与方法, 2003, 10: 145 –149.

[119] 潘文卿. 中国的区域关联与经济增长的空间溢出效应 [J]. 经济研究, 2012 (1): 54 –65.

[120] Orsenigo, L. and Pammolli, F. "Pharmaceuticals as a Sectoral Innovation System" in Malerba, 2004.

[121] Wengel, and Shapira, p. "Machine Tools: The Remaking of a Traditional Sectoral Innovation System" in Malerba, 2004.

[122] Aoroa, A. , Landau, R. , and Rosenberg, N. (eds.): Chemicals and Long –Term Growth: Insights from the Chemical Industry [J], New York: John Wiley, 1998.

[123] Franco Malerba, Richard Nelson, Luigi Orsenigo, Sidney Winter. Vertical Integration and Dis –integration of Computer Firms: A History Friendly Model of the Co –evolution of the Computer and Semiconductor Industries [J]. Journal of Economic Behavior & Organiza-

tion, 2006 (12): 1 – 29.

[124] Niki Hynes, Juliette Wilson: Co – evolutionary dynamics in strategic alliances: The influence of the industry lifecycle [J]. Technological Forecasting & Social Change, 2012, 79: 1169 – 1175.

[125] Jaap W. B. Bos, Claire Economidou, Mark W. J. L. Sanders. Innovation over the industry life – cycle: Evidence from EU manufacturing [J]. Journal of Economic Behavior & Organization, 2013, 86: 78 – 91.

[126] 刘家国. 我国船舶工业产业生命周期识别及其可持续发展研究 [J]. 科技管理研究, 2009 (6): 309 – 312.

[127] Franco Malerba, Richard Nelson. Towards a History Friendly Model of Innovation, Market Structure and Regulation in the Dynamics of the Pharmaceutical Industry: The Age of Random Screening [J]. New Frontiers in the Economics of Innovation and New Technologies, 2000 (5): 1 – 36.

[128] Kim C., Lee K.. Innovation, Technological Regimes and Organizational Selection in Industry Evolution: a "History Friendly Model" of the DRAM Industry [J]. Industrial and Corporate Change, 2003 (12): 1195 – 1221.

[129] Daniele Archibugi, Rinaldo Evangelista, Roberto Simonetti. Concentration, firm size and innovation: evidence from innovation costs [J]. Technovation, 1995, 15 (3): 153 – 163.

[130] 杨海英, 熊飞. 高新技术企业规模测度探析 [J]. 科学学与科学技术管理, 2008 (1): 164 – 170.

[131] 张西征, 刘志远, 王静. 企业规模与R&D投入关系研究——基于企业盈利能力的分析 [J]. 科学学研究, 2012, 30 (2): 265 – 275.

[132] Brohman M K. Knowledge creation opportunities in the data mining process [C]. Proceedings of the 39th Hawaii International Conference on System Sciences, 2006.

[133] 张红兵, 和金生. 基于"融知发酵"的产业集群知识创新探析 [J]. 科学管理研究, 2007, 25 (4): 76 – 79.

[134] 刘敬严. 基于数据包络分析的企业知识创新能力评价研究 [J]. 西安科技大学学报, 2008, 18 (3): 8 – 14.

[135] 李文慧. 基于知识管理的企业知识创新能力评价研究 [J]. 情报科学, 2009, 27 (2): 231 – 236.

[136] 苏先娜. 基于创新协同理论的企业技术创新能力评价指标体系研究 [J]. 管理论坛, 2013 (7): 19 – 23.

[137] 徐丰伟, 刘军. 协同视角下产业技术创新能力评价指标体系的构建 [J]. 企业管理, 2008 (8): 158 – 161.

[138] 王阅. 辽宁省高技术产业协同创新能力研究 [D]. 沈阳: 辽宁大学, 2013.

[139] Macgarvie M. Do Finns Learn from International Trade [J]. The Review of Economics and Statistics, 2006, 88 (1): 46 - 60.

[140] Jasjit S. Asymmetry of Knowledge Spillovers between MNCs and Host Country Firms [J]. Journal of International Business Studies, 2007, 38 (5): 764 - 786.

[141] 向希尧，蔡虹．跨国技术溢出网络结构分析与路径识别——基于专利引用的实证分析 [J]. 科学学研究，2009，27 (9): 1348 - 1355.

[142] 胡健，印玺．基于专利引用的技术流矩阵的分析——对石油天然气产业技术溢出效应的测度 [J]. 科学学研究，2010，28 (20): 1843 - 1850.

[143] Hall AD. Three—dimensional morphology of system engineering [J]. IEEE Transaction on System Science and Cybemetics, 1969, 5 (2): 110 - 131.

[144] 王俊杰．基于霍尔三维系统的中国保险营销系统开发研究 [D]. 南京：南京大学，2005.

[145] Aaron Therentica D. Deduction of system theory [M]. Jamstone Management Pub, 2000: 37 - 38.

[146] Kenneth E. Kendall. System Analysis and Design [M]. Prentice Hall, 1984.

[147] 宋刚．复杂性科学视野下的城市管理三维结构 [J]. 城市发展研究，2007 (6): 54 - 62.

[148] 王乾坤．建设项目集成管理三维结构与系统再造 [J]. 武汉理工大学学报，2006 (3): 50 - 70.

[149] 鲁夏琼．BOT—BT—TOT 集成融资模式运营体系研究——以个旧—大屯一级公路隧道为例 [D]. 昆明：昆明理工大学，2011.

[150] 贾倩，杨玉堃，康磊晶．基于霍尔三维模型的航天企业知识库建设 [J]. 航天工业管理，2013 (5): 17 - 20.

[151] 裴国忠．霍尔三维模型在房地产投资风险管理中的运用 [J]. 山西建筑，2012，30 (38): 237 - 239.

[152] 孙荣霞．基于霍尔三维结构的公共基础设施 PPP 项目融资模式的风险研究 [J]. 经济经纬，2010，6: 142 - 147.

[153] 毕世杰．发展经济学 [M]. 北京：高等教育出版社，2000: 191 - 193.

[154] 荀邦云，李格，邓永玲．培育企业自主技术创新机制探讨 [J]. 软科学，1997 (4): 35 - 38.

[155] 魏江．提高企业技术创新能力的支持系统研究 [J]. 科技进步与对策，1999，16 (6): 201 - 203.

[156] 朱映瑜．贸易深化与跨国经营中的创新培育 [J]. 经济纵横，1999，5: 39 - 41.

[157] 毛义华，陈劲．基于合作创新的企业技术能力培育 [J]. 科研管理，2000，21 (4): 187 - 189.

[158] 陈建军．基于模块化和集群式创新融合的企业持续创新能力培育研究 [J]. 科技进

步与对策，2013，30（15）：88－90.

[159] Johansson B，Hanslf H. Innovation activities explained by firm attributes and location [R]. Electronic Working Paper Series，2006.

[160] Adams J. Comparative localization of academic and in－dustrial spillovers [J]. Journal of Economic Geography，2002，2（3）：253－278.

[161] 孙玉涛．企业技术创新能力培育的区域性因素——基于战略性新兴产业上市公司的实证分析 [J]. 科学学与科学技术管理，2013，34（8）：129－131.

[162] Feldman M，Audretsch D. Innovation in cities：Science－based diversity，specialization and localized competition [J]. European Economic Review，1999（43）：409－429.

[163] Henderson JV. The size and types of cities [J]. American Economic Review，1974（89）：640－656.

[164] Karlsson C，Johansson B. Towards a Dynamic Theoryfor the Spatial Knowledge Economy [R]. Cesis Electronic Working Paper，2004.

[165] 樊增强．论我国产业国际竞争力培育 [J]. 当代经济研究，2003（6）：20－23.

[166] 朱斌．要素流入条件下中国高级要素培育能力研究——来自中国高技术产业的证据 [J]. 世界经济研究，2013（6）：9－11.

[167] 戴·艾米顿．知识经济的创新战略——智慧的觉醒 [M]. 北京：新华出版社，1998：66.

[168] Barton D L. Core capability&core rigidities：A paradox in managing new product development. Strategic Mgt J，1992（13）：324.

[169] Christopher Freemana，Luc Soeteb. Developing science，Technology and innovation indicators：What we can learn from the past. Research Policy. 2009（38）：583－589.

[170] 科学技术部计划司，编．科技统计实用手册（S）．北京：科学技术文献出版社，2008.

[171] Claudio Ferrari，Pier Paolo Puliafito，Alessio Tei. Performance and quality indexes in the evaluation of the terminal activity：A dynamic approach [J]. Research in Transportation Business and Management，2013（8）：77，86.

[172] Bolton W. The University Handbook on Enterprise Development. ParisCedex：Columbus，1997.

[173] 邓华，曾国屏．OECD 创新测度的理论与实践——基于三版《奥斯陆手册》的比较研究 [J]. 科学管理研究，2011，29（4）：49－51.

[174] OECD. OECD Science，Technology and Industry Scoreboard [M]. 2007：61－62.

[175] OECD. S&T statistical compendium. Meeting of the OECD committee for scientific and technology policy at ministerial level [M]. 2004，1：21－26.

[176] 李金兰，郑淑蓉．基于 PCA 的高新技术产业技术创新能力评价——以泉州为例 [J]. 科技进步与对策，2010，27（16）：126－129.

[177] 郑春东，和金生，陈通．企业技术创新能力评价研究［J］．中国软科学，1999：108－110.
[178] 李向波，李叔涛．基于创新过程的企业技术创新能力评价研究［J］．中国软科学，2007（2）：139－142.
[179] 李杨，杨锦秀，傅新红．我国区域农业技术创新能力评价［J］．中国软科学，2009（1）：84－86.
[180] 张序萍，刘中文，张峰．区域技术创新能力指标体系的构建及评价［J］．科技管理研究，2010（21）：69－73.
[181] 崔旺来，周达军，汪立，刘国军，朱婧．浙江省海洋科技支撑力分析与评价［J］．中国软科学，2011（2）：91－95.
[182] 崔维军，郑伟．中国与主要创新经济体创新能力的国际比较：基于欧盟创新指数的分析［J］．中国软科学，2012（2）：42－46.
[183] Porter，M. E.（1998）．"Clusters and Competition：New Agendas for Companies，Governments，and Institutions，" On Competition. Boston（MA）：Harvard Business School Press.
[184] 柳卸林．区域创新体系成立的条件和建设的关键因素［J］．中国科技论坛，2003（1）：18－22.
[185] 黄鲁成．关于区域创新系统研究内容和探讨［J］．科研管理，2000（21）：43－48.
[186] David Doloreux，Charles Edquist，Leif Hommen. The institutional and functional underpinnings of the regional innovation system of East－Gothia in Sweden［R］. DRUID Summer Conference 2003 on Creating，Sharing and Transferring Knowledge：The Roleof Geography，Institutions and Organizations. Copenhagen，June12－14，2003：34－41.
[187] 刘定平．区域经济发展水平与中小企业发达程度的关系测度［J］．数量经济与技术经济研究，2004（5）：18－24.
[188] 戴德铮，殷旭东，李宗植．江苏省区域自主创新能力研究［J］．南京航空航天大学学报（社会科学版），2007，9（2）：59－64.
[189] 牛泽东，张倩肖，王文．FDI 对我国高新技术产业自主创新能力影响的实证分析［J］．科技进步与对策，2011，28（18）：52－55.
[190] 王传辉．国际金融中心产生模式的比较研究及对我国的启示［J］．世界经济研究，2000（6）：121－126.
[191] 韩胜娟．基于因子分析的区域投资环境评价［J］．企业战略，2010（8）：44－46.
[192] Jaffe，A. B. Ecomomic Analysis of Research Spillovers. lmplications for the Advanced Technology Program. National Institute of Standards and Technology，Gaithersburg，MD，1996.
[193] 何郁冰．产学研协同创新的理论模式．科学学研究，2012，30（2）：256－258.
[194] Koch A，Stahlecher T. Regional innovation systems and the foundation of knowledge inten-

sive business services. a comparative study in bremen, munich, and stuttgart, germany [J]. European Planning Studies, 2006, 14 (2): 123 - 145.

[195] Freel. M. Patterns of technological innovation in knowledge intensive business services [J]. Industry and Innovation, 2006, 13 (3): 335 - 358.

[196] Geert D, Boris . Determinants of alliance portfolio complexity and its effect on innovative performance of companies [J]. Product Development& Management Association, 2011 (28): 570 - 585.

[197] Hackler Darrene, Mayer Heike. Diversity, entrepreneurship, and the urban environment [J]. Journal of Urban Affairs, 2008, 30 (3): 273 - 307.

[198] Gu S, Lundvall B A. China's innovation system and the move toward harmonious growth and endogenous innovation [J]. Innovation: Management, Policy &Practice, 2006, 8 (2): 11 - 16.

[199] 李习保．区域创新环境对创新活动效率影响的实证研究 [J]. 数量经济技术经济研究，2007，24 (8)：13 - 24.

[200] 吴友军．对我国 IT 产业技术创新能力的探讨．中国软科学，2003 (4)：35 - 38.

[201] Grossman G M, Helpman E. Innovation and growth in the global economy [M]. Massachusetts: Massachusetts Institute of Technology Press, 1991: 55 - 58.

[202] 白永亮，王瑶．FDI、研发投入与高新技术产业创新绩效——基于武汉东湖国家自主创新示范区的经验分析 [J]. 特区经济，2013：141 - 143.

[203] 马春艳，马强．我国农业生物产业技术创新能力评价研究．生态经济，2010，1.

[204] 刘顺忠．组织学习能力对新服务开发绩效的影响机制研究 [J]. 科学学研究，2009，27 (3)：411 - 417.

[205] 萧志泳，林嵩．澳门创业环境研究 [J]. 中国软科学，2008 (7)：77 - 81.

[206] 余秀江，胡冬生，何新文，王宣喻．我国技术创新影响因素的动态分析——基于 SVAR 模型的实证研究 [J]. 软科学，2010，24 (8).

[207] 陈劲，陈钰芬，余芳珍．FDI 对促进我国区域创新能力的影响 [J]. 科研管理，2007，28 (1)：7 - 13.

[208] 唐颖，张慧琴．基于 SEM 结构方程区域科技竞争力评价模型构建 [J]. 科学管理研究，2013，1：79 - 83.

[209] 罗守贵，甄峰．区域创新能力评价研究 [J]. 南京经济学院学报，2006 (3)：31 - 35.

[210] 袁纯清．共生理论及其对小型经济的应用研究（上）[J]. 改革，1998 (2)：101 - 105.

[211] Freeman C. Technology policy and economic performance: lessons from Japan [M]. Lomdon: Printer, 1987.

[212] Nelson R. R. System of innovation: a comparative analysis [M]. London: Oxford University Press, 1993.

[213] OECD. The knowledge – based economy [R]. Paris: OECD, 1996.

[214] OECD. National innovation systems [R]. Paris: OECD, 1997.

[215] Breschi S, Malerba F, Edquist C. Sectoral innovation systems: technological regimes, Schumpeterian dynamics, and spatial boundaries [J]. Systems of Innovation: Growth, Competitiveness and Employment, 1997, 1: 261 – 287.

[216] Asheim B. T. Isaksen L. Regional Innovation Systems: The Integration of Local "Sticky" and Global "Ubiquitous" Knowledge [J]. The Journal of Technology Transfer, 2002, (1): 77 – 86.

[217] Poter M. E. The Competitive Advantage of Nations [M]. New York: Macmillan, 1990.

[218] 魏江. 创新系统演进和集群创新系统构建 [J]. 自然辩证法通讯, 2004, 26 (1): 48 – 55.

[219] 李钟文, 威廉·米勒, 玛格丽特·韩柯克, 亨利·罗文. 硅谷优势: 创新与创业精神的栖息地 [M]. 北京: 人民出版社, 2002.

[220] 胡晓鹏. 产业共生: 理论界定及其内在机理 [J]. 中国工业经济, 2008 (9): 118 – 128.

[221] Frosch R. A. , Gallopoulos N. E. Strategies for Manufacturing [J]. Scientific American, 1989 (9): 94 – 105.

[222] Chertow M. R. Industrial symbiosis: literature and taxonomy. Annual Review of Energy and Environment [J]. 2005, 25: 313 – 337.

[223] Ehrenfeld J. Putting a Spotlight on Metaphors and Analogies in Industrial Ecology [J]. Journal of Industrial Ecology, 2003 (7): 1 – 4.

[224] Lifset R. , Anex R. The Indirect Effects of Industrial Ecology [J]. Journal of Industrial Ecology, 2009, 13 (3): 347 – 349.

[225] 王兆华, 武春友, 王国红. 生态工业园中两种工业共生模式比较研究 [J]. 软科学, 2002 (2): 11 – 14.

[226] 王兆华, 尹建华, 武春友. 生态工业园中的生态产业链结构模型研究 [J]. 中国软科学, 2003 (10): 149 – 152.

[227] 王海光, 李雯, 李屹. 集群内组织间共生治理模式及演进研究 [J]. 中央财经大学学报, 2009 (4): 68 – 73.

[228] 吴荻, 武春友. 产业集群生态化及其模式的构建研究 [J]. 当代经济管理, 2011, 33 (7): 64 – 69.

[229] 黄河, 李思莹, 肖艳玲, 等. 构建集群共生网络产业集群发展新思维 [J]. 商业时

代，2011（5）：121－122.

［230］李慧，杨瑾．基于集群视角的陕西装备制造业共生发展模式研究［J］．华东经济管理，2010（6）：65－68.

［231］杨青，张丽丽．创业风险投资集群共生模式及其实证研究［J］．科技创业月刊，2010（11）：44－45.

［232］危旭芳．生态产业集群的基本模式及其构建路径［J］．江西社会科学，2008（05）：194－199.

［233］雷延辰．技术共生创新［D］．长春：吉林大学，2007.

［234］许志晋，宋艳葵．走可持续发展的共生的技术创新之路——来自于对国外适用技术创新理论的历史考察［J］．工业技术经济，2006（9）：60－62.

［235］傅毓维，朱发根．循环经济共生链企业技术创新动因探析［J］．科技管理研究，2007（8）：15－17.

［236］李煜华，刘洋，胡瑶瑛．战略性新兴产业技术创新联盟知识转移策略研究——基于共生视角［J］．工业技术经济，2014（7）：133－138.

［237］冯鲁闽．基于共生理论的产业技术创新联盟稳定性研究［D］．南京：南京邮电大学，2012.

［238］Murat Mirata. Experiences from early stages of a national industrial symbiosis programme in the UK：determinants and coordination challenges［J］．Journal of Cleaner Production，2004（12）：967－983.

［239］任巧巧．论中小企业集群内共生效应［J］．中南财经政法大学学报，2005（4）：110－113.

［240］孙健，尤雯．人才集聚与产业集聚的互动关系研究［J］．管理世界，2008（3）：177－178.

［241］宋马林．生态产业园绿色效应：一个博弈论及其扩展模型的改进［C］．第五届中国青年生态学工作者学术研讨会论文集，2008.

［242］王宇露，石冶．企业共生理论及共生效应下的企业成长模型构建［J］．上海电机学院学报，2008：134－138.

［243］胡国．金融合作的正外部性、形成机理及其创新实践研究［J］．浙江金融，2013（7）：29－32.

［244］吕俊杰．产业集群的生态共生机制研究［D］．天津：河北工业大学，2007.

［245］郎春雷，刘志迎．跨国公司与我国高新技术企业的共生经济分析［J］．科技管理研究，2003（5）：53－55.

［246］刘洪君．共生理论视角下高技术产业集聚发展的机制研究［D］．宁波：宁波大学，2011.

[247] 李焕荣，马存先．现代企业战略网络关系管理过程研究［J］．科学学与科学技术管理，2006（10）：152－158.

[248] Pouder R.，John C. H. Geographical clusters of Firms and Innovation［J］．The Academy of Management Review，2003，21（4）：192－225.

[249] Nelson R. R.，Nelson K. Technology，Institutions and innovation systems［J］．Research Policy，2002，31：265－272.

[250] Murmann J. P.，Homburg E. Comparing evolutionary dynamics across different national settings：The case of synthetic industry［J］．Evolutionary Economics，2001，11：177－205.

[251] 张昭．创业风险投资集群共生动力系统研究［D］．武汉：武汉理工大学，2011.

[252] 程大涛．基于共生理论的企业集群组织研究［D］．杭州：浙江大学，2003.

[253] 何继善，戴卫明．产业集群的生态学模型和生态平衡分析［J］．北京师范大学学报（社会科学版），2005（1）：126－132.

[254] 王子龙．企业集群共生演化模型及实证研究［J］．中国管理科学，2006（4）：141－148.

[255] 丁魁礼，钟书华．创新集群中知识、组织和制度的共生演化［J］．科学学研究，2013，31（12）：1899－1907.

[256] 郭淑芬．基于共生的创新系统研究［J］．中国软科学，2011（4）：97－103.

[257] 张小峰，孙启贵．区域创新系统的共生机制与合作创新模式研究［J］．科技管理研究，2013，33（5）：72－78.

[258] 阮平南，张敬文，刘宇．企业生态位原理与战略网络节点关系管理研究［J］．科学学与科学技术管理，2008（4）：157－160.

[259] 赵克勤，米红．非传统安全与集对分析［M］．北京：知识产权出版社，2010.

[260] 赵克勤，黄德才．一种基于集对分析的同异反海量数据挖掘［C］．中国人工智能学会全国学术年会，2003.

[261] 库尔特·多普菲编．演化经济学——纲领与范围［M］．贾根良，刘辉锋，崔学锋，译．北京：高等教育出版社，2004.

[262] 刘式达．自然科学中的混沌和分形［M］．北京：北京大学出版社，2003：49－51.

[263] 司马贺．人工科学：复杂性面面观［M］．武夷山，译．上海：上海科技教育出版社，2004：121－123.

[264] 成思危．复杂科学——系统工程与管理［M］．上海：上海科技教育出版社，2001.

[265] 胡浩，李子彪，胡宝民．区域创新系统多创新极共生演化动力模型［J］．管理科学学报，2011，10：85－94.

[266] 付丹，刘拓，李柏洲．高新技术产业集群与区域创新系统互动演化模型构建研究［J］．科技进步与对策，2009，14：61－63.

[267] 洪进，余文涛，郭韬，朱云浩．区域创新系统的 AIITD 演化模型研究［J］．科学学与科学技术管理，2011，12：94－100．

[268] 王景荣，徐荣荣．基于自组织理论的区域创新系统演化路径分析——以浙江省为例［J］．科技进步与对策，2013，09：27－32．

[269] 朱正元，等．Logistic 曲线与 Gompertz 曲线的比较研究［J］．数学的实践与认识，2003（10）：66－71．

附录 A　区域创新极识别判据权重评分问卷

专家姓名：　　　　　　　　工作单位：　　　　　　　　职务：

职称：　　　　　　　　　　联系电话：

专家评分方法是一种能够将多因素的复杂性系统评价问题转化成各个因素之间相互判别比较的简单问题，它是确定决策分析过程中一系列评价指标权重最有效的定量化方法之一。本次调查凭借本研究领域内各位资深专家自身的经验和深厚学识来赋予创新极识别方法构建过程中各个判别指标应有的权重。

本次评价主要通过构建创新极特征判据识别方法以筛选出省级区域内的创新极所进行的评价。本书将区域内具有一定发展规模、创新持续性、区域带动效应的创新型产业定义为创新极，并从发展规模、创新持续性和带动作用三个方面对区域内的创新极进行识别。一个产业之所以能称之为创新极首先它应该具备一定的发展规模；其次在它成长发展的过程中对区域内其他产业存在知识、技术和组织间的溢出效应，这将会带动其他产业的创新产出效率与产业绩效，进而带动整个区域经济的快速发展；在此基础上能作为创新极的产业应该保持其知识技术创新状态的持续性以不断提升自身的创新素质，进而促进其自身的长远发展。

A.1　区域创新极识别指标体系

依照上述创新极的定义与特征，从发展规模、创新持续性和带动作用三个方面构建创新极识别规模性判据指标体系、创新极识别创新持续性判据指标体系以及创新极识别带动性判据指标体系。其中，创新极识别规模性判据指标选用知识和技术总量、主体规模、网络发育度三项具体描述指标来衡量；创新极识别创新持续性判据指标选用知识创新持续性、产品创新持续性、协同创新持续性三项具体描述指标来衡量；创新极识别带动性判据指标选用知识溢出、专利技术溢出、组织间溢出三项具体描述指标来衡量。

A.2　创新极识别方法数学模型

本书依据上述创新极的定义、特征和创新极识别各判据指标体系，引入规模性判别指数、创新持续性判别指数和带动性判别指数三项新指标，并在此基础上建立了创新极规模性识别方法、创新极创新持续性识别方法以及创新极带动性识别方法。

（1）利用极差法对各项具体测度指标进行标准化处理。

（2）构建创新极规模性识别方法模型。

选用 δ_i 表示创新极规模性的知识和技术存量指数、主体规模指数和网络发育度指数，则 δ_i 可由标准化后的规模性判据测度指标 x'_{ki} 表示为：

$$\delta_i = \frac{1}{2} \times x'_{i1} + \frac{1}{2} \times x'_{i2} \quad i = 1,2,3$$

选用 l_i 表示上述三项指数的权重，那么创新极识别的各个发展规模指标的规模性判别指数模型为：

$$\alpha_i = l_i \cdot \delta_i \quad i = 1,2,3$$

区域创新极识别的规模性测度指标指数 α 可以定义成上述三项规模性判别指数的加权平均综合指数，那么其可以表示为：

$$\alpha = \sum_i \alpha_i = \sum_i l_i\delta_i \quad i = 1,2,3$$

（3）构建创新极创新持续性识别方法模型。

选用 μ_i 表示创新极创新持续性的知识创新持续性指数、产品创新持续性指数和协同创新持续性指数，则 μ_i 可由标准化后的创新持续性判据测度指标 y'_{ki} 表示为：

$$\mu_i = \frac{1}{2} \times y'_{i1} + \frac{1}{2} \times y'_{i2} \quad i = 1,2,3$$

选用 g_i 表示上述三项指数的权重，那么创新极识别的各个创新指标的创新持续性判别指数模型为：

$$\beta_i = g_i \cdot \mu_i \quad i = 1,2,3$$

区域创新极识别的创新持续性判别指数 β 可以定义成上述三项创新持续性判别指数的加权平均综合指数，那么其可以表示为：

$$\beta = \sum_i \beta_i = \sum_i g_i\mu_i \quad i = 1,2,3$$

（4）构建创新极带动性识别方法模型。

选用 θ_i 表示创新极带动性的知识溢出指数、专利技术溢出指数和组织间溢出指数，则 θ_i 可由标准化后的创新劳动性判据测度指标 z'_{ki} 表示为：

$$\theta_i = \frac{1}{2} \times z'_{i1} + \frac{1}{2} \times z'_{i2} \quad i = 1,2,3$$

选用 f_i 表示上述三项指数的权重，那么创新极识别的各个溢出效应指标的带动性判别指数模型为：

$$\gamma_i = f_i \cdot \theta_i \quad i = 1,2,3$$

区域创新极识别的带动性判别指数 γ 可以定义成上述三项带动性判别指数的加权平均综合指数，那么其可以表示为：

$$\gamma = \sum_i \gamma_i = \sum_i f_i \theta_i \quad i = 1,2,3$$

（5）构建创新极识别方法模型。

创新极识别方法模型是规模性判别指数、创新持续性判别指数、带动性判别指数的综合。从创新极识别模型的构建以及创新极的特征描述可以看出，创新极的规模性、创新持续性、带动性是创新极识别方法模型中三个不可替代的因素，三个因素缺一不可，而且任何一个因素的低水平均会导致其不能称之为创新极。例如，对某一产业而言，当它的创新不具有持续性时，即便它的产业规模再大，带动性再强，也不能称之为创新极，原因在于创新是促使产业发展的关键因素，如果该产业的创新水平只是维持当前水平而不是积极采取各种措施促使其创新能力不断持续发展，那么该产业则不具备良好的发展态势，因而不能将其作为创新极。区域创新极是区域内各对象和要素之间相互支持、相互作用、相互制约的一个产业子系统，因此创新极识别指数模型中的规模性、创新持续性、带动性三部分的权重不能简单固定，应该能够从一定程度上反映上述三部分的重要性和不可替代性。

鉴于此，本书引入变权综合原理构建创新极识别算法模型，以此设定创新极识别的规模性、创新持续性、带动性三部分的权重。变权理论隶属于因素空间理论，作为一种非线性加权的综合性算法，它能够凸显出评价数值偏小的指标项所发挥的作用。变权综合理论不仅可以区分各个指标要素在综合决策与评估过程中所扮演角色的重要程度，而且能够在一定程度上反映各个要素之间的无可替代性。我们可以将这种无可替代性理解为：在综合评价的过程中，即便某一要素所发挥的作用最微不足道，只要系统对它的评估值为零，那么总体综合评估的数值亦为零。此外，创新极识别算法的变权模型充分考虑了产业系统中各部分相互制约的实际，并且在一定程度上反映出在创新极综合识别过程中，当某一项识别指标的数值特别大时其变权会相应变得特别小，从而避免了由于某一项识别指标数值过大导致总体综合识别结果过高的静态假象。

为了客观准确地表达创新极识别中规模性判别指数、创新持续性判别指数以及带动性判别指数的不可替代性，本书构建了如下创新极识别方法的变权综合数学模型：

$$
\begin{aligned}
s_i = & \frac{w_1 \times \alpha_i^{-\frac{1}{2}}}{w_1 \times \alpha_i^{-\frac{1}{2}} + w_2 \times \beta_i^{-\frac{1}{2}} + w_3 \times \gamma_i^{-\frac{1}{2}}} \times \alpha_i \\
& + \frac{w_2 \times \beta_i^{-\frac{1}{2}}}{w_1 \times \alpha_i^{-\frac{1}{2}} + w_2 \times \beta_i^{-\frac{1}{2}} + w_3 \times \gamma_i^{-\frac{1}{2}}} \times \beta_i \\
& + \frac{w_3 \times \gamma_i^{-\frac{1}{2}}}{w_1 \times \alpha_i^{-\frac{1}{2}} + w_2 \times \beta_i^{-\frac{1}{2}} + w_3 \times \gamma_i^{-\frac{1}{2}}} \times \gamma_i \quad i = 1,2,3
\end{aligned}
$$

其中，s_1 为产业知识基础因子，s_2 为产业创新产出因子，s_3 产业共生效应因子；w_1、w_2、w_3 分别为规模性判别指数 α、创新持续性判别指数 β 以及带动性判别指数 γ 的常权权重值。显然，由上式可以看出：$\lim\limits_{\alpha_i \to 0^+} s_i = 0$、$\lim\limits_{\beta_i \to 0^+} s_i = 0$ 以及 $\lim\limits_{\gamma_i \to 0^+} s_i = 0$，恰好符合不可替代性的要求。

（6）构建创新极综合识别方法模型。

创新极综合识别方法是指从各个测度方面对创新极的整体识别。因此，创新极综合识别方法是创新极各个测度指标指数的综合加权平均。下式即为创新极综合识别方法模型：

$$
S = \frac{1}{\sum_i s_i} \times \sum_i s_i^2 \quad i = 1,2,3
$$

A.3　权重打分表

依照上述构建的创新极识别方法模型以及结合专家自身对各项具体描述指标的理解，恳请各位专家对各项识别指标在构建创新极识别方法模型过程中所发挥作用的重要程度进行评判，并分别赋予创新极规模性的知识和技术存量指数的权重 l_1、主体规模指数的权重 l_2 和网络发育度指数的权重 l_3，创新极创新持续性的知识创新持续性指数的权重 g_1、产品创新持续性指数的权重 g_2 和协同创新持续性指数的权重 g_3，创新极带动性的知识溢出指数的权重 f_1、专利技

术溢出指数的权重 f_2 和组织间溢出指数的权重 f_3。其中，各个指标项的权重值隶属于 0 ~ 1 之间，并且每三项相加之和为 1。

	规模性			创新持续性			带动性		
	知识和技术总量指数 δ_1	主体规模指数 δ_2	网络发育度指数 δ_3	知识创新持续性指数 μ_1	产品创新持续性指数 μ_2	协同创新持续性指数 μ_3	知识溢出指数 θ_1	专利技术溢出指数 θ_2	组织间溢出指数 θ_3
权重	0.3	0.4	0.3	0.3	0.4	0.3	0.3	0.4	0.3

请各位专家赋予反映规模性判别指数 α、创新持续性判别指数 β 以及带动性判别指数 γ 的常权权重值 w_1、w_2 和 w_3。

指标	规模性判别指数 α	创新持续性判别指数 β	带动性判别指数 γ
权重	0.3	0.3	0.4

A.4 最终归总计算

本次总共 10 位专家参与问卷的评分，将每位专家赋予各项指标的分值求和之后取平均值，这些计算数值即为各项指标最终所享有的权重。

附录 B　标准化数值表

附表 1

附表 1.1　2010 年标准化处理后的规模性判别指标数据

标准化指标	规模性判别指标					
规模以上工业企业（按行业分）	科技论文发表数（篇）标准化处理	专利拥有量（件）标准化处理	固定资产总额（万元）标准化处理	从业人员数量（人）标准化处理	R&D 经费外部支出总额与内部支出总额比重标准化处理	R&D 经费外部支出总额（万元）标准化处理
煤炭开采和洗选业	0.0000	0.0007	0.1772	0.0518	0.0547	0.0077
石油和天然气开采业	0.3172	0.1109	0.6303	0.4222	0.0547	0.0574
黑色金属矿采选业	0.0000	0.0022	0.0314	0.0146	0.0306	0.0006
非金属矿采选业	0.0695	0.0134	0.0314	0.0467	0.0306	0.0016
农副食品加工业	0.0799	0.0052	0.1024	0.1138	0.0707	0.0059
食品制造业	0.0052	0.0566	0.0797	0.1855	0.0067	0.0014
酒、饮料和精制茶制造业	0.0406	0.0424	0.0419	0.0889	0.0189	0.0010
烟草制造业	0.0000	0.0000	0.0000	0.0000	0.0000	0.0000
纺织业	0.0485	0.0149	0.0430	0.1489	0.0160	0.0012
纺织服装、服饰业	0.0026	0.0149	0.0476	0.5822	0.0065	0.0001
皮革、毛皮、羽毛及其制品和制鞋业	0.0000	0.0000	0.0068	0.0501	0.0000	0.0000
木材加工和木、竹、藤、棕、草制品业	0.0000	0.0000	0.0045	0.0215	0.0000	0.0000
家具制造业	0.0328	0.0000	0.0181	0.1112	0.0217	0.0006
造纸和纸制品业	0.0000	0.0000	0.0520	0.1245	0.0000	0.0000

续表

标准化指标	规模性判别指标					
规模以上工业企业（按行业分）	科技论文发表数（篇）标准化处理	专利拥有量（件）标准化处理	固定资产总额（万元）标准化处理	从业人员数量（人）标准化处理	R&D 经费外部支出总额与内部支出总额比重标准化处理	R&D 经费外部支出总额（万元）标准化处理
印刷和记录媒介复制业	0.0000	0.0007	0.0198	0.0643	0.0091	0.0001
文教、工美、体育和娱乐用品制造业	0.0013	0.0447	0.0124	0.0935	0.0240	0.0003
石油加工、炼焦和核燃料加工业	0.0223	0.0134	0.1874	0.0927	0.0193	0.0037
化学原料和化学制品制造业	0.1298	0.1966	0.3643	0.4052	0.0198	0.0132
医药制造业	0.1507	0.5034	0.2238	0.2614	0.0821	0.0317
化学纤维制造业	0.0000	0.0000	0.0012	0.0014	0.0000	0.0000
橡胶和塑料制品业	0.0118	0.0663	0.1457	0.4686	0.0547	0.0066
非金属矿物制品业	0.0131	0.0529	0.1094	0.1998	0.0154	0.0009
黑色金属冶炼和压延加工业	1.0000	0.0380	1.0000	0.6249	0.1163	0.2971
有色金属冶炼和压延加工业	0.0013	0.0544	0.0668	0.0678	0.0056	0.0005
金属制品业	0.0131	0.1139	0.2035	0.5242	0.0119	0.0031
通用设备制造业	0.1048	0.1735	0.3082	0.5936	0.1271	0.0631
专用设备制造业	0.2215	0.3232	0.2603	0.4678	0.0303	0.0194
交通运输设备制造业	0.0708	0.1139	0.5157	0.9530	0.1279	0.0603
电气机械和器材制造业	0.0655	1.0000	0.2496	0.4199	0.0543	0.0341
计算机、通信和其他电子设备制造业	0.0852	0.2748	0.3757	1.0000	1.0000	1.0000
仪器仪表制造业	0.1088	0.0566	0.0384	0.1074	0.0178	0.0025
其他制造业	0.0026	0.0052	0.0188	0.1242	0.0668	0.0001
废弃资源综合利用业	0.0039	0.0007	0.0184	0.0180	0.1280	0.0000
电力、热力生产和供应业	0.0668	0.0104	0.4476	0.1715	0.0333	0.0011
燃气生产和供应业	0.0000	0.0000	0.0475	0.0282	1.1337	0.0000
水的生产和供应业	0.0039	0.0007	0.0798	0.0214	1.1337	0.0000

资料来源：2010 年与 2011 年《天津科技统计年鉴》

附表 1.2　2010 年标准化处理后的创新持续性判别指标数据

标准化指标	创新持续性判别指标					
规模以上工业企业（按行业分）	论文发表量增长率标准化处理	专利拥有量增长率标准化处理	新产品销售收入（万元）标准化处理	新产品销售收入增长率标准化处理	合作论文增长率标准化处理	R&D 外部支出额增长率标准化处理
煤炭开采和洗选业	0.2000	1.0000	0.0015	1.0000	0.1667	1.0000
石油和天然气开采业	0.1630	0.1625	0.0115	0.4771	0.1393	0.1649
黑色金属矿采选业	0.2000	1.0000	0.0022	1.0000	0.1667	1.0000
非金属矿采选业	0.1738	0.3673	0.0057	0.1093	0.1468	0.2433
农副食品加工业	0.4067	0.3333	0.0834	0.2373	0.4744	0.6991
食品制造业	0.0533	0.3193	0.0280	0.1641	0.0370	1.0000
酒、饮料和精制茶制造业	0.3647	0.6786	0.0119	0.1049	0.2639	0.2707
烟草制造业	0.2000	0.1429	0.0000	0.1072	0.1667	0.2914
纺织业	0.3364	0.1361	0.0177	0.1517	0.3333	0.3736
纺织服装、服饰业	0.1333	0.4082	0.0040	0.3138	0.1667	0.0080
皮革、毛皮、羽毛及其制品和制鞋业	0.2000	0.0000	0.0010	0.0278	0.1667	0.0000
木材加工和木、竹、藤、棕、草制品业	0.2000	0.1429	0.0000	0.0000	0.1667	0.2914
家具制造业	1.0000	0.1429	0.0040	0.5010	1.0000	0.1117
造纸和纸制品业	0.2000	0.0000	0.0081	0.1249	0.1667	0.0000
印刷和记录媒介复制业	0.2000	0.0071	0.0020	0.0561	0.1667	1.0000
文教、工美、体育和娱乐用品制造业	1.0000	0.4286	0.0031	1.0000	0.1667	0.1078
石油加工、炼焦和核燃料加工业	0.3091	0.1224	0.0193	0.1273	0.2500	0.2367
化学原料和化学制品制造业	0.1623	0.2402	0.1659	0.1603	0.1795	0.3504
医药制造业	0.1840	0.2241	0.0855	0.1377	0.1365	0.1498
化学纤维制造业	0.0000	0.1429	0.0007	0.6455	0.0000	0.2914
橡胶和塑料制品业	0.2000	0.1017	0.0570	0.1610	0.2222	0.3879
非金属矿物制品业	0.2000	0.8452	0.0135	0.1430	0.2500	0.3197
黑色金属冶炼和压延加工业	0.2502	0.1256	0.6229	0.1084	0.2607	0.4338
有色金属冶炼和压延加工业	1.0000	0.1534	0.0254	0.9482	0.1667	1.0000

续表

标准化指标	创新持续性判别指标					
规模以上工业企业（按行业分）	论文发表量增长率标准化处理	专利拥有量增长率标准化处理	新产品销售收入（万元）标准化处理	新产品销售收入增长率标准化处理	合作论文增长率标准化处理	R&D 外部支出额增长率标准化处理
金属制品业	1. 0000	0. 2666	0. 0850	0. 0952	1. 0000	0. 0531
通用设备制造业	0. 2462	0. 1743	0. 2084	0. 1171	0. 2333	0. 4616
专用设备制造业	0. 3565	0. 2183	0. 1741	0. 1365	0. 2176	0. 4082
交通运输设备制造业	0. 1565	0. 2102	1. 0000	0. 1404	0. 1410	0. 4290
电气机械和器材制造业	0. 3125	0. 1391	0. 3110	0. 1571	0. 3077	0. 1505
计算机、通信和其他电子设备制造业	0. 5200	0. 1502	0. 8712	0. 1159	0. 6852	0. 2891
仪器仪表制造业	0. 3132	0. 0928	0. 1233	0. 2106	0. 3768	0. 1221
其他制造业	1. 0000	0. 1667	0. 0007	0. 3123	0. 1667	1. 0000
废弃资源综合利用业	1. 0000	1. 0000	0. 0000	1. 0000	0. 1667	1. 0000
电力、热力生产和供应业	0. 3923	1. 0000	0. 0130	0. 1300	0. 3333	0. 1481
燃气生产和供应业	0. 2000	0. 1429	0. 0005	1. 0000	0. 1667	0. 0000
水的生产和供应业	0. 0667	0. 0179	0. 0000	0. 1072	0. 0833	0. 0000

资料来源：2010 年与 2011 年《天津科技统计年鉴》

附表 1. 3　2010 年标准化处理后的带动性判别指标数据

标准化指标	带动性判别指标					
规模以上工业企业（按行业分）	论文引用量（篇）标准化处理	论文引用率标准化处理	专利申请增长量（件）标准化处理	专利申请增长率标准化处理	人均年产值增加量（万元）标准化处理	每万元 R&D 投入产值增加量（万元）标准化处理
煤炭开采和洗选业	0. 0000	0. 0000	0. 1316	1. 0000	0. 0000	0. 0536
石油和天然气开采业	0. 4038	1. 0000	0. 2256	0. 0981	0. 9831	0. 0389
黑色金属矿采选业	0. 0000	0. 0000	0. 1282	0. 0541	0. 9788	0. 0461
非金属矿采选业	0. 0839	0. 8322	0. 1248	0. 0499	0. 9770	0. 0371
农副食品加工业	0. 0857	0. 4414	0. 2034	0. 1492	0. 9774	0. 0408
食品制造业	0. 0052	0. 5238	0. 4650	0. 1536	0. 9776	0. 0160

续表

标准化指标	带动性判别指标					
规模以上工业企业（按行业分）	论文引用量（篇）标准化处理	论文引用率标准化处理	专利申请增长量（件）标准化处理	专利申请增长率标准化处理	人均年产值增加量（万元）标准化处理	每万元 R&D 投入产值增加量（万元）标准化处理
酒、饮料和精制茶制造业	0. 0437	0. 5103	0. 1368	0. 0572	0. 9771	0. 0373
烟草制造业	0. 0000	0. 0000	0. 1282	0. 0541	0. 9840	0. 0377
纺织业	0. 0455	0. 3086	0. 2872	0. 0861	0. 9776	0. 0412
纺织服装、服饰业	0. 0017	0. 2619	0. 1470	0. 1081	0. 9772	0. 0586
皮革、毛皮、羽毛及其制品和制鞋业	0. 0000	0. 0000	0. 0256	0. 0000	0. 9773	0. 0473
木材加工和木、竹、藤、棕、草制品业	0. 0000	0. 0000	0. 1282	0. 0541	0. 9774	0. 0000
家具制造业	0. 0280	0. 2808	0. 1060	0. 0270	0. 9773	0. 0375
造纸和纸制品业	0. 0000	0. 0000	0. 1726	0. 0811	0. 9779	0. 0542
印刷和记录媒介复制业	0. 0000	0. 0000	0. 0855	0. 0131	0. 9771	0. 0473
文教、工美、体育和娱乐用品制造业	0. 0000	0. 0000	0. 1385	0. 0582	0. 9771	0. 0302
石油加工、炼焦和核燃料加工业	0. 0245	0. 5115	0. 1504	0. 1321	1. 0000	0. 0437
化学原料和化学制品制造业	0. 1556	0. 2995	0. 4667	0. 0819	0. 9802	0. 0381
医药制造业	0. 1678	0. 5776	0. 3607	0. 0597	0. 9776	0. 0375
化学纤维制造业	0. 0000	0. 0000	0. 1282	0. 0541	0. 9782	0. 0130
橡胶和塑料制品业	0. 0087	0. 1397	0. 4513	0. 1191	0. 9774	0. 0353
非金属矿物制品业	0. 0122	0. 2933	0. 3197	0. 2093	0. 9771	0. 0272
黑色金属冶炼和压延加工业	1. 0000	0. 3272	0. 1692	0. 0641	0. 9789	0. 0375
有色金属冶炼和压延加工业	0. 0017	0. 8381	0. 1897	0. 1027	0. 9854	0. 0263
金属制品业	0. 0122	0. 2095	0. 7077	0. 1961	0. 9778	0. 0385
通用设备制造业	0. 0857	0. 1598	0. 4684	0. 0694	0. 9771	0. 0357
专用设备制造业	0. 2587	0. 3800	1. 0000	0. 0981	0. 9766	0. 0371
铁路、船舶、航空航天和其他运输设备制造业	0. 0769	0. 3841	0. 7521	0. 1240	0. 9782	0. 0342

续表

标准化指标	带动性判别指标					
规模以上工业企业（按行业分）	论文引用量（篇）标准化处理	论文引用率标准化处理	专利申请增长量（件）标准化处理	专利申请增长率标准化处理	人均年产值增加量（万元）标准化处理	每万元 R&D 投入产值增加量（万元）标准化处理
电气机械和器材制造业	0.0664	0.5657	0.0000	0.0511	0.9766	0.0363
计算机、通信和其他电子设备制造业	0.0927	0.4464	0.2752	0.0597	0.9759	0.0377
仪器仪表制造业	0.1276	0.5200	0.4085	0.0741	0.9768	0.0376
其他制造业	0.0017	0.2619	0.1419	0.1405	0.9773	0.3052
废弃资源综合利用业	0.0070	0.1397	0.1333	1.0000	0.9697	1.0000
电力、热力生产和供应业	0.0577	0.3389	0.2479	1.0000	0.9794	0.0762
燃气生产和供应业	0.0000	0.0000	0.1282	0.0541	0.9796	0.8845
水的生产和供应业	0.0035	0.3492	0.1265	0.0000	0.9777	0.9500

资料来源：2010 年与 2011 年《天津科技统计年鉴》

附表 2

附表 2.1　2012 年标准化处理后的规模性判别指标数据

标准化指标	规模性判别指标					
规模以上工业企业（按行业分）	论文发表数（篇）标准化处理	专利拥有量（件）标准化处理	固定资产总额（万元）标准化处理	从业人员数量（人）标准化处理	R&D 经费外部支出总额与内部支出总额比重标准化处理	R&D 经费外部支出总额（万元）标准化处理
煤炭开采和洗选业	0.0012	0.0000	0.3449	0.0852	0.1814	0.2374
石油和天然气开采业	0.3106	0.0136	0.3478	0.0920	0.1814	0.2553
黑色金属矿采选业	0.0000	0.0000	0.0329	0.0187	0.1051	0.0072
非金属矿采选业	0.0153	0.0167	0.0348	0.0355	0.1048	0.0124
开采辅助活动	0.0482	0.0010	0.0447	0.0968	0.2875	0.0045
农副食品加工业	0.0224	0.0078	0.2014	0.1275	0.1502	0.0740

续表

标准化指标	规模性判别指标					
规模以上工业企业（按行业分）	论文发表数（篇）标准化处理	专利拥有量（件）标准化处理	固定资产总额（万元）标准化处理	从业人员数量（人）标准化处理	R&D 经费外部支出总额与内部支出总额比重标准化处理	R&D 经费外部支出总额（万元）标准化处理
食品制造业	0. 0247	0. 0579	0. 1183	0. 3242	0. 0278	0. 0221
酒、饮料和精制茶制造业	0. 2176	0. 0141	0. 0378	0. 0722	0. 1330	0. 0218
纺织业	0. 0412	0. 0501	0. 0348	0. 0869	0. 0756	0. 0205
纺织服装、服饰业	0. 0035	0. 0068	0. 0422	0. 5213	0. 0199	0. 0040
皮革、毛皮、羽毛及其制品和制鞋业	0. 0000	0. 0010	0. 0060	0. 0572	0. 0000	0. 0000
木材加工和木、竹、藤、棕、草制品业	0. 0000	0. 0052	0. 0020	0. 0120	0. 0000	0. 0000
家具制造业	0. 0012	0. 0089	0. 0172	0. 0873	0. 8317	0. 0642
造纸和纸制品业	0. 0047	0. 0104	0. 0675	0. 1096	0. 0184	0. 0088
印刷和记录媒介复制业	0. 0071	0. 0235	0. 0147	0. 0458	0. 0000	0. 0000
文教、工美、体育和娱乐用品制造业	0. 0071	0. 1106	0. 0160	0. 1207	0. 0785	0. 0124
石油加工、炼焦和核燃料加工业	0. 0976	0. 0151	0. 1444	0. 0823	0. 0572	0. 0367
化学原料和化学制品制造业	0. 1329	0. 2307	0. 3479	0. 3084	0. 0405	0. 1021
医药制造业	0. 2012	0. 9963	0. 1819	0. 2147	0. 2734	0. 5552
化学纤维制造业	0. 0024	0. 0037	0. 0000	0. 0000	0. 0000	0. 0000
橡胶和塑料制品业	0. 0282	0. 1159	0. 1012	0. 3048	0. 0813	0. 0736
非金属矿物制品业	0. 0518	0. 0814	0. 1187	0. 2002	0. 0574	0. 0265
黑色金属冶炼和压延加工业	1. 0000	0. 0616	1. 0000	0. 7273	0. 2391	2. 5634
有色金属冶炼和压延加工业	0. 0129	0. 0621	0. 0710	0. 0732	0. 0271	0. 0130
金属制品业	0. 0529	0. 1117	0. 2267	0. 4911	0. 0315	0. 0719
通用设备制造业	0. 0906	0. 2343	0. 2215	0. 4196	0. 0687	0. 1073
专用设备制造业	0. 5012	0. 5517	0. 3473	0. 5512	0. 0462	0. 1605
汽车制造业	0. 0200	0. 1926	0. 2812	0. 6156	0. 6500	1. 0000

续表

标准化指标	规模性判别指标					
规模以上工业企业（按行业分）	论文发表数（篇）标准化处理	专利拥有量（件）标准化处理	固定资产总额（万元）标准化处理	从业人员数量（人）标准化处理	R&D 经费外部支出总额与内部支出总额比重标准化处理	R&D 经费外部支出总额（万元）标准化处理
交通运输设备制造业	0. 0635	0. 0919	0. 2187	0. 3828	0. 1486	0. 0649
电气机械和器材制造业	0. 1071	0. 4275	0. 2551	0. 3717	0. 1077	0. 1494
计算机、通信和其他电子设备制造业	0. 0894	0. 1634	0. 3161	1. 0000	0. 0493	0. 1394
仪器仪表制造业	0. 0506	0. 1258	0. 0199	0. 0574	0. 0590	0. 0202
其他制造业	0. 0000	0. 0005	0. 0086	0. 0488	0. 3748	0. 0083
废弃资源综合利用业	0. 0000	0. 0057	0. 0254	0. 0472	0. 4642	0. 0182
电力、热力生产和供应业	0. 1129	0. 0224	0. 3780	0. 1504	1. 0000	0. 1922
燃气生产和供应业	0. 0000	0. 0010	0. 0577	0. 0263	0. 0000	0. 0000
水的生产和供应业	0. 0388	0. 0073	0. 0679	0. 0204	0. 1479	0. 0052

资料来源：2012 年与 2013 年《天津科技统计年鉴》

附表 2. 2　2012 年标准化处理后的创新持续性判别指标数据

标准化指标	创新持续性判别指标					
规模以上工业企业（按行业分）	论文发表量增长率标准化处理	专利拥有量增长率标准化处理	新产品销售收入（万元）标准化处理	新产品销售收入增长率标准化处理	合作论文增长率标准化处理	R&D 外部支出额增长率标准化处理
煤炭开采和洗选业	0. 2727	0. 0000	0. 0066	0. 0064	1. 0000	0. 4307
石油和天然气开采业	0. 2903	0. 0061	0. 0000	0. 0000	0. 2868	0. 1046
黑色金属矿采选业	0. 2727	0. 0444	0. 0040	0. 0064	0. 2800	0. 0330
非金属矿采选业	0. 0739	0. 0569	0. 0068	0. 0066	0. 0764	0. 0260
开采辅助活动	0. 2943	0. 0068	0. 0000	0. 0067	0. 2947	0. 1045
农副食品加工业	0. 1103	0. 0278	0. 1120	0. 0070	0. 0800	0. 0563
食品制造业	0. 7159	0. 1147	0. 0531	0. 0144	0. 5040	0. 0547
酒、饮料和精制茶制造业	0. 3630	0. 0324	0. 0115	0. 0055	0. 3342	0. 0234

续表

标准化指标	创新持续性判别指标					
规模以上工业企业（按行业分）	论文发表量增长率标准化处理	专利拥有量增长率标准化处理	新产品销售收入（万元）标准化处理	新产品销售收入增长率标准化处理	合作论文增长率标准化处理	R&D外部支出额增长率标准化处理
纺织业	0.3409	0.0736	0.0162	0.0076	1.0000	0.0434
纺织服装、服饰业	0.3273	0.0289	0.0168	0.0111	1.0000	0.0065
皮革、毛皮、羽毛及其制品和制鞋业	0.2727	1.0000	0.0091	0.0308	0.2800	0.0266
木材加工和木、竹、藤、棕、草制品业	0.2727	0.0889	0.0019	0.0180	0.2800	0.0266
家具制造业	0.2727	1.0000	0.0021	0.0042	0.0000	1.0000
造纸和纸制品业	0.3636	0.0741	0.1827	0.0621	0.2800	1.0000
印刷和记录媒介复制业	0.5455	1.0000	0.0034	0.0031	0.8400	0.0266
文教、工美、体育和娱乐用品制造业	1.0000	0.3926	0.0751	0.0529	1.0000	1.0000
石油加工、炼焦和核燃料加工业	0.3651	0.0560	0.0270	0.0051	0.3755	0.0383
化学原料和化学制品制造业	0.2389	0.0699	0.2527	0.0061	0.2459	0.0267
医药制造业	0.3823	0.0667	0.1462	0.0074	0.3360	0.0870
化学纤维制造业	0.2727	0.0778	0.0012	0.0061	0.2800	0.0266
橡胶和塑料制品业	0.2975	0.0705	0.0670	0.0062	0.5600	0.0163
非金属矿物制品业	1.0000	0.0977	0.0493	0.0130	1.0000	0.0305
黑色金属冶炼和压延加工业	0.2834	0.0624	0.7155	0.0057	0.3635	0.0326
有色金属冶炼和压延加工业	0.7500	0.0661	0.1736	0.0221	0.5600	0.0287
金属制品业	0.7670	0.0520	0.2469	0.0079	0.9100	0.0845
通用设备制造业	0.2039	0.0614	0.2358	0.0082	0.5722	0.0108
专用设备制造业	0.5586	0.1080	0.2326	0.0079	0.7000	0.0341
汽车制造业	0.5795	0.1079	0.8158	0.0079	0.6533	0.0341
铁路、船舶、航空航天和其他运输设备制造业	0.2074	0.0293	0.0529	0.0003	0.2520	0.0052
电气机械和器材制造业	0.3597	0.0353	0.2523	0.0050	0.7350	0.0335

续表

标准化指标	创新持续性判别指标					
规模以上工业企业（按行业分）	论文发表量增长率标准化处理	专利拥有量增长率标准化处理	新产品销售收入（万元）标准化处理	新产品销售收入增长率标准化处理	合作论文增长率标准化处理	R&D 外部支出额增长率标准化处理
计算机、通信和其他电子设备制造业	0.3986	0.0340	1.0000	0.0082	0.9147	0.0144
仪器仪表制造业	0.1629	0.1139	0.0179	0.0012	0.2692	0.0400
其他制造业	0.0000	0.0113	0.0015	0.0079	0.0000	0.0392
废弃资源综合利用业	0.2727	0.2444	0.0046	1.0000	0.2800	0.1290
电力、热力生产和供应业	0.4675	0.0616	0.0106	0.0044	0.4421	1.0000
燃气生产和供应业	0.2727	1.0000	0.0009	0.0049	0.2800	0.0000
水的生产和供应业	0.2571	0.0444	0.0000	0.0113	0.2567	0.1229

资料来源：2012 年与 2013 年《天津科技统计年鉴》

附表 2.3　2012 年标准化处理后的带动性判别指标数据

标准化指标	带动性判别指标					
规模以上工业企业（按行业分）	论文引用量（篇）标准化处理	论文引用率标准化处理	专利申请增长量（件）标准化处理	专利申请增长率标准化处理	人均年产值增加量（万元）标准化处理	每万元 R&D 投入产值增加量（万元）标准化处理
煤炭开采和洗选业	0.0024	0.1249	0.5397	0.0987	0.4010	0.7038
石油和天然气开采业	0.5718	1.0000	0.4730	0.1076	1.0000	0.8134
黑色金属矿采选业	0.0000	0.0000	0.5407	0.2194	0.2569	0.8468
非金属矿采选业	0.0282	0.6439	0.5417	0.2286	0.2577	0.8414
开采辅助活动	0.0800	0.4754	0.5162	0.1097	0.2642	0.8223
农副食品加工业	0.0329	0.9395	0.5849	0.3325	0.3799	0.8587
食品制造业	0.0329	0.2201	0.6006	0.2863	0.3191	0.7611
酒、饮料和精制茶制造业	0.2894	0.2087	0.5594	0.2447	0.2561	0.8272
纺织业	0.0659	0.3356	0.4740	0.1572	0.2638	0.8412
纺织服装、服饰业	0.0047	0.2915	0.5378	0.2057	0.2610	0.7797

续表

标准化指标	带动性判别指标					
规模以上工业企业（按行业分）	论文引用量（篇）标准化处理	论文引用率标准化处理	专利申请增长量（件）标准化处理	专利申请增长率标准化处理	人均年产值增加量（万元）标准化处理	每万元 R&D 投入产值增加量（万元）标准化处理
皮革、毛皮、羽毛及其制品和制鞋业	0.0000	0.0000	0.5417	0.3400	0.3124	0.8674
木材加工和木、竹、藤、棕、草制品业	0.0000	0.0000	0.5476	0.5572	0.2676	0.9727
家具制造业	0.0024	0.2499	0.5447	0.2349	0.2646	0.8019
造纸和纸制品业	0.0071	0.2499	0.6006	0.3119	0.2789	0.8383
印刷和记录媒介复制业	0.0119	0.3748	0.5947	1.0000	0.2624	0.8782
文教、工美、体育和娱乐用品制造业	0.0118	0.2082	0.6752	0.5043	0.3192	0.8635
石油加工、炼焦和核燃料加工业	0.1388	0.6127	0.5417	0.2243	0.1716	0.8378
化学原料和化学制品制造业	0.1576	0.1526	0.6546	0.2609	0.2775	0.8424
医药制造业	0.3459	0.5918	0.6369	0.2356	0.2686	0.8376
化学纤维制造业	0.0024	0.1249	0.5447	0.3266	0.3028	1.0000
橡胶和塑料制品业	0.0353	0.2082	0.6006	0.2574	0.2684	0.8347
非金属矿物制品业	0.0353	0.1278	0.6428	0.3389	0.2395	0.8526
黑色金属冶炼和压延加工业	1.0000	0.1561	0.6526	0.4246	0.1966	0.8325
有色金属冶炼和压延加工业	0.0118	0.1022	0.5976	0.3489	0.1945	0.7291
金属制品业	0.0753	0.2138	0.3543	0.1688	0.2768	0.8361
通用设备制造业	0.1482	0.2726	0.6575	0.2423	0.2726	0.8487
专用设备制造业	0.8776	0.5001	1.0000	0.3156	0.3999	0.8387
汽车制造业	0.0306	0.5586	0.6968	0.3157	0.4524	0.8387
铁路、船舶、航空航天和其他运输设备制造业	0.1082	0.5160	0.3376	0.1426	0.3047	0.8971
电气机械和器材制造业	0.1859	0.8787	0.0000	0.1486	0.0000	0.8207

续表

标准化指标	带动性判别指标					
规模以上工业企业（按行业分）	论文引用量（篇）标准化处理	论文引用率标准化处理	专利申请增长量（件）标准化处理	专利申请增长率标准化处理	人均年产值增加量（万元）标准化处理	每万元 R&D 投入产值增加量（万元）标准化处理
计算机、通信和其他电子设备制造业	0. 1576	0. 4373	0. 6860	0. 2566	0. 4460	0. 8910
仪器仪表制造业	0. 0965	0. 4765	0. 4799	0. 1863	0. 2428	0. 8366
其他制造业	0. 0000	0. 0000	0. 5466	0. 2998	0. 2528	0. 6695
废弃资源综合利用业	0. 0000	0. 0000	0. 5456	0. 2998	0. 2827	0. 0000
电力、热力生产和供应业	0. 1882	0. 3618	0. 6359	0. 3308	0. 2775	0. 6324
燃气生产和供应业	0. 0000	0. 0000	0. 5309	0. 0000	0. 2757	0. 3051
水的生产和供应业	0. 0518	0. 4165	0. 5447	0. 4850	0. 2607	0. 6598

资料来源：2012 年与 2013 年《天津科技统计年鉴》

附录C　区域创新极培育能力测度研究调查问卷

您好！

本问卷是关于区域对创新极培育能力的影响因素调查，对于您填写的所有信息，我们承诺严格保密，仅作科研分析，不涉及任何商业行为。我们衷心希望您能够将真实的情况和观点完整的填写在问卷中，以便使本次调查能够获得准确、真实和有效的信息。真诚感谢您的支持，同时感谢您在百忙中抽出时间配合此次调查。

创新极是目前研究较少的领域，为了方便您顺利的填写问卷，特将此次研究的创新极的定义在此标注。根据以往研究，在一段时期内，区域内的技术创新活动在不同的产业（行业）之间存在着聚集现象。将区域内创新活动密集、创新规模较大、创新能力具有代表性、对区域有明显支撑和带动作用的产业创新系统界定为创新极。

一、基本信息（请您在认同的"□"中打上"√"）

单位性质	□企业　□高校　□独立科研机构　□政府 □其他请说明________
所属行业	□能源　□采矿业　□建筑业 □信息咨询业　□金融、保险业　□生物医药业 □计算机服务和软件业　□批发零售业　□环保技术 □其他请说明________
贵单位所在区域	□沿海地区　□中部地区　□东北地区（含辽宁）
职务级别	□普通员工　□基层管理人员　□中层管理人员 □高层管理人员
工作性质 （单位是企业的）	□市场营销　□研究开发　□加工制造 □售后服务　□行政管理
文化水平	□专科　□本科　□硕士及以上
工作年限	□2 年以下　□2 ~5 年　□5 年以上

二、区域创新极培育能力影响因素评价

您认为以下描述的影响程度如何。在符合您看法的答案中画“√”，每个问题都要打“√”，不要遗漏。

注：5 分—非常有影响，4 分—比较有影响，3 分—不确定，2 分—影响不大，1 分—没有影响

编号	问题	评价				
		非常有影响	比较有影响	不确定	影响不大	没影响
产业创新活力						
1	产业内研发经费和人员投入量大小对区域的创新极培育能力的影响程度					
2	产业内员工高学历人才多对区域的创新极培育能力的影响程度					
3	创新主体是否设立研发机构对区域的创新极培育能力的影响程度					
4	申请专利量大小对区域的创新极培育能力的影响程度					
5	企业人均有效专利拥有量多少对区域的创新极培育能力的影响程度					
区域知识支撑水平						
6	财政性教育经费支出大小对区域的创新极培育能力的影响程度					
7	区域独立科研机构开发能力对区域的创新极培育能力的影响程度					
8	区域中介服务水平高低对区域的创新极培育能力的影响程度					
9	区域协同创新水平高低对区域的创新极培育能力的影响程度					

续表

编号	问题	评　价				
		非常有影响	比较有影响	不确定	影响不大	没影响
区域创新极培育环境						
10	地方财政科技支出大小 对区域的创新极培育能力的影响程度					
11	区域内人均消费水平对区域的创新极培育能力的影响程度					
12	产业发展环境 对区域的创新极培育能力的影响程度					
区域经济发展水平						
13	区域人均 GDP 高低 对区域的创新极培育能力的影响程度					
14	区域 FDI 水平高低 对区域的创新极培育能力的影响程度					
15	出口额大小（产业国际竞争力）对区域的创新极培育能力的影响程度					

再次感谢您抽出宝贵时间协助我们完成此次调查！谢谢！

附录D　9个地区的原始数据表

	北京			天津			上海			重庆			山东			河南			云南			湖南			陕西		
	①	②	③	①	②	③	①	②	③	①	②	③	①	②	③	①	②	③	①	②	③	①	②	③	①	②	③
01	6	7	464	0	0	0	0	0	0	0	194	0	5	51	180	1	31	14	0	17	14	0	34	0	1	21	0
02	47	181	0	14	122	0	184	24	71	0	0	0	10	34	7	0	9	0	0	0	0	0	0	0	23	35	2
03	105	46	0	0	0	0	0	0	0	26	6	0	1	45	0	0	8	0	7	9	10	1	29	2	0	27	0
04	0	0	0	0	0	0	0	0	0	0	0	0	8	90	313	2	51	0	2	23	15	2	17	2	0	8	0
05	0	0	0	40	12	7	0	0	0	0	76	1	4	103	1	1	9	5	8	43	2	3	30	8	0	0	0
06	21	73	0	1	15	0	0	0	0	0	0	0	0	0	0	0	0	0	0	0	0	0	0	0	0	8	0
07	0	0	0	0	0	0	0	0	0	0	0	0	0	0	0	0	0	0	0	0	0	0	56	0	0	0	0
08	40	30	26	6	54	108	9	18	239	7	36	34	5	52	422	4	32	84	6	33	217	11	56	8	1	56	3
09	8	35	22	17	91	51	17	36	83	22	13	18	11	43	164	6	15	60	24	45	73	9	44	11	2	28	7
10	0	11	30	18	27	11	4	11	6	1	37	21	8	48	108	9	42	90	5	48	48	18	27	10	15	36	16
11	21	72	4	0	0	0	100	35	3289	0	185	7	85	27	102	14	33	63	14	191	692	66	41	31	10	10	32
12	33	31	13	53	20	16	16	17	187	3	29	30	3	29	1435	1	37	55	15	17	61	6	22	1	0	14	5

续表

	北京			天津			上海			重庆			山东			河南			云南			湖南			陕西		
	①	②	③	①	②	③	①	②	③	①	②	③	①	②	③	①	②	③	①	②	③	①	②	③	①	②	③
13	0	22	15	1	26	16	4	18	159	0	252	1	1	29	114	0	0	0	0	0	18	0	16	0	4	15	1
14	0		0	2	48	9	0	0	13	1	166	0	5	91	65	0	32	17	0	24	7	1	13	0	0	0	0
15	0	76	0	30	50	2	14	12	18	6	40	1	3	49	16	0	14	1	0	25	46	2	31	0	0	0	0
16	0	18	4	9	15	2	4	22	412	21	44	11	7	15	16	0	0	0	0	0	10	2	21	0	0	0	0
17	0	0	0	9	40	18	12	37	153	5	65	3	14	77	16	1	30	40	8	24	70	11	39	10	0	29	0
18	2	43	15	45	12	3	27	18	402	0	28	1	10	19	392	8	32	8	50	22	5	14	48	18	42	24	1
19	0	34	2	86	28	72	34	13	166	89	8	3	11	19	10	0	0	0	0	0	1	11	47	0	0	0	0
20	22	28	50	17	120	26	100	23	462	23	62	6	23	80	51	4	26	2	2	7	496	47	112	0	5	23	4
21	70	25	61	72	43	243	172	30	3114	15	41	160	30	44	457	11	20	134	20	27	219	18	41	44	16	14	25
22	41	25	127	446	33	141	93	31	1587	94	26	62	79	39	1377	15	16	69	195	23	96	64	23	26	46	14	23
23	56	13	0	0	91	1	31	28	31	0	0	0	25	46	540	11	9	30	975	0	1	67	76	0	11	38	0
24	14	20	27	37	38	64	36	24	1155	18	41	24	10	60	31	8	24	48	8	117	12	14	49	7	2	20	3
25	39	29	129	39	26	47	73	24	465	6	24	63	13	31	628	7	23	119	2	39	82	72	25	5	1	15	4
26	5	35	17	8	81	689	273	116	2721	19	131	104	9	60	201	6	31	274	7	41	263	5	33	75	2	131	54
27	120	24	37	78	63	167	37	48	575	43	50	68	30	88	597	41	36	172	30	34	226	38	65	126	27	23	32
28	32	21	61	22	58	238	48	18	805	28	23	41	1	40	867	4	15	10	1	7	58	22	20	1	57	21	20
29	27	34	205	54	26	227	66	30	7216	43	25	110	15	31	264	21	22	190	15	16	137	43	34	2	33	14	64
30	103	36	206	97	37	224	104	18	2565	55	24	22	13	35	562	25	28	379	13	11	951	71	27	4	78	10	53

续表

	北京			天津			上海			重庆			山东			河南			云南			湖南			陕西		
	①	②	③	①	②	③	①	②	③	①	②	③	①	②	③	①	②	③	①	②	③	①	②	③	①	②	③
31	32	42	259	30	22	785	46	50	32455	42	45	970	65	54	507	0	0	0	65	19	187	27	26	24	26	16	211
32	76	65	73	23	14	51	69	57	3487	40	43	280	22	37	798	0	0	0	22	49	231	115	29	7	57	28	119
33	115	32	318	111	29	243	66	24	6411	22	48	226	27	54	418	20	0	260	27	13	249	42	43	14	198	24	82
34	373	53	1034	16	37	962	82	28	5324	8	27	101	46	38	1130	4	14	26	46	29	193	25	38	7	63	18	49
35	116	23	106	197	24	17	60	19	394	61	14	35	170	24	1099	47	13	23	170	21	47	115	21	4	138	11	58
36	55	97	9	1	29	1	31	12	14	66	30	25	9	33	61	0	0	0	9	68	2	6	9	1	21	8	0
37	33	24	0	11	21	4	19	22	13	0	0	0	0	28	0	0	0	0	0	0	2	1	100	0	0	0	0
38	1	25	0	15	29	4	1	11	7	0	0	0	0	3	3	0	0	0	0	0	0	35	2	0	15	1	3
39	129	9	0	14	9	10	39	44	0	8	17	4	2	33	7	7	20	12	2	21	11	2	30	0	4	5	0
40	3	18	1	3	47	1	8	4	0	0	20	0	0	153	3	11	17	0	0	0	19	54	39	0	0	4	0
41	13	15	1	28	20	0	11	10	0	0	3	0	0	11	1	0	2	0	0	0	1	8	9	0	0	0	0

注：①为产业技术水平，单位（件/万人）；②为产业创新潜力，单位（万元/人年）；③为产业规模，单位（亿元）